> Direitos Humanos,
> Direito Constitucional
> e Neopragmatismo

Direitos Humanos, Direito Constitucional e Neopragmatismo

***

RODRIGO DE OLIVEIRA KAUFMANN

ALMEDINA

ALMEDINA

ALMEDINA BRASIL IMPORTAÇÃO, EDIÇÃO E COMÉRCIO DE LIVROS LTDA.
Alameda Campinas, 1.077, 6º andar, Jd. Paulista
CEP 01404-001 – São Paulo, SP – Brasil
Tel./Fax: +55 11 3885-6624
www.almedina.com.br

Copyright © 2011, Rodrigo de Oliveira Kaufmann

Almedina Brasil
Todos os direitos para a publicação desta obra no Brasil reservados para
Almedina Brasil Importação, Edição e Comércio de Livros Ltda.

EDITORA ASSISTENTE: Adriane Piscitelli
EDIÇÃO: Kleber Kohn / Et Cetera Editora
PREPARAÇÃO: Maria Elisa Bifano / Et Cetera Editora
REVISÃO: Melania Scoss / Et Cetera Editora
PRODUÇÃO EDITORIAL: Silvia Souza / Et Cetera Editora
DIAGRAMAÇÃO: Et Cetera Editora
CAPA: Casa de Ideias

ISBN: 978-85-63182-09-8

Dados Internacionais de Catalogação na Publicação (CIP)
(Câmara Brasileira do Livro, SP, Brasil)

Kaufmann, Rodrigo de Oliveira
Direitos humanos, direito constitucional e neopragmatismo /
Rodrigo de Oliveira Kaufmann. — São Paulo : Almedina, 2011.

ISBN 978-85-63182-09-8

1. Brasil – Direito constitucional 2. Direito constitucional 3. Direito
e política 4. Direito – Filosofia 5. Direitos humanos 6. Neopragmatismo
I. Título.

11-10659 / CDU–342

Índice para catálogo sistemático:
I. Direito constitucional 342

Todos os direitos reservados. Nenhuma parte deste livro, protegido
por copyright, pode ser reproduzida, armazenada ou transmitida
de alguma forma ou por algum meio, seja eletrônico ou mecânico,
inclusive fotocópia, gravação ou qualquer sistema de armazenagem
de informações, sem a permissão expressa e por escrito da editora.

*Para Gabriela e Thor que,
mesmo antes de nascerem,
já haviam me ensinado mais
sobre amor e sentimentalidade
do que toda a tradição kantiana.*

Sumário

Apresentação 11

Prefácio 17

Introdução 23

Parte I — DIREITO, POLÍTICA E PRAGMATISMO 33

1. DIREITO E POLÍTICA NO BRASIL POR MEIO DE UM PRAGMATISMO
   OBSCURO 37

   1.1 A herança do bacharelismo jurídico e o espaço deixado 37

   1.2 A prioridade do "agir" político ao "pensar" jurídico 47

   1.3 Pragmatismo político na elaboração da Constituição de 1988:
   análise de dois casos 56

2. PRAGMATISMO FILOSÓFICO, NA OPINIÃO DOS FORMULADORES
   CLÁSSICOS 83

   2.1 Multiplicidade de dimensões do pragmatismo 83

      2.1.1 Antifundacionismo 90

      2.1.2 Consequencialismo 92

      2.1.3 Contextualismo 100

DIREITOS HUMANOS, DIREITO CONSTITUCIONAL E NEOPRAGMATISMO

3. DIREITO INSTRUMENTAL OU PRAGMATISMO JURÍDICO 113

   3.1 A perspectiva de Oliver Holmes 113

   3.2 O pragmatismo no Direito e a oposição às teorias "morais"
      do Direito.. 124

Parte II — DIREITO CONSTITUCIONAL NO BRASIL................................. 145

4. A HERANÇA POSITIVISTA DO DIREITO CONSTITUCIONAL
   E A SUBJUGAÇÃO DO SUPREMO TRIBUNAL FEDERAL 147

5. O VÁCUO DISCURSIVO DO DIREITO CONSTITUCIONAL QUANDO
   DA PROMULGAÇÃO DA CONSTITUIÇÃO DE 1988 E A IMPORTAÇÃO
   DE UM MODELO 163

6. O DIREITO COMPARADO UNIVERSALIZANTE COMO CATALIZADOR
   NA IMPORTAÇÃO.. 189

7. TEORIA GERAL DOS DIREITOS FUNDAMENTAIS E
   NEOCONSTITUCIONALISMO: CONSEQUÊNCIAS PARA O DISCURSO
   CONSTITUCIONAL NO BRASIL... 195

8. ESGOTAMENTO DO MODELO... 215

Parte III — NEOPRAGMATISMO E DIREITO CONSTITUCIONAL........... 227

9. DIREITOS HUMANOS COMO EXPERIÊNCIA:
   PARA ALÉM DO MODELO IMPORTADO DE RACIONALIDADE 229

10. NEOPRAGMATISMO E DIREITOS HUMANOS.. 237

11. FILOSOFIA, DIREITO E DIREITOS HUMANOS 253

   11.1 A perspectiva neopragmatista e o discurso "quase
      transcendental" dos direitos humanos................................. 256

   11.2 Três exemplos das concessões ao kantianismo feitas pelo
      discurso importado dos direitos humanos............................... 268

      11.2.1 Direitos humanos e dignidade da pessoa humana.... 268

11.2.2 Direitos humanos e método 272

11.2.3 Direitos humanos e precedente 277

11.3 O "filósofo profissional" e o que resta à filosofia e ao Direito 280

11.4 O novo papel neopragmático do direito constitucional e dos constitucionalistas 291

12. IRONIA, DEMOCRACIA LIBERAL E DIREITOS HUMANOS 305

13. PERSPECTIVAS DA LEITURA PRAGMATISTA DOS DIREITOS HUMANOS NO BRASIL 323

13.1 Teoria constitucional no Brasil: obstáculos para um pragmatismo levado a sério no Direito 323

13.2 O STF e a busca por um novo vocabulário 333

13.3 Instrumentos pragmatistas da jurisdição constitucional no Brasil: análise de hipóteses 348

13.3.1 *Amicus curiae* 351

13.3.2 Audiência pública 361

Conclusão 377

Pragmatismo e neopragmatismo 377

Os problemas do discurso constitucional 381

Direito constitucional neopragmatista 383

Referências 389

APRESENTAÇÃO

As relações entre o direito constitucional brasileiro e o europeu são conhecidas. De um modo geral, as ideias que embasam o discurso de advogados e juízes advêm de um passado com raízes no conceitualismo, que marcou a formação especialmente do direito alemão e daí se irradiou para outros ambientes. Os encadeamentos que, nascidos no tratamento dado ao direito civil, levam das concepções de Savigny e seu "sistema" ao pandectismo, e daí às elaborações de Gerber e Laband e a Kelsen, portam a marca positivista de sua origem. Aliás, uma origem consonante com a peculiar posição jusnaturalista de Kant, que separa o direito da moral em sua *Metafísica dos Costumes*. Porém, dada a insuficiência da autoridade derivada do direito civil em um contexto tensionado pela massificação da representação democrática na República de Weimar, criou-se naturalmente um jogo imprevisível posto pela disputa de ideias sobre o que deveria ser o direito do Estado ou constitucional, supostamente mais abrangente e mais apto a contribuir para preservar a "boa" ordem, cujas representações intelectuais os civilistas inicialmente se haviam encarregado de construir.

A disputa de ideias sobre o direito constitucional acabou levando a um resultado insólito. Da possível abertura antipositivista, advinda do prestígio da abordagem (de inspiração fenomenológica) de

Smend, curiosa e ironicamente brotou uma renovação do formalismo rígido, engenhosamente dotado de uma plasticidade aparente, ao estilo do que se encontra em Alexy. Apresentando-se como uma teoria pronta, isto é, como um conjunto de formas abstratas que se querem intrinsecamente cogentes, esse formalismo mais recente presta homenagens à tradição positivista de onde advém. Da Alemanha, passando às vezes por autores espanhóis e portugueses, essas ideias foram acolhidas por constitucionalistas brasileiros e alimentam um dos projetos de estabilização do que devem ser o direito constitucional, enquanto campo doutrinário, e também a prática dos tribunais, especialmente a chamada jurisdição constitucional. E a constitucionalização do direito civil emerge como um reforço da almejada hegemonia das ideias e da jurisprudência criadas no âmbito do direito constitucional alemão.

Mas, ao arguto observador permanece a dúvida sobre o mérito das elaborações jurídicas aí abrigadas, quando, na vigência de celebrados princípios, considerados como "valores" constitucionais e defendidos orgulhosamente pela corte constitucional alemã – tome-se, por exemplo, o da dignidade da pessoa humana –, continua em existência, naquele país, um sistema educacional que discrimina classes de crianças pobres e imigrantes, preponderantemente entregues às escolas (*Hauptschule* ou *Realschule*) que não conduzem à universidade, restando o *Gymnasium*, a via de acesso ao ensino superior, aberto sobretudo aos filhos da classe média. Quanto, afinal, os princípios e valores do direito constitucional alemão contribuem realmente para a existência de uma sociedade mais justa?

Contrasta, mas apenas parcialmente, com esse panorama, o que se encontra em um projeto aparentado ao primeiro, porém com algumas características diferentes. Este segundo projeto é o do autodenominado neoconstitucionalismo. Em seu bojo, combinam-se explicitamente, em um esforço de elaboração eclética, diversos meios de formalização do direito. Destacam-se aí (i) a técnica da "ponderação de valores" – nas suas versões alemã e estadunidense –, que, a bem dizer, tornou-se, na prática, a *pièce de résistance* dos tribunais judiciais (nacionais e internacionais) nas últimas décadas em quase todo o mundo; (ii) a valorização metodológica dos "princípios", concebidos à moda de Dworkin, como contrastantes com as "regras"; e (iii) complementos "táticos" oriundos da filosofia pós-metafísica – tais como a noção de pré-compreensão utilizada a partir de seu desenvolvimento na hermenêutica filosófica – e da filosofia da linguagem, inclusive o que daí foi apropriado pela teoria social. Quanto a este segundo projeto, deve ser observado, ainda, que há, em posição aproximada à sua, um contingente de acadêmicos coadjuvantes cujo interesse maior concentra-se em usar mais intensamente os "complementos táticos" já aludidos, especialmente a fim de praticar, sem qualquer propósito construtivo perceptível, uma estratégia de iconoclastia continuada das fontes de autoridade intelectual dos argumentos de seus oponentes.

Contudo, a maior abrangência e liberdade de prática discursiva do neoconstitucionalismo, em comparação com o projeto purista de aderência disciplinada ao legado do direito constitucional germânico, é apenas aparente. Em ambos os casos, a pedra fundamental das sequências argumentativas permanece ora uma iconoclastia puramente destrutiva, ainda que de caráter coadjuvante, ora uma "teoria" dada, isto é, um conjunto de "formas" abstratas apresentadas como livres de aporias e, por isso, como sendo dotadas de validade cogente. Na prática dos debates acadêmicos, abstraído o simples e especioso oportunismo iconoclasta, as condições descritas acabam alimentando frequentemente a atitude de construção de "formas" que tendem a valer como um sucedâneo do que foi, sobretudo para o direito europeu continental – tanto no caso dos juristas medievais quanto no dos jusnaturalistas dos séculos XVII e XVII –, a metafísica.

Uma consequência do que vai acima é que, em ambos os projetos de determinação do que é ou deve ser o direito constitucional – e, por extensão, todo o direito que realmente importa para a vida em sociedade, inclusive o chamado direito dos direitos humanos –, constrói-se uma prática de utilização do direito como *instrumento de poder*. Seja o direito usado como meio de exercício do poder pelos "conservadores", isto é, pelos defensores do *status quo* (contrários a políticas de redistribuição de renda, a ações afirmativas, ao reconhecimento de direitos de minorias e outras políticas semelhantes), seja o direito propalado pelos aguerridos e compreensivelmente ressentidos críticos da exclusão social e das discriminações injustas, praticadas de inúmeras maneiras pelos conservadores. Dito com outras palavras, em ambos os casos (germanismo e neoconstitucionalismo), adere-se ao uso do direito como fundamento de imposições que se desdobram em constrangimentos iníquos de parte a parte, seja o constrangimento praticado pelos que o associam ao emprego da coatividade (no limite, a criminalização), com base no positivismo, seja o que decorre da postura dos que, sem pruridos, se dispõem a invocar impositivamente a mesma coatividade, ao proclamar a validade prática indiscutivelmente necessária de entendimentos favoráveis aos seus interesses (de ordem política, moral, econômica, estética, erótica, etc.). E, neste último caso, obviamente, a iconoclastia especiosa dos coadjuvantes constitui um reforço estratégico para o mesmo fim, de uso do direito como instrumento de poder.

As práticas discursivas apontadas no livro de Rodrigo de Oliveira Kaufmann, com base especialmente em autores que aderem ao chamado pragmatismo (e neopragmatismo), situam-se em outro campo. Aí, em tese, não há espaço para o florescimento de visões sobre o direito que o transformem em instrumento de poder. O direito, neste caso, não se quer apresentado como uma decorrência necessária de uma teoria pronta, em nome da qual deve ser empregada a coatividade, nem é tomado como âmbito compatível com a iconoclastia, mas é explorado por seus potenciais terapêuticos, não impositivos. Esta visão, portanto, faz parte de uma terceira perspectiva, que evita os inconvenientes intrínsecos tanto ao projeto do germanismo quanto ao do neoconstitucionalismo e seus coadjuvantes.

Acrescente-se, por fim, que as concepções e práticas discursivas da terceira perspectiva conduzem a desdobramentos que apontam inescapavelmente para a necessidade de se repensar, até mesmo, o papel institucional dos tribunais judiciais no mundo contemporâneo.

Devem os tribunais ser tidos como guardiões iluminados de verdades superiores, mestres de princípios ou valores altaneiros e procedimentos mentais privilegiados, reveladores de "respostas corretas", únicas e/ou necessárias, dadas a conflitos de interesses? Ou devem ser pensados como atores que, pela sua capacidade de esclarecer, devem figurar como copartícipes de um contínuo processo institucional de superação de práticas que, por sua impositividade e pelos constrangimentos iníquos que implicam, perpetuam o sofrimento e a infelicidade de uma grande parcela da humanidade?

Pelos motivos expostos, em confronto com as outras duas, a terceira perspectiva parece a mais atraente. Os leitores encontrarão, na obra de Kaufmann, subsídios para iniciarem a explorar esse terceiro caminho de construção de uma visão sobre o direito e de suas funções na sociedade, evitando os inconvenientes dos dois primeiros. Afinal, como sugeriram alguns conhecidos pensadores, a moral dos escravos mostra-se tão pouco convidativa, tão obviamente inaceitável e desinteressante, quanto a dos senhores que os dominam.

MARCUS FARO DE CASTRO

Professor Titular da Faculdade de Direito
da Universidade de Brasília (UnB)

Doutor e Mestre em Direito
pela Harvard University

PREFÁCIO

Prefaciar a obra *Direitos Humanos, Direito Constitucional e Neopragmatismo* é dessas tarefas que nos permitem abordar obra e autor sob perspectivas que podem ser tanto acadêmicas, no sentido de buscarem interlocutores no campo de conhecimento, quanto pessoais, quando permitem a sentimentalidade que o autor vincula a uma forma de superação das armadilhas do discurso jurídico, como este tem se apresentado na cultura jurídica brasileira. A partir dessa dupla perspectiva foi engendrado este prefácio.

Rodrigo de Oliveira Kaufmann oferece em sua tese de doutorado uma resposta criativa tanto à sua própria formação jurídica quanto ao que hoje no Brasil tem se apresentado como Teoria Constitucional. As duas faces em oposição de um Janus, perplexo pelos desafios teóricos e metodológicos tanto do sistema de direitos vigente quanto daquele de reprodução de seus atores, tentam em vão deter um autor determinado a buscar, ele mesmo, caminhos que lhe façam sentido. E do lugar em que se coloca, Rodrigo interpela as duas faces que tanto demonstra conhecer. Como poucos.

Relatos biográficos ou autobiográficos têm ressurgido como uma das formas privilegiadas do estilo literário. Mas o fato é que raramente um autor se apresenta em todas as suas nuances de biografia, formação intelectual, experiências profissionais e valores que acolhe, como no caso desta obra. Se, na literatura, a presença de um sujeito que vive ou viveu pode se abrigar em personagens heroicos, malditos — da cultura popular ou erudita, vozes masculinas, femininas, na juventude ou na senectude —, no campo do Direito são raros os trabalhos em que o autor se apresenta sem a armadura pesada, ao mesmo tempo confortável, da construção intelectual descolada do sujeito. Quando isso se dá, é geralmente para empreender esforços de autocelebração ou idealização de terceiros.

Continuamos assim, ao menos no Brasil, com pouca ou nenhuma disposição de sairmos do território confortável e demarcado pelos doutrinadores que tentam formar seus clãs e nutri-los com os recursos escassos desta terra pouco fértil, que continua sendo a cultura jurídica brasileira. Pouco fértil porque não temos empregado a força necessária para revolver, com coragem teórica e metodológica, os campos que precisamos arar para colher, quem sabe, mais frutos como este. Evidentemente, não encontraremos datas, referências, locais em cronologia sistemática, como geralmente se dá em relatos biográficos. Mas a biografia do graduado, mestre e doutor pela Faculdade de Direito da Universidade de Brasília está toda ela urdida no mesmo fio que move os argumentos teóricos e metodológicos que vão se apresentando ao longo da obra.

Rodrigo Kaufmann revela coragem na disposição de abandonar os feudos mais reconhecidos como provedores de segurança para as famílias "teóricas" do Direito Constitucional contemporâneo, do próprio campo dos Direitos Humanos, para se aventurar, provido de sua autonomia, conhecimento, vivência e disposição intelectual, na busca de outras possibilidades no entendimento do direito constitucional e dos direitos humanos como instrumentos na resolução de conflitos.

Filho de mãe fertilíssima e inconsequente, que é hoje a educação jurídica brasileira, se considerarmos que abriga em seu seio bacharéis formados em mais de 1.100 cursos de graduação por todo o país, Rodrigo descarta nesta obra sua condição de descendente da casta mais elevada, com seus privilégios e responsabilidades.

PREFÁCIO

Decide se colocar à prova onde não pode ser protegido pelas boas relações familiares, no sentido de que poderia, caso tivesse desejado, obter amparo seguro nos autores consagrados que estiveram sempre à sua mão na condição de seus professores de graduação ou pós-graduação.

Rodrigo Kaufmann fez toda sua formação de graduação e pós-graduação na Faculdade de Direito da Universidade de Brasília. Graduou-se em julho de 1999 e, no ano de 2001, ingressou no mestrado em Direito. Sua dissertação de mestrado, intitulada "Dimensões e perspectivas da eficácia horizontal dos direitos fundamentais: possibilidades e limites de aplicação no direito constitucional brasileiro", revela já o interesse e vocação pela Teoria Constitucional. Seu ingresso no doutorado em Direito, no ano de 2006, vai significar a possibilidade de, como monge iniciante de antigas religiões ascéticas, fazer o inverso do que geralmente se dá.

Em lugar de ir acumulando camadas sobre camadas teóricas de autores, teorias e certezas sobre o direito, a sociedade, o estado e a cultura jurídica, o autor de *Direitos Humanos, Direito Constitucional e Neopragmatismo* vai se despindo das vestes enganosamente perfeitas de teorias que, à despeito de sua crítica veemente ao positivismo, têm apresentado, elas também, a mesma panaceia para todos os males.

Em lugar do texto da lei, ou da norma, agora se apresenta um punhado de autores sempre a postos para responder a qualquer questão que se coloque. Como pitonisas contemporâneas e, portanto, mais próximas aos que a elas se rendem na busca de respostas aos mistérios sempre complexos do direito ou da vida, não mais oferecem apenas mensagens cifradas ou enigmáticas. As pitonisas da Teoria Constitucional que têm assolado o pensamento jurídico brasileiro, a despeito de serem quase todas estrangeiras, são absolutamente compreensíveis, ao menos se supõe, para os iniciados dos templos, desde os sacerdotes mais graduados até os iniciantes. Jurgen Habermas e Dworkin seriam certamente duas representações hodiernas dessas longínquas facilitadoras da vontade dos deuses da Justiça.

Ignorando sua possível condição de eventual futuro sacerdote, Rodrigo Kaufmann empreende sua busca de novas respostas para velhos problemas não se detendo mais que o necessário nos templos erigidos para o neoconstitucionalismo.

A obra entregue ao leitor interessado em abordagens criativas sobre o papel do jurista, em sociedades mergulhadas em violentas disputas, será muito útil. Rodrigo Kaufmann apresenta a ideia de que há um *deficit* democrático no Direito e que, a partir de uma perspectiva de sua atuação como ironistas liberais, os juristas, despidos de sua confortável posição de centralidade no discurso de poder em que se transformou o Direito Constitucional, especialmente, possam finalmente atuar como mediadores. E não nos referimos aqui apenas a um sentido da mediação jurídica no caso concreto, trazido à apreciação dos profissionais do Direito em um contexto normativo em que a maioria dos sistemas prevê a mediação, e seus procedimentos correlatos, na resolução de conflitos estruturados em linguagem jurídica. A proposição do autor é mais abrangente.

Propõe alternativas a uma aridez da linguagem jurídica praticada nos tribunais, no campo da educação jurídica e nos espaços sociais vinculados ao Direito, pela inclusão do que denomina "vocabulário inclusivo e honesto". O autor sabe muito bem do que está falando. Ao contrário de muitos críticos, no Brasil, de um sistema que desconhecem, por conta do pouco fôlego teórico devotado ao estudo do Direito como se apresenta no sistema normativo ou na tradição acadêmica clássica e contemporânea, Rodrigo Kaufmann conhece tanto a teoria como a prática dos tribunais. E sua fala associa as duas dimensões, tanto a do estudioso quanto a do observador e prático do Direito brasileiro. E a partir dessa singularidade metodológica é que opta por uma crítica contundente e sentimental, fundamentada nos pressupostos neopragmatistas, nas teorias e práticas que buscam se consolidar como alternativas à ortodoxia, que foi até pouco tempo atrás nossa cultura pátria no campo do Direito.

PREFÁCIO

Partindo da história constitucional brasileira, remota ou contemporânea, ambas pouco conhecidas e debatidas pelos que deveriam revisitá-la, a obra apresenta um quadro fascinante das relações entre Direito e Política na institucionalidade nacional. A ideia provocativa de que um novo Bacharelismo Jurídico, ou neobacharelismo, em que o gosto pela retórica e pelas formas eruditas mantém ainda o Direito devidamente afastado do homem comum, é explorada na obra pela apresentação de exemplos claros, colhidos paradoxalmente na seara de novos institutos jurídicos que deveriam, em tese, aproximar o Direito de seus destinatários, como no caso do *amicus curiae*.

A obra oferece também uma análise qualificada do movimento pragmático e da vertente neopragmática, desvendando para o leitor os principais artífices da abordagem, seus interlocutores e críticos. A par das diferenças entre eles, o autor sustenta que "o antifundacionismo, o consequencialismo e o contextualismo formam uma espécie de tripé de sustentação de toda a formulação pragmatista, mesmo que haja divergência entre pensadores acerca dos detalhes dessa configuração".

Mas, como seria de se esperar, apresenta também uma perspectiva original quando contrasta as possibilidades do neopragmatismo com uma necessidade tanto do Direito quanto da Política de confrontar o discurso mais recorrente, ainda de base iluminista, porque calcado na crença em uma racionalidade do Direito, para mais efetiva realização dos Direitos Humanos no Brasil. E neste ponto também analisa, com notável vigor e criatividade, exemplos da justiça constitucional brasileira, para dar base à sua assertiva de que a centralidade do Poder Judiciário no cenário político-jurídico pós-Constituição Brasileira de 1988 apenas reforça um insuficiente, porque não democrático, sistema de direitos humanos. Acoplados gradualmente a uma Teoria dos Direitos Fundamentais, os Direitos Humanos vão se tornando assim um discurso feito por juristas e para juristas.

A leitura da obra trazida à luz por Rodrigo Kaufmann traz um novo foco e um bafejo de ar para um ambiente em que uma pretensa densificação teórica tem tornado o debate acadêmico uma adesão quase lastimável a escolas pouco tolerantes à abertura de outras percepções e diferentes abordagens.

LOUSSIA P. MUSSE FELIX

Professora Adjunta da Faculdade de Direito
da Universidade de Brasília (UnB)

Mestre em Ciências Jurídicas
pela Pontifícia Universidade Católica
do Rio de Janeiro (PUC-Rio)

Doutora em Educação
pela Universidade Federal de São Carlos

Erasmus Mundus Scholar do Programa NOHA

INTRODUÇÃO

O presente trabalho é fruto de uma trajetória acadêmica e profissional pessoal específica. A tentativa de, neste introito, apresentar as linhas gerais desta pesquisa, bem como salientar as nuances metodológicas, não seria bem-sucedida se também não se aclarasse o contexto específico no qual se desenvolveu certa decepção com os rumos do discurso do direito constitucional e porque o autor entende que, talvez, o neopragmatismo possa oferecer um caminho diferente a ser trilhado.

Não se trabalha nessa pesquisa com o paradigma científico ortodoxo (na verdade, esse paradigma é exatamente o ponto que merece as críticas elaboradas) e, por isso, não se entende que o amadurecimento de uma ideia desenvolvida na academia tenha que ser moldada nos quadros de um exame neutro e imparcial, a partir de uma perspectiva que siga os rigores do método científico. Ao contrário, este trabalho parte do entendimento de que isso não passa de uma ilusão acadêmica e que grande parte dos destaques que damos aos nossos objetivos universitários na pós-graduação tem seu nascedouro em circunstâncias cotidianas comezinhas, mais do que estaríamos dispostos a aceitar. Para muitos colegas pesquisadores, esse reconhecimento é um demérito do trabalho, uma vez que passaria a ideia de que a pesquisa não foi levada dentro dos padrões de cientificidade e argumentação técnica que usualmente são utilizados para enfrentar problemas complexos de direitos humanos.

De qualquer forma, não seria honesto nem coerente um trabalho universitário com foco central nas formulações neopragmatistas conservar ainda um apego desnecessário à "correta metodologia" no que concerne aos pressupostos teóricos da pesquisa. Em outras palavras, não faria sentido um trabalho que defendesse o neopragmatismo dentro de um padrão técnico e oficial de metodologia que exige, em seu núcleo, algo que é incompatível com a própria herança pragmatista: neutralidade e pureza do discurso científico e metodológico. É por isso que não entendemos que as ideias aqui formuladas sejam o resultado de uma maturação rigorosamente acadêmica e metodológica, mas sim fruto de uma experiência contrastada com as promessas da teoria.

Assim sendo, cabe nesta introdução uma breve narrativa das circunstâncias dentro das quais se operaram e se desenvolveram as observações aqui apresentadas. Desde sua formação superior na própria Universidade de Brasília, o autor desenvolveu especial interesse pelos estudos no campo do direito constitucional. Incentivado pelos professores da instituição, sempre se dedicou, com estímulo e vontade, à leitura dos autores clássicos do direito constitucional, dos professores de filosofia do Direito e dos filósofos que, em última análise, desenvolviam as teses que, anos depois, eram incorporadas de alguma forma pela teoria constitucional. Nesse contexto, a leitura de autores como Hesse, Alexy, Häberle, Müller, Grimm, Lassale, Böckenförde, Canotilho, Miranda, Vieira de Andrade, Pérez Luño, Peces-Barba Martínez, Prieto Sanchís, Dworkin e Ely, além dos brasileiros Bonavides e Afonso da Silva, era obrigatória. As discussões no âmbito da instituição também eram acaloradas e sempre tinham como eixo central a atuação da Jurisdição Constitucional e o seu controle discursivo por meio dos trabalhos doutrinários do direito constitucional.

Com a antiga formação do Supremo Tribunal Federal — antes de 2002, com a saída dos ministros Sydney Sanches, Moreira Alves

INTRODUÇÃO

e Ilmar Galvão, pouco depois da aposentadoria dos ministros Octavio Gallotti e Nery da Silveira —, a crítica geralmente girava em torno da falta de preparo técnico-constitucional dos ministros, já que vários deles não citavam os autores mais comentados ou não aplicavam suas principais teorias. Também não era esquecido certo desconforto com a atuação sempre muito cautelosa da Corte (antiativista) em temas centrais do direito constitucional. Não havia, em opinião quase consensual, simbiose entre a atuação da Jurisdição Constitucional e o que se lia em matéria do que era o mais moderno e sofisticado no campo da teoria constitucional. As gerações de publicistas formadas no final dos anos 1990 possuíam um grande objetivo acadêmico: desenvolver trabalhos que pudessem servir, ao mesmo tempo, como "manual" de aplicação da Constituição no dia a dia da Jurisdição Constitucional e como etapa da sofisticação científica do discurso constitucional. Excelentes trabalhos de pós-graduação e de mestrado foram elaborados com base nessa perspectiva, enquadrando os principais temas oficiais do direito constitucional: controle de constitucionalidade, interpretação constitucional, principiologia da Constituição e teoria dos direitos fundamentais.

Os temas não eram definidos pelos problemas concretos, mas pelos autores estrangeiros de direito constitucional que se liam. Quando o mote era uma questão concreta importante, o tratamento do problema era "manipulado" para ser tratado também sob esse ângulo de análise. Paralelamente, a Universidade de Brasília também produzia trabalhos que criticavam essa *mainstream* ao tratar de temas mais polêmicos, como demandas de grupos minoritários ou políticas de inclusão social. O substrato teórico, entretanto, contrário aos autores da linha germânica, também se prestava a "vender" uma visão de "verdade", embora em oposição à visão principal. Em outras palavras, havia uma sensação de "encruzilhada", como se houvesse um esgotamento da natureza do modelo de argumentação que se propunha, e o maior sinal dessa situação eram as propostas cada vez mais técnicas e terminológicas de trabalhos acadêmicos, com um inexorável afunilamento das possibilidades do discurso. Ao mesmo tempo, trabalhos que defendiam conclusões diversas apresentavam em seu índice uma listagem quase que idêntica de tópicos a serem tratados.

O autor, entretanto, vivenciou experiência única que edificaria de vez as suas dúvidas sobre a utilidade do discurso constitucional importado. Durante seis anos atuou como chefe de gabinete e assessor de ministros do Supremo Tribunal Federal e, exercendo essas funções, teve a oportunidade de acompanhar a forma pela qual decisões político-jurídicas eram proferidas e de que maneira as pré-compreensões de cada ministro, bem como sua história de vida pessoal, além de sua formação científica ou acadêmica, influíam em suas perspectivas particulares acerca dos problemas que chegavam à Corte.

Por outro lado, teve também a oportunidade de verificar o impacto com que elementos não jurídicos (elementos econômicos, políticos e sociais) constrangiam ou sensibilizavam os ministros na difícil tarefa de decidir questões que aparentemente apresentavam demandas contrapostas igualmente legítimas. Nessas situações, os ministros eram levados, com mais ou menos força, a buscar soluções de consenso ou formatos decisórios que pudessem acomodar, ao menos em parte, os interesses em litígio. Tais preocupações ou angústias passavam muito longe do formato de discurso técnico do direito constitucional que se pudesse produzir, já que os únicos elementos exigidos eram criatividade e imaginação dos ministros para criar uma solução a mais adequada possível.

Nesses casos, a linguagem oficial do direito constitucional não só era ineficaz como também atrapalhava, uma vez que encobria as reais razões das partes e evitava que os ministros tivessem uma clara identificação do problema concreto em jogo. Apesar de todo esse quadro, os juízes da Jurisdição Constitucional ainda sentiam uma espécie de "obrigação de ofício" com relação à manutenção de um campo específico de argumentação jurídica, como se a autoridade do tribunal viesse dessa argumentação, e não da eficácia das decisões que proferiam. Esse sentimento de obrigação acabava por produzir argumentações estranhas, pois teriam que manter a imagem de uma

INTRODUÇÃO

lógica ou coerência da jurisprudência do Supremo Tribunal Federal, mesmo que as decisões fossem mais casuísticas do que o tribunal gostaria de reconhecer. Isso também, pelo lado da jurisprudência, ajudou a reafirmar a necessidade do discurso constitucional, muito embora escancarasse a sua inutilidade.

A tentativa de manutenção da imagem de um "espírito" da jurisprudência (ou de uma linearidade de sua construção no tempo) tornava as justificativas ou motivações pouco verossímeis, o que reforçava as críticas à sua atuação. Instrumentos processuais ou procedimentais da Jurisdição Constitucional que poderiam libertar as amarras técnicas e superficiais para a decisão das questões — tais como a promoção de audiência pública, a figura do *amicus curiae*, a arguição da repercussão geral da questão constitucional — acabaram por também ser cooptados para a lógica fria e mecânica do discurso tradicional importado (por exemplo, com o convite de advogados e juristas para participar das audiências públicas e a vinculação da aceitação do *amicus curiae* à coparticipação como advogado representante da parte interessada). Ao final, o discurso do direito constitucional, especialmente no âmbito do exame principiológico, mostrava-se inútil para uma melhor análise das questões, mas também ajudava a criar a aura de um tribunal técnico e legítimo, mesmo que essa imagem fosse apenas produzida para o "operador do direito" formador da "comunidade jurídica".

O autor não tem como negar aquilo que viveu e experimentou, bem como não se sente confiante de que a resposta para essa "angústia" decisória possa ser buscada em uma maior sofisticação do velho discurso constitucional importado, ainda que resgatado em moldes mais contemporâneos, que, em última análise, é uma das causas desse problema. Aprofundar o discurso apenas tem agravado os problemas da exclusão democrática da decisão, o deslocamento da teoria e prática e o hermetismo da linguagem.

Paralelamente ao seu caminho profissional, o autor não deixou o magistério e a pesquisa acadêmica e, já nesse ponto, aprofundou-se nos estudos de formas alternativas de enfrentar os problemas, investigação essa que se concentrava nas correntes filosóficas mais modernas de crítica à "teoria do conhecimento", como a hermenêutica filosófica, a desconstrução, o contextualismo linguístico da Escola de Cambrigde, a história dos conceitos, o movimento *Critical Legal Studies* e o próprio pragmatismo. O interesse pelo pragmatismo surgiu com o destaque de noções como utilidade, eficiência e funcionalidade; ideias muitíssimo caras ao Direito (entendido como uma ciência instrumental), mas há muito esquecidas e trocadas por noções como justiça, moral, ética, proporcionalidade e correção do método. O pragmatismo e, mais especificamente, o neopragmatismo tinham todos os elementos para auxiliar na identificação do problema e na crítica ao modelo de discurso importado do direito constitucional. Sua linguagem "pós-filosófica" evitava que a própria crítica se tornasse mais um giro do próprio discurso neokantiano epistemológico.

O trabalho que ora se apresenta é a tentativa de assimilar, para o campo da experiência concreta de aplicação da Constituição e, especificamente, dos direitos humanos, inovadoras noções de crítica à formulação racionalista do iluminismo que encontra, na teoria dos direitos fundamentais, o seu maior representante no campo do direito contemporâneo.

Dito isso, o trabalho está organizado de maneira a tentar promover a apresentação das ideias pragmatistas para um público majoritariamente preparado para ler sobre teorias, princípios, ponderações e núcleos essenciais. Exatamente por esse motivo, o texto poderá parecer provocativo ou irônico em determinados momentos; juízo que o autor atribui principalmente ao profundo estranhamento inicial das ideias que aqui serão apresentadas e, quiçá, certa perplexidade com a crítica do discurso da filosofia (e da filosofia do direito) como "indicadora de lugar".

A Parte I pretende apresentar noções do pragmatismo e do movimento filosófico que o defende. Assim sendo, são abordados nessa parte os autores clássicos mais famosos do pragmatismo, e as principais ideias e características comuns no discurso desses repre-

INTRODUÇÃO

sentantes, que poderiam, para fins acadêmicos, ser apontados como notas distintivas do discurso pragmatista. Também se desenvolve narrativa acerca da aplicação do pragmatismo no Direito, apontando-se seus primeiros formuladores, em que sentido essas ideias foram revolucionárias e um rápido tratamento das críticas elaboradas ao pragmatismo no contexto do debate estabelecido entre Posner, Dworkin e Rorty.

Preliminarmente, entretanto, como o primeiro capítulo da Parte I, a pesquisa tenta demonstrar que o *approach* pragmatista é mais presente e influente na história institucional do Brasil do que o jurista gostaria de reconhecer. Nesse primeiro tópico, o trabalho traça um paralelo acerca de como o Direito se desenvolveu no Brasil desde o século XIX e como se deu, nesse período, a dinâmica da política. Como se verá, o combustível a fazer mover as articulações e negociações políticas são a tentativa de estabelecimento de consensos e o binômio "utilidade-inutilidade". Enquanto o Direito se perdia em devaneios teóricos pouco práticos e eficientes, a política construía, destruía e alterava instituições, inclusive aquelas mais caras ao jurista, tais como o sistema republicano, o regime federal e a Constituição de 1988. A intenção, entretanto, não é fazer um elogio gratuito a essa história política, já que durante o período em questão também se praticou um pragmatismo pequeno e mesquinho, em que imperavam interesses particulares pouco transparentes. Entretanto, não há dúvida de que "agir pragmaticamente" não é algo estranho à nossa tradição e, agindo assim, construiu-se o que temos de melhor no direito constitucional: a própria Constituição de 1988.

Na Parte II, faz-se um diagnóstico do discurso contemporâneo do direito constitucional no Brasil, apontando-se seu aguçamento no vácuo teórico do pós-88 e seu posterior desenvolvimento e consolidação. Destacam-se os elementos que atestam o exaurimento desse modelo e as principais consequências desse esgotamento. Não há dúvida de que os efeitos do tecnicismo na linguagem jurídica têm reflexos importantes no campo político e democrático, afastando do processo de decisão quem deveria ser protagonista: os cidadãos.

DIREITOS HUMANOS, DIREITO CONSTITUCIONAL E NEOPRAGMATISMO

Assim, a manutenção e sofisticação desse prestigiado discurso constitucional continuará a trazer *deficits* importantes em termos de democracia, participação, integração e igualdade. A Jurisdição Constitucional é entendida como eixo fundamental dessa análise, tendo em vista sua "natureza" institucional, parte jurídica, parte política. O hermetismo do discurso torna também a Jurisdição Constitucional uma entidade anômala que, embora não se admita no mesmo nível dos outros tribunais, tampouco apresenta coragem suficiente para, rompendo as amarras do discurso conservador, assimilar sua função política maior.

A crítica a esse modelo parte de duas posições ou direções de argumento: (i) a importação do discurso, estranho, portanto, às circunstâncias de enfrentamento de questões de direitos humanos no Brasil; e (ii) a pretensão de oferecer um padrão de verdade ou de justiça, ou mesmo de moralidade. A segunda crítica inevitavelmente engloba a primeira e transforma-se no grande pretexto do trabalho para, sob o olhar pragmatista, apontar as mazelas e a insuficiência da linguagem dos "direitos fundamentais". Por isso mesmo, a crítica neopragmatista se encaixa tão bem ao problema identificado do discurso neokantiano que se tem no direito constitucional brasileiro.

A Parte III pretende oferecer uma ponte entre a crítica ao neopragmatismo e o direito constitucional, não somente por meio do reforço da crítica ao modelo principiológico de verdade, mas, principalmente, ofertando-se alternativas. Nessa linha, salienta-se a visão neopragmatista de direitos humanos, de filosofia, do papel do filósofo, dos discursos procedimentais, dos discursos "quase transcendentes", de democracia e de liberdade. O trabalho, nesse ponto, também adota um formato específico de narrativa que facilita a percepção da crítica que se faz. Esse formato específico é a utilização de um debate-paradigma da filosofia que possa representar, no campo do Direito, as duas posições contrapostas. O debate-paradigma a que se faz referência nesse momento envolve Rorty e Habermas. A intenção é demonstrar que mesmo uma formulação filosófica de prestígio, como é o pensamento de Habermas, não consegue chegar à crítica de pressupostos feita no pragmatismo, o que faz com que a "crítica à epistemologia" habermasiana não passe, aos olhos de um pragmatista, de mais um momento-movimento do discurso iluminista de elogio à razão. Da mesma forma, a propalada revolução da teoria dos direitos fundamentais e do neoconstitucionalismo, fruto da jurisprudência dos valores na Alemanha, não significa mudança substancial do velho discurso da jurisprudência dos conceitos e de sua antiga pretensão de objetividade.

O trabalho se encerra com a identificação, nos acórdãos e nos instrumentos da Jurisdição Constitucional, de linguagens alternativas e de possibilidades novas de tratamento dos direitos humanos que não signifiquem necessariamente a repetição do modelo importado do discurso principiológico e valorativo dos direitos fundamentais.

Parte I

DIREITO, POLÍTICA E PRAGMATISMO

É preciso demonstrar a utilidade do pragmatismo para o atual estágio do discurso do direito constitucional, como forma de fugir à inevitável encruzilhada — que já se apresenta — de ter de enfrentar problemas concretos cada vez mais complexos em matéria de direitos humanos por meio de uma linguagem cada vez mais seca, opaca e tecnicista na interpretação da Constituição.

O pragmatismo não é propriamente uma corrente filosófica, muito embora tenha se digladiado com as principais linhas do pensamento da filosofia ocidental nas últimas décadas. O pleno entendimento das preocupações pragmatistas, para alguns, é um processo árduo e doloroso, já que obriga à revisão de pressupostos jusfilosóficos até então tomados como certos e tratados como base de sustentação para qualquer empreitada bem-sucedida em questão de direitos humanos.

Muito embora, para muitos, o binômio "utilidade-inutilidade" não represente terminologia adequada para o enfoque de questões relacionadas à filosofia e ao Direito, é rigorosamente o critério de aprofundamento de debates em outras áreas do conhecimento, tais como a política e a diplomacia, e parece ser um ponto inicial adequado para o detalhamento do pensamento pragmatista e neopragmatista. Atuar "pragmaticamente" tem sido uma constante nas relações estabelecidas na política brasileira, por exemplo, nos últimos duzentos anos e, visto sob essa óptica, o pragmatismo pode se apresentar de uma maneira menos estereotipada e preconceituosa. Pragmatismo, nesse sentido, não é um discurso teórico de "verdade", produzido em realidades político-jurídicas estrangeiras, que poderia vir a ser aplicado ao discurso do direito constitucional no Brasil. O "agir" de forma instrumental e o "pensar" de maneira pragmática estão muito mais entranhados na formação de nossas instituições político-jurídicas do que se possa imaginar, o que, obviamente, não se coaduna com a perspectiva oficial de ler a história do Brasil como uma linha, como um caminho que inexoravelmente alcançará o seu fim, como uma reta a indicar o sentido da evolução e do progresso, como um conjunto de eventos que podem ser plenamente justificados com base em juízos de correção, justiça e moralidade.

1

DIREITO E POLÍTICA NO BRASIL POR MEIO DE UM PRAGMATISMO OBSCURO

1.1 A HERANÇA DO BACHARELISMO JURÍDICO E O ESPAÇO DEIXADO

A redemocratização do país, com seu símbolo máximo espelhado na Constituição de 1988, apresentou novos rumos para o desenvolvimento do pensamento jurídico e constitucional no Brasil. A história constitucional brasileira, apesar de sua riqueza ainda inexplorada, parece ter se pautado, desde o Texto Constitucional de 1824, em um eixo bastante estável: o fato de que o discurso jurídico frequentemente não tenha se colocado como um real protagonista no andar dos acontecimentos institucionais. Nota exemplar a demonstrar essa distância entre o "jurídico" e o "político" no Brasil é o fato de momentos políticos fundamentais, que ajudaram a moldar o entendimento do conteúdo da Constituição de 1824, não terem sido sequer citados por renomados comentaristas daquela Carta. Assim, as revoluções do período regencial — a Cabanagem, no Pará (1835-1840); a Sabinada, na Bahia (1837-1838); a Balaiada, no Maranhão (1838-1841); a Praieira, em Pernambuco (1848-1850); e a Guerra Farroupilha (1835-1845), por exemplo —, embora em sua maioria vinculadas aos interesses oligárquicos locais (e não a algum tipo de expansão dos direitos humanos), não são ao menos citadas nas famosas obras

DIREITO, POLÍTICA E PRAGMATISMO

de Pimenta Bueno (*Direito público brasileiro e análise da Constituição do Império*, 1857), Joaquim Rodrigues de Souza (*Análise e comentário da Constituição política do Império do Brasil ou Teoria e prática do Governo Constitucional Brasileiro*, 1867) e Sá e Benevides (*Análise da Constituição política do Império do Brasil*, 1890). Em relação a Pimenta Bueno (o marquês de São Vicente), destaque-se os fatos de sua obra fundamental ter sido escrita em 1857 (portanto, após o acontecimento dos citados eventos) e de ele ter ocupado importantes posições políticas no Império, tais como deputado, senador, presidente das províncias do Rio Grande do Sul e de Mato Grosso, ministro da Justiça e ainda presidente do Conselho de Ministros durante o Gabinete de 29/09/1870. Portanto, a diferença entre sua "vida política" e sua "vida jurídica" é representativa da maneira como nos acostumamos a ver esses fenômenos. Esse padrão de raciocínio jurídico "neutro" e "impessoal" repete-se nos comentários e nos estudos constitucionais relacionados a todas as Constituições brasileiras. Aliás, Seabra Fagundes, ao elaborar o prefácio da publicação da obra em comemoração ao centenário, escreve que Pimenta Bueno "consagrou o estudo sistemático do Direito Público Constitucional do Império" e se credenciava "pela fidelidade ao sentido impessoal e superior da ordem jurídica", mostrando que a "ideologia" do Direito superior e neutro ainda existia cem anos depois da publicação de *Direito Público Brasileiro e análise da Constituição do Império*.

Tobias Barreto, talvez o primeiro grande crítico da pureza do discurso constitucional, publicara em 1871 um ácido texto questionando a qualidade jurídica da obra de Pimenta Bueno, livro que chama de "armazém jurídico" e o qualifica de "obra fria, que tem ao mesmo tempo a dureza própria das compilações e a insipidez de uma ciência escolástica" (BARRETO, 1977c, p. 155). De fato, o fenômeno de um "cientificismo" observado desde o nosso período imperial como catapulta de prestígio social construiu uma vala que impossibilitou um uso "estratégico" e pragmático do Direito no Brasil, servindo apenas como eixo de produção de um conhecimento rasteiro, teórico, pouco prático; enfim, um espaço típico do exercício exclusivo da erudição e do comparatismo.

Fruto dessa herança, a estrutura política do país, alimentada pelas relações nem sempre paritárias entre grupos ideológicos de pressão, formou-se ao longo de um processo lento, construído à margem dos limites que o raciocínio jurídico poderia impor. Nessa linha, basta uma análise, mesmo que superficial, das obras jurídicas de importantes políticos brasileiros. Tobias Barreto (1977c, p. 156), em relação ao famoso livro de Pimenta Bueno, já questionava, em 1871, o trecho no qual o marquês de São Vicente explicava a "razão brasileira, esclarecida pela experiência dos povos" da forma monárquica constitucional de governo, e afirmava:

> Já tenho combatido esta supina tolice, que pretende justificar a nossa forma de governo, invocando a experiência dos povos, como apoio de uma instituição, cujas primeiras tentativas foram feitas, no começo do século, para uso das nações modernas, com exceção da Inglaterra; e o Brasil entrou no ensaio. [...] Qual foi, portanto, esse plural de povos, cuja experiência pôde esclarecer a razão brasileira para adotar o governo que tem?

Em outras palavras, os momentos constitucionais brasileiros se colocaram diante de todos e das instituições como mecanismos de soluções de problemas casuísticos, nem sempre preocupados em externar algum tipo de discurso coerente ou que fizesse sentido diante de algum modelo jurídico transcendental.

O "homem político" — e as correntes ideológicas que representava — parece ter moldado a sucessão constitucional do país, dando cada vez menos importância a ideais abstratos e importados, pouco práticos, encampados pelo "homem jurídico". Destaque-se o pitoresco caso da nossa "República". Ao contrário do que enaltecido por nossa doutrina constitucional, a Proclamação da República configurou-se muito mais como uma nova acomodação institucional de posições políticas que não encontravam mais anteparo no regime monárquico do que propriamente algum momento de inspiração democrática ou humanística. Assim, é interessante perceber que o novo regime, propagado como a vitória do povo, da democracia e do respeito aos direitos do homem, foi instaurado a partir de uma parada militar, assim observado pelos "bestializados", na expressão precisa de Aristides Lobo e desenvolvida por Murilo de Carvalho (1987), como capítulo final da erupção de três "questões" centrais: a sucessória, a religiosa e a militar. Outro notável exemplo da forma como pensa o "homem jurídico" em contraposição ao "homem político" está na fala do deputado Nestor Duarte (UDN/BA) durante a Constituinte de 1945/1946. Em um momento de retomada do caminho da democracia, o que menos se precisava era de "genialidades" ou apegos a princípios gerais:

> Não se espera, pois, da Assembleia Constituinte deste ano histórico senão que se vote ou se dedique a restabelecer o regime democrático do Brasil, nem se há de exigir dos constituintes de 46 o inesperado da novidade, o ineditismo do Direito novo. Uma Constituição, porém, sr. presidente, não é só obra de princípios gerais de Direito, desse universalismo a que tende toda obra jurídica apreciada acima do tempo. É o Direito Constitucional o mais nacional de todos os ramos do Direito, o que mais se regionaliza, conforme a experiência e a história de cada povo. (NOGUEIRA, 2006, p. 90.)

Não são raros os estudos que tentam, nessa linha, identificar, apesar dessa separação entre a prática e as discussões abstratas, a formação de uma "teoria constitucional" no Brasil ou, ao menos, de um pensamento constitucional, mesmo que isso não signifique agregar preocupações práticas ao contexto das experiências políticas. Nelson Saldanha, por exemplo, dedica-se a esse desiderato ao tentar estabelecer uma semente liberal no discurso do direito constitucional brasileiro. Entretanto, para o próprio autor, a evolução da teoria não acompanhou o plano da experiência:

> Verdade seja que a quase todos os estudiosos parece melancólico reconhecer que, na experiência nacional, as fases de autoritarismo e de predomínio do poder pessoal têm sido mais

duradouras (ou mais marcantes) do que as de normalidade constitucional. No plano teórico, porém, onde vale o mérito da correção conceitual e do vigor especulativo, os progressos são patentes. (SALDANHA, 2000, p. 227.)

De qualquer sorte, parece ter havido descompasso entre a "ciência" praticada pelos juristas e as opções institucionais levadas a cabo na sucessão dos eventos políticos, "os ciclos da instabilidade institucional" (CHACON, 1987, p. 7; SALDANHA, 2000, p. 227).

Sem diálogo, sem discussão pragmática, sem intercâmbio entre as preocupações dos dois mundos (político e jurídico), o político se expandiu e seu tom extremamente estratégico e utilitarista foi também o tom da nossa história constitucional. Enquanto isso, o jurídico, aos poucos, foi se conformando, tentando não se sujar, tentando manter a pureza de um discurso transcendente, tentando manter vivos os ideais kantianos do iluminismo, da busca pela "razão ideal", pela justiça e pela verdade. Em outras palavras, razões de ordem prática, mesmo que circunstanciais, nunca foram levadas a sério no discurso da ciência do Direito e, ao contrário, sempre foram consideradas concessões inaceitáveis da política à realidade. Apenas as razões que tivessem algum fundamento transcendente e existência atemporal poderiam servir como pautas legítimas de discussões em torno de direitos e para o estabelecimento de modelos de estudo das relações políticas.

Há muita discussão, dentre aqueles que projetam um olhar diferenciado na história do Brasil, em busca de quais teriam sido os motivos para isso. Não há dúvida, entretanto, de que a situação descrita também é o resultado da convergência de elementos presentes na nossa própria história jurídico-constitucional. Um desses fatores protagonistas estaria localizado temporalmente no Brasil imperial, naquilo chamado por Tobias Barreto (1977a, p. 289) de "bacharelismo", que pode significar um conjunto de sentidos a depender do olhar e do ângulo adotados para se enxergar. Por isso, dentro de um contexto amplo, o termo não precisa ter necessaria-

DIREITO, POLÍTICA E PRAGMATISMO

mente um sentido negativo. Contudo, toma-se aqui o sentido mais tradicional da palavra, a significar "o gosto excessivo pelo beletrismo político, pela retórica — a palavra, o discurso, a metáfora são dotados de significação mais importante que os fatos, o conhecimento científico ou econômico" ou "o gosto excessivo pela retórica" (PAULO FILHO, 1997, p. 13). Hoje existe uma ampla produção, especialmente dos historiadores, acerca do fenômeno do "bacharelismo", aquilo que Visconde do Uruguai (1997, p. 358) chamou de "a chaga do funcionalismo" em seu famoso livro de 1862. Joaquim Nabuco sentenciou, em seu *O Abolicionismo*, ao afirmar que a burocracia era "vocação de todos" no Império; e Sérgio Buarque de Holanda classificou como a "praga do bacharelismo". A necessidade de criação e ampliação de uma burocracia administrativa e de uma estrutura política livre da influência da "ideologia" da Universidade de Coimbra determinou a criação dos primeiros cursos jurídicos no Brasil (São Paulo e Olinda), por meio da Carta de Lei nº 11, de agosto de 1827.[1] A intenção, portanto, com a criação dos primeiros cursos, esteve mais ligada a um projeto de ascensão social e político por meio da participação em redes promíscuas de aproximação e influência cuja chave de ingresso era a formação superior. Faoro (2001, p. 446), ao relatar a relação de simbiose entre os bacharéis e a burocracia imperial, destaca que os letrados "[...] não são flores de estufa de uma vontade extravagante, mas as plantas que a paisagem requer, atestando, pelo prestígio que lhes prodigaliza, sua adequação ao tempo".

A formação universitária não estaria ligada a pretensões impessoais ou interesses científicos ou acadêmicos. Uma vez formado, o bacharel em direito ou o magistrado (CARVALHO, 2006a, p. 102) era, muitas vezes, cooptado pela estrutura administrativo-política e não mais se sentia em débito com a instituição de ensino, com

---

[1] "Importante notar que a cultura jurídica do Império, embora erudita, não é acadêmica propriamente." (LOPES, 2008, p. 315.) Ver também Vainfas (2002, p. 68), Carvalho (2006, p. 145), Faoro (2001, p. 446) e Holanda (1995, p. 157).

a busca acadêmica pelo conhecimento ou com a possibilidade de ensaiar críticas úteis ao sistema. José Murilo de Carvalho, por meio da prosopografia, observa que, na estratégia da ocupação, a classe de magistrados e advogados ocupava, especialmente ao final do período imperial, a parcela majoritária dos ministros, senadores e deputados do governo, de 1822 a 1889 (FAORO, 2001, p. 440). Vários brasileiros ilustres seguiram essa toada de serem bacharéis com conhecimento técnico refinado e abstrato, e também exerceram altos cargos durante o Império, sem que se possa apontar uma ligação mais clara entre o "jurista" e o "político", como, por exemplo, Pimenta Bueno (marquês de São Vicente), Paulino José Soares (visconde do Uruguai), Cândido Mendes de Almeida, Lafayette Rodrigues Pereira (o famoso conselheiro Lafayette) e Zacarias de Góis e Vasconcelos. Tobias Barreto, talvez pudesse ser apontado como exceção, na medida em que teve atuação política e, por meio de seus estudos e escritos, desenvolveu crítica mais incisiva a eventos e características de seu tempo. A regra também seria aplicada ao número cada vez maior de bacharéis que viam no funcionalismo a perspectiva para uma vida futura em ascensão. A renovação da pseudoautoridade e a confirmação de que o bacharel era parte do "pequeno comitê", no qual rede de poder, favorecimento pessoal e confusão entre público e privado eram a tônica, reafirmavam-se pela reprodução de um conhecimento superficial, comparatístico e enciclopédico, por meio de uma linguagem prolixa, antiquada e retórica. Além da ligação com a burocracia e com o emprego público, o fascínio pelo "brilho dos bacharéis", conforme ensinou Gilberto Freyre, é também a herança da imagem do jesuíta.

> O gosto pelo diploma de bacharel, pelo título de mestre, criaram-no [o jovem brasileiro no início do Império] bem cedo os jesuítas no rapaz brasileiro. No século XVI já o brasileiro se deliciava em estudar retórica e latim para receber o título de bacharel ou de mestre em artes. Já a beca dava uma nobreza toda especial ao adolescente pálido que saía dos "pátios" dos jesuítas. (FREYRE, 2000, p. 104.)

DIREITO, POLÍTICA E PRAGMATISMO

Era um "Direito" cujo conteúdo não teria utilidade (a não ser a ostentação do diploma superior): essa parecia ser a mentalidade que povoava e se diluía no inconsciente da população no Brasil dos primeiros anos e que, assim, em larga medida, desde o período imperial, fechava-se nos restritos confins do espaço universitário, herança da noção de que seu conteúdo é inútil ou impertinente como material de participação política. Seus cientistas se deleitaram com o deslumbramento do mundo colorido que descobriam em um diálogo interno árido, sem eficácia, superficial, mas, ao mesmo tempo, um discurso elegante, belo, que, de alguma forma, aproximava essa produção acadêmica à dos tempos de Platão, Santo Agostinho, Hobbes e Rousseau (CASTRO, 2005, p. 31).[2]

Nesse interregno, o mundo girava, as batalhas ideológicas tomavam forma no palco da política e, assim, as instituições no Brasil eram fundadas, ascendiam, decaíam e eram extintas. Direitos eram reconhecidos, não por conta de preocupações humanistas ou humanitárias, mas como resultado de posturas simbólicas ou conquistas de espaço a partir de lutas travadas majoritariamente no espaço frequentado por poucas pessoas. Esses mesmos direitos que vagavam ao sabor dos discursos casuísticos, desapareciam também ao demonstrar que o seu reconhecimento anterior não havia sido fruto de uma base sólida de índole democrática. Sempre se praticou no Brasil, do ponto de vista político, um "casuísmo" chulo e rasteiro, associado ao clientelismo e à regra da troca de favores.

No mesmo sentido, caminhavam ideias consideradas fundamentais em nosso sistema político. "Federalismo" servia como discurso que ofuscava o centralismo estatal e era manipulado à mercê

---

[2] Castro constrói uma cronologia das ideias políticas, enquadrando os principais autores entre o paradigma universalista e o paradigma particularista. "No paradigma universalista (platônico), a aquisição da consciência do bem comum faz-se pela 'via longa' correspondente a um treinamento do espírito." (CASTRO, 2005, p. 87-88.) Os autores referidos acima estão alinhados com a tradição platônica.

da dinâmica política contingente. Interessante notar como a discussão jurídica acerca do federalismo no Brasil ignora o fato de que a República não representou necessariamente a mudança institucional que se pretendia, observando a experiência americana. Em primeiro lugar, a tônica da vida política do Império girava em torno da relação entre a Coroa e as oligarquias locais, portanto entre centralização e descentralização. O "ocaso" da República é mais um capítulo da dinâmica dessa "mola" que ainda hoje estica e cede ao sabor das contingências históricas. Em outras palavras, o sentido de "federalismo", tal como entendemos um governo dividido em níveis de poder no qual o nível estadual detém apenas autonomia (aliás, o sentido preconizado por nossos livros de Direito), é ideia totalmente estranha à nossa experiência, muito embora possamos falar claramente de atritos políticos e institucionais entre níveis de poder nem sempre oficiais. Como conclusão, podemos aprender mais e melhor sobre o federalismo brasileiro estudando o período imperial em vez da experiência americana. O termo "federalismo", trazido pela Constituição de 1891, tem uma intenção mais simbólica do que concreta. Na realidade, vários instrumentos da nova Constituição demonstram que não passamos a ter federalismo após 1891, mas apenas mais um capítulo do confronto centralização *versus* descentralização.

"Separação de poderes" era conceito de impacto que também encobria desequilíbrio essencial entre as instituições que representavam, em determinados momentos, correntes ideológicas mais fortes. É outro tema que tem merecido um tratamento comparatístico e abstrato que ignora aspectos importantes da história institucional do país. Aqui também se tem o efeito simbólico do termo ao apresentar determinado sistema como representando um equilíbrio entre esferas de poder. A história do Brasil, entretanto, revela uma primazia regular ou periódica do Poder Executivo em determinados períodos que, associada a instrumentos jurídicos específicos, aponta para um sentido peculiar de separação de poderes ou para o sentido contrário ao das formulações vindas de Montesquieu e praticadas nas principais democracias do mundo. Em lugar de tentar entender a dinâmica própria de um sistema que se pauta em uma separação de pode-

DIREITO, POLÍTICA E PRAGMATISMO

res, com destaque ao Poder Executivo, juristas puristas insistem em realizar críticas transcendentes pautadas em modelos teóricos e em paradigmas alienígenas. Poucos são os trabalhos, por exemplo, que tentam identificar as consequências para o modelo atual da prática, ainda no período imperial, do poder moderador, talvez o grande tema "jurídico" da época. O sentido simbólico do termo foi confirmado recentemente quando o ministro Nelson Jobim, em entrevista concedida a *O Globo* ("Rio de Janeiro Especial", 05/10/2003, p. 2), reconheceu que o art. 2º da Constituição de 1988 não havia sido votado, mas incluído na redação final da Carta.

Enquanto isso, o "Direito" deleitava-se em extrair todos os significados jurídicos das expressões "federalismo" e "separação de poderes", explorando os grandes autores da ciência do Direito e da filosofia que desenvolveram essas ideias, elencando princípios de atuação e garantias que esses tópicos traziam para o país. O gozo pela ilusão de, assim procedendo, tocar as estrelas e o mundo ideal fez com que o "Direito" se tornasse área de estudo que dificilmente poderia contribuir para algo no desenvolvimento das instituições políticas do país. O Direito e seus cientistas eram pretensamente impessoais e distantes, como forma de conseguirem a necessária assepsia para trabalhar com temas puros e eternos e, assim, frequentemente se afastarem da própria finalidade política e utilidade de seu discurso.

Os pontos de contato entre Direito e momentos constitucionais limitavam-se à propositura de interpretações positivistas dos Textos de Constituição, a retirar como que conclusões estritamente jurídicas de enunciados que haviam sido escritos dentro de ferozes espaços de luta política. O direito constitucional, entretanto, contaminaria a beleza de seus enunciados e a pureza de seus trabalhos doutrinários caso se predispusesse a enfrentar e analisar os abusos e a contingência do mundo político real.

Assim, autores como Montesquieu, Locke, Rousseau e Kant, ou os pais fundadores norte-americanos, tornaram-se nomes obrigatórios e aplaudidos nos estudos e no pensamento do direito constitucional. As experiências da Independência Americana, da Revolução

Francesa e da gloriosa Revolução Inglesa eram referências obrigatórias nos estudos do direito constitucional, pois esses, sim, eram momentos sublimes da experiência humana que mereciam ser examinados em detalhes porque conservariam a limpeza do pensamento metafísico constitucional.

1.2 A PRIORIDADE DO "AGIR" POLÍTICO AO "PENSAR" JURÍDICO

Em outras palavras, a vontade de neutralidade e a exacerbada importância dada aos estudos teóricos do Direito afastaram o jurista e seu campo de trabalho das experiências — portanto, da prática — do campo da filosofia política. O Direito — enquanto "a" grande ciência — e o "jurista" — na posição de um profissional especial —, aos poucos, foram se extirpando da vida real e da dinâmica institucional brasileira. Se o mundo não era capaz de caber nos modelos limitados e ilusórios do Direito, não houve dúvida de que o jurista preferiria ficar do lado de seus modelos. Enquanto isso, o Brasil continuava a ser guiado pelas preocupações rasteiras e casuísticas de correntes contingentes de interesse e de pressão, o que, por muito tempo, foi identificado equivocadamente como um comportamento "pragmático".

A omissão dos juristas e do Direito, compreendido dentro desses limites, incrementou um "fluir" da política que sempre se pautou nas demandas estratégicas e temporárias de determinados grupos políticos, muito embora vários políticos ostentassem o grau de bacharel em Direito. Tais grupos políticos — partidos políticos em determinada época, oligarquias provinciais em outros períodos, elites regionais, grupos econômicos — desenvolveram, na falta de fiscalização e controle, formas bastante "pragmáticas" de atuação e, na maré da sucessão dos resultados dessas maneiras de atuação política, o Brasil seguiu seu rumo. Sedimentou-se, como não poderia deixar de ser, um caminho bastante perturbado na sequência de Constituições semânticas, posturas populistas e discursos simbólicos. O "Direito" e o "jurista", enquanto isso, estavam entretidos com outros projetos "acadêmicos". São raros os exemplos em que há associação entre Direito e Política ainda na fase de formação do jurista. Uma importante medida que tentou alterar esse paradigma foi a Portaria nº 1.886/94, do Ministério da Educação, que previa a obrigatoriedade de matérias como ciência política no curso de bacharelado em Direito (FELIX, 1996, p. 101).

O discurso técnico e hermético do Direito, rico em categorizações, conceitos, definições e noções claras de institutos, no máximo, conseguia descrever a "organização política", funcionando completamente a reboque da história e da interpretação já fixada pela política acerca dos eventos e acontecimentos institucionais.

Também foi por esse motivo que, ao longo do século XX, até a década de 1970, o direito constitucional do "jurista" transformou-se em "direito político", na linha de estudo dos grandes positivistas franceses. A perspectiva positivista na formação de novos juristas tem peso relevante nesse processo de "purificação" do campo do Direito, bem como no velho esquema pedagógico de transmissão de conhecimento jurídico nos cursos de Direito, ainda prevalecente em larga medida nos cursos dessa disciplina no Brasil. Apesar de outras mudanças internas significativas (FELIX, 2001, p. 23), é no contexto de uma visão transnacional que aparecem importantes esforços no sentido de uma reflexão diferenciada acerca da formação do jurista no país. Nessa linha, vale destacar o Projeto Tuning, direcionado a revisar a formação jurídica acadêmica a partir de competências específicas que fujam da visão positivista.[3]

O tom sempre foi transcendente: O que é o Poder Executivo? Quais são suas atribuições? O que significa a separação de poderes? Como se organiza um regime presidencialista? O que é democracia? Como se dá o processo legislativo? Qual a função do Judiciário no esquema institucional?

O Direito sempre perguntou "em tese" e, por isso, sempre respondeu "em tese". Gerações e gerações de juristas foram formadas a

---

[3]   Sobre o tema, ver Felix, 2006, p. 197.

partir desse enfoque e nossa obra doutrinária competia para saber que autor ou "jurista" conseguiria aglutinar mais informações em um manual ou em um trabalho teórico. Para esse objetivo, valia muito: destrinchar experiências do direito comparado (geralmente a partir de um tom estereotipado e deslumbrado); demonstrar erudição, citando textos de documentos políticos estrangeiros; aprofundar e detalhar as obras dos pensadores mais complexos; trazer informações sobre eventos históricos alienígenas, apresentando interpretações nem sempre condizentes com os fatos narrados. Esse é o padrão do "bom jurista", formatado no modelo kantiano de busca pela "verdade" e pela "justiça". Ao tentar alcançar as estrelas e chegar à "verdade sublime", o "jurista" abriu mão de sua postura política, de sua necessária luta no mundo real, de agir como cidadão e brigar na arena pública dos embates ideológicos, nem que, para isso, tivesse que se sujar com ideias diferentes que não tinham a intenção de construir coerências teóricas.

Por isso, poucos foram os juristas brasileiros que conseguiram gravar seus nomes na história institucional brasileira, e aqueles que o fizeram apenas conseguiram porque ingressaram no espaço aberto dos embates políticos, deixando as discussões metafísicas de lado.

Em paralelo à divisória que se construiu e se solidificou entre o "espaço político" e o "espaço jurídico" — como se fosse possível esse tipo de separação —, determinadas entidades, cuja razão de existência institucional estava no contato entre a Política e o Direito, nunca conseguiram aprofundar debates e tendências e, por isso, nunca foram capazes de se estabilizar no contexto histórico.

O maior exemplo dessa história hesitante está na figura do Supremo Tribunal Federal. Não há dúvida, hoje, de que o Supremo Tribunal Federal situa-se no esquema institucional como "pedra de contato" entre o "sujo" mundo da política e o "cristalino" mundo do direito. Como deve ser a sua atuação? Como deve ser seu discurso? Qual é, de fato, o seu papel? A incapacidade de responder a essas perguntas e a desorientação nos rumos tomados em cada momento fazem da cronologia do Supremo Tribunal Federal uma

DIREITO, POLÍTICA E PRAGMATISMO

linha histórica que parece vacilar entre momentos omissos e de mero coadjuvante do jogo político.

Em alguns momentos, usurpações do espectro de atuação desse tribunal foram cinicamente justificadas com base em "princípios gerais" e "postulados de natureza filosófica". Em 02/04/1941, Francisco Campos, o elaborador técnico da Constituição de 1937, em discurso proferido durante a solenidade de abertura dos trabalhos do Supremo Tribunal Federal daquele ano, tentava justificar a possibilidade de o Poder Legislativo, por meio do art. 96, parágrafo único, da Constituição de 1937 (e do Poder Executivo, por meio da leitura dos arts. 178 e 180 daquela Constituição), rever determinadas decisões de inconstitucionalidade do tribunal. Ignorando as circunstâncias de um regime de exceção ou de ditadura que se vivia no Brasil durante o Estado Novo, Francisco Campos adotou um discurso "transcendente" ao tentar demonstrar que o esquema da Constituição de 1937 era lógica, racional e filosoficamente correto. Transcrevo alguns pontos do discurso:

> O poder de interpretar a Constituição envolve, em muitos casos, o poder de formulá-la. A Constituição está em elaboração permanente nos tribunais incumbidos de aplicá-la; é o que demonstra a jurisprudência do nosso Supremo Tribunal e, particularmente, a da Suprema Corte americana. Nos tribunais incumbidos da guarda da Constituição, funciona, igualmente, o Poder Constituinte. Esta honra, esta autoridade, esta a responsabilidade que vos conferiu a Nação. Poder-se-ia alegar, entretanto, a esta altura, que a Constituição de 37 mutilou a plenitude do vosso poder, conferindo ao Poder Legislativo a faculdade de derrogar os vossos julgados na parte em que deixam de aplicar a lei por tachá-la de inconstitucional. Esta faculdade, porém, é conferida em caráter excepcional como demonstram as cautelas de que é rodeado o seu exercício. [...] Tais questões [questões políticas ou difíceis] por serem de caráter mais geral, envolvem riscos maiores. Nada mais natural, portanto, do que atribuir a sua decisão ao governo que assume os riscos e as responsabilidades

DIREITO E POLÍTICA NO BRASIL POR MEIO DE UM PRAGMATISMO OBSCURO

das consequências e das repercussões. Entre um postulado de natureza filosófica e a guerra civil, seria evidentemente insensato optar pela guerra civil. [...] Creio que é do mais evidente bom senso, em matéria de alta gravidade, confiar a decisão àquele a cuja conta, decidindo ou não, correrão as consequências. Acresce, ainda, que a faculdade em questão é conferida ao Poder Legislativo. Ora, no Poder Legislativo existe sempre o poder constituinte em estado potencial. [...] O malsinado artigo da Constituição apenas tornou expresso o que é implícito no poder constituinte do Parlamento. (CAMPOS, 1956, p. 403-404.)

Se, por um lado, o tribunal já esteve diante de questões complexas e de decisões polêmicas, nas quais se sobressaíam as preocupações concretas e a análise de situações práticas, por outro lado, sempre apareceu o seu superego — uma espécie de consciência média dos juristas — a tentar atraí-lo para as preocupações de natureza metafísica e abstrata, como se houvesse uma regra transcendental de obrigatoriedade de articular um discurso iluminado do justo e do verdadeiro.

Como seria possível tratar de questões que envolvessem o Congresso Nacional sem se fazer ampla referência ao princípio metafísico da democracia? Como se decidir acerca de limites ao Poder Executivo sem explorar aprofundadamente os trabalhos que fizeram do princípio da separação dos poderes algo como uma "teologia constitucional"? Como interpretar a Constituição sem retornar aos primeiros anos do constitucionalismo francês e americano, período no qual homens especiais estavam mais próximos do sublime e do sagrado? Como decidir acerca de direitos fundamentais sem demonstrar que a solução sugerida pelo tribunal é a mais justa ou a mais proporcional? Como investigar a relação concreta entre níveis do exercício do poder político sem avaliar as notas fundamentais dos federalistas americanos?

Há uma grande diferença entre decidir questões concretas e decidir teses abstratas. Os pragmatistas vêm se dedicando a demonstrar que a herança da tradição metafísica não conseguiu nos trazer grandes avanços na forma como convivemos em sociedade e nos organizamos politicamente. Há, entretanto, uma diferença importante entre as duas formas de abordar uma questão que nos serve para a presente explicação: a decisão de questões concretas é urgente e imprescindível; a decisão acerca de teses abstratas é supérflua e desnecessária. Isso tem um considerável impacto na medida em que, em tempo de crise ou de problemas complexos, enquanto determinados discursos — como o jurídico — não enfrentam efetivamente a questão por meio de um raciocínio conciliador e pragmático, outros discursos, talvez menos democráticos e legítimos, apresentam e manipulam as formas de decisão ao fornecer soluções egoísticas para as questões práticas.

O Supremo Tribunal Federal, ao se colocar em posição de neutralidade e pureza diante de crises institucionais, acabou cerceado em sua necessária posição de protagonista no campo da política. O discurso jurídico, declarando-se o discurso dos proporcionais, justos e bondosos, acabou se extirpando do processo de discussão de soluções efetivamente viáveis e práticas. Exemplo evidente dessa afirmação está na posição do ministro Aliomar Baleeiro — ministro que ingressou no STF pela criação de três novas vagas com o art. 6º do Ato Institucional nº 2, de 27/10/1965 —, em comentário ao novo regime de trabalho no STF e que hoje, para muitos, significou um dos claros exemplos de intervenção indevida do Poder Executivo:

> Um fato é certo: a revolução, que não pode ser sentenciada pelas paixões, interesses e ressentimentos do presente, quis manter o Supremo no papel político que inspirou a sua criação pelos fundadores da República. Em vez de enfraquecê-lo, no meu entender, deu-lhe poderes políticos ainda mais graves e com maiores responsabilidades. (BALEEIRO, 1968, p. 134.)

Também o ministro Osvaldo Trigueiro relata, com surpreendente naturalidade, as intenções do Ato Institucional nº 2, em livro de 1976, depois de sua aposentadoria do tribunal:

DIREITO E POLÍTICA NO BRASIL POR MEIO DE UM PRAGMATISMO OBSCURO

Essa mudança na composição numérica, pretendendo revitalizar operacionalmente a cúpula judiciária brasileira com a criação de mais uma turma, tinha no seu bojo a intenção política de identificar a linha jurisprudencial do Supremo com os objetivos da revolução. (VALE, 1976, p. 94-95.)

Na realidade, foram poucos os ministros que efetivamente se insurgiram — cada um ao seu modo — contra arbitrariedades do novo regime. Logo se tornou comentário comum a ideia de que o STF e o governo militar conviveram razoavelmente bem. Ninguém talvez tenha incorporado melhor esse tom mais ameno em prol de uma estabilidade institucional do que o ministro Luiz Gallotti, presidente do STF durante o Ato Institucional nº 5, para quem "a revolução nunca deixou de encarar o Supremo Tribunal Federal como uma instituição autônoma" (PIRES, 1979, p. 64). O temor de reconhecer sua função pragmática, sem abandonar o discurso de verdade, acabou por fazer do Supremo Tribunal Federal um tribunal espectador do fenômeno político. A função protagonista restou ao Congresso Nacional e, principalmente, ao Poder Executivo.

Obviamente que, também por uma perspectiva pragmatista, não há como negar que o STF de hoje é o resultado de sua história e dos problemas políticos por que passou. O tribunal do pós-88 permaneceu com a mesma composição de antes, o que reforça o seu comportamento institucional limitado por experiências passadas, uma vez que, nesse caso, a memória, além de institucional, é pessoal daqueles ministros que atuaram na Corte durante os "anos de chumbo". Em outras palavras, o total desamparo do tribunal perante um Poder Executivo totalitário talvez tenha inflado de cautela um tribunal que nunca foi forte na história da República.[4]

---

[4] Um exemplo desse desamparo é o célebre "caso das chaves", tratado como "lenda" por alguns, mas não expressamente retrucado pelo então presidente do STF, ministro Ribeiro da Costa, protagonista daquele evento. No ano de 1964, logo depois do golpe, o presidente Castello Branco, em visita ao STF, tentou enquadrar o tribunal, defendendo a ideia de que caberia à Corte

DIREITO, POLÍTICA E PRAGMATISMO

Não há dúvida de que o presente diagnóstico da identidade histórica do Supremo Tribunal Federal pode ser considerado como um "microcosmo" representativo de um embate maior: a pureza acadêmica do Direito na história do Brasil, com seu papel omisso e desnecessário e a dinâmica da política; a assepsia, "neutralidade" e distância do jurista e a instrumentalidade e operacionalidade da política. Tal como a psicologia do final do século XIX,[5] o Direito brasileiro está diante de uma escolha: continuar como área científica transcendental e metafísica ou assumir seu papel e se transformar em discurso instrumental e, até, estratégico. Enquanto metafísica, o Direito é dos juristas; enquanto instrumento de soluções de conflitos práticos, o Direito é de toda a comunidade política.

A omissão do Direito em reconhecer sua função pragmática tem levado a uma situação árida: a desvalorização do campo do "agir" em detrimento do campo do "pensar", o que contagia (ou vicia) os espaços públicos do debate político. Essa mesma crítica já alimen-

---

seguir as orientações do governo revolucionário. A fala do presidente havia sido proferida no contexto de boatos de que o "movimento revolucionário" estaria trabalhando para aumentar o número de ministros do STF, especialmente após os julgamentos dos casos Hélio Fernandez e do governador Mauro Borges. O presidente do STF na época, ministro Álvaro Ribeiro da Costa, respondeu que o tribunal não se vinculava a qualquer ideologia política ou revolucionária, no que foi retrucado com a ideia de que quem mandava era o Poder Executivo. O ministro Ribeiro da Costa, então, afirmou que se algum ministro fosse cassado, ele fecharia o STF e entregaria as chaves ao porteiro do Palácio do Planalto (PIRES, 1992, p. 9; 1979, p. 87).

[5] Foi a obra definitiva de William James (*Princípios de psicologia*, de 1890) e sua produção pragmatista que deu os contornos da psicologia funcional, de saber prático, como ciência da experiência, que conhecemos hoje. No final do século XIX, a psicologia era acadêmica e pura, não sujava suas mãos com a pessoa. "O problema que move essa psicologia primeva não é a busca de ajustamento dos indivíduos desadaptados nem a tentativa de compreensão de certas psicopatologias, mas o problema do erro da experiência comum", do erro na percepção sensorial do mundo, utilizando-se conceitos da fisiologia (FERREIRA, 2008, p. 32).

tou tentativas de alterar o esquema de formação jurídica, como, por exemplo, fugindo do velho formato do conhecimento em "caixas" e considerando os objetivos da formação ou as "competências" (FELIX, 2006, p. 210). A consequência direta desse ambiente é o juízo de que os discursos funcionais ou instrumentais são discursos ilegítimos, quando, na verdade, são discursos representativos de determinados segmentos, como se exige em uma plena democracia.

O "agir" pragmático, quando exercido de modo transparente e aberto no âmbito dos espaços públicos ou privados normais e democráticos, autocontrola-se, já que a necessidade de transparência exige que os grupos de interesse e de pressão (para não dizer parlamentares, juízes e juristas) assumam claramente posições políticas, reconheçam seus pressupostos ou pré-compreensões e defendam com parcialidade essas posições.

A falta dessa noção e a ideia de que o "político" é sujo fazem com que se desenvolva uma prática pseudopragmática, ou seja, os discursos funcionais não se apresentam de modo transparente e, por isso, não se tem claro quais são as posições divergentes e quais são os grupos de pressão. Assim, o processo político é deturpado, e práticas clientelistas, populismo, discursos simbólicos, interesses mesquinhos pessoais, barganhas rasteiras e corrupção tomam a forma de discursos decisivos da dinâmica política. Mais grave ainda é que posições legítimas de grupos de interesse são alijadas do processo por não utilizarem a mesma moeda de troca. Existe uma relação direta entre a metafísica pretensiosa do discurso jurídico e as práticas obscuras da dinâmica política.

Diante do tom transcendental dos objetivos do discurso jurídico, a prática política brasileira oscila entre o processo político normal e os mecanismos ilegítimos de negociação política. Não é raro relacionar pragmatismo a ambos os polos mencionados. Está-se a falar, na primeira hipótese, do pragmatismo como estilo de comportamento político, como um reconhecimento de que vivemos em um mundo em que se digladiam posições filosóficas e que, por isso, não há como pensar em convívio sob a perspectiva de padrões de verdade. Na segunda

DIREITO, POLÍTICA E PRAGMATISMO

hipótese, entretanto, fala-se de um desvio, de uma forma de agir que ainda reforça os prejulgamentos negativos acerca das possibilidades do pragmatismo como estilo de comportamento político, de uma excrescência política transvestida de pseudopragmatismo.

Não é difícil coletar, na história política nacional, inúmeros exemplos importantes para demonstrar a inutilidade do discurso metafísico produzido pelos juristas, o caráter pragmático da dinâmica política e as brechas institucionais que possibilitam os desvios de comportamento.

A lista de exemplos poderia começar pela análise da própria Inconfidência Mineira como movimento "pseudoiluminista"; pelo processo de independência do Brasil, resultado de contingências políticas e econômicas (e não da erupção de um sentimento de nação ou país); pelas demandas dos movimentos separatistas no período regencial (mais representativos de oligarquias locais do que movimentos populares com demandas sociais); pela Proclamação da República (esgotamento do modelo monarquista, e não demanda por ampliação de direitos e participação democrática); pela sucessão dos documentos constitucionais; pela reafirmação de princípios do constitucionalismo; pela criação do sistema de controle de constitucionalidade; e pelo seu reforço já nas décadas de 1960 e 1970, até se chegar à Constituição de 1988. Em vários desses eventos, o discurso jurídico fundacionista parece ter sido utilizado como retórica e esconderijo das ideologias que, de fato, utilizavam-se dos mecanismos institucionais para garantir direitos e privilégios de seus grupos. Entretanto, em raros momentos, o discurso jurídico foi decisivo ou definidor de estratégias.

1.3 Pragmatismo político na elaboração da Constituição de 1988: análise de dois casos

Toma-se, como exemplo, o paradigmático caso da Emenda Constitucional nº 26, de 27/11/1985, à Constituição de 67/69, que convocou a Assembleia Nacional Constituinte.

DIREITO E POLÍTICA NO BRASIL POR MEIO DE UM PRAGMATISMO OBSCURO

Existe um padrão dentro do pensamento metafísico do Direito de se estudar momentos de mudança constitucional, modelo esse que tem cravado suas raízes no período revolucionário francês do final do século XVIII e nas obras dos primeiros elaboradores da "teoria" do poder constituinte originário.[6] Segundo o padrão, o poder constituinte "originário" instala-se dentro de contextos de ruptura, de crise e de ambientes revolucionários que superam o regime anterior e, dele, nada incorpora.

Foi dessa forma que se instalaram assembleias constituintes nas histórias constitucionais mais famosas da experiência ocidental. Mesmo que, para alguns juristas, o modelo tradicional esteja já ultrapassado, não se consegue fugir à necessidade de se elaborar uma espécie de "teoria geral" do poder constituinte, mesmo que aplicada às circunstâncias no Brasil. Exemplo dessa tentativa de libertação da visão "padronizada", mas que apenas consegue reeditá-la e revigorá-la, é a tese de Paulo Bonavides acerca da "crise constituinte" ou o descompasso existente entre Constituição formal e material no Brasil (BONAVIDES, 1998, p. 346; 2004, p. 40). Apesar da originalidade da visão, associada à preocupação com a experiência brasileira, o tom transcendental na linha de uma teoria do poder constituinte brasileiro, baseada em um contexto do

---

[6] Dentre outros, são "fontes" quase exaustivas para o estudo do poder constituinte no Brasil autores como Emmanuel-Joseph Sieyès, Carré de Malberg, Egon Zweig, Karl Loewenstein, Eduard Laboulaye e Georges Burdeau. Dentre os que adotam, em maior ou menor grau, essa visão, estão Lima (1983, p. 33), Ferreira Filho (2007, p. 11), Saldanha (1986, p. 65) e Silva, J. (2007, p. 66). Essa também é a crítica de Gilberto Bercovici (2006, p. 218) à produção doutrinária brasileira, à qual atribui um "tratamento acrítico, formalista e repetitivo". O autor, entretanto, parece cair no mesmo erro da doutrina que critica ao atribuir pouco valor aos textos "de ocasião", produzidos durante a Assembleia Constituinte de 1987/88, e querer ainda retirar uma espécie de "teoria geral" do poder constituinte remodelada, no contexto de um "projeto nacional de desenvolvimento".

DIREITO, POLÍTICA E PRAGMATISMO

"dever ser", acaba por retirar funcionalidade e utilidade às eventuais conclusões.[7]

No Brasil, entretanto, a "revolução" nunca aconteceu. Apesar de haver sete momentos constitucionais bem definidos, nenhum deles foi imediatamente antecedido por um quadro tradicional de revolução, entendido como algum tipo de movimentação política, social ou militar, com caráter de transformação, sustentada pela participação, mesmo que parcial, do povo. Em episódios decisivos de nossa história, os eventos de implementação de algum tipo de regime novo

---

[7] Para Ferreira Filho (2007, p. 34), "a revolução, fenômeno social, é o veículo do poder constituinte", apesar de ampliar em demasia a ideia do que seria "revolução"; Xausa (1986, p.17), para manter a coerência do discurso, identifica o momento de "ruptura", que legitimaria a Constituição de 1988, em 1964; Bonavides (2003, p. 151) faz menção ao poder constituinte extrajurídico, advindo das revoluções e golpes de Estado; Moraes (2006, p. 23) fala de um poder inicial e ilimitado, na linha do que já colocava Canotilho (1999, p. 76) ao descrever a teoria clássica. Enfim, com diferenças filigranáticas, os autores, apesar de reconhecerem a dimensão política do evento, tentam enquadrar esse fenômeno em padrões jurídicos de análise. Curiosamente, Ferreira Filho (1995, p. 142), em trabalho posterior, acaba por adotar posicionamento cético em relação à própria postura acadêmica que havia escolhido. Assim, recomenda: "Deixe-se de lado a teoria do poder constituinte, utópico e metafísico, que aponta apenas um paradigma (raríssimamente seguido)."

Para que a convocação da Emenda Constitucional nº 26/85 fizesse sentido teórico, alguns chegam a classificá-la como verdadeira revolução ou com "força germinativa revolucionária" (LINDOSO, 1986, p. 41). Há vozes, entretanto, destoantes dessa visão oficial no sentido de que o poder constituinte não necessariamente se instala a partir de uma revolução, de um golpe ou de um ato de força. Para Raymundo Faoro, por exemplo, basta que haja um consenso de insuficiência do texto constitucional anterior e a necessidade de renovação das regras do jogo, mesmo que sem a "desintegração institucional" (FAORO, 1985, p. 89-90). Vale menção também à tentativa de Nelson Saldanha (1986, p. 86) de compreensão da questão a partir da ideia de "transconstitucionalidade", apesar da estrutura "teórica" do seu texto.

se deram pela movimentação de grupos bastante definidos e com interesses peculiares específicos e historicamente situados. Nada, portanto, que possa ser chamado de revolução no sentido tradicional da palavra. Foi o que ocorreu com o "movimento revolucionário" militar de 1964, com a instituição do Estado Novo em 1937 e com Proclamação da República em 1891. A Constituição de 1934, a de 1946 e a de 1988, que simbolicamente representam momentos de retomada da liberdade, foram antecedidas por processos lentos de democratização, por dinâmicas sustentadas pela preocupação com a estabilidade política e institucional. "No Brasil nunca houve rompimentos; houve, isso sim, determinados regimes que se esgotavam e por dentro do próprio regime que se esgotava, sobrevinha um novo regime." (JOBIM, 2004, p. 9.)

O regime autoritário militar foi superado aos poucos, dentro de um processo lento de transição e de abertura política. Nesse contexto, a passagem da Constituição Semântica de 67/69 para a Constituição Democrática de 1988 se deu de maneira bastante peculiar, pois pautada nas bases do regime constitucional que se queria superar.[8] O então presidente da República, José Sarney, cumprindo promessa de Tancredo Neves, enviou ao Congresso Nacional proposta de emenda constitucional à Constituição de 1967 que "convoca Assembleia Nacional Constituinte, e dá outras providências". Três artigos foram suficientes para substituir a "revolução" tão prestigiada pelos constitucionalistas:

> Art. 1º – Os membros da Câmara dos Deputados e do Senado Federal reunir-se-ão, unicameralmente, em Assembleia Nacional Constituinte, livre e soberana, no dia 1º de fevereiro de 1987, na sede do Congresso Nacional.

---

[8] Afonso Arinos também sugeria, já em 1981, uma mudança do paradigma constitucional, não por meio de rupturas, mas por meio da coexistência, em um primeiro momento, de duas linhas constitucionais (a antiga e a nova iniciativa), na qual se preservaria a "continuidade jurídica" (FRANCO, 1981, p. 141).

DIREITO, POLÍTICA E PRAGMATISMO

Art. 2º – O Presidente do Supremo Tribunal Federal instalará a Assembleia Nacional Constituinte e dirigirá a sessão de eleição do seu Presidente.

Art. 3º – A Constituição será promulgada depois de aprovação de seu texto, em dois turnos de discussão e votação, pela maioria absoluta dos membros da Assembleia Nacional Constituinte.

Não houve, portanto, ruptura propriamente dita; não houve abandono revolucionário do contexto constitucional do regime militar. Houve, sim, superação gradativa do antigo regime dentro de um quadro de relativa estabilidade, no qual o processo de mudança foi controlado, tanto na sua amplitude como na sua velocidade e modo de operar.

Naquele período, não há dúvida de que um dos temores pela convocação da Assembleia Nacional Constituinte era com a estabilidade institucional do país (e não, propriamente, com a lógica ou com a técnica do poder constituinte). Jobim afirma que "essa peculiaridade nos causa problemas quando tentamos distinguir os conceitos da constituinte originária e da constituinte derivada na história política real brasileira" (JOBIM, 2004, p. 9). Quanto aos temores da instabilidade, importantes vozes do cenário político e jurídico nacionais demonstravam grande preocupação com a "ânsia de mudança" da Constituição. Tomo como exemplo a opinião de Oscar Dias Corrêa, que, em 1986, demonstrava suas preocupações com a exploração demagógica e ideológica do momento constituinte e apontava para a necessidade de "desmistificar a ideia de Constituinte, despindo-a do caráter de panaceia milagreira de todos os males da República". Pouco antes, já havia demonstrado sua cautela: "Não se rompe, sem motivo ponderável, a linha da continuidade da ordem jurídica, impunemente." (CORRÊA, 1986, p. 12, 102, 100.)

Para muitos juristas, essa forma como se construiu o "poder constituinte originário" é teratológica e um acinte ao posicionamento da teoria constitucional. Representativa desse tipo de pensamento é a opinião externada por Cretella Jr., em seu *Comentários* à *Constituição brasileira de 1988*, que, demonstrando consternação, apontava a falta de legitimidade e de técnica jurídica no episódio da convocação:

> Sabe-se que sempre que ocorre Convocação de Assembleia Nacional Constituinte, surge a seguinte pergunta: por que não deixar o próprio Congresso Nacional autoconvocar-se e, reunido unicameralmente, Câmara e Senado, elaborar novo texto constitucional ou rever a Constituição Federal, em vigor, e adaptá-la ao momento histórico? O direito constitucional brasileiro, na parte histórica, mostra que o *prius* ou "pressuposto" necessário para a convocação da Assembleia Nacional Constituinte é a denominada "ruptura" ou "rompimento" com a ordem político-constitucional vigente [...] A última ruptura ocorreu em 17 de outubro de 1969, quando os ministros das Três Armas editaram a Carta de 1969. O atual Congresso Nacional não podia ser transformado em Assembleia Nacional Constituinte porque lhe faltou legitimidade. Inúmeros de seus membros não foram eleitos por sufrágio popular direto. A Constituinte, a ser eleita, deveria ser constituída apenas por mandatários do povo, sufragados por voto direto. (CRETELLA JR., 1992, p. 54-55.)

Nota-se a tendência de controlar a dinâmica política, não por meio de sua eficácia ou utilidade, mas por meio da compatibilidade com algum pressuposto teórico que não teria sido observado.

Para outros juristas, o processo constituinte deixa uma pecha de ilegitimidade no Texto Constitucional aprovado em 5/10/1988 e coloca em risco o tom democrático que se queria dar ao novo momento.[9]

---

[9] Para José Lindoso (1986, p. 41), o "poder constituído", ou seja, deputados e senadores do regime anterior, não poderia fazer parte da Constituinte por ilegitimidade. Também na mesma linha, Xausa (1986, p. 19, 32)

DIREITO, POLÍTICA E PRAGMATISMO

Para um terceiro grupo de juristas, agindo dessa forma, há uma quebra de técnica jurídica ou da compreensão lógica do "instituto" do poder constituinte. Silva, J. (2007, p. 78), por exemplo, fala de um "modo correto" de convocação da Assembleia Constituinte em crítica ao que aconteceu em 1985. É exemplificativa a posição de Ramos Tavares em uma crítica semibranda ao momento vivido pelo país entre 1987 e 1988:

> A aceitação da manifestação do poder constituinte ao longo da existência de um Estado, sem rupturas bruscas da ordem jurídica, mas tão somente como reformulação de normas e princípios gerais, com a colocação de uma nova Constituição, efetuada por políticos, eleitos conforme as regras postas pela ordem que se quer invalidar, já é, por si só, uma mitigação de sua compreensão lógica.

em crítica à chamada "Constituinte Congressual", por meio de obra que, no seu prefácio, foi assumida como o "pensamento coletivo da Ordem dos Advogados do Brasil" por seu então presidente, Hermann Assis Baeta. Adere também Silva, J. (2007, p. 78) e Bonavides (1998, p. 350): "As Constituintes de 1967 e 1987-1988, tendo sido constituintes congressuais, acumularam perante a teoria constitucional vícios formais insanáveis que tornam ambígua ou questionável toda a base de sua legitimação." Para importantes representantes no país do debate acerca do poder constituinte, o Brasil sofre de um mal, de um vício estrutural que se reafirma em todos os momentos constituintes: uma "soberania popular bloqueada" que não consegue se manifestar plenamente (BERCOVICI, 2006, p. 220; BONAVIDES, 1998, p. 346; SALDANHA, 1986, p. 17.) A conclusão é também de Wachowicz (2004, p. 222), embora o autor a retire de uma "redescrição" dos fatos históricos, e não a partir de uma teorização. Mais uma vez, o tom "ontológico" da crítica e a sua sustentação em um "mundo ideal" ou em um padrão de leitura (mesmo que não seja o padrão tradicional) retiram qualquer possibilidade de sua utilidade ou eficiência prática, especialmente se considerarmos que a Constituição é uma obra inacabada, como alguns desses autores acreditam.

A opinião do autor é um bom exemplo das posições doutrinárias que, reconhecendo o poder da prática política e seus resultados (no caso, a elaboração de uma Constituição que hoje é referência de estabilidade e modernidade no país), ainda se constrangem em se assumir posturas contrárias aos nossos pressupostos teóricos ou "lógicos".

Com os anos e a estabilidade política alcançada por meio da Constituição de 1988, vários doutrinadores — é certo — abandonaram o tom agressivo e radical ao contestar o processo constituinte de 1987/1988, preferindo destacar o tom conciliatório daquele momento e reforçar a sua legitimidade, mesmo que sem retirar as críticas ao processo tecnicamente incorreto (BONAVIDES; ANDRADE, 2004, p. 455; SILVA, J., 2008, p. 23). Ainda hoje juristas criticam, por exemplo, a manutenção da composição anterior do Supremo Tribunal Federal, com ministros indicados pelos presidentes militares (SARMENTO, 2009, p. 129), e a participação, na Assembleia Nacional Constituinte, dos senadores eleitos em 1982 (FERREIRA, 1989 p. 17; BASTOS, 1988, p. 335; e, em nome da OAB, SILVA, J., 2007, p. 78.) O mesmo tipo de crítica já se fez também em relação ao "aproveitamento" do velho Tribunal de Justiça imperial como base para a "criação" do Supremo Tribunal Federal (BALEEIRO, 1968, p. 132). É interessante notar que não só se manteve a composição do STF, mas se atribuiu a presidência da sessão de instalação da Assembleia, e até a eleição de seu presidente, ao ministro Moreira Alves, então presidente do STF (art. 2º da EC nº 26). A manutenção de parcela da estrutura vinculada ao regime antigo era uma maneira estratégica de promover mudanças graduais sem que se perdesse o controle do processo.

Nas eleições de 1986, o Senado Federal foi renovado em dois terços de sua composição. Logo surgiu a questão constitucional de saber se o "poder constituinte" poderia ser constituído por senadores que não haviam vencido uma eleição especificamente para fazerem parte da Assembleia Constituinte. A Emenda Constitucional nº 26 não fazia diferenciação e fixava que: "Os Membros da Câmara dos

DIREITO, POLÍTICA E PRAGMATISMO

Deputados e do Senado Federal reunir-se-ão unicameralmente em Assembleia Nacional Constituinte no dia 1º de fevereiro." Na segunda sessão da Assembleia Nacional (*Diário da Assembleia Nacional Constituinte*, de 03/02/1987), manifestaram-se pela exclusão dos senadores eleitos em 1982 o constituinte Plínio Arruda Sampaio (PT/SP), o constituinte Roberto Freire (PCB/PE) e o líder do Partido dos Trabalhadores, Luiz Inácio Lula da Silva (PT/SP); falaram pela inclusão dos citados senadores o senador Fábio Lucena (PMDB/AM), o deputado Jarbas Passarinho (PDS/PA) e o deputado Fernando Henrique Cardoso (PMDB/SP). O presidente do Supremo Tribunal Federal e então presidente da Assembleia Nacional Constituinte, ministro Moreira Alves, decidiu pela inclusão dos senadores de 1982, decisão essa confirmada pela votação em plenário (394 votos contra 124), em que restaram vencidos o PT, o PCB e o PC do B.

Entretanto, o pragmatismo político, não confrontado com algum discurso funcional mais eficiente, construiu essa solução possível que não criasse no país um clima de revanchismo e de polarização política. É digno de nota, por exemplo, o fato de a própria EC nº 26, que convocou a Assembleia Constituinte, ser também a responsável pela concessão de anistia aos servidores públicos vítimas de atos de exceção e aos autores de crimes políticos ou conexos (art. 4º e parágrafos). Do ponto de vista da mentalidade daquele momento, a anistia ao lado da convocação da Assembleia Nacional é um sinal importante da ideologia pacificadora que acabou por tomar conta do último momento constituinte brasileiro. Especular se foi o modo mais adequado ou a "saída" mais inteligente não traz qualquer auxílio para se pensar os problemas importantes.

Os debates havidos quando da Constituinte foram importantes fontes bibliográficas para se discutir a viabilidade e a utilidade do desenho de regimento proposto. O que aqui se discute é que hoje, mais de 20 anos depois, temas como a técnica empregada na Constituinte e a legitimidade da Assembleia são questões absolutamente irrelevantes para se compreender e vivenciar a experiência constitucional que se acumulou nesse período. Essa superação, entretanto, é mais bem aceita pelo "político", pelo seu perfil pragmático, do que pelo jurista, com seu perfil teórico. Temer (1994, p. 115), que tem a vivência nas duas esferas, tenta conciliar os dois posicionamentos ao dizer que "a Emenda Constitucional 26/85 não é emenda. É ato político. [...] Foi um ato revolucionário. No sentido de transformador. De um ato autorizador de uma ruptura constitucional, sujeita a uma condição: a manifestação de uma assembleia popular". Na frase de Temer, é possível identificar a intenção de superar o debate acerca da legitimidade da convocação da Assembleia, sem deixar de ser coerente com a visão padrão e teórica de como se "deve" convocar uma Assembleia Constituinte. Outro bom exemplo da mudança de visão de mundo que a vivência política traz ao jurista pode ser colhido da surpreendente proposta de Afonso Arinos, de 1981, para uma Constituinte, em exposição no Senado Federal:

> A proposta que trazemos ao Congresso, em obediência à honrosa convocação do seu ilustre presidente, meu eminente amigo senador Jarbas Passarinho, é uma fórmula a ser considerada, entre outras possíveis, e, talvez, melhores. Proponho a outorga de poderes constituintes ao futuro Congresso Nacional, a ser eleito em 15 de novembro de 1982. A concessão desses poderes constituintes é, a meu ver, a melhor solução, e mesmo a única, em termos jurídicos, para o restabelecimento indispensável da ordem constitucional.

Segundo a proposta, essa outorga seria feita por meio de projeto de resolução legislativa, aprovada pelas duas Casas do Congresso Nacional. Certamente, a sugestão de Afonso Arinos desagradaria enormemente os nossos juristas transcendentais, que estão mais preocupados com a lógica do sistema do que com o processo de se encontrar uma solução viável para um problema grave. O jurista ainda arremata: "Em termos especiais, seria uma solução original, uma solução brasileira, para o caso brasileiro. Mas isso não é um defeito, antes pelo contrário." (FRANCO, 1981, p. 141.) Esse juízo, típico do pensamento kantiano-iluminista, busca uma "correção", uma "coerência", uma "verdade", para fenômenos absolutamente incontroláveis, como se a teoria fosse capaz de regular o mundo da vida ou como se houvesse uma forma "certa" ou "correta" de se fazer história institucional. Na realidade, "o processo constitucional é um processo que se produz por intermédio da luta política real e não pela via da discussão acadêmica" (JOBIM, 2004, p. 9).

O que, de fato, importa é que o momento constitucional se construiu e, no seu rastro, foi elaborada uma Constituição que se apresentou viável do ponto de vista do conflito de posições ideológicas e que essa Constituição vem solidificando a estabilidade política e a garantia de direitos, mesmo que de forma lenta e gradativa, mostrando-se capaz, acima de tudo, de gerir crises. Para Jobim (2004, p. 17), o teste real para se investigar a "funcionalidade" de uma Constituição é justamente essa capacidade e, em sua opinião, não há dúvida de que a Constituição de 1988 pode ser aprovada sob esse aspecto, em virtude das diversas crises que viveu (por exemplo, o *impeachment* do presidente Collor, a CPI do Orçamento etc.), sem ficar com sua autoridade arranhada.

Outro exemplo marcante da forma fundacionista como o Direito vem enxergando os fenômenos políticos diz respeito à análise da maneira como a Constituição de 1988 foi elaborada. Seu processo constituinte — narrado por políticos que vivenciaram os trabalhos[10] — não se deu da maneira como os constitucionalistas gostariam para consolidar suas posições teóricas.

Celso Ribeiro Bastos utiliza-se da expressão "Frankenstein" para desferir uma incisiva crítica ao modelo das 24 subcomissões, adotado pelo constituinte de 1987/88.

> [...] a pulverização dos seus trabalhos em múltiplas subcomissões que eram obrigadas a trabalhar sem que tivesse havido

---

[10] O melhor texto acerca do tema é do ex-deputado constituinte Nelson Jobim (2004, p. 9).

qualquer aprovação prévia de diretrizes fundamentais. Isto conduzia necessariamente as subcomissões a enveredarem por um trabalho detalhista, minucioso e, o que é mais grave, respectivo a reclamos e pleitos vindos de todos os rincões da sociedade.

Pouco mais adiante, o autor se utiliza de um conceito abstrato para enfatizar o tom crítico: "Ressente-se, portanto, o trabalho produzido desta falta de contato com o que poderíamos chamar: a grandeza constitucional." Também Cretella Júnior (1992, p. 56-57) teceu considerações críticas a respeito da "técnica jurídica" da Assembleia:

> De tal modo excepcional e insólita, na história da vida constitucional brasileira, a convocação de Assembleia Nacional Constituinte pelo Chefe do Executivo, estando o Congresso em pleno e normal funcionamento, que a mensagem convocatória, na falta de modelo tradicional para inspirar-se, ofereceu inúmeras dificuldades de técnica jurídica [...]

O termo "Frankenstein", entretanto, foi amplamente utilizado para caracterizar a versão de Bernardo Cabral, apresentada em 26/06/1987, de Anteprojeto da Comissão de Sistematização, que, pela primeira vez, fundira os diversos textos aprovados nas comissões temáticas (PILATTI, 2008, p. 149).

Interessante notar como os juristas estão propensos a aceitar livros e trabalhos que se disponham a elaborar uma teoria do processo constituinte, mas pouca abertura há para reconhecer o valor acadêmico de trabalhos que se prestam a apenas "contar" uma história, a história do poder constituinte, a narração desimpedida de uma visão de mundo acerca de um evento histórico, sem que haja necessidade de grandes teorizações. Essa última é uma tendência de outros ramos do conhecimento, como a Ciência Política e a História. No campo do Direito ou na ponte do Direito com a Política, é digno de nota o trabalho de Pilatti (2008) sobre a Constituinte de 1987-1988 e o

DIREITO, POLÍTICA E PRAGMATISMO

estudo de Marcos Wachwicz (2004), especialmente em sua segunda parte, quando parece se libertar da necessidade de uma "teoria".

Lapidar, entretanto, a visão pragmática de Jobim (2004, p. 10), que alerta:

> Nós precisamos ter a coragem de não ocultar a história. Nós gostamos de racionalizar o ensino do fato histórico e o sufocamos para tentar manter concepções teóricas que eventualmente não são utilizáveis no Brasil, porque a história política brasileira tem as suas peculiaridades.

A metodologia de elaboração da Constituição de 1988 apresenta um importante exemplo das diferenças de postura com que o jurista e o político compreendem e enxergam o fenômeno "Constituinte". Na realidade, a história do Brasil é suficientemente rica em oferecer exemplos para contrapor concretamente essas duas visões díspares de mundo. Refiro-me ao episódio da instituição da "Comissão Provisória de Estudos Constitucionais" ou a "Comissão dos Notáveis", que permite, hoje, uma avaliação acerca de como seria uma Constituição elaborada por juristas e estudiosos e como foi a Constituição elaborada por políticos eleitos pelo povo em 1982 e 1986.

José Sarney assinou em 18/07/1985 o Decreto n° 91.450, que constituía a comissão composta por 50 membros[11] com o fim de "desenvolver e pesquisar estudos fundamentais, no interesse da nação

---

[11] Faziam parte da Comissão a "nata" do pensamento jurídico e político nacional. Os nomes dos membros da Comissão, presidida por Afonso Arinos, foram divulgados no *Diário Oficial da União*, de 19/08/1985. Alguns nomes, que constavam de uma lista prévia de 33 nomes, elaborada por Tancredo Neves, foram excluídos da composição final, tais como Fernando Henrique Cardoso, Victor Nunes Leal, general Octávio Costa, João Paulo Pires de Vasconcelos, Xavier de Albuquerque, Dalmo de Abreu Dallari, Laerte Vieira e Benedita da Silva.

brasileira, para futura colaboração nos trabalhos da Assembleia Nacional Constituinte".[12]

Inicialmente, na linha de uma tradição brasileira, a ideia levantada por Tancredo Neves era balizar a atividade do constituinte por meio de uma obra prévia elaborada por especialistas. Contudo, o texto finalmente encerrado não alcançou a expectativa. O resultado final, apresentado em 18/09/1986 ao presidente José Sarney, foi um texto prolixo, pouco conciliatório ou consensual e absolutamente inútil do ponto de vista político. Continha 436 artigos no corpo da Constituição e 32 artigos no texto das Disposições Gerais e Transitórias, em um total de 468 artigos. Interessante notar que uma das

---

[12] A história constitucional brasileira descreve fatos que atestam a dependência, mesmo em momentos constituintes, do Congresso Nacional em relação ao Poder Executivo. Boa parte de nossas Constituições, por exemplo, foram elaboradas a partir de comissões de especialistas ou de estudiosos constitucionalistas que sugeriram textos de maneira unilateral. A Constituição de 1891 foi aprovada a partir do texto alterado e aprimorado por Rui Barbosa, que, por sua vez, trabalhou na redação inicial realizada pela "Comissão dos Históricos", presidida por Saldanha Marinho. A Constituição de 1934 nasceu a partir do texto elaborado pela "Comissão Afrânio de Melo Franco" (a "Comissão Itamaraty"), instituída pelo Decreto nº 21.402, de 14/05/1932, de Getúlio Vargas. A Constituição de 1946 baseou-se em texto elaborado pela "Grande Comissão Nereu Ramos", formada internamente pela Assembleia Constituinte, na linha do que foi estabelecido pelo Regimento Interno. A Constituição outorgada de 1824 é de elaboração de um grupo de dez figuras da confiança de D. Pedro I, sob a liderança de João Gomes da Silveira Mendonça. A Constituição de 1937 é obra de Francisco Campos, então ministro da Justiça de Getúlio Vargas. A Constituição de 1967 foi votada por um Congresso acuado pelo regime militar a partir de texto elaborado por uma comissão que reunia Levi Carneiro, Miguel Seabra Fagundes, Orosimbo Nonato e Temístocles Brandão Cavalcanti ("Comissão de Notáveis") e aprimorado por Carlos Medeiros Silva, então ministro da Justiça, que também elaborou o texto para a "Constituição" de 1969 (Emenda Constitucional nº 1/69), desfigurando por completo o anteprojeto da comissão presidida por Pedro Aleixo e que contou com a participação de Rondon Pacheco e Miguel Reale.

principais críticas feitas à Constituição de 1988 é o seu tamanho e o seu tom analítico, crítica essa que sempre tomou por base o modelo padrão de pensamento no direito constitucional que tem a Constituição americana de 1787 e seus 27 artigos como o grande modelo constitucional. Sobre o tamanho do anteprojeto — "extraordinariamente volumoso e, pois, inviável para funcionar como ponto de partida" (CRETELLA JÚNIOR, 1992, p. 56) —, Pinto Ferreira alegou que o número expressivo de artigos deveu-se à técnica utilizada de transformar em artigo aquilo que em outras constituições eram parágrafos e incisos (1989, p. 22). O processo de elaboração do texto também revela certo grau de intolerância e pouca capacidade dos "notáveis" para elaborar um texto conciliador. Logo depois da designação, vários membros renunciaram, tais como Paulo Bonavides, Fábio Konder Comparato e Miguel Seabra Fagundes, sendo, então, substituídos por Gilberto Freyre, Laerte Vieira Ramos, Hélio Souto e Guilhermino Cunha. Alguns de seus membros resolveram apresentar textos completos de anteprojeto elaborados unilateralmente, na tentativa de prover um "anteprojeto para o anteprojeto". Foi o que fizeram Pinto Ferreira, José Afonso da Silva e Fábio Konder Comparato.

O texto foi objeto de diversas críticas, inclusive por parte de membros da Comissão. Ney Prado, em *Os notáveis erros dos notáveis*, acusa o texto de ser "preconceituoso, casuístico, elitista, utópico, demagógico, socialista, estatista e xenofóbico" (PRADO, 1987, p. 10). Miguel Reale chegou a se retirar da reunião de 10/06/1986 por não concordar com a "tendência estatizante" da comissão e por entender que alguns dos temas tratados deveriam ficar com a lei ordinária (CRETELLA JÚNIOR, 1992, p. 58). Manoel Gonçalves acusa a comissão de ter fugido ao consenso e ter procurado a regra das maiorias ocasionais que não necessariamente refletiriam a opinião do povo brasileiro (FERREIRA FILHO, 1987, p. 2). Em outro trabalho, o mesmo autor critica a falta de coerência do anteprojeto da comissão, caracterizando-o como "um agregado mal alinhavado de propostas" e atribuindo surpreendentemente esse resultado às "figuras vinculadas à Nova República, com um número extremamente grande de leigos em matéria jurídica" (FERREIRA FILHO, 1997, p. 2). Em publicação de 1987, Miguel Reale dedicou-se a tecer importantes críticas ao anteprojeto dos notáveis e afirmou que a comissão "confundiu projeto de Constituição com programa de governo", além de se dedicar a reclamar do que chamou de "absurda estatização da economia" (REALE, 1987, p. 21, 23).

Esse quadro, somado ao contexto de enfraquecimento político do então presidente da República, evitaram que o texto fosse remetido ao Congresso como Projeto de Constituição do Poder Executivo. Ao final, o projeto dos notáveis não exerceu qualquer papel decisivo e oficial em matéria de sua elaboração, especialmente por conta de seu texto, que dificilmente poderia representar um consenso. Nesse sentido, pesou o fato de o projeto articular um modelo parlamentarista para o Brasil e fixar o mandato de quatro anos para o exercício da Presidência da República, o que não coadunava com a visão do próprio Poder Executivo da época.

A Constituinte, após a definição de seu regimento,[13] escolheu o caminho — criticado por alguns (FERREIRA FILHO, 1997, p. 2) — de instituição de 24 Subcomissões Temáticas, submetidas a oito Comissões de Grandes Temas que fundiriam a redação proposta nas subcomissões. Vários outros "métodos" de trabalho haviam sido pensados, muito embora descartados por circunstâncias históricas ou contingentes. Como regra geral, o caminho seria adotar os métodos já explorados na história política brasileira. Com a morte de Tancredo Neves, inviabilizou-se a possibilidade de adotar um texto inicial elaborado por notáveis. Cogitou-se seriamente utilizar o formato da Constituinte de 1945/1946, com a criação de uma supercomissão internamente à Constituinte. Esse modelo havia sido pensado no âmbito do PMDB (por meio de minuta de Regimento Interno, elaborada

---

[13] Regimento Interno aprovado em 24/03/1987, cuja relatoria foi do senador Fernando Henrique Cardoso, líder do PMDB no Senado. O texto foi fruto do consenso alcançado a partir do PR-2/87 e elaborado com base nos procedimentos fixados pelo regimento provisório promulgado em 06/02/1987 (PILATTI, 2008, p. 28).

DIREITO, POLÍTICA E PRAGMATISMO

em dezembro de 1986 e baseada no modelo de 1946). A ideia, porém, não prosperou pelos atritos internos do partido que foram expostos na disputa pela presidência da Câmara dos Deputados entre Ulysses Guimarães e Fernando Lyra. No contexto de sua campanha para a presidência, Fernando Lyra descobriu uma minuta da assessoria legislativa, elaborada a pedido de Ulysses Guimarães, para a formação de uma comissão interna que faria um Anteprojeto de Constituição. Fernando Lira divulgou o projeto no Congresso e disse que Ulysses Guimarães, se eleito presidente da Constituinte, iria criar uma comissão e os demais deputados — deputados de segunda categoria — teriam que aguardar os trabalhos dessa comissão. Ulysses Guimarães acabou por se eleger, mas o projeto da supercomissão foi inviabilizado (JOBIM, 2004, p. 11).[14] O caminho seria a invenção de um novo modelo a partir do embate político concreto.[15]

Ao final, uma Comissão de Sistematização faria a última integração do texto. Por outro lado, a escolha da topografia da Constituição não teve por base preocupações de ordem humanística ou principiológica, mas um objetivo estratégico e político. Os direitos e garantias individuais, por exemplo, constaram do art. 5º (do início da Constituição), não para servir como "carta de princípios" ou introito da nova ideologia da Constituição, mas porque se entendia que a aprovação de seus diversos artigos resumiria os trabalhos constituintes das próximas semanas e evitaria o enfrentamento de dilemas políticos e ideológicos, quando da votação de outros títulos ou capítulos, com atritos sempre inconvenientes.

---

[14] Ver também descrição do então deputado Nelson Jobim em artigo publicado no *Jornal do Brasil* de 06/10/1988 (BONAVIDES; ANDRADE, 2004, p. 459).

[15] Os temas das comissões e subcomissões foram definidos de maneira inusitada, com a comparação de diversas constituições no mundo e a identificação dos temas que mais se repetiam. Para a descrição do procedimento — que, diga-se, não teve nada de "científico" ou transcendental —, ver a descrição de Jobim (2004, p. 11-12).

O deputado Ulysses Guimarães, então presidente do PMDB, venceu, em 02/02/1987, as eleições para a presidência da Câmara dos Deputados para o biênio 1987/1988 (portanto, durante o processo constituinte), recebendo 299 votos, contra 155 votos do deputado Fernando Lyra, da corrente de "esquerda" do próprio PMDB (nome que já havia sido ministro da Justiça do presidente José Sarney). Era esperado que outro deputado ocupasse a posição de presidente da Constituinte. Entretanto, não foi o que ocorreu. Em eleições levadas a cabo no mesmo dia (*Diário da Assembleia Nacional Constituinte*, 03/02/1987, p. 18), o candidato Ulysses Guimarães (PMDB) recebeu 425 votos, contra 69 votos do deputado Lysâneas Maciel (PDT), e também foi declarado presidente da Assembleia Nacional Constituinte. A eleição chegou a ser informalmente contestada com base no temor do acúmulo de poder nas mãos de apenas um deputado, que, a um só tempo, dirigia o PMDB, a Câmara dos Deputados e a Constituinte (o "tripresidente").[16] A própria ata da sessão de eleição do presidente da Constituinte registra o protesto do deputado Adylson Motta, que contesta a eleição de Ulysses Guimarães por "desrespeito à alínea F, do parágrafo único, do art. 30, da Constituição Federal que, textualmente, proíbe a reeleição para a Mesa de qualquer das Casas" (*Diário da Assembleia Nacional Constituinte*, 03/02/1987, p. 18). O argumento, principalmente dos aliados do presidente José Sarney, baseava-se nas ideias de Democracia e República, que deveriam orientar uma pluralidade de centros de exercício de poder. Durante o encaminhamento dos trabalhos da Constituinte, percebeu-se o acerto na eleição do deputado Ulysses Guimarães, especialmente por um motivo de natureza administrativa: a Constituinte não tinha estrutura administrativa para dar auxílio e sustentar o trabalho dos congressistas. Certamente, a máquina administrativa e burocrática da Câmara dos Deputados teria que ser tomada de empréstimo. Dentro dessas circunstâncias, haveria crise política se as presidências fossem diferentes, uma vez que o presidente da Constituinte (naquele momento, mais importante) estaria subordinado ao presidente da

---

[16] Sobre a questão, ver Pilatti, 2008, p. 28.

Câmara dos Deputados e na dependência de sua boa vontade para dar continuidade aos trabalhos constituintes.

O episódio do "Centrão", para alguns uma "onda democrática" durante a Constituinte, demonstra como é impossível aprisionar o processo político por meio de regras preconcebidas. Basicamente, o Centrão foi a insurgência de um grupo majoritário de parlamentares contra a possibilidade de aprovação de textos votados por uma minoria numérica que se apresentou nas subcomissões (embora fosse a maioria nas subcomissões). Após a eleição de Mario Covas para líder do PMDB, com o apoio dos progressistas e da ala mais próxima a Sarney, as relatorias e presidências de comissões (que futuramente iriam integrar a Comissão de Sistematização) ficaram nas mãos de parlamentares mais à esquerda. O Centrão representou, a um só tempo, a revolta contra o regimento (que, na prática, obrigava que apenas uma maioria absoluta no plenário do Congresso conseguiria alterar um texto aprovado por, no máximo, onze deputados, número que representava a maioria de uma subcomissão) e a retomada de uma versão mais equilibrada na redação de vários artigos da Constituição. (JOBIM, 2004, p. 12; PILATTI, 2008, p. 196.)

Na contramão do que afirmado aqui, Ferreira Filho critica o "texto compósito" elaborado durante a Constituinte de 1987/88, no qual, em sua opinião, ocorrem superposições, normas divergentes entre si, princípios contraditórios e genéricos e a fusão de propostas opostas. Para o autor, esses "problemas" têm uma causa: "O desprestígio do jurista no âmbito da Constituinte." (1997, p. 3.) O tom "iluminado" que o autor quer atribuir ao "jurista" acaba por construir o discurso excludente a que se fará menção neste trabalho e tenta difundir a ideia de que o "jurista" tem algo a mais, ou melhor, para a Democracia do que o cidadão comum ou do que o "político"; de que o "jurista" é imune aos problemas mundanos de incoerência, divergência e outras questões formais; e de que a Constituição estaria em boas mãos se fosse encarada como um objeto do "Direito" e do "jurista": "A maioria dos integrantes da Assembleia considerava secundários os aspectos formais, portanto os jurídicos, esquecida que

Constituição é lei, portanto documento jurídico, que tem de ser aplicada por homens do direito." (FERREIRA FILHO, 1997, p. 3.)

A eleição do presidente da Constituinte, a crise do regimento com a ascensão do Centrão e a aprovação do texto na Comissão de Redação são outros episódios que, fugindo do desenho genérico de "como deve funcionar" uma Constituinte, demonstram a forma original, concreta e improvisada com que forças políticas se relacionam e se combatem na elaboração de uma Constituição.

Entretanto, nenhum outro episódio esclarece melhor a relação contraditória no Brasil entre o Direito e a Política do que a repercussão que gerou o episódio da "inclusão" de dispositivos e artigos que não teriam sido votados para o texto final da Constituição.

Ao final dos trabalhos, em setembro de 1988, a Comissão de Redação, presidida pelo senador Jarbas Passarinho, havia identificado uma série de erros, imprecisões e omissões graves no texto do Projeto de Constituição depois de ter passado pelo longo processo constituinte. O caso emblemático foi a não consideração pela Constituinte do dispositivo que, hoje, integra a Constituição de 1988 em seu artigo 2º: "São Poderes da União, independentes e harmônicos entre si, o Legislativo, o Executivo e o Judiciário." Na realidade, foram várias omissões identificadas, tais como: falta de previsão acerca dos bens do Distrito Federal; exigência de imposto de renda para os vencimentos do presidente da República, vice-presidente e ministros de Estado (atual art. 49, VIII da Constituição); correção do número mínimo de vereadores para municípios de mais de cinco milhões de habitantes (atual art. 29, IV, "c" da Constituição); fixação de direitos trabalhistas para militares (atual art. 142, § 3, VIII, da Constituição); aprimoramento do texto sobre calamidade natural e possibilidade de decretação do estado de defesa (atual parte final do *caput* do art. 136 da Constituição); exclusão das minas de minérios como bens da União (atual redação do art. 20 da Constituição); transformação em parágrafo do inicialmente inciso que dispunha sobre limite de juros reais (antigo § 3, art. 192, antes da EC nº 40/2003); limite de 21 anos de idade para juízes de paz (atual art. 14, § 3, VI, "c" da

Constituição) etc. No total, foram cem mudanças no texto, que variaram entre alterações de forma e de mérito. A Comissão de Redação, assim, passou a votações internas para incluir as mudanças e suprir a lacunas identificadas. (*O Globo*, 14/09/1988, p. 5; *O Estado de S. Paulo*, 15/09/1988, p. 5; *O Estado de S. Paulo*, 16/09/1988, p. 5; *O Globo*, 17/09/1988, p. 2.)

Logo surgiu o problema para saber se as mudanças exigiriam uma nova votação em plenário (o que se chamou, na época, "terceiro turno"), já que o Regimento Interno não previa recurso das decisões da Comissão de Redação. Com as mudanças sugeridas e aprovadas na Comissão de Redação, logo surgiu a discussão para se saber se seria conveniente promover um terceiro turno de votação. A discussão era retórica, uma vez que encobria uma "crise política" (JOBIM, 2004, p. 14). De um lado, Sarney e o PFL não queriam que a Constituição fosse promulgada em outubro de 1988, pois isso anteciparia as eleições presidenciais para 1989. Com eleições tão próximas, Ulysses Guimarães apareceria como candidato natural favorito pela projeção que havia conseguido com a posição de presidente da Constituinte. Ulysses Guimarães — e o PMDB, pelos mesmos motivos — queriam o rápido término dos trabalhos. Os partidos de esquerda, embora por outras razões (de ideologia partidária), apoiavam a proposta do "terceiro turno". Ao final, chegou-se a um acordo entre Ulysses Guimarães, Nelson Jobim (líder do PMDB na Constituinte) e Carlos Santana (líder do Governo na Constituinte): haveria votação final da Comissão de Redação de forma nominal, por maioria absoluta de 280 votos, portanto o quórum constitucional da Emenda Constitucional nº 26 (JOBIM, 2004, p. 15). Ao final, em 22/09/1988, o deputado Ulysses Guimarães presidiu a sessão de votação para deliberar acerca da redação final do texto da Constituição. Naquela oportunidade, o presidente da Constituinte teceu comentário acerca da natureza confirmatória dos procedimentos praticados durante os trabalhos constituintes se caso o plenário aprovasse essa redação. As palavras do deputado Ulysses Guimarães são representativas de uma visão pragmática do "homem político" que se interessa em resolver problemas concretos e alcançar consensos possíveis, sem ligar propriamente para eventuais modelos teóricos e transcendentais de postura e de procedimento; por isso, vale a transcrição de parte daquele comentário:

> [...] não há dúvida nenhuma de que, depois, na sucessividade de todas essas etapas, se procurou captar a intenção, realmente, de servir à Nação, através do texto aprovado. E, esta votação que, hoje, vai se fazer, também, terá o caráter homologatório, ratificador, o caráter confirmatório daquilo que, se eventualmente alguma dúvida suscitasse. Através da maioria soberana, qualificada, do plenário se espanca qualquer dúvida.
>
> Além disso, e para terminar, o Regimento é meio e não fim. O fim, em qualquer texto legal, a Constituição, principalmente, é a verdade, é o bem, é a justiça. É assim que os juízes interpretam. Às vezes, não se cinge a uma interpretação servir literal, gramatical, vocabular, mas procura a interpretação de servir e fazer com que o preceito legal procure, repito, servir ao bem, obter uma solução em nome do bem, da verdade ou da justiça. (*Diário da Assembleia Nacional Constituinte*, 13/09/1988, p. 14.319.)

Alguns anos mais tarde, em 2003, as "incorreções" técnicas praticadas pela Assembleia Nacional Constituinte foram novamente objeto de críticas de juristas, que contestaram, mais uma vez, sua legitimidade, esquecendo-se de que mais importante que o rigor e coerência do sistema jurídico é a estabilidade institucional que se alcançou com a Constituição de 1988 e o fortalecimento da democracia. Obviamente, esses não são resultados equivocados.

De fato, o aparente sucesso da Constituição de 1988 e de sua organização topográfica dos capítulos, em geral, não está ligado — como não esteve quando a Constituição foi elaborada — a qualquer fundamentação transcendental ou preocupação teórica, mas, sim, sempre se conectou à necessidade de encontrar consenso no jogo político e nas discussões dos grupos de pressão. Há relatos dos parlamentares que dão conta de que a organização de capítulos da Constituição não aconteceu em razão de uma preocupação humanística, mas, sim, por motivos práticos, de facilitação de debates parlamentares futuros ou mesmo na defesa de interesses mesquinhos (BASTOS; MARTINS, 1988, p. 335-336).

Há regras e até princípios que somente fizeram parte da Constituição dentro da lógica da compensação das posições que se faziam representar. Há até casos pitorescos, como vimos, de artigos essenciais da Constituição de 1988 que foram incluídos na redação final sem que tivessem passado por um processo de discussão nas comissões temáticas que se formaram na Constituinte.

Para um teórico do direito constitucional, esse processo, narrado como foi por parlamentares que viveram aquele período, faria com que a própria Constituição de 1988 perdesse em solidez e em legitimidade, uma vez que a Assembleia Constituinte não teria funcionado da maneira como exige a "razão do direito constitucional", consolidada ao longo dos últimos 200 anos. Florestan Fernandes, deputado constituinte, apesar de seu radicalismo crítico e "marxista", também, naquele momento, vislumbrava os perigos da "técnica" e como essa visão poderia contaminar a própria Constituição. A tradição brasileira do processo constituinte, segundo sua opinião, traria problemas graves e

> [...] a elaboração da Constituição assumiria um caráter inevitavelmente técnico e jurídico com os riscos já conhecidos e consagrados de dissociar o processo constituinte da maioria real, a massa dos cidadãos e seus problemas humanos e dilemas sociais concretos [...]

Em seguida, em elogio ao Regimento da Assembleia Nacional Constituinte, o então deputado ressalta o casamento no regimento

> [...] de uma tradição parlamentar importada, mas com raízes nas nossas repetidas experiências constitucionais [...] e um nexo com as várias camadas de um Povo sem peso e sem voz na sociedade civil e no Estado, em virtude da carência de uma cultura cívica. (FERNANDES, 1988, p. 5, 6.)

Entretanto, para um pragmatista, pouco importa se o processo se deu da maneira como a teoria mandava, pouco importa se domesticamos nossa forma de proceder a partir de um juízo constitucional transcendental. O que, de fato, é importante é que a Constituição foi elaborada, nasceu com força e relativa eficácia, passou por um processo natural de adaptação às novas circunstâncias, mas, em geral, não deixou de ser exemplo de um compromisso institucional assumido no passado e que vem construindo unidade e estabilidade política.

Contudo, não é recente nossa opção filosófica pelos modelos abstratos em detrimento da análise quase que utilitária da forma como episódios jurídico-políticos se desenvolvem. Uma república tão carente de símbolos e de discursos somente poderia se sustentar com a criação de um imaginário nobre de luta contra abusos do poder público e de resguardo dos direitos das classes mais pobres. Nessa linha, continuamos a estudar, por exemplo, a Constituição como uma espécie de documento mágico, capaz de instituir uma "nova ordem", estabelecer direitos fundamentais e organizar o poder político. A própria Constituição de 1988 é vista a partir desse enfoque abstrato, muito na linha da herança dos positivistas. (MORAES, 2006, p. 2; TAVARES, 2007, p. 65; SILVA, 2002, p. 37; CAETANO, 1987, p. 391; BASTOS, 1988, p. 273.)

É de se notar, por exemplo, que ainda é típica da visão jurídica a leitura da Inconfidência Mineira como um movimento de índole iluminista, a compreensão das revoltas do período regencial como revoltas populares e a Proclamação da República como evento cercado de participação popular e de ideologia democrática. Para demonstrar essa forma deturpada com que os juristas e os constitucionalistas sempre enfocaram nossa história, basta uma consulta rápida ao pensamento dos grandes juristas brasileiros, que, com raras exceções, explicam o direito constitucional brasileiro com base nos eventos da história americana, francesa e alemã. A questão é polêmica, mas é emblemática para ilustrar a dicotomia que se quer destacar aqui. Dentro do contexto da necessidade de construção de símbolos nacionais — que se consolidou nos anos seguintes à República —, o movimento da Inconfidência Mineira é visto como um movimento

DIREITO, POLÍTICA E PRAGMATISMO

libertário, democrático, ligado a preocupações iluministas e de defesa dos direitos individuais, enfim, como o símbolo da luta de nosso povo pela liberdade. Há diversos historiadores e pesquisadores, hoje, que contestam essa visão romanceada da História e bem identificam a razão nuclear do movimento: a derrama (a ameaça da Coroa Portuguesa de cobrar valores abusivos pelas pedras encontradas em Minas Gerais). Em outras palavras, a razão foi econômica para um movimento elitizado.[17]

Essas questões também mostram que o jurista sempre preferiu discutir de maneira teórica e abstrata, nunca se predispondo a tratar dos problemas a partir de premissas democráticas, discussão e embates políticos. Em outras palavras, o jurista nunca reconheceu o papel funcional ou instrumental do Direito a serviço da democracia, mas preferiu continuar a destacar ilusoriamente uma dimensão ontológica do ser e dever ser das coisas, da natureza do homem e da lei, do núcleo essencial de regras e princípios.

Entretanto, os eventos sempre ocorreram, os episódios políticos se sucederam e, ao final, apenas esses embates democráticos foram decisivos para a construção de soluções ou caminhos. A dinâmica política, nesse contexto, nem sempre se deu da melhor forma ou da maneira mais transparente. O Direito e os juristas, contudo, não estavam lá para criticar, apontar problemas ou alternativas: estavam eles enclausurados na academia, presos aos pressupostos iluministas, tentando se aproximar da "verdade", da "justiça" e da "ética".

Passou-se muito tempo até que percebêssemos que não estamos em busca de algo maior, mas apenas tentando encontrar soluções viáveis que aprimorem nosso convívio social. O Direito, obviamente, não tem um papel fundamental, de norteador de caminhos, mas

---

[17] Para um excelente trabalho de "devassa" dessa versão oficial, ver Maxwell (2005) e Ab'Saber (2003, p. 438). No sentido da Inconfidência como um movimento do contexto iluminista, ver Rouanet (1992, p. 329). Sobre a necessidade do símbolo e a figura de Tiradentes como um "herói" nacional, ver Carvalho (2006b, p. 55).

DIREITO E POLÍTICA NO BRASIL POR MEIO DE UM PRAGMATISMO OBSCURO

divide com outros estilos de pensamento a função relevante de auxiliar na construção de uma sociedade que respeite direitos e que resguarde esferas de liberdade. Esse objetivo, entretanto, não vai ser alcançado com a depuração de conceitos abstratos, mas com o reconhecimento e acirramento dos debates entre posições díspares; com a busca do consenso que nos obrigue a sermos democráticos, de reconhecermos que posições opostas ou estranhas são também legítimas posições jurídicas, políticas e filosóficas, e, portanto, posições dignas de consideração e diálogo. Nas palavras de Richard Rorty, em artigo em resposta a David Luban, conservamos ainda uma esperança ou admiração pelo Judiciário, diante da decadência do espaço dos partidos políticos. Entretanto, "essa admiração não é reverência ao tipo euclidiano de Imutabilidade da Lei. É o respeito pela habilidade de homens e mulheres decentes sentarem-se à mesa, argumentarem e chegarem a um consenso razoável" (RORTY, 1997, p. 83).

A sugestão rortyniana é instigante. Se podemos falar de algum modelo de "Direito" que se projetará para o futuro com chances de viabilidade funcional, obviamente, não nos referimos ao caminho que trilhamos até agora e que, com nova configuração, insistimos em retirar-lhe algo mais. Tratamos aqui dos novos modelos jurídicos de argumentação que parecem modernos e, em alguma medida, são etapas evolutivas de um pensamento abstrato antiquado, anterior à Constituição de 1988, mas que, sob o olhar pragmatista, não é tão diferente, a não ser pelo novo vocabulário (apesar de ser ainda técnico e árido). Nenhum modelo representa melhor essa pseudoevolução do que o que se acostumou a chamar no Brasil de "neoconstitucionalismo".[18] (PRIETO SANCHÍS, 2003a, p. 101; 2003b, p. 123; COMANDUCCI, 2003, p. 75.)

---

[18] De forma geral, veja as publicações *Neoconstitucionalismo(s)* (Editorial Trotta, 2003) e *Teoría del neoconstitucionalismo: ensayos escogidos* (Editorial Trotta, 2007), ambas publicações editadas por Miguel Carbonell. No Brasil, veja Barroso (2006a, p. 97), Barcellos (2005b, p. 125), Sarmento (2009, p. 113), Bello (2007, p. 3), Duarte (2009, p. 15) e Streck (2005, p. 521). Essa questão será mais bem abordada na Parte II deste livro.

Fala-se, na realidade, de um "Direito" diferente, que não se encerra em si, mas que busca algum efeito concreto ou consequências sociais razoáveis. Isso não se atinge com padrões excessivamente racionais de tecnicismo jurídico, mas com a atitude aberta de quem humildemente busca posições medianas em contextos complexos de opiniões divergentes. Nesse caso, o jurista, o Direito, o Supremo Tribunal Federal, o Poder Judiciário, as Faculdades de Direito, enfim, todos os chamados "operadores do direito" precisam se ver mais como árbitros ou mediadores de disputas, em relação às quais não têm posição *a priori*, do que como uma espécie de oráculo, o conhecedor da "verdade" e da "justiça", a quem é atribuído o poder de dizer "isso é certo".

O pragmatismo jurídico, enquanto crítica ao discurso metafísico, apresenta-se como uma importante ferramenta para se repensar o direito constitucional no Brasil, oferecendo novas perspectivas e funcionalidades para o raciocínio no Direito. Mas o que é o pragmatismo?

2

PRAGMATISMO FILOSÓFICO, NA OPINIÃO DOS FORMULADORES CLÁSSICOS

2.1 MULTIPLICIDADE DE DIMENSÕES DO PRAGMATISMO

O pragmatismo constitui-se em um estilo filosófico que abarca uma imensa quantidade de formas de pensamento, de raciocínio e de intelectuais que se entrecruzam na crítica à busca de valores universais, tais como a verdade, a justiça e a ética. É possível dizer que o que modernamente se entende como pragmatismo não é muito mais do que elementos de várias correntes filosóficas do passado, tratados dentro de uma nova óptica e a partir de novos contextos. São bastante evidentes as relações do pragmatismo com outras correntes do pensamento filosófico, como o marxismo, o darwinismo e até mesmo o romantismo alemão. Há também, hoje, importantes diálogos do pragmatismo com o feminismo — Rorty (2005e) e Radin (1990); a hermenêutica — Rorty (2000); a historiografia — Rorty (1990a); a desconstrução — Rorty (2005f), Mouffe (2005) e Derrida (2005); e até mesmo com o *Critical Legal Studies* (são inúmeros os texto nos quais os neopragmatistas dialogam com os representantes do CLS).[1]

---

[1]   A título de exemplo: Rorty (1999c) ou o próprio niilismo; Singer (1985, p. 1); ver ainda Kellogg (1991, p. 15). Com bom humor, o *top 2* para ser

DIREITO, POLÍTICA E PRAGMATISMO

William James, um dos fundadores do pragmatismo, no prefácio de sua coletânea *Pragmatism: a new name for an old way of thinking* (2006, p. vii), atribui a publicação de suas palestras, por exemplo, ao que chama de "movimento pragmático", muito embora não goste da expressão. Em explicação a esse movimento, James afirma:

> Um número de tendências que sempre existiu na filosofia, de repente se tornou coletivamente consciente de si mesmo e de sua missão combinada: e isso ocorreu em tantos países e a partir de tantos pontos de vista que resultou em muitas assertivas descombinadas.

Em 1907, William James havia publicado a primeira edição dessa coletânea. Para ele, as formas antigas de pensar seriam o utilitarismo de Stuart Mill (a quem é dedicado o livro) e o ceticismo do iluminismo escocês. O debate, de certa forma, é interminável, já que hoje se discute acerca dos novos rumos desse pensamento e as ligações que existem entre os novos pragmatistas e os clássicos. Teria o pragmatismo se tornado um velho nome para descrever novas formas de pensar? É o que defende, por exemplo, Kloppenberg (1998, p. 84).

Sob uma perspectiva estritamente pragmatista, não faz muito sentido tentar estabelecer conceitos e definições do que, de fato, representa o pragmatismo filosófico. Nunca é demais lembrar que um dos seus focos de análise consiste na ineficiência e inutilidade de teorizações como instrumentos de soluções de conflitos ou questões. Por isso, mesmo defensores do pragmatismo da estirpe de Rorty e Posner preferem caracterizar o movimento a partir da descrição do que faz um pragmatista, da maneira diferente como se comporta diante de um problema, de como enfrenta uma questão específica e

---

pragmatista jurídico, de Balkin (1991, p. 351), afirma que "você pode ser também um republicano cívico, uma feminista, um desconstrutivista, um triturador de casos, um crítico, um tipo 'direito e economia' ou qualquer outra coisa".

de como propõe uma solução viável. Para outros autores, o pragmatismo, especialmente de Rorty, caracteriza-se mais por "uma série de negações do que de afirmações", a demonstrar que não existe propriamente um conteúdo do pragmatismo (MACHAN, 1995, p. 362).

Por outro lado, é importante destacar que o pragmatismo aproxima-se muito mais de um estilo de pensamento do que propriamente de uma corrente com substância definida, que se repetiria na linguagem dos demais intelectuais defensores de seu projeto. Pragmatismo não é nem mesmo um projeto intelectual ou filosófico, não ambiciona encontrar a "verdade" ou o "processo perfeito", nem se atribui o rótulo de uma teoria a configurar um caminho maduro, a durar por gerações de pensadores, acerca do que deveriam fazer ou pensar. Está mais próximo de um "comentário contínuo à cultura".[2] Para alguns pensadores, o pragmatismo é um movimento, tal como William James descreveu em seu prefácio ao livro *Pragmatism*, de 1907.[3] Em larga medida, para seus principais articuladores, o pragmatista não tem qualquer apego ao estilo que representa, sendo opinião comum de que a postura típica de um pragmatista não exige dele qualquer tipo de conhecimento prévio ou domínio teórico do instrumental crítico do pragmatismo filosófico (RORTY, 1990, p. 1815; GREY, 1997, p. 21). Posner também concorda com o posicionamento de que ninguém precisa conhecer o "debate pragmatista" para ser efetivamente pragmatista, apesar de defender que o pragmatismo filosófico poderia auxiliar no desenvolvimento do

---

[2]   A expressão é de West (1989, p. 5), para quem o pragmatismo está mais para um "conjunto de interpretações que tenta explicar a América a ela mesma em um particular momento histórico do que de um projeto filosófico".

[3]   Para outros, nem o velho, nem o novo pragmatismo pode ser descrito como uma escola (POSNER, 1990, p. 1.660). Na realidade, o pragmatismo nem mesmo ambiciona ser tratado como uma "teoria". "Pragmatismo é livre da culpa da teoria (*theory-guilt*)", entendida como uma obrigação de todos os cientistas de encontrarem coerência e sentido transcendente em suas formulações (GREY, 1990, p. 1.569).

pragmatismo aplicado ao Direito (1997a, p. 20). Basta a consciência de que problemas existem para ser concretamente resolvidos ou administrados para ser um pragmatista, e que a dor e o sofrimento constituem critérios fidedignos a orientar esse processo de solução. O pragmatismo não aceita a "máxima de que somente se pode vencer uma teoria com outra teoria melhor" (GREY, 1990, p. 14). A força do pragmatismo filosófico estará exaurida por completo a partir do momento em que a crítica à teoria pela teoria já estiver totalmente absorvida (RORTY, 1990b, p. 1.819). No contexto de uma herança pragmatista, fariam parte do mesmo conjunto de pensamento os intelectuais que apresentam diferenças abissais na maneira como enxergam o mundo, examinam os problemas filosóficos e atribuem valor à própria filosofia. Para Posner, por exemplo, o chamado "novo pragmatismo não é um movimento filosófico distinto, mas um termo 'guarda-chuva' para diversas tendências e pensamentos filosóficos" (POSNER, 1990, p. 1.653; STAINSBY, 1988, p. 468). Para uma referência rápida dessa multiplicidade de dimensões que o pragmatismo concentra, basta dizer que fazem parte da mesma tradição a teoria da significação e dos signos, de Charles Peirce;[4] a instrumentalidade de uma filosofia prática, de William James; e a filosofia política da ação, de Dewey. Esses pensadores, colocados em cronologia linear, formam, por exemplo, a base crítica para a formulação filosófica ironista — e, até certo ponto, romântica — de Richard Rorty. Também é significativa a célebre divergência entre os pragmatistas acerca da existência de um "progresso moral" alcançado pelo homem, tese defendida por Dewey e Rorty (2007b)[5] e questionada por Posner (1998b).

---

[4] Nesse sentido, ver seu texto "The maxim of pragmatism" (1998), no qual Peirce tenta demonstrar a máxima pragmatista por meio de signos que aproximam seu texto de uma demonstração matemática.

[5] Trata-se de texto escrito em 2006, quando da *John Dewey Lecture* (10/4/2006, Universidade de Chicago), e publicado na *University of Chicago Law Review* após a morte de Richard Rorty (2007).

PRAGMATISMO FILOSÓFICO, NA OPINIÃO DOS FORMULADORES CLÁSSICOS

Obviamente, dentro do rico espectro de temas e contextos abordados, é possível identificar diferenças flagrantes entre os formuladores do pragmatismo. Assim, a filosofia matemática de Peirce pouco se assemelha às preocupações políticas de Dewey; as concepções de William James foram fundamentais para estabelecer novos rumos funcionais para a psicologia, enquanto o pragmatismo de John Dewey marcou época para dar um sentido mais proativo aos processos de aprendizado e pedagógico. Nesse contexto, até mesmo discussões em torno do termo "pragmatismo" ocorreram, já que James havia sequestrado a terminologia originalmente criada por Peirce[6] e o forçado a propor um novo nome para seu pensamento.[7]

Se a análise focar em autores da nova geração de pragmatistas, as divergências apenas se tornaram mais profundas. Pensadores do porte de Hilary Putnam, Richard Rorty, Stanley Fish (1991, p. 55),[8] Cornel West, Richard Posner, Thomas Grey, Louis Menand, Hans Joas, Richard Bernstein, John Shook e Susan Haack têm posturas com distinções abissais, muito embora concordem em pontos específicos e caros ao pragmatismo. Em seu curioso "The top ten reasons to be a legal pragmatist", Balkin (1991, p. 351) inclui também, mesmo

---

[6] Foi Peirce quem, em uma das reuniões do Clube Metafísico, ao apresentar alguma de suas anotações, chamou de "pragmatismo" um método de determinar palavras difíceis e conceitos abstratos. Mais tarde, entre 1877 e 1878, dois textos, baseados naquelas anotações, foram publicados na *Popular Science Monthly:* "The fixation of belief" e "How to make our ideas clear" ("Como tornar nossas ideias claras" — PEIRCE, 2008, p. 33, 59). Essa história é contada pelo próprio Peirce em seu clássico texto "What pragmatism is" (PEIRCE, 1998, p. 331).

[7] Indignado pela ampliação exagerada de sua linha de raciocínio, dada por William James, Peirce, chamando-o de "sequestrador", ao lado de Ferdinand C.S. Schiller, "anunciou o nascimento" da nomenclatura "pragmaticismo" (*pragmaticism*), um termo "feio o suficiente para estar a salvo de seus sequestradores" (PEIRCE, 1998, p. 334).

[8] Fish seria um pragmatista, apesar de suas críticas a Posner e Rorty. Acerca de sua própria fragilidade na tese pragmatista, ver Barber (1991, p. 1.036).

que indiretamente, Frank Michelman ao estabelecer, no *top 5*, que "se você é de direita, terá finalmente encontrado algo para concordar com Frank Michelman". West (1990, p. 1.747) é um pragmatista que se baseia nos clássicos e aponta os problemas do neopragmatismo como a sua versão pobre do antifundacionismo, a que chama de "praticalismo cru". Para Weaver (1992, p. 751), West acaba por trair os próprios propósitos do pragmatismo ao dar continuidade a um discurso representacionista. Posner (1990, p. 1.660), por exemplo, identifica diferenças profundas entre James e Dewey e afirma que Peirce tem mais em comum com Putnam do que este tem com Rorty, e ele mesmo mais se aproxima de Peirce, James e Dewey do que de Cornel West ou Stanley Fish. Há ainda autores que classificam sua formulação de "jurisprudência rortyniana" (MACHAN, 1995, p. 361). Pragmatistas do porte de Hilary Putnam, por exemplo, estão interessados em saber como crenças verdadeiras ganham ou devem ganhar justificação e, assim, chegam a conclusões virtualmente parecidas: é verdadeiro o que pode ser justificado sob condições epistêmicas ideais, como defende Putnam (2008, p. 81)[9] ou é verdadeiro aquilo que se torna argumento vencedor em uma situação ideal da fala, como assevera Habermas (1999, p. 251).[10] Para Rorty, entretanto, não faz muito sentido ponderar acerca da verdade como justificação pela falta de utilidade.[11] Além desses, outros autores apresentam claros aspectos pragmatistas em suas formulações quando apoiados na crítica à tradição platônica da ontologia pela ontologia, tais como Donald Davidson, Willard Quine, Thomas Kuhn, Jacques Derrida e Jürgen Habermas.

O pluriverso do pragmatismo não permite estabelecer uma corrente filosófica bem marcada por vocabulário e essências bem

---

[9] O texto "Richard Rorty on reality and justification" está em Brandon (2008, p. 81).

[10] O texto "Richard Rorty's pragmatic turn" está em Brandon (2008, p. 31).

[11] Dentre diversos textos, destaco: "Response to Habermas" (BRANDOM, 2008, p. 56) e Rorty; Engels, 2008, p. 54 e ss.

definidas. Nada melhor para o pragmatismo do que permanecer uma pseudofilosofia para todos, sem que se possa identificar fronteiras muito precisas para a rotulagem de pensadores. Entretanto, falando em termos "não pragmatistas", há alguns pontos que, genericamente tratados, podem ser tipificados como algo comum na formulação de todos os pragmatistas.[12] Em todos eles, há uma crítica a formulações metafísicas e ao prestígio dado ao fundacionalismo, ou seja, à filosofia como ramo do pensamento responsável por encontrar os fundamentos das coisas do mundo. Além disso, está presente no estilo pragmatista uma noção de responsabilidade filosófica no sentido de que, em vez de se aprimorar no estudo dos princípios e categorias apriorísticas, o filósofo deve buscar uma melhor consciência das consequências e dos resultados obtidos com as nuances do discurso filosófico. Finalmente, em vez de visualizar o homem como um ser neutro, imparcial e asséptico, para o pragmatismo, o contexto é peça fundamental para se analisar fatos, problemas e questões e oferecer sugestões úteis e eficazes.

O antifundacionismo, o consequencialismo e o contextualismo formam uma espécie de tripé de sustentação de toda a formulação pragmatista, mesmo que haja divergência entre pensadores acerca dos detalhes dessa configuração. A partir dessa tríade, o pragmatismo adquiriu dimensões diversas na leitura de pensadores de diferentes origens e diversas tradições, e variações quanto às suas possibilidades e caminhos. Antes, entretanto, de proceder ao aprofundamento de uma dessas variações do moderno pragmatismo e relacioná-la ao Direito e à sua aplicação, é importante falarmos acerca dessas três características marcantes.

---

[12] O termo "não pragmatistas" refere-se à tentativa de identificação de algum elemento "essencial" entre os autores mencionados com a corrente pragmatista. "Falando em termos pragmatista e não essencialista, não há nada de prático a ser conquistado ao colar um rótulo pragmatista a qualquer filosofia que não tenha qualquer dos três elementos." (POSNER, 1990, p. 1.660.)

2.1.1 Antifundacionismo

O antifundacionismo remete à noção, tipicamente pragmatista, de que a filosofia não deve ser encarada como algum tipo de exercício de formulação de uma representação do mundo. Os filósofos ou mesmo os juristas não têm responsabilidade para explicar as "fundações" do real. Essa ideia conduz, no campo das discussões pragmatistas, à refutação de qualquer noção abstrata, formulação metafísica ou construção teórica que remeta diretamente a um mundo paralelo ou a entidades paralelas, como a "verdade", a "ética" e a "justiça". Deve-se, no conselho pragmatista, abandonar os esforços da tradição iluminista de encontrar princípios transcendentais que pretensamente explicariam nossa essência e nosso mundo. Não há enunciado perpétuo ou imutável, seja sob a perspectiva do conteúdo, seja sob a perspectiva do processo ou procedimento. Estamos envoltos e interconectados dentro de um sistema político de convivência que não garante níveis de segurança ou de determinação como aqueles prometidos pela lógica kantiana, pelo tecnicismo ou pelos "debates puramente escolásticos e particularmente aborrecidos" (RORTY; ENGEL, 2008, p. 61).

Não se trata, entretanto, de uma posição estritamente filosófica. O antifundacionismo dos antigos pragmatistas tentava precisar uma identidade dessas entidades transcendentais típicas do racionalismo. Em William James, por exemplo, o antifundacionismo se formava a partir de sua "teoria da verdade", não uma verdade metafísica a ser encontrada, mas uma verdade ligada intimamente à experiência, ao mundo real. Ideias e teorias não explicavam a experiência, mas faziam parte dela. Teorias como a da verdade, assim, adquirem uma natureza dinâmica, evolutiva, construtiva e instrumental. "As teorias, portanto, se tornam instrumentos, e não respostas para enigmas, em relações às quais podemos descansar." (JAMES, 2006, p. 24.) Em outras palavras, são verdadeiras aquelas conclusões ou proposições que auxiliam em uma melhor vivência — são úteis para o homem concreto. Além disso, as "entidades metafísicas" adquirem, em James, uma índole prática a partir do exame das consequências concretas. Afinal, "que diferença faria, no nível prático, para qualquer pessoa, se esta noção ao invés daquela outra fosse verdadeira?".[13] Disputas meramente teóricas perdem o espaço na preocupação do filósofo pragmatista. Nessa linha, verdade e crença passam a representar lados diferentes da mesma questão, a ponto de Holmes, o célebre jurista pragmatista americano, afirmar que uma coisa é verdadeira quando se considera impossível não acreditar nela (HOLMES, 1915, p. 2).

Pragmatismo seria um método com atitude, uma filosofia da prática e que, portanto, se aproximaria do empirismo, em oposição ao racionalismo. Os pragmatistas não buscam as "primeiras coisas, princípios, categorias, supostas necessidades", buscam, sim, as "últimas coisas, frutos, consequências, fatos" (JAMES, 2006, p. 24-25). Já para Peirce (1992, p. 23-26), em sua negação a um poder de intuição e na possibilidade do conhecimento sem signos, a "verdade" como instituição fundacionista já era criticada com base na relação entre concepções e capacidade de modificar condutas práticas. Ao negar a intuição, Peirce rejeita também qualquer conhecimento fora da experiência e, portanto, nega a existência de um mundo paralelo das ideias dissociadas de nossa convivência. Em resumo, "aquilo em que você não pode, de modo algum, deixar de acreditar [...] para você, trata-se da verdade absoluta".[14]

Também em Dewey, o antifundacionismo é peça marcante da engrenagem pragmatista. Essa característica se mostra por meio de dois aspectos do pensamento deweyano: o cultivo da ideia de certeza e o tom depreciativo com que a filosofia enxerga a prática. Estabelecer que encontrar fundamentos seja papel da filosofia é uma maneira de alimentar o desejo utópico por segurança e certeza, mas que acaba por sabotar a percepção e valoração da experiência, da

---

[13] *"In what respects would the world be different if this alternative or that were true?"* As palavras são de Peirce, utilizadas por James em seu texto "What pragmatism means" (JAMES, 2006, p. 21).

[14] Foi o que Peirce (1998, p. 336) afirmou em 1905 em seu célebre texto "What pragmatism is".

contingência e dos incidentes (DEWEY, 1998, p. 105, 108). Nessa perspectiva, a atitude e a ação ganham — bem como o reconhecimento da instabilidade como elemento intrínseco dos discursos filosóficos — renovado valor na medida em que se projetam como parâmetros honestos para auxiliar o homem a buscar uma boa vida.

Não é papel da filosofia elucubrar acerca de uma "teoria geral" da realidade, da razão e do conhecimento, mas sim estabelecer quais crenças e tradições podem servir ao homem, podem lhe ser proveitosas e eficazes para resolver problemas práticos e reduzir o sofrimento e as demandas por inclusão e igualdade.[15]

2.1.2 Consequencialismo

A segunda característica do pragmatismo é seu olhar para o futuro, a necessidade de avaliar as consequências das teorias ou dos comportamentos para decidir acerca de uma corrente filosófica ou outra. O pragmatista foca sua preocupação, portanto, para a frente, para o futuro e dá valor apenas relativo ao passado. As "primeiras coisas" (conceitos *a priori* e teorias metafísicas) ou tentativas de explicar o mundo são sumariamente descartadas, fazendo com que se voltem os olhos para o exame dos resultados e das consequências. Disso resulta uma conclusão importante: conceitos típicos da herança kantiana deixam de fazer parte de um mundo paralelo e passam a ter significado somente como componentes de uma realidade que ainda

---

[15]   Dewey (1998, p. 111), no artigo "Philosophy's search for the immutable", de 1929: "Uma filosofia que quer abandonar seu suposto objetivo de saber uma realidade última, mas se devotar a uma mais próxima tarefa humana deverá ser de mais auxílio em uma tarefa como essa."

Apesar de sua postura antifundacional, há autores que enxergam em Dewey uma vontade pela metafísica ou de tentar estabelecer os parâmetros de uma metafilosofia (WEST, 1989, p. 96). Rorty, apesar de ser seu fiel seguidor, acusou seu mestre de querer escrever um sistema metafísico ao falar da crítica à cultura (RORTY, 1982c, p. 132).

está em formação. Em outras palavras, conceitos como o de "verdade" ou de "justiça" passam a ser prospectivos e práticos e apenas fazem sentido aliados à noção de utilidade e eficiência. Ao alterar o ângulo de análise e estudar o fenômeno a partir do seu futuro, o pragmatismo reduz a relevância das construções teóricas e enaltece a experiência da qual partirá o exame do futuro e das consequências de aplicação de um posicionamento. O que era transcendente passa a ser meramente funcional. O que era teórico e *a priori* passa a somente ter algum significado a partir da avaliação contingente do efeito futuro que gerará. Trata-se de algo que causa irritação para os profissionais que vivem da sofisticação do raciocínio especulativo (tal como o jurista teórico), mas algo normal ou até trivial para quem edifica sua atividade profissional com base nos resultados que obterá (tal como ocorre com o advogado prático). No pragmatismo, o conhecimento se produz por meio de um raciocínio de antecipação de consequências, que se dá a partir dos dados e informações retirados da experiência e da História, e não de algum sistema abstrato e transcendental e que, muitas vezes, questiona a História e fecha os olhos para o que aconteceu.

Isso não quer dizer, obviamente, que o pragmatista tenha algo contra o passado ou, aplicado ao campo do Direito, que haja algum tipo de incompatibilidade entre o pragmatismo e a cultura da tradição e do respeito ao precedente, na linha da crítica açodada feita por Ronald Dworkin (2007b, p. 185):

> O pragmático adota uma atitude cética com relação ao pressuposto que acreditamos estar personificado no conceito de direito: nega que as decisões políticas do passado, por si sós, ofereçam qualquer justificativa para o uso ou não do poder coercitivo do Estado. Ele encontra a justificativa necessária à coerção na justiça, na eficiência ou em alguma outra virtude contemporânea da própria decisão coercitiva, como e quando ela é tomada por juízes, e acrescenta que a coerência com qualquer decisão legislativa ou judicial anterior não contribui, em princípio, para a justiça ou a virtude de qualquer decisão atual.

DIREITO, POLÍTICA E PRAGMATISMO

O ponto já foi exaustivamente tratado por Richard Posner ao fixar que, certamente, "uma decisão que desestabiliza o direito ao se afastar abruptamente de precedentes pode ter resultados ruins" (POSNER, 1997a, p. 5). Em sua análise de consequências, o pragmatista sempre irá valorar os resultados e optar pela estabilidade e continuidade do Direito ou pelo acolhimento de novas demandas quando legítimas. Nessa linha, para o pragmatista, "apenas o futuro não deve ser escravo do passado" (POSNER, 1997a, p. 8).

O fortalecimento dessa característica se deu na sucessão também do pensamento dos pragmatistas mais tradicionais. Já, em Peirce, a noção de consequencialismo ou instrumentalismo está presente em seu método de soluções de dilemas conceituais. O esclarecimento dessas questões conceituais ajudaria na compreensão das ideias difíceis e das que são claras. Mais importante, portanto, do que a ideia ou a proposição é a sua consequência, já que, por esse esquema, os efeitos manipulam a ideia em si, forçando essa a se adaptar àqueles. As concepções dos efeitos resumem, na realidade, o conjunto de conceitos preconcebidos que temos de um objeto. (PEIRCE, 2008, p. 72-73.) O segundo dos seis famosos artigos de Peirce, publicados pela primeira vez no periódico americano *Popular Science Monthly* entre 1877 e 1878, "How to make our ideas clear" (2008), resume a conclusão do pragmatista:

> [...] nossa ação possui referência exclusiva ao que afeta os sentidos, nosso hábito tem o mesmo comportamento de nossa ação, nossa crença o mesmo que nosso hábito, e nossa concepção o mesmo que nossa crença; por conseguinte, nada podemos significar por vinho senão aquilo que tem certos efeitos diretos ou indiretos, sobre nossos sentidos; e dizer que algo possui todas as características do vinho, mas na realidade é sangue, são palavras à toa.

Foi, entretanto, em uma palestra na Universidade de Harvard — que, posteriormente, transformou-se em artigo — que Peirce assentou definitivamente seu olhar para o consequencialismo. Em "The maxim of pragmatism", Peirce enuncia sua máxima, atribuindo pela primeira vez um tom filosófico a essa corrente de pensamento ao fixar que

> [...] pragmatismo é o princípio de que todo julgamento teórico expresso em uma sentença no modo indicativo é uma forma confusa de pensamento que apenas significa, se é que tenha algum sentido, que está na sua tendência de exigir uma máxima prática expressa como uma sentença condicional tendo sua apódose no modo imperativo (PEIRCE, 1998, p. 134-135).[16]

Para o autor, não há como buscarmos algo no objeto, intrínseco a ele, mas apenas no que o objeto nos sugere em termos de efeitos sensoriais e consequências. Essa afirmação se coaduna com a de Rorty de que "'intrínseco' é uma palavra que os pragmatistas dispensam" (RORTY; ENGEL, 2008, p. 66). A máxima pragmatista, sendo um enunciado lógico e um princípio regulatório,[17] retira qualquer importância de pensamentos que se norteiam apenas em ideias gerais e atribui significado essencial ao pensamento dirigido à experiência, aos efeitos e às sensações. "Apenas desejo mostrar como é impossível que tenhamos uma ideia que não se relacione com os efeitos sensíveis concebidos acerca das coisas." (PEIRCE, 2008, p. 73.)

A mesma ideia foi defendida por William James (2006, p. 21-22), em seu famoso "What pragmatism means", quando, fazendo referência ao texto de Peirce, explica o "princípio do pragmatismo" ao dizer que "para obter a perfeita clareza de nossos pensamentos acerca de um objeto [...] nós apenas precisamos considerar

---

[16] A "apódose" é uma oração principal que expressa uma consequência em relação a uma subordinada condicional, chamada "prótase". Exemplo: "Se fizer sol (prótase), iremos ao parque (apódose)."

[17] Peirce (1998, p. 133-134) assim a reconhece, tal como faz Nathan Houser no texto introdutório da coletânea de textos (1998, p. xxxvii).

DIREITO, POLÍTICA E PRAGMATISMO

os efeitos práticos que o objeto poderá causar". Após a explicação, James reafirma a forma pragmatista como vemos o mundo, sempre tentando antecipar consequências, mesmo que utilizando uma terminologia abstrata e teórica e buscando um conceito de "verdade". Na realidade, para o pensador, não há nada de novo no "método pragmatista". Segundo afirma, por exemplo, vários filósofos, tais como Sócrates, Aristóteles, Locke, Berkeley e Hume, já faziam uso desse estilo de pensamento muito antes de ser estudado. "Pragmatismo representa uma atitude perfeitamente familiar na filosofia." (JAMES, 2006, p. 23.)

Em James, a máxima pragmatista ganha contornos amplos e mais cotidianos e se torna, muito mais do que um enunciado lógico, uma postura funcional diante do mundo. Para o pensador americano, "não podemos rejeitar qualquer hipótese se dela advém consequências úteis para a vida" (JAMES, 2006, p. 129)[18] e, por isso, grandes princípios universais podem ter para o pragmatista o mesmo valor de meras sensações particulares. As consequências ou os efeitos, portanto, associados a um raciocínio funcional, de utilidade, fazem com que grandes teorias possam ser descartadas de pronto e meras intuições possam ganhar a estatura de verdadeiros princípios de vida.

James, portanto, leva o consequencialismo a uma nova dimensão. O apego aos efeitos, e não às justificativas teóricas, inaugura um novo binômio para o pensamento: não mais o verdadeiro e o falso, não mais o certo e o errado. Agora, passa-se a falar em outros termos: o útil e o inútil, o funcional e o ineficaz. Assim, o filósofo não realiza uma crítica propriamente aos enunciados teóricos, mas sim uma crítica ao elogio dos enunciados teóricos por serem enunciados teóricos. Esse relativismo, entendido como uma traição do projeto kantiano iluminista, fez com que James fosse bastante criticado,

---

[18] A frase é retirada de uma das palestras do autor na Columbia University, proferida em janeiro de 1907, quando relacionou "Pragmatismo e Religião" e tentou esclarecer de que maneira o pragmatismo poderia se apropriar do pensamento dogmático religioso.

especialmente no que concerte à fragilidade da ética e da moral em seus enunciados. A crítica soa impertinente, uma vez que se utiliza de um dogma expressa e politicamente afastado pelos pragmatistas: a existência de algo universal, como a ética. Em outras palavras, trata-se de uma crítica ao pragmatismo dentro da lógica do racionalismo tradicional. A ideia de uma verdade instrumental parece, aos olhos da maioria dos filósofos, algo contraintuitivo.

Uma linha importante dessa crítica é a aproximação do pragmatismo com o utilitarismo, que também pensa os problemas a partir de suas consequências sobre a felicidade de todos ou a partir de uma utilidade social. Não há dúvida de que existe uma ligação entre as duas formulações, o que é demonstrado pela emblemática dedicatória do livro de William James (2006), *Pragmatism: a new name for an old way of thinking*,[19] a John Stuart Mill, "de quem eu primeiro aprendi a abertura pragmática da mente".

Na realidade, se o verdadeiro é aquilo que é "vantajoso", aquilo que é criado para atingir determinado fim (JAMES, 2006, p. 103), e se esse juízo de utilidade é algo próprio do indivíduo em seu próprio tempo, o que é "verdadeiro" depende das experiências pessoais de cada um. As experiências, por outro lado, se sucedem, forçando-nos a rever determinados postulados que, até então, tínhamos como orientadores. "Verdades" são, portanto, subjetivas,[20] o que não necessariamente quer dizer que para o pragmatista não existam verdades "coletivas". A verdade coletiva ou impessoal é também possível no contexto de uma visão de utilidade que transborda de uma "comunidade de visões, de julgamentos e de ideias" (DURKHEIM, 2004, p. 171). James (2006) assim se manifestou: "Verdade abso-

---

[19]   O livro é, na realidade, uma coletânea de textos que representam palestras proferidas por William James no Lowell Institute, em Boston, entre os meses de novembro e dezembro de 1906, e na Columbia University, em Nova York, no mês de janeiro de 1903.

[20]   Essa é precisamente a observação de Durkheim ao caracterizar o pragmatismo como "utilitarismo lógico" subjetivo (2004, p. 168).

luta significa uma série ideal de fórmulas para as quais, ao curso da experiência, podemos esperar ver convergir, com o tempo, todas as opiniões." Essa convergência de visões, para James, dava-se na base da "melhor" experiência e na necessidade de qualquer pessoa de agir segundo o julgamento dos outros. (DURKHEIM, 2004, p. 171; JAMES, 2006, p. 105.) Nesse ponto, a posição de Rorty parece ser mais adequada: o problema da verdade coletiva se coloca na dimensão do problema democrático, sem que para isso seja necessário caracterizar certas experiências como "melhores" que outras.

De qualquer forma, o termo "utilitarismo" parece estar impregnado de um sentido depreciativo, como se significasse a ideia negativa de "vantagem pessoal" em detrimento de outro, "esperteza" e "manipulação". Se o pragmatismo não se presta a reescrever os postulados de nossa moral e de nossa ética, entendidas como princípios universais, também não se presta a depreciá-los. Para o pragmatista, desde James, julgar um comportamento como moral ou amoral ou imoral não significa nada mais do que dizer simplesmente "ele fez aquilo que entendia como correto". Dizer que o pragmatismo enfraquece a moral é criticá-lo a partir da linguagem e da lógica por ele combatido: o iluminismo.

Para James, a verdade não tem função especulativa, mas apenas utilidade prática. Não é nada mais do que um simples "expediente na forma como pensamos, assim como 'o certo' é um expediente na forma como nos comportamos" (JAMES, 2006, p. 34-35, 105). A verdade é "o nome do que é bom para nossas crenças" e, certamente, aquilo que for bom para acreditarmos será aquilo à que chamaremos de verdade. A verdade, assim como a própria realidade, é maleável e a moldamos segundo nossos interesses e nossas experiências (DURKHEIM, 2004, p. 169). É essa ideia de verdade uma mera consequência de nossas experiências, e não aquilo que nos orienta e define. Nesse ponto está o maior sinal do consequencialismo de James (2006, p. 107), já que se coloca contra a ideia de uma razão abstrata capaz de antecipar nossos comportamentos, ignorando a força da experiência.

Assim como o pragmatismo olha para o futuro, o racionalismo olha para o passado eterno. Verdade para o racionalismo reverte em "princípios" e pensa que quando nomeamos uma abstração, passamos a dominar uma solução vinda de um oráculo.

Também em Dewey o consequencialismo se estrutura a partir de sua visão de verdade, a qual se afasta, como um bom pragmatista haveria de reforçar, de um conteúdo apriorístico e fincado em formulações *a priori*. A base de seu raciocínio não é a verdade em si, mas a dúvida, a pergunta, o questionamento que serve de motor propulsor da própria evolução da ciência (DEWEY, 2005, p. 346). Não há método melhor do que aquele utilizado pela ciência. Para o autor, esse método se expressaria em três postulados: (1) considerar todas as afirmações como temporárias até passar pelos testes experimentais; (2) utilizar essas mesmas afirmações como medidas de teste de seus próprios conteúdos; e (3) considerar sempre que as afirmações são nada mais do que resumos de questionamentos e testes anteriores. Assim, não é correto dizer — como fazem os idealistas e os realistas — que toda assertiva contém em si a afirmação de sua própria verdade, o que resultaria, na realidade, em um "dogmatismo congelado". Para os pragmatistas, ao contrário, toda afirmação traz contida em si a dúvida em relação à verdade (DEWEY, 2005, p. 345). Para Dewey, essa defesa pragmatista consiste no primeiro passo da crítica do pragmatismo às noções do realismo e do idealismo.

Essa crítica à noção realista ou idealista de verdade adquire seu auge no reconhecimento de que considerar proposições como questionamentos de seu próprio conteúdo faz com que adquiram uma perspectiva de futuro, enquanto a "visão ortodoxa faz com que elas se refiram à condições antecedentes" (DEWEY, 2005, p. 347). Dewey explica essa afirmação considerando que, para realistas e idealistas, a verdade (ou falsidade) é uma propriedade que já existe previamente em uma proposição e, com isso, não importa o uso que se faça dessa proposição e o resultado da vivência de novas experiências.

Para o pragmatista americano, sendo a proposição uma "hipótese que se refere a um questionamento [...] sua verdade torna-se uma questão de sua carreira, de sua história. A proposição se torna ou é feita verdadeira no processo de satisfazer ou frustrar o uso de seu próprio conteúdo" (DEWEY, 2005, p. 347).

O processo investigativo, pautado no questionamento, força a uma noção maleável e instrumental da verdade, uma proposta transitória que se forma na sucessão das experiências, sempre com o olhar para o futuro. Uma proposição é verdadeira se atinge, com sucesso, a sua finalidade. É falsa quando falha em buscar seus objetivos.

Na visão de Dewey (2005, p. 353), portanto, a propriedade de verdade de uma assertiva se transforma em um exame de atingimento de fins, de resposta adequada a certas perguntas ou interesses. A verdade é, assim, respondível (*responsible*) a um interesse ou finalidade específica. Seu critério de avaliação é a consequência da aplicação da proposição e, por isso, nunca é definitiva e estanque.

2.1.3 Contextualismo

Finalmente, a terceira característica do pragmatismo é o contextualismo, a noção de que as conclusões retiradas de análises filosóficas somente encontram explicação dentro dos ambientes e contextos em que foram examinadas. Falar de universalidade ou de algum elemento essencial é ignorar o fato de que somos pessoas de nosso tempo, datadas. O destaque do contexto revela-se em um conjunto de orientações caras ao pragmatismo, como a importância dos fatos na formatação das ideias; a relevância de considerações próprias para se pensar determinado problema e os mais variados aspectos, como elementos sociais, culturais e econômicos; a ênfase da comunidade à formulação da mentalidade das pessoas; o desprestígio a ideias transcendentais por meio do destaque aos conhecimentos construídos de maneira transgeracional, entre outras.

O contextualismo pauta-se na noção de "experiência", reservatório de dados e informações que, concebidos individual ou coletivamente, estruturam as pré-compreensões e preconceitos de cada pessoa. Essa afirmação é importante, uma vez que retira qualquer possibilidade de imaginar um tipo de raciocínio genial e, portanto, capaz de alcançar uma "verdade" fora do mundo do homem. Associada ao conceito de experiência tem-se a noção, também básica ao pragmatista, de ação, intenção final e derradeira de qualquer formulação e conhecimento.

O pragmatismo, ao desprezar qualquer possibilidade de ideia individual formulada a partir de um espaço de neutralidade diante do contexto, reinsere o indivíduo em uma comunidade, tão intrinsecamente vinculada às ideias desse indivíduo, que seria impossível identificar um mundo para além das relações intersubjetivas e fora da própria experiência. O resultado prático dessa interação é a crença que, para Peirce, molda o contexto para a ação do homem.[21] Ela não é o fim em si, muito embora busquemos o estado de crença para superarmos o estado de dúvida.[22]

---

[21] Peirce, entretanto, não é o formulador original dessa ideia de "crença". Em seu artigo "Pragmatism" (1998, p. 399), reconhece que essa noção de "crença", como "aquilo sobre o qual o homem é preparado para agir", é originariamente de Alexander Bain (1818-1903), filósofo e psicólogo escocês. Relata Peirce que foi John Green, seu colega do Clube Metafísico que lhe chamou atenção para esse conceito genuíno de crença. Exatamente por isso, Peirce o qualifica como o "avô do pragmatismo", já que daí pragmatismo significaria mais do que um simples corolário. Essa observação é bem destacada por Pogrebinschi (2005, p. 50). O próprio Holmes atribui a Green sua influência pragmatista, não a Peirce (FRANK, 1955, p. 434).

[22] "A irritação da dúvida causa um grande esforço no sentido de se alcançar um estado de crença. [...] A irritação da dúvida é o único motivo imediato para o esforço de alcançar a crença." (PEIRCE, 2008, p. 45; ver também p. 68.)

Para o mestre pragmatista, "crença" tem um sentido instrumental, já que prepara o homem para agir. Buscamos, assim, crenças úteis, já que

> [...] certamente é melhor que nossas crenças sejam tais que possam verdadeiramente guiar nossas ações de modo a satisfazer nossos desejos; e essa reflexão nos fará rejeitar toda crença que não pareça ter sido formada para assegurar tal resultado. (PEIRCE, 2008, p. 45.)

A instrumentalidade da ideia de crença sustenta-se no fato de que não a buscamos pelo seu conteúdo, mas estamos à procura do estado de acreditar[23] por nos retirar a angústia da dúvida. Assim, crença está associada a um juízo de conforto e bem-estar, e não a um juízo de verdadeiro ou falso. Para o autor, pensar em uma crença como verdadeira não passa de uma tautologia, já que pensamos serem verdadeiras todas as nossas crenças.

A busca do estado de crença é o que Peirce chama de "investigação", que somente pode ser levada a cabo por meio do método da ciência (em contraposição ao método da tenacidade, da autoridade e do gosto). Nesse ponto reside um dos aspectos mais originais do seu pensamento: a crença não se sustenta individualmente. Ela precisa de ressonância e de concordância da comunidade de pessoas, sem a qual perde força e não mais se sustenta como útil e instrumental. Essa aceitação ampla somente pode ser obtida por meio do método da ciência que "transcendentaliza" o critério de concordância ao fixar a causa da crença em algo "em nada humano", algo com "permanência externa" "sobre a qual nosso pensar não tenha efeito" (PEIRCE, 2008, p. 53).

---

[23] Para Peirce, "não nos agarramos com tenacidade à crença meramente, mas sim ao estado de acreditar justamente naquilo em que acreditamos" (2008, p. 44).

Para Peirce, quando se atinge esse estágio de concordância em relação a uma crença, dizemos então que seu conteúdo ou sua afirmação é "verdadeira" e ela representa a própria "realidade". "Verdade" e "realidade" não são conceitos, portanto, que dependem de prova e de demonstração, mas apenas que representam um consenso.

> Assim se passa com toda a investigação científica. Diferentes intelectos podem partir dos mais antagônicos pontos de vista, mas o progresso da investigação os levará, por meio de uma força exterior a eles, a uma mesma conclusão. Essa atividade do pensamento pela qual somos levados, não aonde desejamos, mas a uma meta preordenada, é parecida com a operação do destino. [...] A opinião destinada a ser o consenso final é aquilo que queremos dizer pela palavra verdade; e o objeto apresentado nessa opinião é o real. Esta é a maneira pela qual eu explicaria a realidade. (PIERCE, 2008, p. 84-85.)

Dessa maneira, o autor retira as ideias de "verdade" e "realidade" do campo da filosofia especulativa[24] para passá-las ao campo da política. É o contexto, portanto, por meio da "comunidade de investigação", que define o que é "verdadeiro" ou "real".

William James assimila o contextualismo ao tentar explicar de que maneira nossas "crenças" são alteradas pela experiência e de que maneira superamos velhos entendimentos que tínhamos e, portanto, alteramos nossa visão de "verdade". O autor parte das formulações do próprio Dewey e de Schiller, para quem "ideias (que, por sua vez, já são parte de nossa experiência) transformam-se em verdades apenas no sentido de que elas nos ajudam a estabelecer relações satisfatórias com outras partes de nossa experiência" (JAMES, 2006, p. 26-27, no artigo "What pragmatism means"). Nesse mesmo texto,

---

[24] Filosofia entendida, obviamente, em seu sentido tradicional de "representação", sentido esse criticado anos mais tarde por Richard Rorty em sua obra *Philosophy and the mirror of nature* (1979).

James sugere que o acúmulo de experiências históricas de cada um resulta em um conjunto de crenças que são periodicamente alteradas, testadas e aprimoradas diante das novas experiências vividas: "O indivíduo já tem um estoque de velhas opiniões, mas ele vivencia novas experiências que colocam as velhas opiniões em cheque."

O distúrbio ou a perturbação que novas experiências causam em nossas antigas opiniões não é suficiente para revogá-las definitivamente. Ao contrário, o que se dá a partir desse ponto é uma visão de horizontes (o passado e o presente), um esforço pessoal de adaptação e de compatibilização entre o velho e o novo que resulta em novas ideias, essas agora adotadas como verdadeiras. Para James, há uma razão para não excluirmos de pronto nossas antigas visões de mundo. Em tom irônico, o pensador classifica as pessoas como "extremamente conservadoras" quando se referem às suas próprias crenças. Pouco mais adiante, afirma que "a mais violenta revolução nas crenças individuais conserva a maior parte das ideias anteriores".

A visão de "verdade" de James é, portanto, marcadamente instrumental e dependente do contexto de experiências que, por sua vez, causam deformações nas antigas visões. "Verdade", nesse contexto, é o que redunda do "casamento entre velhas opiniões e fatos novos de maneira a mostrar um mínimo de solavanco e um máximo de continuidade" (JAMES, 2006, p. 27, no artigo "What pragmatism means").[25]

Verdade, nessa linha, assim como era para Peirce, não é um atributo ao conteúdo de uma afirmação, mas sim à função que damos a ela. Em outro texto, "Pragmatism's conception of truth", James escancara uma de suas diferenças para a visão de Peirce. Verdade, para James, sendo conceito funcional, é algo provisório, testado e

---

[25] Assim também em "Pragmatism and common sense" (2006, p. 79), quando destaca que não são apenas as novas experiências que modificam nossas velhas opiniões, mas também essas velhas opiniões condicionam o entendimento e percepção das novas experiências.

PRAGMATISMO FILOSÓFICO, NA OPINIÃO DOS FORMULADORES CLÁSSICOS

revisto a todo o tempo. Não seria possível pensar a verdade fora de um ambiente dinâmico, tal como um processo interminável. "Uma ideia não se torna verdadeira, é tornada verdadeira pelos eventos. Sua verdade é, na realidade, um evento, um processo: o processo de verificar ela mesma."[26] Para James, portanto, verdade é associada a certo subjetivismo e relativismo, uma vez que em constante processo, mutação, adaptação e conformação. Como já salientado por Pogrebinschi, as teorias não são nada mais do que formas mentais de adaptação à realidade, realidade essa percebida por meio de novas experiências (POGREBINSCHI, 2005, p. 57).[27]

Em texto impactante, James aproxima o senso comum ao que nós cientificamente chamamos de "verdade", à forma como entendemos as coisas (JAMES, 2006, p. 79, no artigo "Pragmatism and common sense"). O senso comum se produz, para James, a partir dessa exata mecânica de contraposição de experiências e sofisticação do discurso. Entretanto, não há nada de teórico ou abstrato, há apenas experiências. Para o mestre pragmatista, é para a experiência e para os fatos que devemos todos voltar a nossa atenção (JAMES, 2006, p. 77, no artigo "Pragmatism and common sense").[28]

Dewey demonstrou sua visão do contexto em um texto publicado em 1931, intitulado "Context and thought" (1998, p. 206), no qual investiga a dificuldade de identificar o papel do contexto, dada sua função inerente à formulação das ideias. De fato, para Dewey,

---

[26]   JAMES (2006, p. 95), no artigo "Pragmatism's conception of truth". Para James, a "verdade acontece a uma ideia" e, portanto, não é nada intrínseco a ela.

[27]   A conclusão de James está na conclusão de "Pragmatism and common sense" (2006, p. 90-91), quando o pensador afirma que "nossas teorias são instrumentais, são modelos mentais de adaptação à realidade, e não revelações ou respostas gnósticas a algum enigma mundial instituído divinamente".

[28]   No início do texto, James já apresenta sua prioridade: "[...] como bons pragmatistas, nós temos que nos voltar em direção à experiência, aos fatos."

DIREITO, POLÍTICA E PRAGMATISMO

a dificuldade em se estabelecer o papel do contexto em nossa linguagem e em nossos símbolos está exatamente no fato de que o contexto está visceralmente presente em tudo o que fazemos, sentimos, falamos e interpretamos.

> Hábitos da fala, inclusive sintaxe e vocabulário, e modos de interpretação foram formados na superfície de determinadas situações inseridas em contextos. [...] Nós não estamos explicitamente cientes do papel do contexto apenas porque nosso discurso é tão saturado com isso que o contexto forma o significado daquilo que falamos e ouvimos. (DEWEY, 1998, p. 207, no artigo "Context and thought".)

Se pensamos por meio da linguagem e esta é formada por signos e símbolos forjados no âmbito das referências contextuais, não resta dúvida de que o contexto é condição inafastável para tudo aquilo que falamos, o que se aplica também à própria filosofia.

Na realidade, Dewey afirma categoricamente que a negligência do contexto nas ponderações filosóficas se constitui na mais persuasiva das falácias. No mesmo texto, critica a "mania" dos filósofos de negligenciar a indispensabilidade do contexto: "A mais persuasiva falácia do pensamento filosófico está em negligenciar o contexto." Não há dúvida de que essa escolha metodológica gera prejuízos claros para a história do pensamento. O grande problema, para Dewey, é que compreendemos as filosofias do passado com os olhos no presente, o que desvirtua por completo o sentido desejado pelo autor. Se pensamento e linguagem dependem do contexto no qual são formatados, a filosofia que deles decorre também está intrinsecamente associada ao contexto da época.

Em outras palavras, somente se pode estudar obras filosóficas conhecendo-se intimamente os contextos dentro dos quais esses escritos foram elaborados (DEWEY, 1998, p. 214). Portanto, palavras, signos, símbolos e conceitos estão intimamente associados aos contextos históricos dos quais emergiram. Há claramente uma aproximação entre essa ideia de Dewey com os pressupostos de análise histórica do chamado "Contextualismo Inglês", representado por autores como Quentin Skinner e J.G.A. Pocock, que inauguraram uma nova etapa das reflexões historiográficas baseada na vinculação da linguagem ao contexto histórico.

O contextualismo inglês, também conhecido como Escola de Cambridge de História do Pensamento Político, tem entre seus grandes nomes a figura de Quentin Skinner, com o seu *As fundações do pensamento político moderno* (1978-2006), e J.G.A. Pocock, com o seu *The Machiavellian moment* (1975-2003). Para demonstrar a impressionante aproximação de pragmatismo com contextualismo na história, destaque-se trecho da ponderação de Skinner:

> A compreensão de textos, eu sugeri, pressupõe identificar o que eles [autores dos textos clássicos] tinham a intenção de significar e como esse significado tinha a intenção de ser entendido. [...] A pergunta que nós, desse modo, precisamos ter em mente quando estudados esses textos é o que esses autores — escrevendo na época em que escreveram para a audiência específica que eles tinham em mente — tinham, na prática, a intenção de comunicar por meio de seus discursos. Parece-me, nessa linha, que a forma mais iluminada de proceder deverá ser em começar tentando delinear todo o espectro de comunicações que poderia estar ocorrendo convencionalmente naquela específica ocasião por meio da divulgação desse discurso. Depois disso, o próximo passo deverá ser identificar as relações entre um certo discurso e um contexto linguístico maior, com o objetivo de decodificar as intenções de certo autor. (SKINNER, 2003, p. 87.)

Pressuposto metodológico assemelhado também foi usado por Reinhart Koselleck na formatação de sua tese da história dos conceitos em texto intitulado "História dos Conceitos e História Social" (KOSELLECK, 2006, p. 97 e ss). Essa relação entre o pragmatismo de Dewey e o contextualismo de Skinner também é feita por Pogrebinschi (2005, p. 59, 72).

DIREITO, POLÍTICA E PRAGMATISMO

A filosofia, portanto, não se vincula a construções de paradigmas e hipóteses dissociadas do meio social e político em que foram elaboradas. Existe uma relação estreita entre filosofia e cultura, de maneira que o ato de desvendar essa cultura e descortinar esse conjunto de crenças que ela envolve significa, em última análise, produzir conhecimento filosófico. Na linha do que defende, Dewey escancara o "retrato" da filosofia:

> Filosofia é crítica; crítica de crenças influentes que permeiam a cultura; uma crítica que persegue, até onde puder, as crenças até suas condições geradoras, que as vasculha em seus resultados, que considera a mútua compatibilidade dos elementos da estrutura total de crenças. Um exame como esse termina, intencionalmente ou não, em uma projeção delas que conduz a uma nova perspectiva que levará a novas formulações de possibilidades. Essa fase de reconstrução por meio da crítica, tal como marcado nas filosofias justificadoras ou sistematizadoras, tal como recebida nas filosofias céticas, está no trabalho de São Tomás e de Hume. (DEWEY, 1998, p. 215.)

A filosofia, assim, claramente se comporta dentro da dinâmica da investigação: fatos são observados, conclusões são ensaiadas, novas ideias precisam ser verificadas, essas ideias alteram a nossa própria percepção do mundo gerando novas observações, conclusões, ideias, e assim por diante.[29] Se isso for levado de maneira mais

---

[29] Não há como negar uma relação de semelhança entre o papel da filosofia no campo do contexto defendida por Dewey e a tese do "círculo hermenêutico", preconizada por Hans-Georg Gadamer ao fixar o argumento de que, no ato de interpretar, ocorre uma "fusão de horizontes" que faz com que o olhar do observador altere o objeto analisado, e essa nova versão do objeto é, por sua vez, assimilada pelo observador, que se transforma e transforma, por consequência, o novo olhar sobre o objeto, em um círculo interminável de mudança da pré-compreensão (GADAMER, 1997, p. 400). Para uma boa referência acerca da aplicação do "círculo hermenêutico" e da pré-compreensão no Direito, ver Lamego, 1990, p. 134.

PRAGMATISMO FILOSÓFICO, NA OPINIÃO DOS FORMULADORES CLÁSSICOS

ampla, a filosofia acaba por produzir ideias que são convergentes em uma comunidade. Nesse ponto, Dewey retoma o conceito de "comunidade de investigação" de Peirce, e o pragmatismo de Dewey é chamado de "social" ao se colocar em posição intermediária entre a tese objetivista de Peirce e a concepção subjetivista de James (POGREBINSCHI, 2005, p. 61).

***

Por meio dessa reflexão em torno do antifundacionismo, do consequencialismo e do contextualismo, objetivou-se traçar um perfil relativamente comum a todas as teses, argumentos e formulações que poderiam ter algum caráter pragmatista. Obviamente que o exercício aqui não é desenhar uma linha divisória capaz de identificar o grupo dos autores pragmatistas. Nem é esse o objetivo do pragmatismo (até porque o pragmatismo não tem a menor necessidade de pureza ou de cientificidade, palavras que absolutamente não dizem nada), e nem mesmo seria possível, já que o pragmatismo não é uma escola, uma corrente ou um movimento filosófico.

Uma tentativa de sofisticar termos "científicos", explicar linhas argumentativas ou elucidar conceitos não seria nada mais do que repetir o velho, insosso e ineficaz pensamento voltado às abstrações e longe de um juízo de utilidade. Pragmatismo está muito mais para um estilo de pensamento do que para uma corrente teórica e, por isso, não seria nada absurdo um pensador kantiano eventualmente expor uma tese pragmatista. A falta de um conteúdo intrínseco ao pragmatismo — especialmente aquele praticado pelos seus representantes clássicos —, que pudesse andar ao lado de seu significado "deflacionário" para a filosofia, tem sido objeto hoje de importantes críticas. Unger, por exemplo, combate a falta de "conteúdo programático" ou de uma "alternativa para o futuro". Para o professor de Harvard, a pretensão de superar o kantianismo por meio da elaboração de uma "superciência naturalista" que se pauta em uma "heroico-nostálgica leitura dos americanos clássicos" fez com que o pragmatismo tradicional tenha perdido o trilho de seu objetivo primordial: construir possibilidades imaginativas para o futuro. Assim, Unger (2009, p. 48), em alternativa, já que é simpático aos pressupostos pragmatistas, propõe a elaboração de um "pragmatismo radical" (*radicalized pragmatism*) que possa "suportar e guiar a ação transformativa enquanto dispensa a ilusão de uma superciência naturalista". Por outro lado, entretanto, é difícil imaginar como a proposta de um projeto concreto para o futuro possa ser assimilado com uma visão que combate as soluções teóricas como "caminhos a seguir". Rorty,[30] assim como faz o próprio Unger,[31] talvez ofereça possibilidades dessa realização, sem se distanciar da crítica pragmatista.

---

[30] Rorty, diferentemente de seus antecessores pragmatistas, é mais romântico e utópico e também acha que não há problemas "teóricos" em um pragmatista adotar a visão do "experimentalismo" (1999c, p. 247-250). Entretanto, as propostas não podem se justificar em algum modelo de "verdade", o que torna o experimento mais espontâneo e livre. Para quem exige algum tipo de justificação, Rorty se sai com uma resposta pragmatista inaceitável para o teórico platônico: "O único 'argumento' que tais pessoas podem dar para tais experimentos é: 'Vamos fazer uma tentativa; nenhuma outra coisa parece funcionar.'"

[31] A grande obra de Unger (2004b), editada em três volumes, é vista como um importante "romance de um futuro nacional" (RORTY, 1999c, p. 245) e o próprio Unger é caracterizado como um "político romântico" que se diferencia dos demais críticos do liberalismo americano por "sua esperança" (RORTY, 1999c, p. 239-240). De fato, a obra de Unger propõe uma série de novos institutos e instituições (como o fundo de capital girante – 2004, p. 379) dentro de sua tese central do "experimentalismo institucional". Seu pressuposto fica bastante claro no seguinte pensamento: "Uma pessoa que ingresse na política brasileira com esse espírito gostaria que seu país fizesse mais do que aumentar a saúde e poder como uma variante das sociedades e regimes do ocidente desenvolvido. Ela desejaria que seu país se transformasse em um campo de teste para uma maneira de organização governamental e da economia que alargasse as opções disponíveis à humanidade." (UNGER, 2004c, p. 76.)

Até por esse motivo, não existe uma sequência linear de desenvolvimento do pensamento pragmatista. Utilizaram-se aqui os três autores clássicos que consolidaram esse estilo e difundiram-no ao público, submetendo-o ao teste do debate e da discussão. Entretanto, não há dúvida de que antifundacionismo, consequencialismo e contextualismo adquirem sentido diverso, embora sigam a mesma lógica geral, em outros autores mais atuais. Dito de outra forma, procurou-se expor aqui indicativos e orientações mais ou menos corretas que estão presentes no pensamento dos autores pragmatistas. Contudo, esse próprio exercício de maturação da ideia do pragmatismo já é, por si só, não apenas contraproducente, mas, acima de tudo, contrapragmatista.

3

DIREITO INSTRUMENTAL
OU PRAGMATISMO JURÍDICO

3.1 A PERSPECTIVA DE OLIVER HOLMES

O pragmatismo encontrou um terreno fértil para desenvolvimento no Direito. Obviamente, a frase deve ser entendida em seu sentido mais "pragmatista". Em outras palavras, o pragmatismo não encontrou no Direito um campo fértil para uma espécie de "teoria do pragmatismo jurídico". Apenas se diz que a reação ao "cientificismo jurídico" encontrou no estilo pragmatista de pensar um poderoso aliado e um discurso. A assimilação do pragmatismo pelo Direito talvez seja mais bem explicada por meio da frase de Grey: "Pragmatismo é a teoria implícita em desenvolvimento da maioria dos bons advogados." (GREY, 1990, p. 1.590.) Sendo o Direito uma "ciência" voltada para a resolução de problemas concretos, nada mais natural que não tardasse o aparecimento de alguma formulação que fizesse uma crítica ao Direito como tese filosófica,[1] e não como instrumento

---

[1] Nada, entretanto, justificaria falar de um pragmatismo jurídico como teoria. Em realidade, não haveria nada de especial em um Direito visto de maneira pragmática. Os defensores desse olhar pragmatista do Direito não estão desenvolvendo nada brilhante ou diferente. Para Grey,

de solucionar conflitos concretos. Isso não quer dizer, obviamente, que o pragmatismo no Direito tenha algum papel revolucionário ou substancial. Sua função é apenas "limpar os arbustos deixando para outros plantarem a floresta" (POSNER, 1990, p. 1.670), arbustos "especificamente filosóficos" (RORTY, 1990b, p. 1.815).

Entretanto, o Direito, como tese filosófica, moral ou principiológica, elevou o patamar de importância dos juristas, que passaram de práticos a eruditos, de auxiliares a protagonistas dos problemas. Historicamente, a necessidade de encontrar lógica, coerência e completude no ordenamento jurídico acabou por desencadear uma frenética produção teórico-jurídica de explicação do Direito e de sua aplicação. Os séculos XIX e XX, na Europa, foram especialmente marcados por essa corrida e, obviamente, deixaram frutos e uma espécie de "herança" maldita: a ideia de que ser jurista é ser enciclopédico e ser capaz de argumentar com teorias, formulações abstratas e, ao final, ser erudito.

Os estudos no campo do Direito foram intimamente marcados pela "ideologia" racionalista e kantiana do final do século XVIII. Após o Código Civil Napoleônico, surgiu uma impressionante sucessão de teorias que visavam explicar o Direito, seus elementos, sua dinâmica. Seja no período de primazia do Direito privado, com o Estado Liberal, ou na reação do Direito público, com a ampliação das demandas sociais e a necessidade de intervenção estatal, a ciência do Direito despregou-se da experiência concreta e os juristas passaram a procurar explicações *a priori* e a formular teorias de aplicação do Direito. Os movimentos da filosofia do Direito são variados, com a nota característica de busca pela "verdade jurídica": a jurisprudência dos conceitos, a escola da exegese, a escola histórica, a jurisprudência

---

por exemplo, em frase que resume a envergadura do pragmatismo no Direito — frase reafirmada e elogiada por Richard Rorty (1990b, p. 1.811) —, "[...] de uma certa perspectiva filosófica, a teoria pragmatista do direito de Holmes, tal como muito da teoria pragmatista, é essencialmente banal" (GREY, 1989, p. 814).

dos interesses, os pandectistas, os primeiros estudos do Direito do processo civil, o positivismo, a Escola Livre, a jurisprudência dos valores, o neoconstitucionalismo etc. Todas as correntes propõem teorias com discursos cada vez mais refinados e sofisticados. Talvez os pandectistas sejam exemplificativos, uma vez que inventaram todo um sistema teórico jurídico para explicar a prática essencialmente concreta dos romanos.

É preciso um olhar mais amplo para quebrar essa lógica que supõe o jurista como um erudito e voltar a reconhecer a "natureza" comezinha, cotidiana, normal do Direito, e que o bom jurista não é aquele que necessariamente acumula um conhecimento teórico maior, mas sim aquele que simplesmente é criativo e imaginativo o suficiente para elaborar soluções concretas, viáveis e funcionais para determinado conflito.

A visão do jurista como um grande teórico de sua ciência encontrou solo fértil no ambiente do pensamento continental, especialmente na linha da tradição do idealismo alemão. Também nos Estados Unidos, esse perfil de jurista se desenvolveu, mas foi contraposto por uma visão prática do profissional do Direito.

Desde o início do século XX, o pragmatismo apresentava-se como uma corrente da filosofia americana, tendo ganhado notoriedade com a obra de Dewey. Não demoraria a que seus pressupostos fossem ensaiados no campo do Direito, muito embora isso não signifique que algo chamado "pragmatismo filosófico" seja a base teórica do "pragmatismo jurídico". Aliás, é comum afirmar, entre os pragmatistas, que o pragmatismo jurídico não depende de leitura ou de conhecimento do pragmatismo filosófico. (GREY, 1997, p. 21; RORTY, 1997, p. 75.) Em crítica a essa visão, Luban aponta a incoerência de se afirmar que a liberdade de fundamentos filosóficos também incluiria a liberdade do específico fundamento filosófico que diz que o pragmatismo jurídico é livre de fundamentos filosóficos (1997, p. 46). Luban ainda afirma que Posner, por exemplo, constrói um pragmatismo jurídico com base filosófica, já que "aplica" o pragmatismo filosófico. De minha parte, é de se perceber que a argumentação desenvolvida por Luban não faz qualquer sentido para o pragmatismo, já que não traz consequência prática. A intenção do professor de Maryland é apenas apontar uma incoerência teórica no discurso do pragmatismo jurídico. Para o pragmatista, tanto faz se o que se fala tem coerência ou não, contanto que aquilo que se diz possa ser compreendido pelo leitor. A contestação é brilhantemente desenvolvida por Rorty (1997, p. 75).

Precisamente, não é difícil atribuir à figura de Oliver Wendell Holmes Jr. as primeiras reflexões nos Estados Unidos de um Direito instrumental ou pragmático.[2] Holmes foi ministro da Suprema Corte Americana de 1902 a 1932 quando ficou conhecido em virtude do termo *the great dissenter* a ele atribuído, pela oposição firme e sem hesitação contra a visão formalista e liberal do tribunal do início do século XX.[3] Sua visão pragmatista antecipou várias questões fundamentais do Direito, e seus votos acabaram por se tornar, anos mais tarde, a base de várias decisões paradigmáticas da Corte, como no

---

[2]   Não se ignora, entretanto, as importantes posições que contestam a figura de Holmes como pragmatista, por censurarem suas posições "duras, não realistas e não liberais" ou preferindo caracterizá-lo como fazendo parte de um "positivismo utilitarista", como faz Pohlman (KELLEY, 1990, p. 429-430). Apesar do fecundo, embora desnecessário, debate, aproximamo-nos daqueles autores que enxergam em Holmes um "protopragmatista", embora primitivo e confuso, como Grey (1989, p. 789), Hantzis (1988, p. 541) e Haack (2008, p. 162), sem falar do próprio Dewey (1925, p. 20). Para outros autores, não é Holmes, mas um advogado amigo de Holmes, o mais importante representante do pragmatismo jurídico: Nicholas St. John Green (FRANK, 1955, p. 426).

[3]   Dentre os casos em que proferiu votos divergentes, embora elogiados e adotados no futuro como base para novos precedentes, estão: Lochner v. New York, 198 U.S. 45, 76 (1905); Southern Pacific Company v. Jensen, 244 U.S. 205, 222 (1917); Schenck v. United States, 249 U.S. 47, 52 (1919); Abrams v. United States, 250 U.S. 616 (1919); New York Trust Co. v. Eisner, 256 U.S. 345, 349 (1921); Buck v. Bell, 274 U.S. 200, 207 (1927); Olmstead v. United States, 277 U.S. 438, 469 (1928).

famoso caso Lochner.[4] Sua abordagem pragmatista, entretanto, remonta aos anos de estudo e de pesquisa na Universidade de Harvard, quando fez parte do Clube Metafísico, a partir de janeiro de 1872 (MENAND, 2001, p. 201-204). Antes disso, entretanto, já mantinha laços de amizade com William James, com quem frequentemente discutia filosofia.[5]

Nos anos que se seguiram, Holmes sofisticou seu pensamento com a publicação de duas obras fundamentais: *The common law* (2009), de 1881, um ataque contundente ao formalismo jurídico[6] defendido principalmente por Cristopher Columbus Langdell; e "The path of the law", publicado como artigo em 1897, na *Harvard Law Review*. Holmes acabaria por se notabilizar pela crítica à prática e ao estudo do Direito, que tendia a ser construído como um objeto natural e abstrato

---

[4]   Lochner v. New York, 198 U.S. 45 (1905). Para Posner, o voto dissidente de Holmes no caso "[...] embora não fosse uma boa opinião jurídica [...] é simplesmente a maior opinião jurídica dos últimos cem anos" (POSNER, 1986, p. 1.383).

[5]   A aproximação dos dois grandes pragmatistas remonta ao retorno de Holmes da guerra na primavera de 1862. Ferrenho abolicionista, Holmes havia se alistado no 4º Batalhão (milícia de Massachusetts) para a Guerra Civil Americana e, pouco depois, transformou-se em primeiro-tenente do 20º Regimento da Infantaria Voluntária de Massachusetts. Entretanto, foi ferido nas Batalhas de Ball's Bluf (em outubro de 1861), de Antietam (em setembro de 1862) e de Fredericksburg (em dezembro de 1862), sendo assim obrigado a retornar a Boston para se recuperar. Amigos em comum, como John Ropes, aproximaram os dois pensadores, que ficaram próximos até a partida de James para a Alemanha em 1867 (MENAND, 2001, p. 204).

[6]   Holmes (1897, p. 462-463) recorrentemente se utiliza do exemplo da confusão entre direito e moral, especialmente no Direito dos contratos (que se utiliza de uma "fraseologia moral"), para ilustrar a maneira como os juristas se perdem em discussões vazias e inúteis, que apenas podem nos trazer algum conforto teórico sem, contudo, resolver problemas concretos. Para Kelley (1990, p. 467) essa obra de Holmes foi "um triunfo, uma brilhante e consistente aplicação do positivismo utilitarista na teoria jurídica".

DIREITO, POLÍTICA E PRAGMATISMO

de conhecimento, fora de sua prática e dos interesses que o formam. Sua visão é, em realidade, reducionista do Direito, o que se observa do início de seu "The path of the law", ao fixar que

> Quando estudamos direito não estamos estudando um mistério, mas uma profissão bem conhecida. Nós estudamos o que devemos querer quando estamos diante dos juízes, ou para aconselhar as pessoas de determinada maneira de forma a não estarem nos tribunais. (HOLMES, 1897, p. 457.)

Grande parte da crítica de Holmes vem da associação imediata que os juristas de seu tempo faziam (como ainda fazem) entre Direito e lógica. Para Holmes, é uma falácia "a noção de que a única força atuando no desenvolvimento do direito é a lógica". E arremata, atribuindo caráter retórico a essa forma: "Você pode atribuir qualquer conclusão a uma forma lógica. Você sempre pode intuir uma condição em um contrato..." (HOLMES, 1897, p. 466.)

Em *The common law*, Holmes realiza uma espécie de genealogia do Direito, retirando-lhe qualquer *status* ontológico. Tratando das diversas doutrinas jurídicas e dos contextos sociais no bojo dos quais aquelas emergiram, demonstra o equívoco de se atribuir algum tipo de explicação imutável e formal a pensamentos e institutos do Direito. Assim resume a sua perspectiva:

> A atual vida do direito não tem sido lógica; tem sido experiência. As necessidades sentidas do tempo, as teorias de moral e política prevalecentes, intuições de política pública, consciente ou inconsciente, até os preconceitos que os juízes compartilham com seus amigos envolvem mais questões do que o silogismo na determinação da regra do direito com a qual os homens devem ser governados. (HOLMES, 2009, p. 3.)

E ainda arremata: "O direito envolve a história de desenvolvimento de uma nação pelos séculos, e não pode ser tratado como se contivesse apenas nos axiomas e corolários de um livro de matemática." Frank (1955, p. 436), entretanto, atribui a famosa frase de Holmes a Green, que, onze anos antes, em artigo intitulado "Proximate and remote cause" (transcrito em FRANK, 1955, p. 452), já afastava o caráter lógico do Direito.

De fato, para Holmes, não há nada de sobrenatural ou de natural (no sentido de direito natural ou suprapositivo) no Direito, que, na realidade, apenas estabelece direitos e deveres como "profecias", sem atribuir-lhes nenhum valor mais especial, sem considerá-lo como formado de axiomas de um sistema da razão (HOLMES, 1897, p. 460-461). Assim o jurista americano resume sua visão: "As profecias do que os tribunais irão fazer de fato, e nada mais pretensioso, é o que eu quero dizer por Direito." Os escritos de Holmes, especialmente "The path of the law", marcaram oficialmente os estudos de pragmatismo jurídico, durante muito tempo chamado de "realismo jurídico".[7]

---

[7]   Não é intenção deste trabalho desenhar grandes limites de identificação de correntes e grupos de pensamentos relacionados ao pragmatismo jurídico. Em relação ao problema específico de se saber se Holmes era realista ou pragmatista, este trabalho não tem a menor hesitação em afirmar que a discussão é estéril e ineficiente. Pragmatismo é uma terminologia que se consolidou na filosofia e somente ganhou autoridade no Direito com as obras de pensadores mais recentes, como Posner. Não há dúvida, entretanto, de que os trabalhos de Holmes são claramente pragmatistas. "Realismo jurídico" foi uma terminologia criada para identificar a visão desse jurista americano, em oposição ao formalismo jurídico e ao Direito lógico e formal. Para facilitar, tomemos o realismo como o nome de apresentação do pragmatismo ao Direito no final do século XIX e início do século XX. Para Posner, por exemplo, o "movimento pragmatista deu ao realismo o contorno intelectual que hoje ele tem". Para esse autor, foi no famoso ensaio jurídico de Dewey ("Logical method and law", 1925, p. 17) que o pragmatismo se fundiu com o realismo (POSNER, 1990, p. 1.653-1654).

Isso não quer dizer que ignoramos a separação entre pragmatismo e realismo do atual estágio das discussões filosóficas. Muito embora haja certo consenso em se afirmar que Dewey, James e mesmo Peirce eram realistas, também é certo dizer que o chamado neopragmatismo (representado

A verdade é que Holmes inaugura uma tradição específica dos escritos jurídicos nos Estados Unidos ao ignorar explicitamente os "ganhos" das teorias e do idealismo jurídico. Sua maneira peculiar de enxergar os problemas sob perspectivas diferenciadas — o mais das vezes, com o ângulo da história, da economia, da política etc. — fizeram dele uma referência famosa e, ao mesmo tempo, um juiz arrojado que não se tranquilizava em ficar ao lado da visão ortodoxa. Parte de seu sucesso veio com os anos, na medida em que certas ideias professadas em votos divergentes na Suprema Corte americana foram se transformando em decisões majoritárias futuras.

Discute-se se é possível rotular Holmes de pragmatista. Entretanto, trata-se de um debate no qual é difícil alcançar algum consenso muito mais em virtude da amplitude e multissignificação do

---

por Rorty) é antirrealista. Nesse sentido, o neopragmatismo se opõe, por exemplo, ao realismo de Putnam. É preciso, entretanto, entender os limites desse debate que, por agora, cingem-se com mais impacto no campo filosófico, trazendo apenas confusão quando transposto para o Direito. Essa confusão ganha ainda mais corpo quando se observa que dizer que Putnam é realista não é o mesmo que dizer que Holmes era realista. São posições tão divergentes que não faria nem sentido utilizar a mesma nomenclatura. A palavra "realismo" em Holmes é utilizada em contraposição ao formalismo jurídico que ele tanto criticava. Talvez a índole realista dos pragmatistas clássicos também se explique na oposição ao positivismo e ao racionalismo científico. Seu significado, portanto, está associado à virada para a realidade, afastado das elucubrações meramente teóricas.

Contudo, não é esse o sentido pregado por Rorty quando enxerga o neopragmatismo como antirrealista e até o projeto deweyano como tal. Ao fazer essa afirmação, Rorty refere-se ao fato de que o próprio realismo se configura como uma "teoria da verdade como correspondência ou, pelo menos, tornaram necessário que o pragmatismo respondesse a certas questões técnicas difíceis antes de prosseguir mais para diante..." (RORTY, 1982a, p. 22). De fato, a crítica à teoria da verdade como correspondência está muito mais presente em Rorty do que nos clássicos (RORTY, 1979, p. 125), o que faz com que esse aspecto seja mais essencial ao neopragmatismo do

DIREITO INSTRUMENTAL OU PRAGMATISMO JURÍDICO

termo pragmatismo. Para sermos mais detalhistas, há aspectos do pensamento de Holmes que não são pragmatistas, como o seu "darwinismo social". Talvez aqui caiba a metáfora de Posner (2007, p. 325) acerca desse multipragmatismo: "O pragmatismo é uma casa de muitos cômodos, como veremos, e uma filosofia do Direito pragmática não é mais comprometida com o pensamento de Oliver Wendell Holmes do que com o de Richard Rorty." Não há dúvida, entretanto, com relação às ligações pessoais e relações de admiração entre pragmatistas clássicos como James e Dewey e ele. Dewey, por exemplo, escreveu, em 1925, um texto de crítica ao método formal no Direito de acintosa influência holmesiana (DEWEY, 1925, p. 17); James, por outro lado, desenvolveu relações pessoais com Holmes no Clube Metafísico. Sabe-se também que Holmes assistiu

---

que era para Dewey, James e Peirce. Em resumo, a filosofia realista (analítica) levaria a sério os problemas Filosóficos (com "F" maiúsculo), o que não faz o neopragmatismo. Hillary Putnam, por exemplo, um dos realistas americanos de viés pragmatista, está interessado em formular caminhos que possam fundamentar a justificação de "crenças verdadeiras" (o que chama de "noção substantiva de verdade"), na linha do que preocupa também Habermas quando tenta estabelecer uma "supernarrativa" capaz de identificar valores exigidos em uma democracia. Rorty (e é antirrealista exatamente por isso) não se interessa por isso e, além do que, afirma que esse é um debate inútil e desnecessário. A preocupação de Rorty é "tentar afastar as pessoas da noção de estar em contato com algo grande, poderoso e não humano" (RORTY, 2006, p. 48-49). Rorty resume o debate e as posições da seguinte forma: "Aqueles que desejam basear a solidariedade na objetividade — chamados 'realistas' — têm que construir a verdade como correspondência à realidade. [...] Ao contrário, aqueles que desejam reduzir a objetividade à solidariedade — chamados 'pragmatistas' — não requerem uma metafísica ou uma epistemologia." (RORTY, 1993, p. 111.) De qualquer maneira, entende que "debates desse tipo são a expressão de uma escolástica estéril" (RORTY; ENGEL, 2008, p. 55). Para uma abordagem mais rica acerca da aproximação e diferenças entre Rorty e Putnam, ver Rorty (2005g, p. 36; 1993, p. 109). Ver ainda Pogrebinschi (2006, p. 127).

DIREITO, POLÍTICA E PRAGMATISMO

a algumas palestras de Peirce no Lowell Institute em 1866 (HAACK, 2005, p. 77; 2008, p. 162).[8]

Holmes inaugurou uma linha de estudo, depois acompanhada por outros juristas, como Roscoe Pound, Benjamin Cardozo, Karl Llewellyn e Lon Fuller.[9] O pragmatismo filosófico (e, por consequência, uma visão pragmatista no Direito), contudo, perdeu força na concorrência com a filosofia analítica alimentada pelo positivismo lógico, especialmente com a ida de pensadores e filósofos aos Estados Unidos, fugidos do regime nazista. Como Ghiraldelli já ponderou na década de 1930, o grande nome do pragmatismo americano, John Dewey, não mais fazia frente aos seus críticos, como o inglês Bertrand Russell. Suas obras repetiam argumentos, saía-se mal nas discussões de improviso com seus opositores e repetidamente caía no erro de responder aos seus críticos em seus próprios termos, na lógica da crítica. Nada ofereceu de novo por anos (POSNER, 1990, p. 1.659). O próprio Rorty (1982c, p. 32) chegou a acusar essa vacilação de Dewey entre duas atitudes intelectuais: uma "terapêutica" e outra de tornar a filosofia "científica e empírica e fazer qualquer coisa de sério, sistemático, importante e construtivo". O pragmatismo somente voltaria a ter alguma força com os trabalhos de Quine da década de 1950 (com sua tese da "indeterminabilidade da tradução" e da "inescrutabilidade da referência"), alcançando novamente grande prestígio com Richard Rorty (GHIRALDELLI JÚNIOR, 2007, p. 28). O pragmatismo voltou a ser discutido principalmente nas décadas de 1960 e 1970, movimento esse de retomada causado

---

[8] Para os fins deste trabalho, não há maiores problemas (pragmáticos, é claro) em se reconhecer Holmes como pragmatista e a enxergá-lo como iniciador, nos Estados Unidos, de uma visão menos lógico-formal do Direito. Para outros trabalhos que apontam a relação de Holmes com o pragmatismo, ver Grey (1989, p. 787), Hantzis, (1988, p. 541), Haack (2005, p. 71) e Posner (2007, p. 294).

[9] Para obter uma lista mais completa de pragmatistas, bem como aqueles que seguiram o caminho do pragmatismo jurídico, consulte Posner (1995, p. 388-399).

por Richard Rorty e incorporado ao discurso jurídico na década de 1980, por meio de importantes autores no Direito, como Thomas Grey, Daniel Farber, Philip Frickey, Susan Haack, Richard Posner e Mangabeira Unger.

O livro mais famoso de Rorty data de 1979 (*Philosophy and the mirror of nature*), muito embora sua primeira publicação de peso tenha ocorrido em 1967 quando publicou o texto "Metaphilosophical difficulties of linguistic philosophy", como introdução da obra que organizou, *The linguistic turn: essays in philosophical method* (RORTY, 1992). O texto de 1967, apesar de ser mais vinculado à herança da filosofia analítica, traz já importantes preocupações e críticas do pragmatismo. De qualquer sorte, sua obra de 1979 foi um sucesso imediato, apesar de polêmico. O historicismo impregnado na sua tese central atraiu importantes pensadores de diferentes linhas de pesquisa, como Skinner, Geertz e Kuhn (GROSS, 2008, p. 216). Skinner (1981), em resenha do livro, classificou-o como de "excepcional originalidade e importância e seu argumento central é apresentado com imensa força persuasiva".

Haack (2008, p. 163-164), no entanto, não é adepta do chamado "neopragmatismo", mas de um "pragmatismo neoclássico", que não se envergonha em reconhecer que elabora também uma teoria jurídica. Rorty chegou a identificar Ronald Dworkin como pragmatista (RORTY, 1990b, p. 1.811; POSNER, 1990, p. 1.654), opinião também de Stainsby (1988, p. 480); indicação que não conta com o apoio de outros pragmatistas e do próprio Dworkin. Para identificá-lo, de fato, como um antipragmatista, basta examinar seu conceito do que é pragmatismo: "[...] o pragmatismo pensa que o juiz deve sempre fazer seu melhor para o futuro, dentro das circunstâncias, ignorando quando há necessidade de respeitar ou assegurar consistência em princípio com o que outras autoridades já fizeram ou vão fazer." (2007, p. 196-197.) O conceito de pragmatismo é recheado de preconceitos, manipulação e direcionamento, "um conceito empobrecedor que confunde pragmatismo com utilitarismo ativo" (POSNER, 1990, p. 1.666, nota 23). Apesar disso, Eisenberg e

Pogrebinschi (2002, p. 119) identificam concessões ao pragmatismo nas teses dworkianas dos "casos difíceis" e do "romance encadeado". Já Unger seria um pragmatista experimentalista ou um pragmatista radical (2009, p. 51). Para Eisenberg (2003, p. 48), Unger, ao lado de Duncan Kennedy, faria parte de uma corrente do "pragmatismo político", em alternativa ao "pragmatismo jurídico".

Esses autores, entretanto, espelham-se, com mais destaque, nas obras filosóficas que compuseram o arsenal pragmatista de discussão. Nunca é demais lembrar que Holmes, no âmbito do Clube Metafísico, ajudou a inaugurar essa linha filosófica de pensamento e, por isso, não a assimilou tal como um pesquisador que incorpora a produção e o estado da arte. Esse aspecto ajuda muito a explicar o tipo de pragmatismo pregado atualmente no Direito.

3.2 O PRAGMATISMO NO DIREITO E A OPOSIÇÃO ÀS TEORIAS "MORAIS" DO DIREITO

Apesar de se ter construído uma linha de pensamento nos Estados Unidos chamada *Legal Pragmatism*, o pragmatismo ainda está no aguardo de uma assimilação mais "pragmatista" no campo do Direito. O sentido exato dessa afirmação pode ser retirado da diferenciação que faz David Luban (1997, p. 47), um dos grandes antipragmatistas americanos, entre o "pragmatismo filosófico" e o "pragmatismo pós-filosófico". O primeiro grupo envolve os pragmatistas que encaram seus pensamentos como parte de um grande projeto filosófico, articulando argumentos, linguagem e termos filosóficos. O pragmatismo pós-filosófico, representado por Rorty, nega a própria utilidade de se descrever como pragmatista, já que adota uma postura antifilosófica. As discussões em torno do pragmatismo jurídico nos Estados Unidos estão mais próximas do "pragmatismo filosófico".

Assim, o pragmatismo jurídico parece ainda se perder em discussões que somente interessam aos teóricos, além de reproduzir um discurso de prestígio ao Direito. De qualquer maneira, não há dúvida de que o pragmatismo jurídico incorpora boa parte das características à visão filosófica pragmatista e, assim, opõe-se à visão tradicional ou às novas teorias que ainda teimam em tentar identificar algo absoluto e imutável, seja um procedimento, seja uma integração.

Entretanto, o que é pragmatismo jurídico? Os conceitos são variados. O pragmatismo jurídico é "antifundacionalista e otimista social" (HOY, 1991, p. 344); é "[...] olhar para os problemas concretamente, experimentalmente, sem ilusões, com plena consciência das limitações da razão humana, como consciência do 'caráter local' do conhecimento humano, da dificuldade das traduções entre culturas, da inalcançabilidade da 'verdade', da consequente importância de manter abertos diferentes caminhos de investigação, do fato de esta última depender da cultura e das instituições sociais e, acima de tudo, da insistência em que o pensamento e a ação sociais sejam avaliados como instrumentos a serviço de objetivos humanos tidos em alto apreço, e não como fins em si mesmos [...]" (POSNER, 2007, p. 621-622); é o "entendimento de que o que enxergamos sempre depende de nosso ponto de vista, e que entender outros é frequentemente uma questão de tentativa de recriação da visão básica de onde essas visões nascem" (HANTZIS, 1988, p. 595); é um "eclético, reorientado, histórico antiformalismo" (LUBAN, 1996, p. 44); é uma "disposição em basear atos em fatos e consequências e não em conceitualismos, generalizações, frases de piedade e slogans [...] rejeitando teoria moral, legal e política quando é oferecido para guiar o processo legal de decisão" (POSNER, 2003, p. 3); é "liberdade da culpa de não ter teoria" (GREY, 1990, p. 1.569); é "resolver problemas jurídicos usando todos os instrumentos que estão à mão, incluindo precedente, tradição, texto legal e política social, e renunciando ao grande projeto de criar uma fundamentação teórica para o direito constitucional" (FARBER, 1988, p. 1.332); é uma "expressão realista do reconhecimento de que demandas metateóricas de verdade são filosoficamente indefensáveis" (PATTERSON, 1990, p. 996); é a visão de que a "prática não está envolvida por um conjunto de princípios imutáveis ou por um método infalível ou impessoal, ou por uma linguagem neutra de observação" (FISH, 1991, p. 63); é a "síntese de contextualismo e instrumentalismo" (GREY, 1991, p. 15).

Em resumo, pragmatismo jurídico não é propriamente um conceito a ser identificado e esclarecido, mas uma postura interpretativa do processo de decisão, da historicidade e pessoalidade dessa mesma hermenêutica, da limitação da racionalidade e teorização jurídica e dos próprios objetivos de utilidade e eficiência do Direito em relação aos casos concretos. Assim sendo, tudo que for crítica ao discurso de elogio da ciência do Direito ou das possibilidades racionais, teóricas e abstratas do pensamento jurídico traz em si um sentido fortemente pragmatista, mesmo que, para isso, não haja leitura do pensamento pragmatista ou conhecimento de seus mais ilustres autores.[10] "O ser humano não tem apenas olhos, mas também mãos." (POSNER, 1990, p. 1.655.)

Ser antiteórico e voltado para a ação, para a solução de casos, essa é, sem dúvida, a orientação que divisa o pragmatista do não pragmatista no Direito. David Luban (1997, p. 45), entretanto, vê nas características gerais do pragmatismo jurídico exatamente o seu elemento constrangedor e pouco confiável. Para ele, o fato de o pragmatismo jurídico ser "apenas eclético, orientado para o resultado, antiformalista, fazia-o uma impressionante doutrina incontroversa. Estava ela livre da controvérsia filosófica apenas porque estava livre de qualquer controvérsia". Haack (2008, p. 163), entretanto, destoando desse tipo de orientação geral, não acha que o pragmatismo seja necessariamente antiteórico.

Se Holmes era um prático do pragmatismo jurídico, Cardozo conseguiu identificar, com mais clareza, a diferença de postura das

---

[10] Rorty, por exemplo, elogia o trabalho de Posner ("Pragmatic adjudication", de 1996), dizendo ser "enormemente refrescante" pelo fato de ter afastado de seu trabalho uma "imensa quantidade de conversa sem sentido acerca da 'natureza do Direito' e da 'relação entre Direito e política'" (RORTY, 1997, p. 75).

DIREITO INSTRUMENTAL OU PRAGMATISMO JURÍDICO

ideias pragmatistas no campo do Direito em sua obra *The nature of the judicial process* (CARDOZO, 2004).[11] Para o autor, a lei deve ser entendida dentro de um sentido instrumental, como meio de se atingir fins concretos. Se não o faz, perde a sua utilidade e torna-se "enferma". "As normas que, por um processo de dedução lógica, derivaram de concepções preestabelecidas [...] entraram em colapso antes da lenta, constante e corrosiva ação da utilidade e da justiça." (2004, p. 72.)

Para Cardozo, o Direito e a lei devem olhar para o futuro, e somente encontram razão de existir nas necessidades do homem, nunca como imperativos lógicos de um sistema transcendente. Por isso, para o pensador americano, cabe ao juiz tornar viável esse

---

[11] Benjamin Nathan Cardozo foi um importante ministro da Suprema Corte americana entre 1932 e 1938 (quando morreu de ataque cardíaco) e, como estudioso, contribuiu enormemente para o desenvolvimento do estudo da *common law*. Cardozo, ao lado dos *Justices* Louis Brandeis e Harlan Fiske Stone, formaram o que se convencionou chamar *Three Musketeer* ("os três mosqueteiros") por se oporem organizadamente à visão extremamente liberal e anti-intervencionista do pós-crise de 1929 dos *Four Horsemen* ("os quatro cavaleiros"). Os quatro cavaleiros eram os *Justices* James Clark McReynolds, George Sutherland, Willis van Devanter e Pierce Butler. A posição radical dos quatro cavaleiros, contrários ao programa do *New Deal,* levou o presidente Franklin Delano Roosevelt a encaminhar ao Congresso o *Court-Packing Plan*, que alteraria a composição do tribunal. Em 1937, os *Justices* remanescentes, Charles Evans Hughes (presidente do Tribunal) e Owen J. Roberts, acabaram por se juntar aos três mosqueteiros em uma série de decisões importantes que redirecionaram a linha de decisão do tribunal, agora mais pró-*New Deal*, em movimento que ficou conhecido por *"switch in time that saved nine"*. Os quatro cavaleiros representavam a visão ortodoxa que, anos antes, Holmes também combatia.

O livro de Benjamin Cardozo de 1921 é uma coleção de palestras proferidas na Universidade de Yale que tiveram como ponto comum a crítica à teorização do Direito. Tornou-se célebre a sua frase antiabstracionista: "A causa última do Direito é o bem-estar da sociedade." (2004, p. 46.)

objetivo primário do Direito. Assim, o juiz não trabalha para tornar coerente um sistema, mas para recriar uma regra de maneira a resolver uma questão. A função do juiz não é "encontrar" o Direito no sistema principiológico, mas criar esse Direito; afirmação essa coerente com o título de sua palestra: "O juiz como legislador" (2004, p. 71).[12]

Temos aqui duas fortes orientações do pragmatismo jurídico: o Direito volta-se para as necessidades do homem e o Direito é criado tanto pelo legislador quanto pelo juiz — seja no sistema da *common law,* seja nos sistemas de herança romanista (POSNER, 1990, p. 1.658). Também não há dúvida de que a formatação jurídica do pragmatismo não ignora — em realidade, reforça — as três grandes características de suas reflexões filosóficas: o consequencialismo (tanto o Direito quanto a norma sempre se voltam ao futuro); o contextualismo (o ato de julgar, interpretar e legislar está condicionado pelas circunstâncias sociais, políticas, históricas e econômicas dentro das quais estamos submersos) e seu antifundacionismo ou descrença em entidades metafísicas (no sentido de que o Direito não precisa descortinar conceitos como "verdade", "realidade", "natureza" e "justiça" para bem resolver problemas concretos).

No campo do antifundacionismo, o pragmatismo jurídico reforçou a crítica ao discurso legal dissociado da realidade e das questões fáticas. Nos Estados Unidos, o pragmatismo é considerado um forte

---

[12] Holmes já falava que o Poder Judiciário tinha uma "função de legislador intersticial" (POSNER, 2007, p. 30; 1990, p. 1.658). O chamado modelo do "juiz como legislador intersticial" foi expressamente referenciado por Holmes em seu voto dissidente, proferido na Suprema Corte Americana no caso S. Pac. Co. v. Jensen (244 U.S., 205, 221), em 1917. Assim falou o *Justice* vencido: "Eu reconheço sem hesitação que juízes fazem e devem legislar, mas eles apenas podem fazê-lo intersticialmente." O principal crítico dessa visão nos Estados Unidos foi Ronald Dworkin (2007, p. 377), para quem o juiz não inventa, mas "descobre" o direito aplicável a partir da interpretação dos princípios.

"antídoto" ao formalismo (POSNER, 1990, p. 1.663), entendido na cultura jurídica americana como a busca da melhor norma (ou, como diríamos no Brasil, o melhor princípio ou a melhor metódica de "ponderação de valores") que teria que ter *pedigree* suficiente para ser aplicada a determinada questão, sem se dar grandes destaques ao exame dos fatos e de suas causas. A busca dessa norma seria substituída pela pergunta "O que funciona? Qual é a forma mais eficaz?".

Não há dúvida de que essa batalha do pragmatismo contra a visão tradicional (dita formalista) encontra, nos dias atuais, campo fértil no direito constitucional. Nas palavras de Richard Posner (1990, p. 1.664):

> O atual reduto do formalismo legal, entretanto, não está na *common law*, mas na interpretação legal e na interpretação constitucional. É aqui onde encontramos as mais influentes e modernas tentativas de derivar consequências jurídicas por meio de métodos superficialmente relacionados à dedução. As tentativas dificilmente alcançarão sucesso. A interpretação de textos não é um exercício lógico e os limites da "interpretação" são tão amplos (quando consideramos que entre objetos verbais e outros que são interpretados, há sonhos, textos em língua estrangeira e composições musicais), que se questiona a utilidade de conceitos. Pragmatistas dão ênfase ao papel da consequência na "interpretação", vista humildemente como o uso do texto auxiliar em uma conclusão.

Para Posner, para citar uma conclusão que poderia ser tirada por outro jurista pragmático, os pragmatistas não estão interessados na "autenticidade" de determinada sugestão de interpretação, mas no uso do texto constitucional ou legal para atingir, pragmaticamente, um resultado "atrativo", útil.

De fato, a título de uma inovação no discurso ortodoxo do direito constitucional tradicional, as novas teorias constitucionais reafirmam a necessidade de se "descobrir" um método que possa dar tratamento adequado aos problemas de repercussão. A linguagem pode ser diferente, mas o viés é rigorosamente igual e as consequências — a não ser meramente discursivas — são também muito próximas. Se antes tinha-se o método sistemático, agora se fala no princípio da unidade da Constituição; se antes se tratava do método lógico, agora se trabalha com a "lógica" da ponderação de valores. O grande modelo de leitura da lei e da Constituição, sob a perspectiva pragmatista, não se alterou nos últimos cem anos.

A teoria constitucional foi, na realidade, cooptada por teóricos e professores de direito constitucional e sua linguagem e objetivos atuais se voltam apenas para o mundo acadêmico, sem considerar as necessidades práticas de juízes e advogados. No Brasil, essa tendência é tão forte, que mesmo juízes, desembargadores e ministros se rendem a esse discurso, esquecendo-se do papel mais cotidiano que o Poder Judiciário precisar exercer. A esse contexto, Posner chamou de "academização" (*academification*) da teoria constitucional (1998a, p. 4).

Não há dúvida, contudo, do temor que essa visão causa, especialmente naqueles acomodados em "produzir" Direito por meio do estabelecimento de um eruditismo baseado em linguagem científica ou na tentativa de construir uma teoria moral do Direito. A maior questão é que as grandes teorias do direito constitucional não são desinteressadas. Seus elaboradores, conscientes ou inconscientes, buscam prestígio, influenciar a prática constitucional e se tornar notáveis. Posner (1998, p. 10) assim se manifesta sobre a questão:

> Teóricos constitucionais querem influenciar a prática constitucional. Ninguém consegue ler Ely e Dworkin e outros teóricos sem perceber um forte desejo de influenciar decisões judiciais ou até a composição da Suprema Corte. Mas, para alcançar a mais nobre recompensa disponível na comunidade acadêmica jurídica moderna, o professor tem que fazer "teoria" e isso tende a separar os professores dos juízes.

Ao assim agir, esses elaboradores das teorias do direito constitucional afastam-se da prática ou de uma prática razoável e responsável de interpretação constitucional. São esses teóricos que falam, por exemplo, de um voluntarismo e de total incerteza diante do pouco prestígio que os pragmatistas dispensariam à tradição (no Direito, à jurisprudência e ao precedente). Ninguém representou melhor a oposição à tese pragmatista que Ronald Dworkin[13] — e, na realidade, ninguém entendeu menos também o pragmatismo e sua orientação.[14] É possível que a explicação esteja no fato de a discussão entre Dworkin e Posner, por exemplo, sempre ter se desenvolvido em tom áspero, já que suas posições são radicalmente opostas. Richard Posner e Ronald Dworkin protagonizaram um dos principais debates que aclararam posições dos pragmatistas e dos "integracionistas". O debate, entretanto, sempre foi recheado de ironias e adjetivos que beiravam o ataque pessoal. Em resposta também ao trabalho de Posner de 1995 (*Overcoming law*), Dworkin escreveu texto em 1997 em elogio à teoria constitucional ("In praise of theory"). Ao retrucar seus críticos, assim se manifestou Dworkin (1997, p. 355):

> [...] a primeira [crítica] é oferecida pelo juiz Richard Posner — vocês sabem, aquele juiz preguiçoso que escreve um livro antes do café da manhã, decide vários casos antes da tarde, ministra aulas durante toda a tarde na Chicago Law School e promove cirurgias de cérebro depois do jantar.

---

[13] Também Luban (1997, p. 43) foi crítico bastante contumaz do pragmatismo, apesar de reconhecer-lhe o valor acadêmico. Sobre *Overcoming law*, de Posner (1995), Luban reconheceu que se tratava de um "livro obrigatório" em matéria de teoria jurídica (1996, p. 1.002). Sobre a oposição entre Dworkin e o pragmatismo, ver Eisenberg e Pogrebinschi (2002, p. 113).

[14] Margaret Radin, por exemplo, não concorda com a visão "confusa e irresponsável" de Dworkin acerca do pragmatismo, afirmando que sua crítica adiciona apenas um pouco mais que "desvirtuamento à palavra 'pragmatismo' para significar um instrumentalismo estúpido" (1990, p. 1.722).

DIREITO, POLÍTICA E PRAGMATISMO

Em texto de 1998, Dworkin chama Posner, no título de seu trabalho, de "o novo buldogue de Darwin" e classifica suas aulas como "divertidas, apressadas, cômicas e violentas".

Para Dworkin (2007b, p. 185),

> [...] o pragmático adota uma atitude cética com relação ao pressuposto que acreditamos estar personificado no conceito de direito: nega que as decisões políticas do passado, por si sós, ofereçam qualquer justificativa para o uso ou não do poder coercitivo do Estado.

Continua ao afirmar que o pragmatismo "estimula os juízes a decidir e a agir segundo seus próprios pontos de vista". Para ele, o pragmatismo, ao não estabelecer algum tipo de prática oficial ou método, instaura a confusão, a desobediência e faz vista grossa ao precedente, não lhe prestando qualquer homenagem. Daí tira conclusões que em nada guardam relação com o pragmatismo:

> [...] o pragmatismo, ao contrário, nega que as pessoas tenham quaisquer direitos; adota o ponto de vista de que elas nunca terão direito àquilo que seria pior para a comunidade apenas porque alguma legislação assim o estabeleceu, ou porque uma longa fileira de juízes decidiu que outras pessoas tinham tal direito.

Para o pensador americano, essa é uma conclusão razoável de frases que sintetizam o pensamento pragmatista, tais como "consenso é a única base que a 'verdade' reclama ou deveria ser aceita, uma vez que é o consenso que produz a 'verdade' e não a 'verdade' que força o consenso" (POSNER, 1998b, p. 1.657; DWORKIN, 1998, p. 1.719). Posner reconhece nesse trecho o polêmico Dworkin (1997a, p. 4).

No capítulo de *O Império do Direito* dedicado à crítica ao pragmatismo, Dworkin formula estranhamente considerações que deveriam explicar o pragmatismo e, assim, servir de base para sua crítica, mas não concorda com a corrente. Primeiramente, afirma que o pragmatismo é contra "pretensões juridicamente tuteladas" e complementa, "rejeita aquilo que outras concepções do Direito aceitam: que as pessoas podem claramente ter direitos" (2007b, p. 195). O pragmatismo, em realidade, apenas não aceita transformar o direito em algo *a priori*, transcendente, e que a política de atribuir direitos a pessoas não está vinculada à escolha de um bom método de interpretação constitucional. Em outra passagem, associa pragmatismo a uma necessidade de "mentir" ("uma mentira nobre"), já que, para o juiz pragmatista, a interpretação de uma lei não é vista como uma atividade objetiva. A afirmação é tão despropositada, que se torna difícil até contra-argumentar. Em tese, para o pragmatista são os formalistas que mentem, embora inconscientemente. São os defensores de uma integridade ou completude do sistema que mentem, embora ingenuamente acreditem que estão sendo imparciais. E, em outro trecho, tenta vender a ideia de que o juiz pragmatista, ao não concordar com a lei (?), dedica-se a uma atividade de "regulação exclusivamente prospectiva" de caráter antidemocrático ou usurpador à atividade do legislador (DWORKIN, 2007b, p. 190-191). É ao contrário, já que é a soberba do juiz, que enxerga no Direito algo imortal (e, portanto, ele mesmo também seria) e na sua atividade algo mágico ou acima do trabalho dos outros, que produz o ativismo judicial mais pernicioso e irresponsável.

Em resposta a essa visão, Posner, que teve com Dworkin uma das mais ásperas e interessantes discussões em torno das preocupações pragmatistas, reescreve o conceito de pragmatismo jurídico (ou de adjudicação pragmatista) de Dworkin da seguinte maneira: "Um juiz pragmatista sempre tenta fazer o melhor que pode para o presente e para o futuro, livre de qualquer sentimento de obrigação em assegurar consistência principiológica com o que outras autoridades fizeram no passado."[15] (POSNER, 1997a, p. 4-5.) De fato, o pragmatista, muito embora respeite e reconheça no precedente uma

---

[15] O conceito equivocado de Dworkin está em 2007b, p. 196-197.

poderosa orientação normativa, não se sente intimidado a adotá-la no caso de elementos de fato do caso que, na realidade, exigem a mudança. Para o pragmatista, o precedente não é um fim em si mesmo, mas isso não quer dizer que seja desinteressado em relação a como já se julgou determinado tema. Em tese — para se utilizar da linguagem dos formalistas —, o pragmatista talvez defenda mais o precedente do que o formalista, já que enxerga nessas decisões do passado repositórios de "versões" do mundo, de conhecimento, de inteligência e de funcionalidade.

Para o pragmatismo jurídico, o critério a ser considerado é da utilidade, da eficiência, da funcionalidade. Não traria qualquer benefício funcional, a simples alteração de uma jurisprudência pelo mero prazer em alterá-la; traria insegurança e desestabilizaria as expectativas com o ordenamento e com o Direito, além de ir contra uma determinada aceitação pública daquela decisão, um determinado consenso que já teria se formado de que aquela decisão trouxe tranquilidade. Interessante notar que Brandeis, um dos pragmatistas mais importantes na história da Suprema Corte, era um ferrenho defensor do *Rule of law*, a tal ponto de Farber (1995, p. 177) o colocar entre os precursores da "Escola do Processo Legal" (*Legal Process School*), que defendia, entre outros pontos, a institucionalidade estabelecida, a supremacia da lei no ordenamento jurídico e a visão tradicional de resolução de conflitos pelo Judiciário. O quadro, entretanto, modifica-se quando o respeito à jurisprudência vai de encontro às expectativas de evolução de uma comunidade, quando vai de encontro a algum sentimento de que aquela decisão passada significa atraso, de que aquela decisão somente traz agora confusão e temor ou, em outras palavras, que aquela decisão não é funcional ou útil. "Uma decisão que desestabiliza o Direito afastando-se abruptamente do precedente traria, na média, resultados ruins." (POSNER, 1997a, p. 5.) Posner ainda traz outro elemento a demonstrar que o pragmatismo não é, em tese, contrário ao precedente: "Outra razão para não ignorar o passado é que frequentemente é difícil determinar a proposta ou escopo de uma norma sem perseguir suas origens." A defesa intransigente que faz Dworkin da tradição, provavelmente o levaria também a defender que, nesses casos, qualquer alteração de entendimento seria agressiva ao sistema.

Ao final, o juiz pragmatista olharia para o precedente sem nenhum tipo de fetiche, mas como importante fonte de informação e de consideração e mesmo como um critério legítimo de avaliar o próprio contexto do passado e do presente. Na falta de uma conclusão assertiva acerca de como resolver uma determinada questão (ou da falta de um consenso em torno de uma solução), pragmaticamente seria mais recomendável adotar a orientação normativa do precedente do que se aventurar em algo novo, porém sem bases claras (POSNER, 1997a, p.8).[16] Não há dúvida de que essa solução seria mais funcional.

Antes disso, entretanto, a tese pragmatista é diretamente oposta aos *standards* dworkianos (DWORKIN, 2007a, p. 127) de que somente existe uma resposta correta e de que Direito é integridade (DWORKIN, 2007b, p. 271),[17] no sentido específico de uma integridade construída por meio de aplicação de princípios pelo Poder Judiciário. Isso já torna o pragmatismo insuportável a Dworkin, que o caracteriza como "filosoficamente, o jantar do cachorro" (DWORKIN, 1991, p. 360)[18] e constrói uma "teoria moral" essencialista[19] que é incompatível com os pressupostos do pragmatismo, uma vez que é obrigada a justificar moralidades universais e a estabelecer critérios de identificação do que é moral e do que não é. Em resposta ao texto "The problematics of moral and legal theory", de Richard

---

[16] Dworkin, estranhamente, reconhece isso quando diz que "o pragmático dará ao passado toda a atenção exigida por uma boa estratégia" (2007b, p. 197).

[17] Ver também Shalin (2005, p. 463).

[18] Machan (1995, p. 374), também em crítica à formulação de Posner, afirma que sua "jurisprudência pragmática não é jurisprudência de forma alguma".

[19] De alguma maneira, a formulação de Dworkin retoma a velha diferenciação entre ideia e representação de autoria de Kant (PATTERSON, 1990, p. 982).

Posner (1998b), Dworkin escreve "Darwin's new Bulldog", artigo no qual tenta estabelecer uma "independência da moralidade" (1998, p. 1.718-1.719). Para demonstrar sua tese da possibilidade de uma moral universal, utiliza-se do exemplo da mutilação genital feminina. Já para Posner não há "verdades morais transculturais" (1998b, p. 1.643). A proposta de uma leitura moral da Constituição, ao prometer soluções objetivas de problemas subjetivos, levou a teoria jurídica a um impasse, nas palavras de Jenkins (2002, p. 97). Para o professor americano, a maioria das pessoas pensa em termos de "verdade" e espera justificativas de suas posições práticas e de suas opiniões polêmicas, e daí vem a importância de uma "teoria moral" que traga consistência ao que agem e pensam, especialmente aquelas pessoas "mais reflexivas".

Dworkin, para tanto, justifica o papel do teórico da moral e do Direito para as pessoas comuns, por meio de uma argumentação que é forçada e autorreferente.

> As pessoas voltam-se para essas fontes [filósofos morais ou jurídicos] não porque têm expectativas em encontrar respostas definitivas [...] mas porque procuram testes mais rigorosos para suas convicções, para nova ideias, se entendem que suas ideias merecem reparação e, frequentemente, para orientação teórica que eles possam seguir na reformulação de suas opiniões em convicções mais acuradas e mais bem baseadas. (DWORKIN, 1998b, p. 1.723.)

A posição de Dworkin é cínica, uma vez que justifica o seu próprio trabalho (como acadêmico e teórico) por meio de uma suposição pretensiosa, improvável e inventiva de que as pessoas comuns precisam de filósofos para ter certeza de suas convicções.[20]

---

[20] É o que Dworkin chama "ascensão justificativa". A "teoria moral", pois, deve existir porque a todo o momento realizamos julgamentos morais (1998, p. 1.723-1.724).

Ora, por meio do antifundacionismo, o pragmatismo critica exatamente essa mania do "academicismo" e do "eruditismo" como atividades úteis para a sociedade, como se chegássemos a algum lugar construindo mundos abstratos e atribuindo-lhes coerência e lógica. Ao contrário, para o pragmatismo, a atividade do Direito é muito menos pretensiosa: serve para resolver problemas da maneira mais democraticamente aceitável possível, mesmo que isso traga incoerência nesses sistemas abstratos imaginados pelos teóricos. Essa não só é uma posição política democrática, mas também uma visão libertária do Direito (livre da teoria, pois vinculado ao drama do caso e do contexto).

Para Dworkin, entretanto, essa crítica à "teoria moral" é, em si, um julgamento moral e expõe uma visão moral de determinados assuntos — embora uma moralidade niilista (DWORKIN, 1998, p. 1.725)[21] —, o que torna a posição pragmatista bastante frágil. Trata-se de outro erro de avaliação de Dworkin. Ser um "relativista moral",[22] não significa dizer que as pessoas não tem senso de moral ou seguem princípios morais. Apenas se quer dizer que não é possível universalizar uma determinada visão de moralidade por meio de uma teoria que se responsabilize por encontrar a "verdadeira moralidade". Para o pragmatismo, questões de moralidade não se resolvem com base em ciência ou filosofia, mas com base em política e instrumentos procedimentais de tomada de decisão.

Para Posner, uma "teoria moral" é inútil, já que nenhuma teoria sobre moralidade irá convencer alguém a alterar seu julgamento moral pessoal ou passar a ver como moral aquilo que, para ele, era

---

[21]   Com isso, Dworkin rebate o que chamou de "a tese forte" de Posner.

[22]   Essa é a expressão de que Posner se utiliza para caracterizá-lo e a todos os pragmatistas (1998, p. 1.642). Para o juiz americano, "demandas morais são válidas segundo critérios locais, são relativas ao código moral de uma cultura particular" (1998, p. 1.642).

DIREITO, POLÍTICA E PRAGMATISMO

imoral ou vice-versa (POSNER, 1998, p. 1658).[23] Dworkin não consegue rebater esse argumento. Limita-se a concordar, em tese, mas atribui os julgamentos morais à imaginação de cada um, e essa imaginação pode adotar diferentes formas, dinâmicas e necessidades. Retoma então sua visão pretensiosa e autoelogiosa: "Algumas pessoas querem mais que integridade: elas querem uma visão de como viver — e como viver juntas — que seja inspiradora e justificada, e esse desejo explica porque a melhor filosofia moral sobreviveu por séculos e até milênios." (DWORKIN, 1998, p. 1.726.)

Para relativistas que são, os pragmatistas não afastam, mas concordam com a tese de que os julgamentos morais dependem da "imaginação" ou cultura de cada um. A concordância para por aí. Isso não torna uma "teoria moral" essencial, uma vez que nenhuma teoria faz uma pessoa esquecer suas mais íntimas orientações filosóficas ou mesmo religiosas. A racionalidade não tem todo esse poder. Esse debate talvez seja emblemático e autorreferente. O confronto de duas posições sobre a moralidade, a universal de Dworkin com a relativística de Posner, demonstra que, por mais que os argumentos sejam sólidos e consistentes, as posições não se alteram e, pior, tornam-se ainda mais radicais. Dworkin reforça o posicionamento de que temos de ter uma moralidade universal e que tal moralidade se exacerba com a força do argumento, entretanto seu cinismo não permite vislumbrar que isso é verdade, desde que essa "moralidade universal" seja a que é pregada pelo pensador americano porque, por óbvio, é dele o argumento mais sólido e importante. "Somente um dogmático cínico pode insistir que argumentos morais nunca fazem a diferença, não importa o quanto bom é o argumento ou quanto é mediato o impacto." (1998, p. 1.727.)

O que amadurece, reforça e justifica uma determinada moralidade não é uma teoria, mas uma experiência. Tomando de em-

---

[23] O mesmo raciocínio se aplica a uma "teoria da verdade" no Direito. Na visão pragmatista, a tarefa simplesmente não tem utilidade (HAACK, 2003, p. 21).

préstimo uma expressão e um pensamento do neopragmatismo, poder-se-ia dizer que somente experiências de vida, histórias de sofrimento e dor transformam uma visão de moralidade, pois somente isso pode tornar tolerável aquilo que era intolerável, pode tornar irmão aquele que era inimigo, pode tornar próximo aquilo que era grotesco. Para Richard Rorty, principal representante do neopragmatismo, essa sucessão de experiências que formatam nossa visão de "moralidade" poderia se dar por meio de uma manipulação de sentimentos que poderia ser chamada de "educação sentimental". De qualquer forma, a "razão" tem papel irrelevante nesse autoconvencimento.

> [...] ensinamos estudantes que cresceram à sombra do Holocausto acreditando que o preconceito contra grupos raciais ou religiosos é uma coisa terrível, então não é muito difícil convertê-los às visões liberais padronizadas sobre o aborto, os direitos dos homossexuais etc. [...] Tudo o que precisamos é convencê-los de que todos os argumentos do lado contrário apelam para considerações "moralmente irrelevantes". Podemos fazer isso manipulando seus sentimentos de tal modo que eles se imaginem na pele dos humilhados e oprimidos. (RORTY, 2005a, p. 215.)

Rorty, nessa linha, procura uma visão menos jurídica do Direito, menos vinculada a uma herança "metódica". Para o filósofo americano, caminhos alternativos à racionalidade podem ajudar ao oferecer novas ideias de solução de casos ao juiz Hércules, de Dworkin. "Cientistas sociais, novelistas, poetas e políticos ocasionalmente apresentam boas ideias que juízes podem usar." (RORTY, 1990b, p. 1.814.) Para esses juízes, por exemplo, passaria a não mais fazer sentido se falar, dentro da "demanda quase kantiana" de Dworkin, de tribunais que buscam uma "resposta correta", simplesmente "levando a sério os direitos" (seja lá o que isso signifique...). "Diferente de Dworkin, Dewey não teria sido tentado a formular uma teoria geral do direito que justificasse a prática de fazer sobressaltos na escuridão constitucional."[24]

A visão de Rorty acerca do pragmatismo no Direito é, acima de tudo, uma visão desfocada do Direito em si. Quero dizer com isso que o pragmatismo no Direito, para Rorty, é um instrumento para moldar o juiz irônico e sentimental, não uma formatação da maneira como ele desenvolve o seu trabalho (da forma como o faz Dworkin, por meio da elaboração de métodos ou princípios a serem aplicados), mas uma formatação de sua visão de mundo e de seus pressupostos. Os juízes desse segundo tipo (como o Hércules, de Dworkin) apegam-se a pensamentos e filigranas científicos desimportantes para consolidar o "sistema jurídico" e, assim, manter o que Radin chamou de uma "coerência má".[25] Essa má coerência precisa ser quebrada e só o será quando "juízes visionários conspirarem para evitar seu irmão Hércules [...] de perpetuar essa coerência" (RORTY, 1990b, p. 1818).

Em outras palavras, o juiz de Rorty, pelo pragmatismo, é menos erudito, menos científico, menos teórico, mas é mais humano, mais criativo, mais visionário. O juiz pragmatista — e aqui está o grande "legado" do pragmatismo para o Direito — não necessariamente leu Platão ou conhece filosofia.[26] Ele julga casos ignorando as "orientações normativas" ou a coerência sistemática do Direito advindas

---

[24] Rorty (1990, p. 1.817), com essa observação, identifica duas visões acerca da tarefa de um tribunal; visões essas diferentes porque uma é "romântica" e "visionária", e outra é "séria" e leva demais a sério o projeto kantiano.

[25] Margaret Radin, em crítica às teorias tradicionais que prezam pela coerência, levanta a questão: "É possível se ter um sistema coerente de crenças e ter o sistema com uma má coerência?" A professora da Universidade de Standford responde: "Aqueles que viveram com o sexismo e o racismo sabem, por suas próprias experiências, que a resposta precisa ser sim." (1990, p. 1.710.)

[26] Para Rorty (1997, p. 76), os juízes precisam ser "homens e mulheres cultivados" e não é grande coisa o juiz não ter lido histórias, contos, economia ou metafísica.

daquele julgamento. Ele julga um caso inserido em uma lógica sentimental de inclusão, de tolerância e de repartição de experiências. O juiz pragmatista não concede grande prestígio às consequências normativas dos precedentes, mas às consequências no plano da convivência social. Ele lê Brown v. Board of Education, como dizendo "gostem ou não gostem, crianças negras são também crianças"; lê Roe v. Wade, como dizendo "gostem ou não gostem, mulheres são levadas a tomar decisões difíceis também".[27]

A proposta de Rorty, nesse sentido, é de um pragmatismo romântico e utópico, e talvez nesse ponto resida a grande diferença para a visão pessimista e seca de Posner. Em famosa resenha do livro *Law, pragmatism and democracy*, de autoria de Posner,[28] o professor de Literatura Comparada expõe todo o seu elogio e aponta em que perspectiva os dois divergem. Enquanto Posner é um cético em relação às possibilidades políticas e democráticas de seu país, Rorty (2003) constrói seu raciocínio baseado em figuras da história americana que eram sonhadoras e utópicas:

> Essas pessoas eram, com certeza, políticos inteligentes que sabiam como trabalhar com o sistema. Entretanto, eles também eram sonhadores utópicos — o tipo de pessoa que tem pouco uso para Posner. Eles foram capazes de alterar as ideias das pessoas acerca de onde estavam seus interesses, e, depois, criaram e mobilizaram novos grupos de interesses. Assim agindo, eles fizeram seu país diferente e melhor.

Para Rorty, Posner é tão suspeito em relação ao romance e ao idealismo que "tem problemas para lhes conceder sequer um papel

---

[27] O trecho é uma paráfrase a um trecho no qual o próprio Rorty apresenta a sua conclusão acerca de alguns casos da Suprema Corte Americana (1990, p. 1.818).

[28] Trata-se do texto "More than compromise", publicado na *Dissent Magazine* em 2003.

DIREITO, POLÍTICA E PRAGMATISMO

em nossa história política". Ao final, Rorty traz o seu olhar original acerca da evolução moral nos Estados Unidos:

> Os americanos tornaram-se, nos anos que se seguiram a Brown, orgulhosos de Marshall e de Martin Luther King — de sonhadores que ajudaram seu país a realizar suas promessas e a superar o seu vergonhoso passado. Em grande parte do tempo a democracia americana é uma questão de compromisso pragmático entre grupos de interesses. Contudo, ocasionalmente é muito mais do que isso. São aqueles momentos que temos em mente quando explicamos aos nossos filhos que grande coisa é ser americano.

Rorty é um otimista e sua visão de pragmatismo jurídico reforça uma esperança romântica na superação do cientificismo jurídico pela política do consenso e pela sensibilização dos juízes na tentativa de evitar sofrimento das pessoas envolvidas. Não é à toa que, mesmo sendo pragmatista, e ao contrário do que defende Posner, acredita no "progresso moral" que alcançamos, e que nossa sociedade de hoje é melhor do que a sociedade de ontem.

Curiosamente, o texto "Dewey and Posner on pragmatism and moral progress" (2007b) foi o último elaborado por Rorty, sendo publicado após a sua morte na *The University of Chicago Law Review,* em 2007. O texto representa simbolicamente a mensagem de otimismo e esperança que deixou o professor de Standford por meio de sua obra, mensagem muito mais importante para ele do que o próprio pragmatismo ou neopragmatismo. Para Rorty, não há problema em um pragmatista reconhecer que vivenciamos nos últimos anos e décadas um processo de progresso moral e que pragmatismo não significa um relativismo gratuito que apenas existe para dar coerência ao discurso cético pragmatista (2007b, p. 920). Já Posner entendia que a relatividade da moral implicava necessariamente em se afirmar que não existiria progresso moral (1998b, p. 1.649). Nesse debate, Rorty acompanha Dewey e é acompanhado por Nussbaum (2007, p. 939).

Ao final, portanto, o juiz pragmatista rortyano não é aquele que oferece um caminho teórico alternativo, mais sofisticado e elegante. Como já afirmou Grey (1989, p. 184), "o pragmatismo rejeita a máxima de que apenas se pode vencer uma teoria com uma teoria melhor". E acrescenta, em seguida, que "nenhum deus garante para o futuro que importantes áreas da atividade prática tenham que ser governadas por teorias elegantes". Esse profissional não tem nada além do que sua percepção pessoal do mundo e da vida e, diferentemente dos juristas teóricos, não se envergonha disso, não sente culpa por isso, mas, ao contrário, tenta fazer o seu melhor para que a experiência de outros não seja acompanhada de dor ou humilhação.

Parte II

DIREITO CONSTITUCIONAL NO BRASIL

4

A Herança Positivista do Direito Constitucional e a Subjugação do Supremo Tribunal Federal

O direito constitucional não teve no passado grande prestígio nos círculos acadêmicos. Afonso Arinos, em manifestação no Senado Federal em 1981, já reconhecia esse fato diante do desprestígio do Direito Constitucional perante os governos revolucionários:

> O abandono do direito constitucional pelos governos revolucionários foi prático e teórico ou, como hoje se diz, englobou a práxis e o discurso. Nas universidades brasileiras, e falamos por experiência própria, nem os professores, nem os alunos se interessam pelo direito constitucional existente. E como se interessariam, se ele, na verdade, não existe? (FRANCO, 1981, p. 135.)

Não há dúvida de que a falta de uma estabilidade constitucional na sucessão de nossas Cartas contribuiu para esse amplo descrédito dos estudos em torno do fenômeno da Constituição. Paralelamente, nossa tradição jurídica se prende à herança do pensamento romanístico e, nessa linha, o "bom" jurista deveria dominar a "teoria geral" do Direito, vale dizer, conceitos como direito subjetivo, direito

DIREITO CONSTITUCIONAL NO BRASIL

potestativo, classificação das relações jurídicas, pretensões jurídicas, direito positivo, personalidade jurídica, capacidade, pessoas jurídicas, nulidades, prescrição e decadência, classificação dos bens, dentre outros. Essa teoria geral não era nada mais do que o conjunto de institutos, axiomas, conceitos e regras, formulado como uma espécie de núcleo essencial do direito privado que hoje, largamente, está representado na "Parte Geral do Código Civil".[1] Somos, no Brasil, herdeiros atrasados do período do Estado Liberal, vivido na Europa no início do século XIX,[2] e, nesse sentido, desde 1916, com a vigência do Código Civil de Clóvis Beviláqua, saber "direito" é saber "direito privado", com toda a carga ideológica que isso implica (contratualismo, individualismo, liberalismo e racionalismo).

O direito privado apresenta-se como um campo definido de estudo, com conceitos formados desde o direito romano e aprofundados durante as investigações dos pandectistas.[3] O conhecimento des-

---

[1]   Art. 1º a 232 da Lei nº 10.406, de 10/01/2002, assim como ocorria do art. 1º ao art. 179 da Lei nº 3.071, de 01/01/1916 (antigo Código Civil Brasileiro).

[2]   Trata-se da influência do pensamento sistemático, que foi tão direta no direito civil brasileiro, que é possível identificar o que Menezes Cordeiro chamou de "codificações tardias", ou seja, Códigos Civis elaborados já no século XX que, apesar de serem resultados também do movimento da codificação no século XIX, continham certas especificidades, como a inclusão de novos institutos no direito civil e a incorporação de regras diferentes, levando-se em conta as peculiaridades de cada país. Assim, incluem-se nesse universo, o Código Civil suíço de 1907, o Código Civil grego de 1940, o Código Civil italiano de 1940, o Código Civil português de 1966 e também o Código Civil brasileiro de 1916.

[3]   A "pandectística" ou "ciência das pandectas" foi a continuação da civilística sistemática iniciada pela Escola Histórica e, mesmo antes, pelo jusracionalismo. Não há dúvida também da relação estrita que há entre pandectística e o próprio positivismo científico, especialmente no campo de construção sistemática, científica e conceitual do Direito. Esse esforço era produzido a partir dos estudos dos textos do direito romano, tentando sempre extrair princípios, conceitos novos e abstrações do que se praticava (WIEACKER, 1993, p. 491). A menção ao pandectismo é importante, uma vez que essa

ses institutos era condição de respeitabilidade acadêmica do jurista. Os conceitos seriam interconectados e se localizavam logicamente dentro de um discurso abstrato, geral e coerente. Obviamente, o "Direito" tinha uma identidade e o jurista tinha claramente o seu campo de estudo.

Os estudos de direito público e de direito constitucional não ofereciam essa certeza e segurança. Seu conteúdo "semipolítico" e as regras e princípios indeterminados sempre trouxeram dúvidas acerca do que, de fato, era "Direito". Se o direito público era uma espécie de pseudodireito, o que seria o objeto de estudo do jurista? Relações de poder? Discursos ideológicos? Uma hermenêutica subjetiva? Valores?

Essa insegurança de trabalhar em uma área incerta forçou os juristas a transplantar rapidamente a lógica dedutiva e fechada do discurso antigo do direito civil. As relações havidas entre direito privado e direito público, entretanto, são mais íntimas do que usualmente se pensa. Conceitos fundamentais do direito constitucional, por exemplo, nasceram de institutos tradicionais do direito privado. Assim, "direitos fundamentais" é uma derivação, na teoria moderna do direito público, do conceito de "direito público subjetivo" — conceito criado por Jellinek em 1905, quando da publicação de seu *Sistema de direito público subjetivo* —, que, por sua vez, advém da velha noção de "direito subjetivo". A ideia de personalidade jurídica do Estado nasceu da formulação de Savigny de personalidade das pessoas jurídicas como ficção, sendo depois apurado por Gierke e Gerber. Os modernos instrumentos de interpretação constitucional são fruto de amadurecimento e adaptação dos tradicionais métodos de interpretação jurídica criados por Savigny em 1840, com seu *Sistema de direito romano atual*.[4]

---

escola definiu o trabalho científico do Direito e do jurista. Sua influência na transição do século XIX para o século XX é tão forte, que seu "método" foi transposto pelos primeiros publicistas (como Gerber e Laband) para o campo do direito público.

[4] Para melhores referências entre o intercâmbio necessário entre as duas áreas, ver Hesse (1995) e Kaufmann (2003a).

Se não se pode estudar a dinâmica da Constituição, passou-se a dar conotação organizacional às instituições do direito público. Durante muito tempo, estudar direito constitucional, por exemplo, significou conhecer os tipos de constituições, características de constituições, atribuições dos poderes, características abstratas do federalismo etc. Não é por outro motivo que os mais difundidos autores do direito constitucional seguiam o tradicional esquema do positivismo alemão[5] ao tratar de direito público: preocupavam-se em explicar a organização do Estado, descrever com minúcias a separação de atribuições, explorar os princípios que regem a organização política e esmiuçar a separação de poderes e o federalismo. O tratamento de temas como os direitos do homem era meramente expositivo.

Trata-se de motivo pouco enfocado que também contribuiu para que o direito constitucional nunca fosse galgado a uma posição de destaque dentro do Direito. O grande problema por trás desse enfoque é que o direito constitucional não se resume a uma análise lógica ou descritiva das instituições, não se perfaz por meio da descrição positivista das relações entre poderes e das atribuições pertinentes a cada um dos poderes. Para se entender o movimento de nascimento e de consolidação de direitos e, portanto, de esta-

---

[5] A tradição positivista no direito constitucional ainda tem forte influência, seja na seleção dos temas constitucionais, seja na organização dos manuais, seja ainda na perspectiva com que os problemas são enfrentados. No Brasil, seus maiores representantes são autores como Afonso da Silva, Manoel Gonçalves Ferreira Filho, Pinto Ferreira etc., muito embora se perceba, após esses anos, variações do discurso.

Dentre os juristas alemães do final do século XIX e início do século XX que definiram, fazendo escola, uma forma "positivística" de se abordar questões de direito público estão Paul Laband, com seu *Direito do Estado do Império Alemão*, de 1876-1882, e Gerhard Anschütz, com seu *Manual do Direito do Estado Alemão*, de 1905, e o seu *A Constituição do Império Alemão*, de 1919, sem falar em outros, como Gerber, Jellinek e Thoma.

A HERANÇA POSITIVISTA DO DIREITO CONSTITUCIONAL...

bilização da Constituição, não basta um domínio técnico da lógica dedutiva do Direito, não basta o raciocínio preso nos confins dos institutos jurídicos.

O direito constitucional, para ser bem conhecido e estudado, exige uma noção interdisciplinar, o pensamento puro do fenômeno jurídico em compatibilidade com a imprevisibilidade da dinâmica política. Política, por si, também não pode ser apreendida por um conhecimento estático dos partidos e das ideologias. Economia, antropologia, história, psicologia e sociologia são ramos científicos imprescindíveis para se entender certos movimentos políticos. Em outras palavras, o "bom" jurista do direito constitucional é aquele que tem humildade para reconhecer que o Direito não pode ser entendido como uma lente de interpretação. Talvez — ideia bastante compatível com a lógica pragmatista — o Direito não seja sequer ramo do conhecimento protagonista para se ler a Constituição e se manter aberto diante de sua dinâmica constante.

O que importa, entretanto, nessa parte, é a tradição constitucional que construímos ao longo de nossa história institucional. Até 1988 é possível dizer que direito constitucional está entre os campos mais fluidos e indeterminados do "Direito". Restava ao constitucionalista um conhecimento geral e abstrato acerca de instituições políticas, sua organização e suas atribuições. Eventualmente, também ficava a cargo do constitucionalista o estudo de instrumentos processuais típicos do trabalho diário dos Tribunais Superiores.

Não é difícil perceber que diante da necessidade de estabelecer um conhecimento específico do Direito, conhecimento esse que não pudesse ser taxado como matéria de outras disciplinas, tais como história ou filosofia, o direito constitucional no Brasil acabou por se perder em um grande esquema organizatório do Estado. Não se estudava, ao menos, a dinâmica do Estado em seu inescapável processo político e orgânico, mas, de maneira estanque, seus elementos formadores. Apesar de razão importante, esse fator não foi o único a causar o apequenamento do direito constitucional no Brasil antes de 1988.

Interessante é perceber a noção de "direito constitucional" que subjazia entre seus estudiosos. São geralmente conceitos conformativos que destacam os elementos de organização e atribuições. Veja-se, por exemplo, o que dizia Jacques (1962, p. 19):

> Direito constitucional é o ramo do Direito Público que estuda os princípios e normas estruturadoras do Estado e garantidoras dos direitos e liberdade individuais. Estrutura o Estado, enumerando os poderes políticos e delimitando-lhes as atribuições; e garante os direitos e liberdades dos indivíduos, assegurando-lhes o exercício.

Para Silva (1987, p. 4), direito constitucional envolve o

> [...] conhecimento sistematizado [...] das normas relativas à estrutura do Estado, forma de governo, modo de aquisição e exercício de poder, estabelecimento de seus órgãos, limites de sua atuação, direitos fundamentais do homem e respectivas garantias e regras básicas da ordem econômica e social.

Na mesma linha também Ferreira Filho (1989, p. 10), com seu "conceito jurídico". O sentido de organização e estrutura por trás do direito constitucional também aparece em autores como Temer (1982, p. 3), que atribuem essas características ao próprio conceito de Constituição.

Também contribuiu fortemente para o apequenamento do direito constitucional a falta de um tribunal que formasse, ao menos no início, uma espécie de eixo para os estudos dessa matéria. Em outras palavras, a necessidade positivista de abraçar um conhecimento, mais do que estabilizá-lo como conhecimento típico do direito constitucional, nunca teve como aliado o trabalho diário de um órgão que produzisse o tal conhecimento constitucional. Faço referência direta à Suprema Corte americana que se firmou como centro a irradiar material, conclusões e hipóteses que pudessem aprimorar debates no direito constitucional. No Brasil, de certa forma, o direito

A HERANÇA POSITIVISTA DO DIREITO CONSTITUCIONAL...

constitucional pagou o preço pelo desenvolvimento atrofiado e sem autonomia do Supremo Tribunal Federal.

De fato, o Supremo Tribunal Federal tem em sua história uma recorrência de incômodos eventos que subjugaram a sua autoridade institucional e enfraqueceram a força política de suas decisões. Essa história de redução do âmbito de seu poder julgador, somado à repetitividade com que tais eventos ocorreram, gerou uma herança difícil de ser superada: o exercício do poder político-jurisdicional de maneira exageradamente cautelosa, sem querer se imiscuir em assuntos políticos, mesmo que isso lhe custasse, no médio prazo, autoridade institucional. Com isso, no período que antecedeu a Constituição de 1988, o Brasil foi órfão de um *locus* da questão constitucional, de um fórum que centralizasse os principais debates em torno da interpretação da Constituição e que servisse de laboratório para as teses constitucionais. Três episódios são representativos dessa história que retirou a Jurisdição Constitucional do centro das preocupações e acabou por debilitar o próprio ramo do direito constitucional: os famosos *habeas corpus* do início do período republicano, a posição política do Supremo Tribunal Federal durante o Estado Novo e a relação do tribunal com o movimento revolucionário de 1964.

Logo nos primeiros anos após a Constituição de 1891, a República já agonizava[6] e o papel político do tribunal seria colocado em

---

[6] Os problemas da República já começaram no Governo de Deodoro da Fonseca, que enfrentou grave crise política e econômica, agravada pela série de falências provocadas pelo "encilhamento" (incentivo à produção desordenada de papel-moeda). A crise política, que se aprofundara durante os debates do projeto que propunha a limitação dos poderes do presidente da República, resultou na decretação do estado de sítio e na dissolução do Congresso em novembro de 1891. Com a oposição de líderes políticos, militares e cafeicultores, Deodoro foi obrigado a renunciar após, em 23/11/1891, o almirante Custódio de Melo ameaçar o bombardeio da cidade do Rio de Janeiro por meio da frota de navios atracados na baía de Guanabara. Com o apoio de militares, seu vice, Floriano Peixoto, toma posse na presidência, ignorando previsão da Constituição de 1891, que

cheque (RODRIGUES, 1991, p. 15; COSTA, 2001, p. 23). No julgamento de uma sequência de *habeas corpus* ajuizada por Rui Barbosa, o Supremo Tribunal Federal hesitou em assumir um papel mais agressivo em meio a uma crise política e militar.[7] Dentre os *habeas corpus*, tornaram-se célebres os do almirante Eduardo Wandenkolk, de 02/08/1893,[8] que foi negado; do imediato de Wandelkolk, sr. Mário Aurélio da Silveira, de 12/08/1893,[9] concedido; da tripulação

---

mandava realizar eleições diretas se o presidente ocupasse o cargo por menos de dois anos. Governando com firmeza e violência, o que lhe conferiu o apelido de "Marechal de Ferro", foi obrigado a enfrentar, pelo menos, a Revolução Federalista do Rio Grande do Sul e a Revolta da Armada, que se iniciou no Rio de Janeiro e terminou na cidade de Desterro, atualmente Florianópolis. No meio desse quadro de confusão política e instabilidade, o STF já era chamado a exercer o seu papel.

[7] De fato, o primeiro *habeas corpus* impetrado por Rui Barbosa contra a prisão do almirante Eduardo Wandenkolk foi indeferido por 10 votos a 1. O acórdão publicado em 27/04/1892 fixava o entendimento de que o Supremo Tribunal Federal era incompetente para apreciar, antes do juízo político do Congresso, o uso que fizera o presidente da República da atribuição de declarar o estado de sítio ainda durante o recesso do Congresso Nacional. Dizia ainda que não era "da índole do Supremo Tribunal Federal envolver-se nas funções políticas do Poder Executivo ou Legislativo". O caso provocou uma enorme polêmica, tendo sido atacado e defendido por todos os lados. Rui Barbosa escreveu 22 colunas no jornal *O País* e Epitácio Pessoa era, no Congresso, a voz de crítica ao acórdão. A favor da decisão, além do governo e do ministro Barradas, a ampla imprensa governista, representada especialmente pelo *Diário do Comércio* (RODRIGUES, 1991, p. 22 e ss.). Foi a pressão sofrida que fez o STF recuar e passar a analisar os processos seguintes com mais sensibilidade.

[8] HC nº 300, julgado em 23/04/1892, relator ministro Costa Barradas (COSTA, 1964, p. 26). O pedido de Rui Barbosa era motivado pela alegação de inconstitucionalidade do estado de sítio e de ilegalidade das prisões. Um segundo *habeas corpus*, HC nº 415, seria também impetrado em favor do almirante, e também seria indeferido em 02/09/1893.

[9] HC nº 410, julgado em 12/08/1893 e 16/08/1893, relator ministro José Hygino.

do navio Júpiter, de 02/09/1893,[10] que também foi concedido; e do capitão-tenente reformado Huet Bacelar (RODRIGUES, 1991, p. 50), também concedido, mas a ordem foi descumprida pelo Executivo da época. Em ofício datado de 25/09/1894, o ministro da Guerra, Bibiano Sérgio Macedo da Fontoura Costallat, informava ao STF que o governo não mandaria soltar Huet Bacelar por ser medida "contrária a todas as leis e imemoriais estilos militares" (RODRIGUES, 1991, p. 51). O tribunal, entretanto, não saiu ileso, por ter sustentado teses contrárias a Floriano Peixoto, e sofreu forte pressão que deixaria marcas. Tornou-se famosa a frase do então presidente da República, proferida logo após a impetração do *habeas corpus* nº 300, em abril de 1892, perante o Supremo Tribunal Federal: "Se os juízes do tribunal concederem o *habeas corpus* aos políticos, eu não sei quem amanhã lhes dará o *habeas corpus* de que, por sua vez, necessitarão." (COSTA, 2001, p. 23; RODRIGUES, 1991, p. 18-19.) Nos últimos *habeas corpus* concedidos, o presidente da República negou-se a acatar a decisão e adotou medida de retaliação: deixou de preencher vagas de aposentadoria de ministros do tribunal e, quando finalmente indicou alguém, foram nomes claramente provocativos, já que não tinham carreira jurídica: o médico clínico Barata Ribeiro, o general Innocêncio Galvão de Queiroz e o general Ewerton Quadros,[11] todos posteriormente rejeitados pelo Senado Federal.[12]

Durante o Estado Novo, de Getúlio Vargas, o Supremo Tribunal Federal passaria por novo constrangimento institucional ao ter que

---

[10]   HC nº 406, julgado em 02/08/1893 e 09/08/1893, relator ministro Barros Pimentel.

[11]   General Ewerton Quadros era um dos mais próximos auxiliares do presidente Floriano Peixoto, tendo exercido a função destacada na Segunda Revolta da Armada (1893-1894).

[12]   O Senado Federal, em sessões de 22/09/1894 e 1º/10/1894, rejeitou os nomes de Barata Ribeiro, Innocêncio Galvão de Queiroz, Ewerton Quadros, Antônio Sève Navarro e Demosthenes da Silveira Lobo, dos quais apenas Barata Ribeiro chegou a exercer a função por quase um ano (RODRIGUES, 1991, p. 46-47).

DIREITO CONSTITUCIONAL NO BRASIL

aceitar posição de subordinação em relação aos demais poderes no que tange à sua prerrogativa de declarar a inconstitucionalidade de leis (COSTA, 2001, p. 91). O quadro institucional havia sido construído com a Constituição outorgada de 1937, que, em seu art. 96, previa que só pela maioria absoluta de votos os tribunais poderiam declarar a inconstitucionalidade de lei ou ato do presidente da República. A violência à autoridade do STF viria com a redação do seu parágrafo único, que prescrevia que

> [...] no caso de ser declarada a inconstitucionalidade de uma lei que, a juízo do Presidente da República, seja necessária ao bem-estar do povo, à promoção ou defesa de interesse nacional de alta monta, poderá o Presidente da República submetê-la novamente ao exame do Parlamento: se este a confirmar por dois terços de votos em cada uma das Câmaras, ficará sem efeito a decisão do Tribunal.

O quadro era ainda mais dramático diante do fato de que o presidente Getúlio Vargas dissolvera o Parlamento em 10/11/1937, não convocando novas eleições como exigia o art. 178 da Constituição de 1937. Com isso, até que novas eleições fossem marcadas para 28/05/1945 (já para uma Assembleia Nacional Constituinte), o presidente governou por meio do art. 180 da "Polaca", que estabelecia o "poder de expedir decretos-leis" enquanto o Parlamento Nacional não se reunisse.

O sistema instituído pela Constituição de 1937 representava um claro retrocesso e mais uma investida feroz contra as atribuições do STF. Surpreendentemente, as primeiras manifestações doutrinárias acerca do instituto da revisão eram elogiosas,[13] uma vez que

---

[13] Mota Filho (1941, p. 277), que foi ministro do próprio STF, de 13/04/1956 a 18/09/1967, chega a afirmar que "a subordinação do julgado sobre a inconstitucionalidade da lei à deliberação do Parlamento coloca o problema da elaboração democrática da vida legislativa em seus verdadeiros ter-

A HERANÇA POSITIVISTA DO DIREITO CONSTITUCIONAL...

argumentavam com base na soberania do Poder Legislativo, democraticamente eleito.

Bastou, entretanto, que Getúlio Vargas editasse o Decreto-Lei nº 1.564, de 05/09/1939,[14] revisando uma decisão do STF, para que a "celeuma"[15] se instaurasse. Afora isso, a Constituição de 1937 era

---

mos". Outro jurista favorável é Campos (1938, p. 246), para quem o ato da Câmara apenas equivaleria "a emenda à Constituição, tornando compatível com esta a lei impugnada", muito embora aqui tenhamos uma "interpretação autêntica", já que é ele o elaborador do texto da Constituição de 1937. De qualquer forma, seu argumento para justificar o art. 96, parágrafo único, apela para o aspecto democrático da medida. Outros ignoraram a gravidade do problema, preferindo tratar o assunto como mais uma previsão da Constituição de 1937, tal como fez Castro (2003, p. 212).

[14] Decreto-Lei nº 1.564, de 05/09/1939:

O Presidente da República, usando da atribuição que lhe confere o artigo 180 da Constituição, e para os efeitos do artigo 96, parágrafo:

Considerando que o Supremo Tribunal Federal declarou a inconstitucionalidade da incidência do Imposto de Renda, decretado pela União no uso de sua competência privativa, sobre os vencimentos pagos pelos cofres públicos estaduais e municipais;

Considerando que essa decisão judiciária não consulta o interesse nacional e o princípio da divisão equitativa do ônus do imposto,

DECRETA:

Artigo único. São confirmados os textos de lei, decretados pela União, que sujeitaram ao Imposto de Renda os vencimentos pagos pelos cofres públicos estaduais e municipais; ficando sem efeito as decisões do Supremo Tribunal Federal e de quaisquer outros tribunais e juízes que tenham declarado a inconstitucionalidade desses mesmos textos.

[15] A expressão é de Lúcio Bittencourt para descrever a reação de juristas e opositores à medida do Governo. Segundo o autor, foi a terceira vez que a atribuição do Judiciário era contestada com veemência: a primeira ocorreu em 1911, no famoso caso do Conselho Municipal do Distrito Federal, decisão desrespeitada pelo presidente Hermes da Fonseca; o segundo caso se deu em 1915, com a decisão do STF sobre a dualidade de governos no Estado do Rio de Janeiro. Nesse último caso, a decisão fora acatada, apesar

DIREITO CONSTITUCIONAL NO BRASIL

recheada de previsões limitativas da liberdade de decisão do juiz, como a proibição de o "Poder Judiciário conhecer de questões exclusivamente políticas" (art. 94).

O terceiro episódio que deixou marca indelével na história do tribunal ocorreu nos primeiros anos após o Golpe Militar de 1964. Após uma aparente calmaria na relação entre o Supremo Tribunal Federal e o novo presidente Castelo Branco,[16] os atritos começaram a aparecer tão logo a Corte se viu obrigada a julgar casos delicados de violações a direitos humanos contra o Regime Militar. A cada julgamento, a pressão interna entre os militares aumentava, bem como aumentava o desejo de descumpri-las ou de institucionalmente reduzir os poderes do STF. É dessa época, por exemplo, o julgamento do *habeas corpus* em favor do professor universitário Sérgio Cidade de Rezende, que abordava o tema da liberdade de expressão;[17] o caso do governador Plínio Coelho, julgado em 04/11/1964; o caso do governador Mauro Borges, julgado em 23/11/1964; e o caso do governador Miguel Arraes, julgado em 19/04/1965 —todos *habeas*

---

do veemente protesto do presidente Vencesláu Brás (BITTENCOURT, 1997, p. 136). O ora autor acrescenta à lista de Bittencourt o *habeas corpus* impetrado em favor do capitão-tenente reformado Huet Bacelar, descumprido pelo presidente Floriano Peixoto em 1894.

[16] De fato, os historiadores são quase unânimes em reconhecer na figura do presidente Castelo Branco um exemplo de homem público que, em seu período na presidência, soube contornar a ira dos subordinados e proteger, durante algum tempo, a autoridade do STF (VALE, 1976, p. 23, 31). A boa relação inicial não veio, entretanto, sem concessões. Na primeira visita de Castelo Branco ao STF, o ministro Ribeiro da Costa, na condição de presidente da Corte, antecipou-se para afirmar que "quaisquer que sejam as circunstâncias políticas, a Justiça não toma partido" (VALE, 1976, p. 26).

[17] HC nº 40.910, relator ministro Hahnemann Guimarães, DJ de 19/11/1964. O tribunal, por maioria, concedeu a ordem para garantir a liberdade de pensamento e de cátedra, entendendo que a distribuição de folheto de caráter político a alunos não era ato subversivo à ordem política e social (PIRES, 1979, p. 97).

corpus deferidos contra o regime militar (VALE, 1976, p. 53 e ss.; COSTA, 2001, p. 168).

As ameaças à posição institucional do STF, vindas de militares do regime, de parlamentes ligados ao Governo e de parte da imprensa escrita, culminou no famoso "caso das chaves", pelo qual o então presidente, ministro Ribeiro da Costa, teria ameaçado fechar o tribunal e entregar a chave do prédio na portaria do Palácio do Planalto.[18] O pior resultado desse momento conturbado foi a edição do Ato Institucional nº 2, de 27/10/1965, que representou talvez a maior violência que o tribunal já sofrera em toda a sua história.[19]

---

[18] O caso é descrito por Pires (1979, p. 85) e Pires (1992).

[19] Apenas para se dar um exemplo do grau de violência sofrido pelo tribunal por conta desse episódio, vale a pena comparar com o que ocorreu nos Estados Unidos logo após a quebra da bolsa de Nova York em 1929. A "ideologia" liberal havia dado sinais de enfraquecimento e se fazia sentir pressão para que o Estado adotasse postura interventiva, de regulação do setor bancário e financeiro, além de ter a obrigação de aprovar ou incentivar a aprovação do plano estadual de legislações que regulassem relações de trabalho, econômicas e de consumo. Após as primeiras medidas interventivas que moldaram o que se convencionou chamar de "Era Lochner" (em referência ao caso Lochner v. New York de 1905 – 198 U.S. 45), a Suprema Corte americana continuava irredutível e dava prestígio a princípios como liberdade de contratar, autonomia negocial e privacidade.

Com a Grande Depressão que se seguiu à quebra da bolsa, a situação havia chegado a um nível insustentável e a sensação era de que o país não suportaria se o tribunal continuasse com essa postura exageradamente liberalizante. Já se elaborava a legislação do *New Deal*. Essa percepção se fez presente quando a Suprema Corte julgou inconstitucional o *National Industrial Recovery Act* de 1933 (no caso Schechter Poultry Corp. v. United States – 295 U.S. 495, 1935). O então presidente Franklin Delano Roosevelt, que contava com índices expressivos de aprovação pela recente recondução, na eleição de 1936, assim, encaminhou ao Congresso Americano o chamado *Judiciary Reorganization Bill* de 1937 (também chamado de *Court Packing Plan*), que tinha o objetivo de alterar a formação do tribunal ao estabelecer que o presidente da República deveria indicar um ministro a mais para cada ministro em atuação na Suprema

Com a nova medida arbitrária, o tribunal passaria a ser composto por dezesseis ministros, como forma de, com as novas indicações,[20] neutralizar as correntes contrárias ao regime dentro do tribunal. Posteriormente, em continuação aos atos abusivos praticados, o Ato Institucional nº 6, de 01/02/1969, reduziu novamente o número de ministros de dezesseis para os anteriores onze. Nessa oportunidade, foram extintas as vagas dos ministros considerados opositores ao regime militar: ministros Evandro Cavalcanti Lins e Silva, Hermes Lima e Victor Nunes Leal, além de Antonio Gonçalves de Oliveira e Antonio Carlos Lafayette de Andrada.[21]

Corte com mais de 70 anos, até o máximo de seis indicações. Prevendo o pior, os membros do tribunal passaram a adotar uma postura mais adequada aos novos tempos e uma visão mais tolerante com relação às legislações interventivas. Essa nova postura se fez presente no caso West Coast Hotel Co. v. Parrish (300 U.S. 379, 1937).

A maioria vencedora no tribunal foi de apenas 5 a 4, em virtude da mudança de postura do ministro Owen Roberts; mudança essa que acabou sendo conhecida como *"the switch in time that saved nine"*. Seis semanas depois, o ministro Willis van Devanter, ferrenho opositor da legislação do *New Deal*, anunciou a sua aposentadoria. Com esses dois episódios, o ambiente passou a ser de que o governo Roosevelt deveria também demonstrar sinais mais amistosos com a Suprema Corte. O próprio Senado americano, após a morte do senador Joseph Robinson, líder do Governo no Senado, submeteu o projeto de lei à análise minuciosa, com o objetivo de esvaziá-lo. O *Court Packing Plan* acabou por ser aprovado, em 26/08/1937, totalmente revisado e sem as previsões de intervenção na Suprema Corte americana.

[20] Nessa oportunidade, por Decreto de 16/11/1965 (publicado no D.O. de 17/11/1965), foram indicados os ministros Osvaldo Trigueiro de Albuquerquer Mello, Aliomar de Andrade Baleeiro, Carlos Medeiros Silva, José Eduardo do Prado Kelly e Adalício Coelho Nogueira.

[21] Os ministros Hermes Lima, Evandro Lins e Silva e Victor Nunes Leal foram cassados por meio do Decreto de 16/01/1969 (D.O. de 17/01/1969). Já os ministros Antonio Gonçalves e Lafayette de Andrada foram aposentados compulsoriamente por meio do Decreto de 03/02/1969 (publicado no D.O. de 03/02/01969).

Os três episódios são emblemáticos e representativos de um conjunto maior de investidas contrárias ao Supremo Tribunal Federal e que marcaram a sua história. Demorou algum tempo ainda para que o Tribunal superasse a visão exageradamente cautelosa que moldou o seu perfil decisório nos anos 1970, 1980 e 1990, mesmo na vigência de um Estado de Direito. Durante esse período, uma das maneiras de não criar indisposição com o Poder Executivo foi inconscientemente reduzir a atuação da Corte para julgamentos meramente "técnicos", tentando extirpar todo conteúdo político, econômico e social dos julgamentos. Com isso, o direito constitucional, entendido como área de estudo da interpretação constitucional, definhou e, naquilo que restou, foi equivocadamente assemelhado com a lógica própria do direito civil. O maior quadro, portanto, sugeria a inexistência em 1988, salvo algumas exceções, de um discurso próprio do direito constitucional, com autonomia e com independência. O que se tinha era incompatível com qualquer instituto político da Constituição que visasse à emancipação do cidadão como sujeito político de direitos.

5

O Vácuo Discursivo do Direito Constitucional Quando da Promulgação da Constituição de 1988 e a Importação de um Modelo

Cumpre agora verificar qual era o "tipo" de pensamento constitucional que produzíamos às vésperas da Constituição de 1988. A falta de uma estabilidade constitucional, que equivocadamente relacionava Constituição a Governo, a tradição privatista de estilo de raciocínio jurídico transplantada para o direito público, a inexistência de um foro constitucional ou, em outras palavras, de uma sede para produzir informações e dados para o debate constitucional somam-se ao fato de que os 25 anos que antecederam a Constituição de 1988 envolveram um período de "exceção" sob a perspectiva dos estudos constitucionais. O período militar não só representou uma época em que a Constituição Semântica[1] foi empurrada para o seu

---

[1] A terminologia faz referência à tipologia das Constituições de Loewenstein, utilizando-se do critério relativo à normatividade. Para o professor alemão, a Constituição Semântica é aquela que "apesar de ser plenamente aplicada, sua realidade ontológica não é senão a formalização de uma existente

sentido mais radical, que a Constituição de 1967 foi "revogada" por atos institucionais produzidos na linha ideológica da "revolução", mas também o período em que mais se conspirou contra os direitos humanos, mais se rechaçou o Estado Democrático de Direito e mais se descumpriu os textos que protegeriam o cidadão contra os abusos do Poder Público.

O Brasil pré-Constituição de 1988 era a "terra arrasada" do sentido constitucional e do sentido democrático. Não seria difícil supor que esse vácuo institucional produziria também um assustador vácuo discursivo do direito constitucional que se somaria a uma tradição civilística de produção no direito público. Essa tradição, seguindo o caminho dos estudos de direito privado, tinha um forte apelo no direito comparado. Autores estrangeiros, obras produzidas para terem sentido em outros contextos e textos constitucionais (de cunho normativo) davam a pauta do discurso e dos debates do direito público no Brasil. É impactante a influência do direito público ou "direito político" francês, alemão e italiano nos livros de direito constitucional no país. Foram e são especialmente famosos e lidos — não como fonte histórica do conhecimento que já se produziu no campo do direito público, mas como fonte doutrinária de direito constitucional atual — os franceses Prélot, Duguit, Malberg e Hauriou; os alemães Laband, Anschütz, Heller, Kelsen, Schmitt e Jellinek; e os italianos Santi Romano, Biscaretti di Ruffia, Ranelletti, Mortati, Crisafulli e Virga. Além disso, nunca é demais relembrar que a nossa própria formatação institucional também era, desde a Proclamação da República, cópia do sistema político americano. De fato, Rui Barbosa, o "construtor da República", na expressão de Mangabeira (1999, p. 58), e elaborador da Constituição de 1891, era um estudioso da organização das instituições nos Estados Unidos, como ficou bastante claro na defesa que fez do modelo de federalismo americano como forma

---

situação de poder político em benefício exclusivo dos detentores do poder fático, que dispõem do aparato coativo do Estado". É a Constituição que não limita o poder, mas eterniza determinada dominação fática e política. (LOEWENSTEIN, 1976, p. 218.)

de organizar as finanças da República. Rui Barbosa pronunciou-se perante membros da Assembleia Constituinte em 16/11/1890, na condição de ministro da Fazenda (BARBOSA, 1999, p. 79). Entretanto, a importação do modelo americano não se limitou ao federalismo (art. 1º da Constituição de 1891): o bicameralismo no Poder Legislativo (art. 16, § 1º), o controle de constitucionalidade (art. 59, § 1º, "a" e "b" — muito embora o Brasil tivesse objetivo totalmente diferente do sistema americano), o presidencialismo (art. 41), o poder de veto do presidente (art. 37, § 1º), o *impeachment* (art. 53), a nova conformação do Supremo Tribunal Federal (art. 59) e a imunidade tributária recíproca (art. 10), sem se falar no próprio nome do país ("República dos Estados Unidos do Brasil", constante do próprio nome da Constituição) e na declaração de direitos (art. 72).

A importação de modelos nunca foi uma exceção no Brasil, mas, ao contrário, sempre foi entendida como sinal de maturidade no campo institucional e sinal de erudição e competência acadêmica no campo estritamente jurídico.

Não há dúvida de que o prestígio alcançado pela Constituição de 1988 desde seus primeiros anos acabaria por forçar um enfoque maior nos fenômenos políticos relacionados ao seu texto. Tinha-se um documento político bastante rico em referências democráticas, em princípios e em institutos processuais e constitucionais que exigiriam do jurista algum tipo de tratamento teórico. As ricas possibilidades de leitura e compreensão do texto constitucional de 1988, entretanto, colidiam com a evidente aridez e falta de criatividade e interdisciplinaridade do discurso jurídico e, especialmente, do discurso jurídico constitucional. Apenas para citar alguns novos institutos: o mandado de injunção (art. 5º, LXXI), a inconstitucionalidade por omissão (art. 103, § 2º), a iniciativa popular (art. 61, § 2º), a ampliação dos legitimados para a ação direta de inconstitucionalidade (art. 103), o *habeas data* (art. 5º, LXXII), a consolidação do uso do *habeas corpus* (art. 5º, LXVIII) e do mandado de segurança (art. 5º, LXIX), a ação popular (art. 5º, LXXIII), o mandado de segurança coletivo (art. 5º, LXX), a abertura e imediata aplicabilidade dos direitos fundamentais (art. 5º, §§ 1º e 2º), sem falar do título referente à ordem social.

A incorporação de institutos e da própria lógica do direito privado, com seus sistemas coerentes e com suas teorias da "natureza jurídica", sobreviveu durante os primeiros anos de aplicação da Constituição de 1988. É bastante comum encontrar como capítulo obrigatório dos manuais de direito constitucional, tanto nos primeiros anos quanto agora, temas como "conceito de constituição", "tipologia das constituições", "poder constituinte", "formas de Estado", "formas de Governo" e "organização do Estado". Todos esses enfoques tentam extrair uma "natureza jurídica" ou um "conceito" de cada instituto, bem como identificar os "princípios gerais". Ainda muito se falava, por exemplo, de integração, lacunas e analogia no direito constitucional (BASTOS, 1990, p. 106). Para Sarmento (2009, p. 125), já nesse primeiro momento, seria possível identificar um pleito por uma dogmática constitucional que buscasse efetividade às normas da Constituição, tal como fizeram os professores Barroso (2001) e Clève (1994, p. 45) por meio do argumento da busca por uma "dogmática constitucional emancipatória". Utiliza-se da expressão de Cláudio Pereira de Souza Neto para chamar esse primeiro momento de "constitucionalismo brasileiro da efetividade". Para nós, esse primeiro momento se insere perfeitamente na linha da incorporação que se observou mais tarde com os "pós-positivistas constitucionais" e, por isso, não merecerá destaque, o que, obviamente, não significa desprestígio das postulações feitas por seus autores. Nesse primeiro momento apenas não se tinha o eruditismo comparatista que impregnou o discurso do direito constitucional na etapa posterior. Contudo, logo se percebeu que a mudança do parâmetro democrático do sistema político deveria necessariamente ser transplantada para o vocabulário jurídico. A renovação do discurso constitucional era um imperativo, como um "rito de passagem", como uma demonstração de que os novos ares democráticos também já eram sentidos na doutrina do direito constitucional, como um símbolo de que, junto com a nova Constituição, apresentavam-se também "novos juristas" com "novas mentalidades".

No entanto, que direção tomar? Como encontrar novas possibilidades de descrever e entender o fenômeno constitucional? De onde viria a criatividade necessária para essa virada, se não tínhamos tradição recente? O empreendimento parecia ainda mais difícil se considerarmos que nossa tradição discursiva era acomodada e desvinculada de uma prática política, enfurnada nos corredores das universidades ou nas propostas pouco palatáveis sugeridas em artigos e livros que efetivamente não eram discutidos no campo político.

É claro que essa necessidade de mudança e a busca de um novo caminho não ocorreram com o nível de consciência a partir do qual a releitura do passado é agora proposta. Entretanto, não há dúvida de que estava pulsante uma vontade de produzir algo novo no direito constitucional, de os juristas participarem como protagonistas de um novo momento político de abertura democrática. Havia uma consciência de que o antigo discurso não daria conta e não exploraria as possibilidades emancipatórias do texto de 1988. Basta uma revisão bibliográfica da época para perceber que importantes juristas e constitucionalistas que se firmaram como referências, na década de 1990 e início do século XXI no Brasil, surgiram dentro dessa "onda" e beberam dessa fonte, propondo novos rumos e novas referências de sistemas jurídicos e de doutrina. Em um ponto todos concordavam: se o país tinha um vilão (o ambiente político, sinônimo de abusos e desrespeito institucional), tinha também um forte candidato a "herói", o Poder Judiciário.[2] Um dos motivos dessa forte aceitação do discurso importado no Brasil foi exatamente a crítica ao que muitos chamavam de "estado legislativo de direito", associado ao momento do positivismo jurídico no campo da filosofia do direito, o que ficou bastante claro, anos depois, com os trabalhos produzidos no sentido de um neoconstitucionalismo de ampla aceitação no Brasil. (FERRAJOLI, 2003, p. 15; ZAGREBELSKY, 2002, p. 33.)

A busca por uma nova identidade do direito constitucional, associada e atualizada com o novo momento político, deu-se, contudo,

---

[2]   No Brasil, ver Bello (2007, p. 8).

"metodologicamente", da mesma maneira como nos acostumamos a pensar e repensar o direito brasileiro: por meio da identificação no direito comparado de novos caminhos e soluções que pudessem encontrar ressonância do direito interno. Sarlet (2001, p. 25) reconhece expressamente esse "método" quando introduz seu importante estudo sobre direitos fundamentais:

> No que diz com o método utilizado, perceberá o leitor explícita predileção pelo recurso ao direito (constitucional) comparado, cuja importância chega a ser tal nos dias atuais que há quem o considere até mesmo autêntico método de interpretação (Häberle). Se isto já se justifica relativamente a qualquer ramo da ciência jurídica, assume caráter virtualmente cogente na esfera do direito constitucional, no qual cada vez mais trabalhamos com categorias de cunho universal [...]

A afirmação do professor do Rio Grande do Sul traz duas ideias polêmicas, as quais são objeto de comentários neste trabalho: a eficácia cogente do direito comparado e a existência de categorias universais do direito constitucional. Entretanto, de fato, parece ser quase uma heresia a crítica ao modelo "cogente" de leitura do direito comparado, tal é a incidência em nosso sistema dos institutos de experiências estrangeiras. Por outro lado, autores estrangeiros importantes na formatação de nosso discurso constitucional são defensores do uso do direito comparado como método, a exemplo de Häberle (2001, p. 162), para quem a comparação é o "quinto e indispensável método de interpretação".[3] Obviamente, a linha dos autores estrangeiros analisados como referência também se alterou. Novos juristas, novas ideias, novos institutos, novas escolas estrangeiras: essa foi a iniciativa mais aplaudida e que ainda hoje é vista com bastante aceitação.

---

[3]   Ver também Fernández Segado, 2003, p. XLIII.

No centro dessa nova perspectiva, funcionando como um motor a projetar um novo paradigma discursivo para o direito constitucional, está o que se convencionou chamar de "teoria geral dos direitos fundamentais", para os germanistas, e, mais atualmente, como "neoconstitucionalismo", para os leitores dos espanhóis e italianos. Na justificativa de seus principais defensores e elaboradores, não se trataria apenas de identificação de novos procedimentos de interpretação ou a indicação de novas técnicas ou procedimentos para o "bom decidir", para a formação de um "juízo proporcional" acerca dos problemas constitucionais. A teoria geral dos direitos fundamentais seria, na realidade, uma nova forma de se considerar e valorar tais direitos de maneira a redefinir a estrutura do Estado Democrático de Direito: uma revolução por meio da atividade judicante e dos "operadores do direito".

A Constituição de 1988, além de seu tom democrático, trouxe também uma preocupação imediata, igualmente fruto de nossa memória histórica: era preciso que ela se fizesse valer e não servisse apenas como carta de princípios ou proposta programática para o futuro. Do ponto de vista jurídico, o objeto urgente de preocupação era criar formas para garantir a efetividade e vinculatividade. Mecanismos esparsos e diluídos não eram mais suficientes diante das ameaças crescentes na seara política. Em outras palavras, a Constituição de 1988 trazia subjacente uma desconfiança em relação aos poderes democráticos (Poder Executivo e Poder Legislativo). Essa desconfiança somente poderia ser arrefecida com o uso de procedimentos mais objetivos de controle dos atos políticos. Para autores do neoconstitucionalismo, como Prieto Sanchís (2003a, p. 109; 2003b, p. 126), essa "desconfiança" é surpreendentemente assumida e tomada como elogio do novo movimento constitucional. Como a consequência dessa afirmação é bastante grave, Prieto Sanchís tenta atenuar retoricamente a força do pensamento ao afirmar que "o protagonismo fundamental deve seguir correspondendo ao legislador democrático, mas irremediavelmente a última palavra será a dos juízes" (2003a, p. 110). O Poder Judiciário, assim, apresentava-se como o único candidato a "salvador" da nova República e garantidor do novo regime democrático. Somava-se a essa expectativa a experiência mundial com o constitucionalismo, entendido não só como uma forma de organização estatal centrada na normatividade de uma Constituição, mas, acima de tudo, na existência de um órgão semipolítico, responsável por garantir a eficácia de seu texto e norteador das variações de sentido de suas normas. Do ponto de vista da tradição continental e da fórmula da Corte Constitucional, essa herança encontra a sua sede na famosa afirmação de Kelsen de que "uma constituição em que falte a garantia de anulabilidade dos atos inconstitucionais não é plenamente obrigatória", anunciada em sua célebre exposição de criação da jurisdição constitucional, feita em outubro de 1928 no Instituto Internacional de Direito Público (KELSEN, 2003, p. 179). O Judiciário tratava-se do único poder que ainda não tinha falhado, muito embora também nunca tivesse se destacado.

Assim sendo, do ponto de vista jurídico, as expectativas por garantias de efetividade e de vinculatividade da Constituição se convolavam em demandas por garantias judiciárias da eficácia da Constituição. Sarmento (2009, p. 126), referindo-se a Barroso (2009, p. 224), utiliza a expressão "positivismo de combate" para se reportar à incipiente doutrina constitucional que pregava a maior efetividade das normas constitucionais por meio da judicialização dos litígios sociais e políticos. Seu argumento é de que o positivismo de combate deu ênfase ao processo do direito constitucional, afastando "o estudo do Direito Constitucional da Teoria do Estado, para aproximá-lo do Direito Processual". Em nossa opinião, esse movimento do primeiro momento, ao contrário do que defende Sarmento, não é nada diferente do que se observa no atual direito constitucional da ponderação: trata-se da mesma e velha pretensão racional de controlar objetivamente fenômenos políticos, mesmo que refletidos na Constituição. Por outro lado, essa tendência inicial do direito constitucional reforça o centralismo da posição do juiz que o próprio doutrinador reconhece se tratar de uma das heranças assimiladas pelo neoconstitucionalismo.

O VÁCUO DISCURSIVO DO DIREITO CONSTITUCIONAL...

Era preciso criar, no paradigma de racionalidade, uma teoria que transformasse o Poder Judiciário em centro da construção e consolidação do projeto democrático,[4] portanto, uma "teoria jurídica ou dogmática".[5] Além disso, era preciso que tal teoria conseguisse fundir, a um só tempo, as pretensões de objetividade da metódica a ser aplicada e de abertura para assimilar o sentido democrático da Constituição de 1988. A teoria teria que funcionar como um manual de aplicação, no Poder Judiciário, da Constituição de 1988. Os enfoques jurídicos em torno de formular garantias judiciárias ou teórico-judiciárias para a efetividade da Constituição de 1988 foram bastante distintos: para alguns, o cerne do problema estava no controle de constitucionalidade; para outros, na temática dos direitos fundamentais; para um terceiro grupo, na identificação do tipo de norma constitucional. Essas três grandes preocupações jurídicas nos primeiros anos da Constituição de 1988 passaram por um processo de fusão nos últimos vinte anos e podem ser lidas concomitantemente sob a alcunha de "teoria geral dos direitos fundamentais" ou simplesmente "neoconstitucionalismo".

A sensação de necessidade de um discurso mais apropriado à interpretação da Constituição, principalmente um discurso descolado da lógica própria do direito privado tradicional ou que tente garantir "segurança" e objetividade, está presente nas obras dos principais

---

[4] Praticamente todos os grandes autores atuais do direito constitucional se pautaram, nos primeiros anos do pós-88, em formular preocupações com a efetividade da Constituição e formas judiciárias de garantir essa efetividade. Ver, por exemplo, Barroso (2001, p. 75 e ss.), o que já estava na primeira versão de seu trabalho de 1990; Bonavides (2003, p. 547/548), com as preocupações já presentes nas edições de seu livro que se seguiram após 1988; Sarlet (2001, p. 25); Mendes (1998, p. 27).

[5] As expressões são de Alexy, ao sustentar a sua própria teoria dos direitos fundamentais. Para o professor de Kiel, *una teoría jurídica de los derechos fundamentales de La Ley Fundamental es, en tanto teoría del derecho positivo de un determinado orden jurídico, una teoría dogmática* (ALEXY, 2001, p. 29).

professores de direito constitucional alemão, hoje a mais influente escola da doutrina constitucional brasileira. Como exemplo, cite-se Müller (2000, p. 46) e Hesse (2009, p. 103). No Brasil, o melhor trabalho que sustenta a necessidade de diferentes enfoques ao novo direito constitucional brasileiro, articulando os métodos importados de interpretação, é dado por Coelho (2003, p. 89, 107).

Gilmar Mendes, na defesa do aprimoramento do controle de constitucionalidade, bem sintetiza as pretensões da nova doutrina constitucional em texto de 1992:

> Tal como amplamente acentuado na doutrina e sistematizado, dentre outros, por Kelsen, Loewenstein e Hesse, não basta que a Constituição consagre garantias essenciais para a consolidação de um sistema democrático, no qual os direitos fundamentais sejam, efetivamente, respeitados. Faz-se mister que ela logre concretizar sua pretensão de eficácia. Não parece haver dúvida de que, a despeito dos elementos culturais e históricos que acabam por conferir especificidades a diferentes sistemas jurídicos, é certo que a falta de mecanismos de controle de normas retira muito da força normativa ou vinculante da Constituição. (MENDES, 1998, p. 29.)

O professor de direito constitucional continua, agora expondo a sensação de desconfiança em relação aos órgãos democráticos que, ademais, ainda alimenta os estudos de direito constitucional quase 22 anos depois da promulgação da Constituição:

> Não se pode negar, ademais, que a falta de um mecanismo de controle de constitucionalidade pode ser fatal para os direitos e garantias fundamentais, que ficariam, de fato, à mercê da vontade do legislador. É, exatamente, a proteção judicial e o controle de constitucionalidade que outorgam efetividade a essas garantias.

A busca por uma teoria ou técnica de aplicação normativa no âmbito do Judiciário que garantisse a efetividade da Constituição resume a "mentalidade" dos juristas do período pós-88. Essa teoria "estrutural" do regime democrático deveria ser, reconhecidamente, herança da tradição jusfilosófica da racionalidade. Alexy (2001, p. 39), talvez o constitucionalista mais influente na doutrina constitucional brasileira, reconhece essa vinculação quando tenta formatar o ambiente sobre o qual apresentará sua teoria:

> La claridad analítico-conceptual es una condición elemental de la racionalidad de toda ciencia. [...] Esto vale justamente para el ámbito de los derechos fundamentales que en mucha menor medida que, por ejemplo, el del derecho civil, está signado por tradiciones analíticas y, en mucha mayor medida, está expuesto a influencias ideológicas.

O que significa dizer que teria pretensões de objetividade, de universalidade e de antecipação dos problemas práticos. Em outras palavras, o novo modelo discursivo teria que, por meio da razão jurídica, obter uma "equação" linguística que conseguisse servir para dar objetividade e segurança à nova perspectiva, evitando o casuísmo da jurisprudência e estabelecendo uma série de critérios que, ao fim, levariam o jurista a encontrar a resposta "correta" e "verdadeira". A velha ilusão de universalidade do discurso, de controle do futuro, mais uma vez se apresentava nas formulações jusfilosóficas do período pós-88.

Aos olhos de um pragmatista, tratava-se (como ainda se trata) da velha e ultrapassada pretensão de transcender o homem e sua historicidade, fazendo-o buscar algo que estaria fora de sua própria experiência. Em outras palavras, é uma proposta pouco humilde de, por meio de formas "racionais", dominar e domesticar o futuro que, dentro dessa lógica, poderia ser antecipado por meio do raciocínio cartesiano. No Brasil, o Judiciário, novo e infalível garantidor da eficácia da normatividade da Constituição, deveria, ele mesmo, produzir uma racionalidade "objetivante" e abstrata, tal como queriam os positivistas do final do século XIX e início do século XX, e, como já bem reconheceu Alexy (2001, p. 42 e ss.), com uma transparência e

DIREITO CONSTITUCIONAL NO BRASIL

sinceridade que fariam arrepiar vários de seus seguidores, uma vez que o objetivo de sua proposta de teoria dos direitos fundamentais é retomar o trabalho dos positivistas alemães e juristas da "jurisprudência dos conceitos" naquilo que diz respeito à "dimensão analítica" do tema e ao "manejo lógico do Direito". Ao final do capítulo metodológico de sua mais famosa obra, expressa, sem meias palavras: *"La teoría estructural que aquí se persigue continúa la gran tradición analítica de la jurisprudencia de conceptos."*[6]

Friedrich Müller, por exemplo, um dos juristas alemães mais lidos no Brasil, justificava uma alteração da "metódica" constitucional como forma de alcançar o universalismo do discurso e superar o casuísmo da jurisprudência:

---

[6] A relação entre o positivismo jurídico e o neoconstitucionalismo é de amor e ódio. Para alguns, o segundo é a superação do primeiro em uma espécie de "pós-positivismo" (BARROSO, 2006a, p. 100). Para outros, não há contradição entre eles se o sentido de positivismo for tomado sob uma dimensão mais ampla (PRIETO SANCHÍS, 2003b, p. 131; FERRAJOLI, 2003, p. 22). Por outro lado, sob o aspecto da separação entre Direito e Moral, clássicos "marcos teóricos" do neoconstitucionalismo, como Alexy (2004b, p 79) e Dworkin (2006, p. 2), rechaçam o positivismo, já que entendem que entre eles existe uma relação necessária. Para o pragmatista, estudar as relações teóricas entre o neoconstitucionalismo e o positivismo jurídico é algo que não tem muita utilidade. As relações desenhadas ou criticadas entre essas duas "escolas" parecem muito mais um problema do discurso (e, portanto, meramente teórico) do que algo com impacto concreto, já que, com facilidade, é possível manipular as assertivas: o jurista pode ampliar os limites do positivismo jurídico ao dizer que os princípios e valores fazem parte do espectro normativo do Direito posto, como pode reduzir esses limites ao assumir a visão de um positivismo clássico do tipo normativista. Da mesma forma, é possível que haja uma leitura moral do Direito mesmo entre aqueles que defendem a sua total separação. Para tanto, basta que o discurso assumido pretenda obscurecer o sentido das normas constitucionais e a força da pré-compreensão e prestigiar o estudo técnico-procedimental ou ainda eleger um princípio como o "mais importante", como, por exemplo, o da "dignidade da pessoa humana" ou da proporcionalidade.

O pragmatismo da jurisprudência evidenciou ser compreensível. Um caos similar de velho e novo, uma confusão similar de enfoques hermenêuticos e metódicos, de elementos e blocos erráticos de origem teórica mais distinta imaginável, clarificando de modo apenas pragmático no caso individual por meio de uma decisão, caracterizam também o estado atual da discussão na bibliografia especializada. Nesse sentido a metódica do direito constitucional encontra-se em situação especialmente precária por defrontar-se a partir do seu "objeto" normativo com dificuldades amplificadas. (MÜLLER, 2000, p. 46-47.)

O professor de Heidelberg, entretanto, tenta fugir da crítica ao seu discurso neokantiano ao dizer que sua metódica do direito constitucional pretende examinar "as possibilidades da concretização prática", o que, no seu caso, é apenas um jogo de palavras, já que seu objetivo é construir algum tipo de formulação teórica que tenha aplicação como modelo discursivo do direito constitucional: o método estruturante ou concretista (2008, p. 145). Müller talvez possa funcionar como exemplo do típico jurista brasileiro pós-88: percebe que há algo errado no velho discurso epistemológico (ou positivista) — ver, por exemplo, a sua crítica ao empenho dos juristas em encontrar "a natureza das coisas" (2008, p. 83, 118) —, mas somente consegue propor algo alternativo dentro do mesmo modelo epistemológico. Ao final, a proposta fica incoerente: não quer um discurso universalista, mas pretende encontrar uma racionalidade na aplicação do Direito.

O mestre alemão, pouco depois, continua na crítica da, até então, tradição privatística do discurso, afirmando que os "elementos savignyianos" precisariam ser analisados de forma mais pormenorizada, de maneira a verificar se, de fato, são importantes para as condições de concretização do direito constitucional. Em seguida, o professor Müller dá o tom da investigação teórica e "essencialista" que tem em mente, típica da herança kantiana (que, aliás, é a mesma herança dos positivistas que pretende superar):

> [...] uma metódica do direito constitucional sistematicamente elaborada deve pesquisar a estrutura da normatividade; e isso significa, já que a concretização da norma evidencia ser um processo estruturado, que ela deve pesquisar a estrutura das normas jurídicas. (MÜLLER, 2000, p. 49.)[7]

Outro exemplo da "mentalidade" que alimentou as teorias importadas pelos constitucionalistas brasileiros está bastante claro em Hesse, jurista alemão que também causou grande impacto no Brasil. A busca por uma racionalidade que traga segurança não foi a única inspiração no trabalho teórico dos constitucionalistas continentais. Era preciso também que o novo modelo funcionasse como um discurso de "verdade", que, por meio dele, o jurista obtivesse uma resposta "verdadeira" para um problema.[8] O processo de interpretação constitucional, nessa linha, não poderia ter traços subjetivos ou discricionários, mas deveria ser enquadrado nos limites ilusórios da razão objetiva. Destaque-se a opinião do ex-professor de Freiburg:

> O objetivo da interpretação é chegar ao resultado constitucionalmente "correto" através de um procedimento racional e controlável, fundamentando esse resultado de modo igualmente

---

[7] É importante destacar que a tese "metodológica" do autor foi originariamente proposta em trabalho publicado na Alemanha em 1971, sob o título de *Juristische Methodik*.

[8] O discurso da "única resposta correta" é repetido por todos aqueles que atribuem caráter moralista ao discurso constitucional, fazendo da racionalidade jurídica uma espécie de portal que leva a apenas uma sala. A tese encontra em Dworkin (1991, p. 365) o seu maior defensor. Para o jusfilósofo americano, "o juiz continua tendo dever, mesmo nos casos difíceis, de descobrir quais são os direitos das partes", mesmo entendendo que isso não pressupõe "nenhum procedimento mecânico para demonstrar quais são os direitos das partes nos casos difíceis" (DWORKIN, 2007a, p. 127). Mesmo com a defesa pouco convincente de Dworkin, a tese pressupõe uma teoria da "verdade" que poderia ser alcançada pelo seu juiz Hércules, algo inaceitável para o pragmatista. Também contrário ao juiz Hércules, Schlink (2003, p. 618).

racional e controlável, e criando, dessa forma, certeza e previsibilidade jurídicas, ao invés de acaso, de simples decisão por decisão.

Pois bem, hoje em dia, esse objetivo acha-se menos alcançado do que nunca. Tanto na jurisprudência como em amplos setores da doutrina, o mesmo positivismo, que permanece acrítico e tão inconsequentemente praticado quanto os esforços para superá-lo pelo recurso acrítico a "valores", provocou crescente insegurança. (HESSE, 2009, p. 103.)[9]

O modelo importado racional de perspectiva constitucional, baseado na interpretação de princípios e no esquema da ponderação, parecia suprir as exigências teóricas do momento jurídico-metodológico, nos primeiros anos de vigência da Constituição de 1988. A um só tempo, era um discurso racional; era um discurso aberto e principiológico; era um discurso que daria tratamento novo aos novos institutos da Constituição de 1988; era um discurso refratário à velha tradição jusprivatista; era um discurso judicial no sentido de que se propunha a funcionar como um manual para o juiz de aplicação da Constituição; era um discurso pomposo, erudito e científico; era um discurso que reafirmava o papel protagonista do Poder Judiciário na efetivação da normatividade da Constituição; era um discurso resultado da experiência de um país ou continente cujo constitucionalismo era reverenciado; não era um discurso vulgar no sentido de que era produzido por poucos e para poucos e, portanto, quem dele participava seria dotado de algum tipo de prestígio científico; e, principalmente, era um discurso que confirmava o *status* do jurista como um cientista com uma função especial dentre outros cidadãos e, por consequência, do Direito, com a missão de "indicador de lugar" em relação a outras ciências. Faz-se, aqui, referência ao debate entre Habermas e Rorty acerca do papel da filosofia, debate esse que

---

[9] O texto de Hesse ("Verfassungsinterpretation") foi publicado originalmente em uma coletânea de textos sobre o direito constitucional alemão, em 1966.

será explorado algumas páginas adiante. Ambos os autores são críticos da herança kantiana, que coloca a filosofia com "indicador de lugar", como se em um papel de primazia científica.

Apesar de seguir com a mesma tradição epistemológica do racionalismo iluminista, esse modo especial de ver o Direito aparentava ser diferenciado e mais contemporâneo do que o velho discurso positivista ou normativista do Direito. O incômodo com a perspectiva positivista no direito constitucional relacionava-se principalmente à sua incapacidade de abrir o discurso para elementos fora da mera literalidade da norma e organização formal do Direito. O sinal final do fracasso desse modelo de perspectiva jurídica veio com o formato dos Estados Totalitários que participaram da Segunda Guerra Mundial. A Alemanha nazista, por exemplo, era um Estado de Direito, já que todas as concessões feitas ao *führer* e as políticas de perseguição e agudização da guerra foram regularmente votadas pelo Congresso alemão. Os meros critérios formais estabelecidos pelo positivismo constitucional não foram capazes de evitar a ascensão do regime público mais perverso e cruel da história.

Apesar de ser tema polêmico (STOLLEIS, 1998, p. 5 e ss.), o Estado nazista parece ser um estado de "legalidade", já que as exigências formais de votação e aprovação das leis que concediam poder supremo a Hitler sempre se deram dentro das regras vigentes. Em 30/01/1933, o então presidente Paul von Hindenburg, por acomodação política do partido já em franca ascensão, nomeia Adolf Hitler chanceler do III Reich. Seis dias antes das eleições nacionais para o Parlamento, em 27/02/1933, ocorre um incêndio no prédio do Reichtag (Parlamento alemão). O evento seria o estopim para o nazismo como forma de Estado totalitário. Para muitos, a investigação foi conduzida para chegar propositadamente à responsabilidade dos comunistas e, a partir daí, justificar a perseguição que logo se iniciaria contra os opositores do nacional-socialismo. De fato, a polícia, sob o comando de Hermann Wilhelm Göring (ministro do Interior da Prússia), chegou ao nome de Marinus van der Lubbe, um holandês comunista recém-chegado à Alemanha, e a outras quatro pessoas,

O VÁCUO DISCURSIVO DO DIREITO CONSTITUCIONAL...

também ligadas ao *Comintern* (organização internacional fundada por Lênin, em março de 1919, para reunir os partidos comunistas de vários países). O evento foi utilizado pelos nazistas como prova de conspiração arquitetada pelos comunistas contra o Estado alemão. Com base nesse discurso, Hitler forçou o presidente Hindenburg a assinar decreto de emergência (*Reichstagsbrandverordnung ou* Decreto de Incêndio do Reichtag), publicado em 28/02/1933, abolindo, com base no art. 48 da Constituição de Weimar, a maior parte dos direitos e liberdades fundamentais do cidadão, previstos no próprio texto constitucional (STOLLEIS, 1998, p. 95). O decreto ainda reservava ao Governo a maior parte das atribuições destinadas à Federação e, finalmente, previa penas exageradas para certos crimes. Nas eleições de 05/03/1933, o Partido Nacional-Socialista obtivera 43,9% das cadeiras e, em parceria com partidos aliados, detinha mais de 50% dos parlamentares. Em 23/03/1933, sob o argumento do risco que o Estado alemão corria por conta dos atos conspiratórios de comunistas e outros opositores à sua continuidade, é aprovado pelo Parlamento alemão o Ato de Habilitação ao Poder ou *Ermächtigungsgesetz* (intitulado oficialmente de *Gesetz zur Behebung der Not von Volk und Reich)*, assinado pelo presidente Paul von Hindenburg, por meio do qual o chanceler Adolf Hitler obtinha plenos poderes de ditador. O Ato de Habilitação ao Poder foi confirmado e estendido pelo Parlamento alemão em 1937 e em 1941. Todos os atos de perseguição, extermínio, limitação de direitos, prisões injustificadas, torturas e execuções durante o nazismo foram praticados com base nessa legislação.

O declínio do positivismo jurídico no direito constitucional[10] foi acompanhado por um intenso embate entre correntes de pensa-

---

[10] Obviamente, a referência para essa afirmação toma por base o positivismo estrito do início do século XX e considerado o grande vilão a permitir os sistemas "legalistas" totalitários. Para uma nova visão do positivismo, atualizada no contexto dos novos discursos constitucionais, ver Prieto Sanchís (2003b, p. 131). Para a reafirmação do positivismo por meio da crítica ao moralismo jurídico, ver Dimoulis (2006).

DIREITO CONSTITUCIONAL NO BRASIL

mento que pleiteavam ocupar o lugar vago. Alguns autores flertaram com um neojusnaturalismo como forma de controlar a organização formal do Estado,[11] outros procuraram nas teorias argumentativas o dinamismo que faltava no discurso estanque do positivismo. Dentre os autores, merece destaque Theodor Viehweg, com sua tópica aplicada ao Direito, e Chaïm Perelman, com a nova retórica.[12]

Atrasadamente, já nas décadas de 1970 e 1980, o Direito passou a incorporar várias das conclusões da hermenêutica filosófica.[13] O atual discurso importado no direito constitucional não deixa de ser também a confluência de várias posições que se encontravam diluídas em meados do século XX na Europa.

Apesar da riqueza de fontes, não há grandes dificuldades em situar a principal origem do discurso principiológico do direito constitucional nas formulações da chamada "Jurisprudência dos Valores", na Alemanha. A alteração radical de perspectiva, do abandono do prestígio excessivo dos elementos positivos para o destaque da cultura e do espírito no direito constitucional, partiu da obra

---

[11]   O neojusnaturalismo é entendido aqui como o reconhecimento de normas e valores de um direito "suprapositivo", tese que encontrou grande ressonância logo após a Segunda Guerra Mundial e a percepção do fracasso do modelo do positivismo estrito. O trabalho de 1951 de Bachof (1994) é um bom exemplo dessa linha. A própria jurisprudência da Corte Constitucional alemã chegou a se basear em direito suprapositivo, como nos casos BverfGE, I, 14; BverfGE 3, 225; e BverfGE 10, 59 (BÖCKEN-FÖRDE, 2000, p. 177).

[12]   Especificamente sobre a tópica (até porque guarda vários pontos de afinidade com o próprio pragmatismo), ver Viehweg (1979), Garcia Amado (1988, p. 75 e ss.), Larenz (1997, p. 201) e Kaufmann (2002, p. 77).

[13]   Especialmente com a leitura dos "quatro grandes teóricos" da hermenêutica: Friedrich Schleiermacher (ainda no século XIX), Martin Heidegger, Wilhelm Dilthey e Hans-Georg Gadamer (PALMER, 1997, p. 81). Para uma excelente contribuição acerca da influência da hermenêutica no Direito, ver Lamego (1990).

de Rudolf Smend (1985, p. 132),[14] para quem a Constituição "é a ordem jurídica do Estado, melhor dito, da dinâmica vital na qual se desenvolve a vida do Estado, ou seja, o seu processo de integração". Para o professor alemão, o Estado é um contínuo processo dinâmico de integração de vários elementos sociais e culturais,[15] cabendo à Constituição plasmar incessantemente a normatividade representativa desse processo. O trabalho de Rudolf Smend foi o ponto de partida para uma nova dinâmica de estudo no direito constitucional; um direito constitucional que teria como objeto de estudo não apenas a norma jurídica tomada em seu sentido mais objetivo e imparcial, mas todo o contexto subjetivo de significação dessa norma, e o seu próprio processo orgânico de constante atualização social e cultura de sentido. A perspectiva smendiana foi corajosa, já que retirou dos juristas constitucionais a segurança de examinar um objeto definido, estático e invariável, para empurrá-los em um mundo de incertezas, que seria trabalhar com questões políticas e culturais para se entender a Constituição. O trabalho de Smend foi fonte, consciente ou informal, do que hoje se consideram "métodos modernos de interpretação constitucional".[16]

---

[14] Trata-se de seu trabalho intitulado *Constituição e Direito Constitucional* (*Verfassung und Verfassungsrecht*), publicado originalmente em 1928. Smend, entretanto, afirma que a crítica incisiva do positivismo jurídico no direito constitucional toma a direção de um caminho já aberto por Jellinek em sua famosa obra de 1906, *Reforma e mutação da Constituição* (*Verfassungsänderung und Verfassungswandlung*). Jellinek (1991, p. 84) resume sua perspectiva crítica com a seguinte frase: "As proposições jurídicas são incapazes de dominar, efetivamente, a distribuição do poder estatal. As forças políticas reais operam segundo suas próprias leis que atuam independentemente de qualquer forma jurídica."

[15] Tornou-se famosa a frase de Smend, para quem o "Estado vive de um plebiscito que se renova a cada dia" (1985, p. 63).

[16] O primeiro grande trabalho sobre os novos métodos de interpretação constitucional é de Böckenförde (1993, p. 13), que fez um inventário crítico de cinco espécies de métodos: o método hermenêutico-clássico, tópico, hermenêutico-concretizador, científico-espiritual e normativo-estruturante.

Muito embora não haja uma relação oficial direta, não há dúvida de que o pensamento do professor alemão encontra-se no bojo de uma maneira diferenciada de interpretar o Direito, fruto da superação da chamada "Jurisprudência dos Conceitos" pela "Jurisprudência dos Interesses", mas claramente consolidada na "Jurisprudência dos Valores". De fato, na Jurisprudência dos Interesses, cujo maior representante foi Heck (1961, p. 69), não se concordava com a perspectiva de que o ordenamento jurídico era algo completo e que caberia ao juiz um mero dever de aplicar a literalidade da lei por meio de um método dedutivo-formal. Para a Jurisprudência dos Interesses, o sistema jurídico é repleto de lacunas que devem ser integradas por meio da análise, pelo juiz, dos interesses em litígio e que, de alguma forma, serviram de base para que o legislador aprovasse aquela lei. Muito embora o conceito de interesse ainda fosse muito limitado e impreciso, essa formulação concedeu um pouco mais de liberdade ao juiz, e trouxe para o trabalho jurisdicional elementos que não estavam previstos escancaradamente no ordenamento jurídico (KAUFMANN, 2002, p. 75). A Jurisprudência dos Valores significou a autonomia e centralidade desses interesses na tarefa interpretativa. Os "interesses" transformaram-se em "valores" na medida em que se tornaram orientações amplas que alimentam toda a tarefa do legislador. Esses valores seriam, portanto, princípios aos quais estaria vinculado o legislador e, por conseguinte, seria a eles que juízes deveriam prestar homenagem na atividade hermenêutica (LARENZ, 1997, p. 66 e 163-164).

A sucessão dessas escolas de pensamento na filosofia do direito na Alemanha representou uma gradual superação da ideia de Di-

---

Com exceção do método clássico, aplicado sobremaneira por Forsthoff (1973, p. 229), os demais métodos são derivações diretas ou influenciadas pela visão "orgânica" de Constituição de Smend. No Brasil, os melhores trabalhos sobre a compilação dos métodos são de Coelho (2003, p. 110) — que ainda inclui no rol o "método da comparação constitucional", de Häberle — e de Barroso (2009, p. 278), que traz comentários sobre os "métodos" nos Estados Unidos.

reito como dedução lógica de um conjunto de conceitos a partir de um método formal. A alternativa colocada inicialmente por Heck era da necessidade de se apegar aos interesses contrapostos em um litígio social como forma de se encontrar a melhor solução do caso. Para Heck (1961, p. 70), "interesse" quer "designar qualquer disposição reivindicativa em um âmbito de cultura e sem ter em conta a natureza especial de um objeto desejado". Em seguida, explica sua pretensão:

> O objeto específico da Jurisprudência dos Interesses consiste no esforço em princípio por reduzir as noções normativas que constituem o direito para a superposição dessas disposições reivindicativas e por completar as lacunas da lei tendo em consideração todas as disposições reivindicativas afetadas em cada caso.

A autonomização total dos "valores" como fonte do Direito e sua centralidade na atividade jurisdicional vieram com a Jurisprudência dos Valores, que é a base doutrinária de todo o discurso constitucional atual, especialmente no que se refere à identificação de princípios, mesmo que "decorrentes do regime" e não expressos, e à ponderação como maneira de se resolver conflitos entre orientações normativas díspares da Constituição.

Para alguns autores, a Jurisprudência dos Valores somente se consolida quando seus autores, por meio de procedimentos "racionais" ou "teleológicos", passam a reconhecer "valores supralegais ou pré-positivos que subjazem às normas legais e para cuja interpretação e complementação é legítimo lançar mão" (LARENZ, 1997, p. 167). Esse talvez seja um importante requisito para mostrar que a Corte Constitucional alemã, por exemplo, segue as linhas da Jurisprudência dos Valores, já que, ao menos como *obter dictum*, reconheceu que o poder constituinte também não é livre como sempre se imaginou, mas está vinculado a certos princípios suprapositivos (BÖCKENFÖRDE, 2000, p. 178). Com esse poder na mão, o juiz intérprete da Constituição torna-se mais importante para o Estado Democrático de Direito do que o próprio Parlamento.

Entretanto, para os objetivos deste trabalho, é menos importante apontar as nuances evolutivas do pensamento jurídico na passagem dessas escolas do que destacar que a sucessão dessas correntes da filosofia do direito indica, na realidade, uma transição lenta e sólida do protagonismo normativo da seara democrática (o legislador) para a seara jurisdicional (juiz). É nesse ponto que se consolida a maior ponte e influência da Jurisprudência dos Valores para o atual discurso importado do direito constitucional: trata-se de uma homenagem ou veneração ao trabalho realizado pelo juiz constitucional (e, por consequência, da doutrina constitucional) na sua atribuição diária de interpretação da Constituição e, portanto, uma visão suspeita sobre a eficiência da atividade legislativa. Esse aspecto de condicionamento foi tão poderoso para o discurso atual, que corrompeu os influxos que a atual teoria dominante do direito constitucional havia recebido de outras escolas doutrinárias, como a tópica e a hermenêutica filosófica, dois posicionamentos que claramente destacam a contingência e o historicismo do ato de interpretar.[17] Nesse sentido, são contrapostas aos discursos universalizantes, muito embora seja comum utilizá-las como base do discurso constitucional atual.

---

[17] Aspecto que merece destaque é o fato de o atual discurso do direito constitucional, apesar de alegadamente se pautar em autores como Gadamer ou Viehweg, construir perspectiva universalista incompatível com o ideário historicista dessas correntes de pensamento. O fato denuncia uma das mais escancaradas incoerências do atual discurso: apresenta-se como aberto, relativo e circunstancial, mas, na realidade, é hermético, técnico e com pretensões transcendentais.

A tópica, por exemplo, na linha da defesa de Viehweg, é claramente refratária à busca por uma racionalidade objetiva para o discurso do Direito. Aliás, o próprio Alexy, orientador principal do discurso do direito constitucional que atualmente se pratica no Brasil, critica expressamente a tópica por não oferecer critérios racionais de decisão acerca da "correção" das decisões judiciais (ALEXY, 2005, p. 52).

Em outras palavras, o discurso de valores e princípios, que apontava no passado para um novo e promissor paradigma de leitura da Constituição, mecanizou-se e "tecnicizou-se", convolando-se na ilusória busca de uma metodologia que esclareça a forma mais objetiva e imparcial de se trabalhar com princípios (a ponderação). O escopo, que deveria ser aberto e democrático, passou a se apresentar como fechado e cientificista. A mera justificação do discurso com base em correntes do pensamento que articulam aspectos contingentes e contextualísticos foi a única coisa que sobrou de relativista e histórico.[18] No mais, vigora ainda a velha pretensão epistemológica de construir uma leitura transcendente da Constituição (agora não mais conceitual, mas metodológica ou procedimental), mesmo que transvestida de roupagem relativista.

Mais do que o próprio discurso, o vácuo teórico que se sentiu na incompatibilidade do olhar doutrinário do final da década de 1980 e o inovador texto da Constituição de 1988 forçaram a importação dessa própria "ideologia" do discurso constitucional. O discurso que

---

[18] São inúmeros os exemplos de uma transcendentalidade encoberta de elementos históricos como forma de amenizar os efeitos metafísicos do discurso. Sarlet (2009b, p. 37), por exemplo, ao tentar retratar várias dimensões da "dignidade da pessoa humana", fala da "necessidade de universalização da dignidade num contexto multicultural — por uma concepção não 'fundamentalista' da dignidade". Streck (2005, p. 552), em texto sobre o neoconstitucionalismo, refere-se a uma "dimensão ontológica-concretizadora da hermenêutica" para a superação do paradigma positivista no Direito. Freitas (2002, p. 272), em trabalho sobre a nova hermenêutica do Direito, propôs uma "perspectiva tópico-sistemática" de interpretação jurídica. Esses são alguns exemplos de como tentamos, em uma utopia de realizar a síntese até então não realizada, fundir dois horizontes absolutamente incompatíveis, ou melhor, de como não conseguimos nos desvencilhar da tentação da universalidade, mesmo sabendo dos seus riscos para a democracia. Outros exemplos dessas incompatibilidades do discurso que apenas constroem um raciocínio frágil estão no Capítulo 11, no tópico 11.2 — Três exemplos das concessões ao kantianismo feitas pelo discurso importado dos direitos humanos.

DIREITO CONSTITUCIONAL NO BRASIL

representou, no passado, uma evolução do pensamento racional, é aquele baseado na criação técnica de instrumentos de controle do Estado Democrático de Direito à disposição dos juízes e juristas. Mantém-se ainda uma desconfortável suspeita em relação à atividade e às negociações realizadas no âmbito do Poder Executivo e do Poder Legislativo, que, ironicamente, são os maiores símbolos da democracia moderna.

Nesse aspecto, tornou-se muito comum, quando dos primeiros anos de vigência da Constituição de 1988, a edificação de motivações racionais para explicar essa aparente contradição do sistema de democracia por meio da Jurisdição Constitucional. Basicamente, são os mesmos argumentos levantados por Kelsen quando de sua impressionante defesa do desenho da Corte Constitucional nos países europeus (KELSEN, 2003, p. 150):[19] o poder contramajoritário,[20] a defesa das liberdades da minoria, a garantia de observância das regras estabelecidas na Constituição, a proteção de um núcleo principiológico essencial da Constituição que limita, inclusive, a atividade legislativa.[21] São argumentos que igualmente se baseiam em uma

---

[19] O discurso de Kelsen é todo produzido tomando por base a ineficiência do Poder Legislativo, especialmente para consolidar mecanismos de garantia da validade da Constituição. Para Kelsen, "não é com o próprio Parlamento que podemos contar para efetuar sua subordinação à Constituição". O argumento é claramente distorcido, uma vez que, de acordo com esses termos, haveria de existir outro órgão para garantir a subordinação da Jurisdição Constitucional à Constituição que, por sua vez, teria que ser também controlado externamente.

[20] A expressão pode ser atribuída também a Bickel (1986), que se referia ao problema da atuação política da Suprema Corte como a "dificuldade contramajoritária".

[21] O tema da justificação da Jurisdição Constitucional perante a democracia pode ser considerado um dos temas "da moda" do direito constitucional hoje no Brasil. Para um resumo didático e claro acerca do debate, ver Barroso (2006b, p. 51; 2009, p. 283), Souza Neto (2002), Cruz (2004, p. 81), Binenbojm (2004) e Branco (2009, p. 57). Nos Estados Unidos, a discussão acerca da legitimidade da atuação da Suprema Corte é tomada

metafísica constitucional, como se houvesse algo fora das contingências do mundo em relação ao qual somente a Corte Constitucional teria acesso privilegiado por meio de sua racionalidade político-jurídica,[22] como se houvesse um modelo, um padrão "correto" e *a priori* de organizar e defender uma democracia.

Entretanto, não é o objetivo deste trabalho ingressar no velho debate das relações parasitárias ou integradas entre democracia e jurisdição constitucional. Sob o ponto de vista da perspectiva pragmatista, não faria sentido uma crítica ao passado por meio da adoção de um modelo específico de discurso constitucional, já que uma crítica assim formulada somente se sustentaria no oferecimento de um discurso alternativo com base em uma justificação de "verdade", no sentido de que o crítico teria que racionalmente demonstrar que o modelo alternativo é mais "correto" ou "justo" do que o modelo que se adotou. O pragmatismo, assim raciocinando, seria pego pela armadilha montada pela própria racionalidade iluminista, já que se veria obrigado a construir um discurso de "verdade" para viabilizar a sua própria crítica aos discursos de "verdade".

O que aqui importa é destacar as características imanentes desse discurso específico, especialmente no momento em que foram adotadas, e que hoje servem para tornar técnica, hermética e árida a

---

em contexto, parâmetros e realidade doutrinária totalmente diversos, o que não justifica colocar autores como Bickel, Ackerman, Ely, Tushnet, Sunstein e até mesmo Dworkin como debatedores do tema "Jurisdição Constitucional *versus* Democracia".

[22] Essa posição "especial" da Jurisdição Constitucional está na base da formulação da grande maioria dos juristas constitucionalistas atuais, o que fica bastante claro na afirmação emblemática utilizada, de mais a mais, por todos os defensores do modelo atual de constitucionalismo judicial: "Os tribunais constitucionais são considerados como guardiões do processo deliberativo democrático." (SOUZA NETO, 2002, p. 338.) Nessa lógica, qual o papel reservado aos poderes democráticos, especialmente ao Parlamento? Provavelmente, os de maiores ameaçadores desse processo deliberativo democrático...

maneira de interpretar a Constituição. Nos primeiros anos de vigência da Constituição de 1988, o discurso valorativo ou principiológico no direito constitucional representou claramente uma evolução da maneira fechada, privatística e pouco criativa com que se desenvolviam os estudos constitucionais no Brasil. Nesse ponto, a visão pragmatista não tem nada a opor, mas apenas a observar os ganhos na realização da nova Constituição, advindos dessa nova perspectiva constitucional. Não há dúvida de que o discurso importado do direito constitucional, adotado para dar eficiência ao texto de 1988, representou um avanço na leitura constitucional no Brasil e a superação definitiva do olhar privatístico e positivista que até então imperava no direito público.

O que é, entretanto, essa nova perspectiva? Que tipo de linguagem ela usa e em que paradigma filosófico ela se situa? O que é esse ambiente importado no discurso do direito constitucional e como ele se desenvolve?

6

O DIREITO COMPARADO UNIVERSALIZANTE COMO CATALIZADOR NA IMPORTAÇÃO

Antes de tudo, é preciso destacar um aspecto que catalisou a busca de um modelo racional de discurso constitucional no direito comparado. Não é recente o papel central dos exemplos dos sistemas jurídicos estrangeiros no debate sobre instituições e questões constitucionais no Brasil. Esse deslumbramento em relação àquilo que é produzido em outros países marcou, por exemplo, a adoção das principais instituições políticas quando da transição do modelo monarquista para o regime republicano. Essa fascinação, decerto, formatou a análise política ou jurídica que se costumou fazer de institutos como o federalismo, a República, o controle de constitucionalidade, o Supremo Tribunal Federal, os direitos fundamentais, dentre outros. Essa necessidade de encontrar nos regimes jurídicos comparados a explicação para o "bom" ou "correto" funcionamento de nossas instituições acabou por reafirmar o movimento desse ciclo vicioso de não se encontrar uma releitura particular, original, criativa e contingente acerca das instituições de nossa República Federativa a partir de nosso próprio contexto histórico e institucional.[1] Não que exista

---

[1] Não é de hoje que Unger (2001, p. 45) ensaiou discurso que se compatibiliza aqui. Para o pensador brasileiro: "O Brasil precisa parar de copiar

algo de "errado" no direito comparado. O que parece ser inútil para os fins do crescimento institucional e constitucional do país é tratar o direito comparado como um metadireito, uma fonte especial e privilegiada do Direito, como uma orientação ou um norte a seguir pelos países menos evoluídos e com traumas sociais evidentes.

A dependência das referências definitivas ao direito comparado, entretanto, encaixou nas perspectivas e necessidades de nosso discurso jurídico no início do século XX e perdura, com ainda mais força, no início do século XXI. Há duas razões, não exaustivas, que poderiam ser aqui indicadas. Em primeiro lugar, o uso do direito comparado como fonte privilegiada de Direito elitiza o discurso, torna-o inacessível a uma infinidade de pessoas e, assim, traz prestígio e senso de cientificidade. É, em outras palavras, uma maneira simples de demonstrar erudição e autoridade e, desse modo, evitar os inconvenientes de um processo aberto e franco de debate concreto e contingente acerca dos problemas jurídicos e políticos. Ao nomear um exemplo do direito comparado, uma série de pontos de vista "impróprios" passa a ser afastada já em seu nascedouro, e o intérprete não assume a responsabilidade de ser imaginativo e criativo na propositura de uma solução viável diante de um problema polêmico. É nesse momento que a abstração e a teorização, típicas da visão de importação de modelos, sufocam a compreensão histórica e circunstancial de experiências institucionais vividas. Esse quadro de elitização do discurso casa, com perfeição, com a herança do bacharelismo jurídico que remontava a meados do século XIX.

Em segundo lugar, a "natureza" transcendente do direito comparado acua, frequentemente, os juristas que se valem de seu co-

---

as instituições dos outros e reinventar as suas instituições" e "o Direito, concebido como prática da imaginação institucional, tem um papel central a desempenhar no cumprimento dessa missão". A mesma ideia está em Unger (1996c, p. 38). Para alguns autores, entretanto, esse fenômeno da utilização crescente de sentenças estrangeiras pelos tribunais nacionais (especialmente no âmbito da jurisdição constitucional), chamado "transjudicalismo", é algo elogioso a contribuir para uma cultura jurídica global.

nhecimento para oxigenar os debates internos e trazer um amálgama maior de experiências para informar as opções hermenêuticas internas. O direito comparado, desde quando se tornou "ciência",[2] especialmente a partir de 1900,[3] não vem gratuitamente. A ele se associa, de maneira indelével, uma ideologia, a ideologia do universalismo, de que o caminho da evolução jurídica no mundo passa necessariamente pela uniformização de procedimentos, de valores

---

[2] Há muita discussão em torno da data e do marco de nascimento do direito comparado como ramo do Direito com *status* autônomo. Há quem encontre esse marco na metade do século XIX (Constantinesco, 1998, p. 68), quando começaram a se formar procedimentos teóricos de comparação lógica e quando o tema passou a ganhar espaço entre doutrinadores e nas universidades. Foi em meados do século XIX que começaram a aparecer as primeiras revistas especializadas (como a de Zachariae, *Kritisch Zeitschrift für Rechtwissenschaft und Gesetzgebung des Auslandes*, de 1823; a *Revue Étrangère de Législation*, de Foelix, de 1834; e outras, como o anuário da sociedade francesa de legislação comparada — *Annuaire de Législation Étrangère*; a *Revue de Droit International et de Législations Comparée*, na Bélgica, em 1869; a *Zeitschrift für vergleichende Rechtswissenschaft*, em Estocolmo, em 1878; a espanhola *Revista de Derecho Internacional, Legislación y Jurisprudencia Comparadas*, de 1884; a italiana *Rivista di Diritto Internazionale e di Legislazione Comparata*, de 1898; a sueca *Zeitschrift für vergleichende Rechtwissenschaft*, de 1878); a fundação das primeiras associações — como a Societé Française de Législation Comparée, constituída em Paris em 1869; a Gesellschaft für vergleichende Rechts- und Staatswissenschaft (Sociedade para a ciência comparativa jurídica e estatal), de 1893; a Die internationale Vereiningung für vergleichende Rechtswissenschaft und Volkswirtschaftslehre (Associação internacional para a ciência comparativa e a teoria da economia política), de 1894; a Society of Comparative Legislation de 1895; e a criação das primeiras disciplinas acadêmicas (o ensino do direito comparado iniciou-se na Universidade de Madri em 1851, na Universidade de Oxford em 1869 e na Universidade de Paris em 1890).

[3] Apesar das discussões, existe certo consenso ao apontar o início do direito comparado no I Congresso Internacional de Direito Comparado, realizado em Paris em 1900 (GUTTERIDGE, 1949, p. 18), evento que inaugurou a fase de institucionalização desse ramo (ALMEIDA, 1998, p. 13).

e de princípios jurídicos que não necessariamente têm relação com as contingências e situações particulares de cada experiência nacional.[4] Basta um rápido olhar na história do direito comparado para se constatar o fato.

A recente história do direito comparado pode ser resumida em três principais fases.

O ano de 1900 inaugurou uma fase do direito comparado que veio superar o estudo da disciplina como simples atividade de cotejo legislativo entre países. Especialmente após as obras de Edouard Lambert (1903) e Raymond Saleilles, o direito comparado dessa primeira fase tinha o objetivo de identificar, na diversidade de normatividades nacionais, ideias e princípios comuns que formariam os princípios gerais de Direito reconhecidos pelos países civilizados. Essa posição é reforçada, no plano teórico, por filósofos italianos na linha de Del Vecchio e Carusi. Exigiam, por consequência, a "pureza" dos países comparados que deveriam ter os mesmos níveis de desenvolvimento político-social, econômico e moral a constituir os países civilizados. A busca, portanto, era por uma unidade essencial dos direitos nacionais não só na lei, mas na prática, na jurisprudência e na doutrina. Esse ambiente de efervescência científica do direito comparado no início do século XX é impulsionado pela entrada em vigor, também em 1900, do Código Civil alemão. A vigência do BGB causa uma corrida pela comparação, especialmente com o Código Napoleônico de 1804, destacando assim o movimento de dualismo na confrontação entre os sistemas romano e germânico (ANCEL, 1980, p. 32).

---

[4] Na realidade, após a Segunda Guerra Mundial, associaram-se os estudos metodológicos do direito comparado à busca de um "direito comum da humanidade civilizada", a um "direito comum legislativo" ou a um "Direito mundial do século XX". A tese oficial subjacente ao estudo do direito comparado é a unificação dos direitos e a perseguição de um direito mundial comum (ANCEL, 1980, p. 96s; DAVID, 1953, p. 137; SACCO, 2001, p. 191; ZWEIGERT).

A segunda fase confunde-se com o período entre guerras. Após a Primeira Guerra Mundial, o desenho político da Europa sofreu grandes transformações, com o aparecimento de novos Estados, desaparecimento de outros, reconstituições de terceiros países e ainda absorção de novos territórios. O trabalho de construção de sistemas jurídicos nacionais era interminável e, obviamente, levaria em conta o Direito das principais escolas ocidentais. A concepção filosófica, porém, era diferente, já que os comparatistas de 1900 buscavam os princípios comuns por meio de uma atividade de constatação, estática e acadêmica. Já os comparatistas de 1925 eram alimentados por uma concepção politicamente engajada: a construção de um Direito mundial do século XX. O direito comparado teria papel importantíssimo nessa concepção universalista e mundial: serviria para a formação desse Direito único e uniforme a partir de uma compreensão pacifista constituída na sociedade internacional.

A terceira etapa de evolução do direito comparado é a fase que se observa após a Segunda Guerra Mundial, também norteada por um senso de universalismo dos valores jurídicos. A diferença básica é que os horrores da guerra destacaram a necessidade da mundialização de um sistema firme de defesa dos direitos humanos. Nessa fase, não há mais aquela confiança e otimismo da segunda fase, mas a incorporação interna de sistemas alienígenas acontece agora muito mais na base da desconfiança e da política imperialista do que com o senso pacifista de aproximar as nações. Com o fim das tiranias nacional-socialistas, o mundo se divide em blocos antagônicos e a ideia universalista da segunda fase cede lugar às comparações a partir de vinculações político-econômicas de cada um dos lados.

O tom transcendente do discurso do direito comparado é, portanto, ainda hoje, capitaneado pela ideia de universalização dos direitos humanos, entendida como uniformização de previsões, valores e culturas jurídicas. O uso do direito comparado como fonte do direito constitucional, portanto, faz assimilar a necessidade injustificada de padronização da forma de se interpretar Constituições e princípios constitucionais, deixando muito pouco espaço de tolerância para medidas criativas e específicas de defesa de direitos em realidades peculiares que, a princípio, não coadunariam com os regimes mais maduros e prestigiados. Esse aspecto, no início irrelevante, ganha maior relevo em países já propensos a aceitar a importação de modelos jurídicos como elemento norteador e fiscalizatório de tudo o que, de modo normativo, produz-se internamente. O direito comparado como direito universalizante reproduz no Direito interno o velho desejo de alcançar o nível de amadurecimento e "correção" de outros sistemas jurídicos alhures.

7

TEORIA GERAL DOS DIREITOS FUNDAMENTAIS E NEOCONSTITUCIONALISMO: CONSEQUÊNCIAS PARA O DISCURSO CONSTITUCIONAL NO BRASIL

Obviamente, seria impossível agregar em poucas palavras uma explicação teórica e conceitual desse novo e importado momento do discurso constitucional e reunir todos os autores e pontos de vista que, mesmo que indiretamente, associaram-se a essa nova visão e fizeram dela mais um dos "modismos" no direito constitucional. Parece, no entanto, suficiente tomar como representativas desse novo ambiente duas espécies de estudos no direito constitucional que, aos olhos de um pragmatista, são mais próximas do que seus defensores gostariam de reconhecer. Trata-se da chamada "teoria geral dos direitos fundamentais" e do "neoconstitucionalismo".

A teoria geral dos direitos fundamentais, originada diretamente no pensamento do direito constitucional alemão, pretende construir uma metódica juspublicista e moderna capaz de dar tratamento racional à abertura semântica dos direitos fundamentais.[1]

---

[1] Trata-se de linha importada diretamente da discussão constitucional alemã e, por isso, seus maiores divulgadores são aqueles que fizeram o inter-

Já o neoconstitucionalismo, um movimento mais recente, pretende agregar as posições teóricas que se formaram no bojo de uma leitura mais principiológica e axiológica da Constituição.[2] Ambas, entretanto, baseiam-se na ponderação, embora extraiam daí consequências diferentes. Alexy (2001) é o autor paradigma das duas "escolas", já que ambas enaltecem a "técnica da ponderação", mas parecem seguir caminhos diferentes: a teoria geral dos direitos fundamentais é mais técnica e analítica e, portanto, seus autores afirmam ser refratários à leitura moral do Direito; o neoconstitucionalismo atribui à ponderação papel fundamental ao lado de outras perspectivas igualmente importantes, tais como a nova hermenêutica mais principiológica, o Direito como moral, o Poder Judiciário como central

---

câmbio. Este trabalho insere no rol dos autores que se filiam à "escola" em questão aqueles que tentam extrair algum conceito ou padrão universal de análise dos direitos fundamentais (geralmente vinculada à linha alexyana da ponderação), mesmo que, para isso, trabalhem com temas conexos, como regime dos princípios, proporcionalidade, controle de constitucionalidade, interpretação constitucional etc. Assim, seriam desse grupo autores como Bonavides (2003, p. 514); Mendes (1998, p. 27) e Mendes, Coelho (2000, p. 197); Sarlet (2001, p. 209); Guerra Filho (1999, p. 31 e ss.); Ávila (2003, p. 85); Dimoulis, Martins (2007, p. 52 e ss.); Silva (2009, p. 183). São autores que, obviamente, não pensam todas as questões da mesma forma e, não raramente, discutem entre si. As discussões e a falta de concordância, entretanto, dizem respeito a temas técnicos e irrelevantes segundo a perspectiva pragmatista. Este trabalho não ignora também os vários doutrinadores que adotaram a mesma linha de raciocínio constitucional, muito embora pareçam ser eles os primeiros e grandes divulgadores dessa forma de pensar no direito constitucional.

[2] O neoconstitucionalismo parece ser uma derivação mais "empolgada" da teoria geral dos direitos fundamentais, já que extravasa nas pretensões e derivações do discurso. No Brasil, seus mais entusiasmados adeptos são, dentre outros, Barroso (2006a), Streck (2005; 2009), Barcellos (2005b), Duarte (2009), Bello (2007) e Mendes, Coelho, Branco (2009, p. 130). Sua fonte imediata são os livros organizados por Miguel Carbonell, *Neoconstitucionalismo(s)* (2003) e *Teoría del Neoconstitucionalismo* (2007).

na democracia etc. Tais conclusões, entretanto, aplicam-se também ao discurso da teoria geral dos direitos fundamentais, muito embora seus defensores ainda insistam em oferecer seu "produto racional" como neutro e puro.

As duas posições claramente não se afastam e as diferenças que seus autores anunciam são, pragmaticamente falando, meras filigranas técnicas, impotentes para transformá-las em correntes antagônicas. Dimoulis (2009, p. 224), por exemplo, é preciso na crítica que direciona ao neoconstitucionalismo, especialmente no que concerne a ser essa teoria uma forma de moralismo jurídico. Já Ávila (2009, p. 201) discorda de todos os marcos que formam as bases do novo movimento, entendendo que, em realidade, o "neoconstitucionalismo [...] silenciosamente promove a sua [da Constituição] desvalorização". Entretanto, parecem não perceber que a teoria geral dos direitos fundamentais, da qual são adeptos (DIMOULIS, 2007; ÁVILA, 2003), constrói igualmente condições para não só a mistura do Direito com a moral (apenas se diferenciando no aspecto de que a moralidade de um parecer ser *a priori* e a moralidade do outro é concreta e, portanto, é a do juiz que julga a causa), mas também a desvalorização da Constituição por meio da mecanização ou tecnicização de sua compreensão.

Não seria inapropriado ou equivocado simplesmente afirmar que a teoria geral dos direitos fundamentais é praticada por quem lê majoritariamente os alemães; e o neoconstitucionalismo é praticado por quem lê prioritariamente os espanhóis e italianos. Essa é a maior diferença entre as duas correntes. No que concerne à crítica pragmatista, ambas representam emblematicamente o atual momento do discurso do direito constitucional no Brasil.

A teoria geral dos direitos fundamentais parte de dois postulados básicos que, aliás, informam também aqueles que se dizem "neoconstitucionalistas": entendem que cabe à racionalidade a atribuição especial de criar ou descobrir a melhor maneira de se trabalhar técnica e objetivamente com direitos fundamentais; e, atribuindo força normativa a esses direitos, acreditam que somente existe Cons-

DIREITO CONSTITUCIONAL NO BRASIL

tituição se houver também um Poder Judiciário forte e instrumentos processuais de garantia dessa efetividade à disposição de todos. Em outras palavras, a teoria geral dos direitos fundamentais é centrada na atividade judicante (em contraposição à legislativa) e é herdeira da herança do racionalismo iluminista. Esses dois aspectos ficam evidentes na explicação de Dimoulis e Martins (2007, p. 22) acerca da primeira das dimensões dos estudos dos direitos fundamentais:

> Teoria geral (ou dogmática geral ou parte geral) constitui-se da definição dos conceitos básicos e elaboração de métodos de solução de problemas envolvendo a limitação de direitos fundamentais e de harmonização entre direitos fundamentais colidentes.

Os estudiosos da teoria geral dos direitos fundamentais pretendem, por meio da razão, chegar a conceitos, critérios e metodologia adequados que objetivem a maneira como o juiz irá trabalhar com direitos fundamentais; querem caracterizá-los por meio de elementos mais ou menos seguros e neutros e estabelecerem uma "mecânica" procedimental para a harmonização desses direitos.[3] Em outras palavras, querem estabelecer uma maneira "correta", "universal", "*a priori*" e "verdadeira" de conceituar e estabelecer limites aos direitos fundamentais.[4]

---

[3] Para tanto, utilizam-se de critérios de conteúdo sofisticado e depurado, com forte conotação cientificista. Ver Mendes, Coelho, Branco, 2000, p. 210); Dimoulis, Martins (2007, p. 132 e ss.); Silva (2009, p. 183).

[4] A tentativa de mapear teoricamente as possibilidades futuras de conflitos entre direitos fundamentais como exemplo emblemático das pretensões do discurso da ponderação fica muito clara em Alexy (1998), Mendes (2003, p. 185) e Canotilho (1999, p. 1.191).

Exatamente por essa necessidade de fundamentação moral, Rabossi (1990, p. 160) chama de "fundamentalistas duros" aqueles que pretendem estabelecer uma teoria dos direitos humanos.

Esses objetivos já eram perseguidos por grandes nomes do constitucionalismo alemão, como Alexy, o "primeiro" Häberle[5] e Hesse, e tiveram grande impacto em juristas brasileiros como Paulo Bonavides, Gilmar Mendes, Ingo Sarlet, Humberto Ávila, Willis Santiago, dentre outros.[6] Assim sendo, aprofundam-se ideias como o princípio (ou regra) da proporcionalidade, o núcleo essencial dos direitos fundamentais, o método da ponderação de valores (ou concordância prática), as dimensões dos direitos fundamentais, suas características, seus conteúdos *a priori*, seus titulares, reserva legal simples, reserva legal qualificada, eficácia horizontal desses direitos — enfim, todo tipo de conceito e depuração que cria a sensação de objetividade e neutralidade do discurso, que compense a subjetividade e imprecisão das ideias amplas que significam os direitos fundamentais. Esse estudo analítico e conceitual, a causar inveja aos mais normativistas do positivismo clássico, tem claramente apego à poderosa obra de Alexy de 1986, *Teoria dos direitos fundamentais* (2000).

Assim sendo, para resolver problemas relacionados à aplicação dos direitos fundamentais ou à sua mútua restrição, cabe ao juiz utilizar um arsenal de instrumentos teóricos, previamente preparados pela racionalidade, para encontrar a solução do caso, em uma clara ilusão de que os conteúdos subjacentes aos direitos fundamentais poderiam ser, em princípio, ignorados. O juiz, assim, segue quase que um *check list* que lhe informa os passos intelectuais

---

[5] Referimo-nos ao Häberle da época de sua impressionante obra sobre o conteúdo essencial dos direitos fundamentais, de 1962 (2003). As obras mais recentes do professor alemão, já da década de 1980, parecem se direcionar para compreensões mais diluídas, políticas e multiculturais da Constituição — ver Häberle (2000; 2001 e 2002) —, abandonando-se o árido tecnicismo que informou essa primeira importante obra. A nova perspectiva não se afasta dos postulados do pragmatismo desde que não seja levada como mais um passo na "teorização" da Constituição.

[6] Mais recentemente, também influenciou a produção de Marcelo Martins, Dimitri Dimoulis, Virgílio Afonso da Silva, dentre outros.

DIREITO CONSTITUCIONAL NO BRASIL

que deverá tomar para chegar à resposta "correta".[7] Dessa forma, deve ele, primeiramente, identificar os direitos fundamentais em jogo por meio da comparação do alegado com os critérios objetivos previamente construídos pela teoria. A seguir, deverá analisar a lei ou o ato restritivo desse direito para saber se ela também se baseia em algum direito fundamental. Deverá, depois, saber qual é o núcleo essencial do direito alegadamente violado e verificar se a não aplicação da lei agride, por seu turno, o direito que pretende realizar. Passa-se, no conflito dos direitos, à aplicação do princípio da proporcionalidade para identificar se a limitação examinada é legítima ou não.[8] Observa-se se o ato é meio apto a chegar ao resul-

---

[7] O exemplo mais eloquente dessa espécie de "fetiche da técnica constitucional" — em renovação ao "fetiche da lei" do início do século XIX, durante o Estado Liberal — está no quadro desenvolvido por Bodo Pieroth e Bernhard Schlink em seu famoso trabalho sobre direitos fundamentais (*Grundrechte Staatrecht II*), traduzido e reproduzido por Mendes, Coelho, Branco (2000, p. 315 e 317), como Apêndices I e II. O quadro resume os passos de análise do juiz em relação a uma lei restritiva de direito que esteja sendo contestada de inconstitucionalidade por violação a algum direito fundamental. Também seguindo essa mesma lógica, ver o quadro apresentado por Canotilho e, em seguida, seu *check list* quando o controle de constitucionalidade envolver o princípio da igualdade (1999, p. 1.213–1.214).

[8] O princípio da proporcionalidade, para alguns, na realidade, trata-se de uma regra. Silva (2002, p. 24) e Ávila (1999, p. 154), em mais um exemplo de excelência técnica e sofisticação do discurso — que não traz, segundo a visão pragmatista, maiores consequências práticas —, fazem também com que a ideia de proporcionalidade seja tema dos mais abordados atualmente pela doutrina do direito constitucional. Sua bibliografia é tão vasta e repetitiva que se torna difícil identificar quais foram seus primeiros importadores para o Brasil. Dentre os primeiros e mais respeitados estão Mendes (1998, p. 67), Bonavides (1998, p. 356), Guerra Filho (1999, p. 61) e Stumm (1995, p. 76). Ver também Martins (2003, p. 15) sobre a formação da noção de "proporcionalidade" na jurisprudência e doutrina constitucional alemã. Para uma referência mais que suficiente sobre o tema, ver Alexy (2001, p. 111) e Bernal Pulido (2003, p. 489).

TEORIA GERAL DOS DIREITOS FUNDAMENTAIS E NEOCONSTITUCIONALISMO

tado pretendido, se o ato é a forma menos agressiva de se chegar ao resultado e, finalmente, se o ato é compatível com o conjunto de direitos da Constituição, no sentido de saber se, apesar de legítimo para o confronto específico de direitos, ele não destrói algum outro direito relevante cuja percepção somente seria captada por uma análise ampla. Obviamente, esse procedimento comporta nuances e variações: se é caso de reserva legal, se é caso de regime especial de sujeição, se é caso de eficácia horizontal, se é caso de responsabilidade civil do Estado ou de ente particular, se o Estado tem um "dever de proteção", se o problema envolve o âmbito privado que comporta outro tipo de valoração etc. São todos temas consectários da teoria geral dos direitos fundamentais e, portanto, tratados pelos autores dessa linha.

O tema relacionado à eficácia horizontal dos direitos fundamentais obteve algum *status* científico autônomo e se transformou em tema da "moda" no direito constitucional nos últimos anos e um famoso "artigo de exportação jurídica" da Alemanha (MÜNCH, 1997, p. 30).

O discurso da teoria dos direitos fundamentais trabalha com o tripé conceitual: proporcionalidade, núcleo essencial e ponderação (concordância prática), para estabelecer uma doutrina pura de avaliação do conflito de direitos sem a necessidade de investigar o conteúdo cultural ou concreto desses direitos, muito menos seu uso ou a importância histórica para as pessoas envolvidas. A avaliação, quando muito, é apenas teórica, sem chafurdar na "sujeira" das histórias concretas de sofrimento e dor das pessoas.

O discurso "técnico" da teoria dos direitos fundamentais é autorreferente e tende a se ampliar para searas cujas impressões e sensibilidades políticas deveriam dar a tônica da análise. O melhor exemplo dessa irradiação ampla da teoria refere-se ao problema fundamental da eficácia dos direitos sociais no qual se multiplicam, na linha do mesmo raciocínio, conceitos e princípios objetivos e juridicamente puros, como a tese da "reserva do financeiramente possível" e o mais recente princípio da "proibição do retrocesso"

(CANOTILHO, 1999, p. 326).[9] Tais cânones de interpretação permanecem na mesma estratégia da teoria dos direitos fundamentais de encobrir os fatores reais e interesses legítimos que estão por trás das questões, dando uma conotação meramente jurídica e abstrata a um problema político e democrático grave.

O tom principiológico e a natureza axiológica da teoria dos direitos fundamentais resultaram em algo muito maior do que a mera técnica de resolução de conflito dos direitos fundamentais: gerou-se ainda um contexto de exaltação e elogio à solução de casos fundada nos direitos fundamentais. Com teses como a da "irradiação dos direitos fundamentais", da "dimensão objetiva dos direitos fundamentais", da "eficácia horizontal dos direitos fundamentais", da "máxima eficácia absoluta dos direitos fundamentais" e da "constitucionalização do direito",[10] a teoria dos direitos fundamentais elevou-se ao

---

[9] Como veremos adiante, o grande estudioso e divulgador desse princípio no Brasil é Sarlet (2004b, p. 241; 2006, p. 403; 2009a, p. 167). Apesar dos aplausos à doutrina, a tese da "proibição do retrocesso social" parece que ainda não conquistou totalmente o Supremo Tribunal Federal em vista de suas drásticas consequências políticas e econômicas. Ver, por exemplo, ADI nº 3104, relatora ministra Carmen Lúcia, DJ 09.11.2007; RE nº 416.827, relator ministro Gilmar Mendes, DJ 26.10.2007. Apesar disso, o princípio já foi levantado em algumas ocasiões como argumento de votos. Ver RE nº 398.284, relator ministro Menezes Direito, DJ 19.12.2008 (votos dos ministros Ricardo Lewandowski e Carlos Britto) e MS nº 24.875, relator ministro Sepúlveda Pertence, DJ 06.10.2006 (voto do ministro Celso de Mello).

[10] Essas ideias, pela teoria geral dos direitos fundamentais, são derivações da "dimensão objetiva" desses direitos, a significar que os direitos fundamentais são mais do que garantias subjetivas de situações jurídicas concretas, caracterizando-se como postulados normativos amplos, orientações ou *standards* valorativos que informam e irradiam sentido para todo o ordenamento jurídico. Essa "invenção" do discurso constitucional encontra seu "ano zero" na famosa decisão do caso Lüth, pelo Tribunal Constitucional alemão em 15/01/1958 (BVerfGE 7, p. 198; BOCKËNFÖRDE, 1993, p. 104; HESSE, 1998, p. 239; HÄBERLE, 2003, p. 71; ALEXY, 2001, p. 503).

principal capítulo do estudo do Direito, já que qualquer problema político-jurídico, por mais comezinho e superficial que seja, pode ser simbolizado pelo conflito de dois princípios constitucionais representados por dois direitos fundamentais em atrito. Sendo assim, problemas de direito civil, direito penal, direito administrativo, direito tributário, direito trabalhista, enfim, de todos os ramos do Direito passaram a ser lidos com os olhos voltados à teoria dos direitos fundamentais e às suas técnicas e conceitos. Essa crítica é também feita, muito embora com mero tom de "cuidado", por representantes tanto da própria teoria dos direitos fundamentais quanto do neoconstitucionalismo. Sarmento (2009, p. 139, 143), por exemplo, fala de um "oba-oba constitucional" e de uma "panconstitucionalização". Ávila (2009, p. 202), dirigindo sua crítica ao neoconstitucionalismo, fala de uma "ideologia que barulhentamente proclama a supervalorização da Constituição enquanto silenciosamente promove a sua desvalorização". Essa superexposição da Constituição se dá em virtude do mecanismo da ponderação que pretende ver em todos os problemas um atrito entre valores. As críticas formuladas à ponderação são ainda mais consistentes e relativamente antigas.[11]

À parte o tom quase profético de suas promessas, a teoria dos direitos fundamentais não é nada mais do que uma visão específica de mundo que galgou, mais ou menos pelas razões aqui expostas, prestígio e sucesso no período do pós-88. O discurso da irradiação dos princípios e valores da Constituição funcionou como motor propulsor desse destaque que o discurso obteve em nossa doutrina constitucional. Entretanto, a teoria dos direitos fundamentais está longe de ser democrática, muito embora tenha a importância de ter superado o

---

[11] Ver, por exemplo, Forsthoff (1975, p. 242), que se referia à Constituição total dos adeptos da "jurisprudência dos valores" como um "ovo jurídico de Colombo" ou "ovo jurídico originário". Bockënförde (1993, p. 60) falava de uma total falta de racionalismo na ponderação e de um retorno ao "decisionismo judicial". Contra o uso do mecanismo da ponderação pelo Tribunal Constitucional, as principais críticas formuladas estão em Habermas (1997a, p. 314) e Schlink (1994, p. 197).

DIREITO CONSTITUCIONAL NO BRASIL

discurso confuso, positivista, privatista e estático no direito constitucional nas décadas que antecederam a Constituição de 1988.

Trata-se de um discurso feito por juristas, para juristas. O caráter transcendente, abstrato e conceitual de suas previsões violentamente retirou os direitos humanos do campo prático da política e o aprisionou na seara específica do Poder Judiciário. São os juristas (advogados, juízes e professores) que detêm o linguajar específico, o determinado vocabulário para dar tratamento correto às questões referentes aos direitos fundamentais.

A teoria dos direitos fundamentais, no entanto, cresceu para fora dos critérios de controle do tecnicismo germânico para desembarcar em culturas jurídicas mais deslumbradas e mais propensas a se utilizarem do Direito como ilusório instrumento de revolução institucional. O protagonismo judiciário trazido por essa teoria resultou, inevitavelmente, na centralidade do jurista no Estado Democrático de Direito. O engano de percepção de que o jurista ocupava essa posição especial fez com que investisse nesse discurso e na sua progressiva e gradual sofisticação, tornando-o agente de uma ciência que o justificava, e não de uma comunidade política. Ao aceitar parâmetros como "correição", "justiça", "verdade" e "ética", passou a utilizar sua linguagem prestigiada como maneira de formatar um discurso intolerante, de moralidade jurídica, de imposição de valores por critérios pseudocientíficos. Constrangeu seus opositores com falaciosas oposições e afirmações que somente fariam sentido no âmbito de uma discussão epistemológica e transcendental, mas nunca no confronto político direto de posições ideológicas legítimas e igualmente representativas de parcelas da sociedade.[12]

---

[12] São comuns afirmações como: "direitos sociais tem eficácia imediata" (em oposição aos juristas que enxergam nessa afirmação um problema complexo de administração de prioridades), "a liberdade de concorrência e a livre iniciativa devem ceder em nome da dignidade da pessoa humana" (um discurso tipicamente maniqueísta e ideologicamente antiliberal — embora essa opção fique escondida por detrás do conceito e critério abstrato) e "os direitos fundamentais tem ampla aplicação contra entidades particulares" (para

O movimento atual em torno do que se convencionou chamar neoconstitucionalismo é um dos resultados do processo acima narrado. Trata-se de uma etapa posterior de expansão e autopoiese da teoria dos direitos fundamentais[13] e, principalmente, de seu crescimento em culturas jurídicas ávidas por um discurso novo e sofisticado[14] que

---

constranger aqueles que possam ver igualdade no âmbito privado, mesmo que seja entre empresa e consumidor, empregado e empregador). Enfim, o discurso do direito constitucional atual é repleto de assertivas aparentemente técnicas que, na realidade, encobrem escolhas políticas e ideologias. A ilusão de que, com essas assertivas, estamos diante de um problema jurídico (ou de atualização da técnica jurídica) retira boa parte da liberdade dos grupos políticos que eventualmente defendem a posição concreta contrária e, por assim dizer, "reduzem" sua legitimidade democrática para defender suas posições. Ser a favor ou contra a ampliação das demarcações indígenas, ser a favor ou contra o Estado custear tratamentos de saúde fora do planejamento, ser a favor ou contra a implantação de determinada política afirmativa, são todas posições igualmente legítimas em um Estado Democrático de Direito. Entretanto, basta que o discurso constitucional diga que uma delas defende a "dignidade da pessoa humana" ou é "proporcional" para empurrar injustamente a posição contrária para o ostracismo.

[13] Por óbvio, a afirmação é quase um acinte aos seus defensores que costumam enaltecer o momento do "neoconstitucionalismo". Streck (2005, p. 521), por exemplo, equipara-a à revolução copernicana em superação ao "constitucionalismo ideológico". Barroso (2006a, p. 110) atribui-lhe o papel de formação mesmo do "Estado Constitucional de Direito" a partir das mudanças de marco características do neoconstitucionalismo.

[14] O emprego do termo "neoconstitucionalismo" está bastante difundido em países como Brasil, Argentina, Colômbia e México. No Brasil, por exemplo, a par do famoso texto de Barroso (2006a) sobre o tema e que impulsionou sua discussão no país, não há como negar que sua divulgação veio com a publicação de importante coletânea organizada pelo jurista mexicano Miguel Carbonell e intitulada *Neoconstitucionalismo(s)*, publicada pela editora espanhola Trotta em 2003. Há na discussão em torno do neoconstitucionalismo algo de mais democrático ou multicultural do que na teoria dos direitos fundamentais, na qual fica muito clara a posição dos juristas brasileiros de meros importadores do modelo. No neoconstitucionalismo, existe a chance de juristas brasileiros fazerem parte do movimento.

não conseguiram produzir. Suas características, e por consequência seus defeitos, são exacerbações ou explicitações daquelas constantes na teoria dos direitos fundamentais e, por isso, seus participantes agregam intenções ainda mais pretensiosas,[15] muito embora reconheçam que ainda não se trata, de fato, de uma corrente doutrinária propriamente dita[16] ou que agregue autores que pensem dentro de uma linha unitária.[17]

Seus apoiadores costumam identificar uma série de características que serviriam para encontrar unidade em um grupo bastante eclético, muito embora também nesse ponto se encontre dissenso. Para a identificação de elementos menos problemáticos, poderíamos adotar as seguintes características formadoras do neoconstitucionalismo, expressas na famosa frase de Prieto Sanchís:

---

[15] A pretensão de originalidade, pertinência e utilidade, por exemplo, é violentamente atacada por Dimoulis (2009, p. 224), que chega a caracterizar o movimento de "paleoconstitucionalismo".

[16] Para Sarmento (2009, p. 113), trata-se de "um novo paradigma tanto na teoria jurídica quanto na prática dos tribunais"; para Prieto Sanchís (2003a, p. 101), é uma "nova cultura jurídica"; para Branco (2009, p. 130) também é uma "cultura jurídica"; para Carbonell (2007, p. 9), é um "fenômeno relativamente recente dentro do Estado constitucional contemporâneo"; para Barroso (2006a, p. 99), trata-se do "novo direito constitucional" que identifica "um conjunto amplo de transformações ocorridas no Estado e no direito constitucional"; para Garcia Amado (2007, p. 237), é uma "orientação do pensamento constitucional"; Ferrajoli (2003, p. 22) utiliza-se do termo "paradigma do Estado constitucional de direito" para expressar esse novo momento constitucional; para Streck (2005, p. 522), é "um novo paradigma hermenêutico-interpretativo"; para Bello (2007, p. 11), trata-se de um "amplo movimento deflagrado em busca da construção de uma revisão nas bases da Teoria do Direito".

[17] Essa falta de coesão já se inicia com a análise de seus "marcos teóricos", ou seja, autores com posicionamentos distintos, vindos de culturas jurídicas diferentes, como Ronald Dworkin, Gustavo Zagrebelsky, Peter Häberle, Luigi Farrajoli, Robert Alexy, Carlos Santiago Nino e Pietro Sanchís (CARBONELL, 2007, p. 11; SARMENTO, 2009, p. 115).

> [...] mais princípios do que regras; mais ponderação que sub-sunção; onipresença da Constituição em todas as áreas jurídicas e em todos os conflitos minimamente relevantes, em lugar de espaços isentos em favor da opção legislativa ou regulamentar; onipotência judicial em lugar da autonomia do legislador ordinário; e, por último, coexistência de uma constelação plural de valores. (PRIETO SANCHÍS, 2003a, p. 117.)[18]

As pretensões ficam bastante evidentes no trecho de Prieto Sanchís: "mais princípios do que regras" é uma assertiva que somente faz sentido para os seguidores da doutrina das espécies de normas do tipo alexyana ou dworkiana, algo, entretanto, incompreensível para o pragmatista. "Mais ponderação que subsunção" quer significar uma mudança na metódica de aplicação do Direito, com base na ilusão metodológica de que existem métodos puros, racionais e objetivos (e, nesse caso, diferentes entre si) de fazer incidir a norma ao caso concreto. O pragmatista, igualmente, não acredita nisso e provavelmente sugeriria o aprofundamento da leitura dos autores da hermenêutica filosófica que, com autoridade, fizeram perceber que o ato interpretativo é subjetivo, político, histórico e volitivo e que não existe nada como um "método puro", separado do sujeito e de suas pré-compreensões.

São, até agora, diferenciações que, apesar de inoportunas ou ineficazes, não geram tantos problemas, já que falam de diferenciações autorreferentes do próprio discurso que foi criado. Para os objetivos deste trabalho, o importante diz respeito ao que Prieto Sanchís chama de "onipresença da Constituição" e "onipotência judicial", a externarem muito além de uma mera opção jusfilosófica, mas uma

---

[18] Essa caracterização também é destacada por Pozzolo (1998, p. 340), Sarmento (2009, p. 145), Branco (2009, p. 131), dentre outros. No Brasil, é famosa a caracterização do neoconstitucionalismo por meio da identificação de novos marcos histórico, filosófico e teórico empreendidos por Barroso (2006a, p. 99 e ss.), acompanhada por Bello (2007, p. 12) e tomada como base para crítica por Dimoulis (2009, p. 213).

opção de exclusão. A onipresença da Constituição, tese bastante difundida e aplaudida entre nossos doutrinadores, significa irradiação de seus preceitos e princípios para todas as searas do ordenamento jurídico e da vida política, reduzindo-se a "nada" o eventual espaço de movimento e escolha do legislativo. Já nesse ponto se percebe a intenção dos neoconstitucionalistas de dizerem algo a mais do que os teóricos dos direitos fundamentais, muito embora seja consectária dessa teoria a ideia do "efeito irradiador dos direitos fundamentais".[19] Isso porque mesmo Alexy,[20] um dos principais formuladores da lógica da ponderação, aceitando a crítica do "ovo jurídico originário" de Forsthoff (1975, p. 242),[21] não entende que ao legislador, no modelo democrático, caiba uma função meramente operacional ou executória, sem qualquer espaço discricionário.

---

[19] De fato, na doutrina alemã da ponderação, o "efeito irradiador" é uma das consequências mais notórias do que a Corte Constitucional alemã chamou de "ordem valorativa objetiva" das normas de direitos fundamentais — a chamada "dimensão objetiva dos direitos fundamentais" no famoso julgamento Lüth, de 15/01/1958 (BVerfGE 7, p. 198). As demais seriam o "dever de proteção" do Estado e a eficácia horizontal dos direitos fundamentais. Sobre o tema, apesar da numerosa e repetitiva produção doutrinária, ver Alexy (2001, p. 506), Julio Estrada (2000), Bilbao Ubillos (1997) e, no Brasil, Kaufmann (2003b), Sarmento (2004), Silva (2005) e Sarlet (2000).

[20] Alexy (2004, p.31): "*Según la teoría de los principios [...] la Constitución ordena y prohíbe algunas cosas, es decir, establece un marco; [...] confía otras cosas a la discrecionalidad de los poderes públicos, o sea, deja abiertos márgenes de acción; e [...] si mediante sus mandatos y prohibiciones decide aquellas cuestiones fundamentales para la sociedad que pueden y deben ser decididas por una Constitución.*" Alexy é especialmente contrário a essa posição da "onipresença da Constituição" quando critica "o modelo puramente material de Constituição", que não deixa qualquer margem ao legislador (2004, p. 26).

[21] A expressão constante da tradução espanhola do trabalho de Forsthoff é "ovo de Colombo jurídico, do qual tudo surge, desde o Código Penal até a lei sobre fabricação de termômetros". Seu incômodo seria ainda maior se, naquele período, já se falasse em "constitucionalização do direito"...

Ocorre que a tese da onipresença da Constituição é uma opção de exclusão, na medida em que enquadra o Poder Judiciário e, especialmente, o Tribunal Constitucional responsável pela última palavra em matéria de interpretação constitucional, no centro do Estado Democrático de Direito, excluindo, assim, o protagonismo do cidadão ou da comunidade política para quem se direciona a própria fundação da democracia. A ameaça à democracia por meio da supervalorização do Poder Judiciário é tema discutido desde Alexy. Mesmo alguns autores que flertam com o neoconstitucionalismo, percebem os problemas desse raciocínio. Sarmento (2009, p. 133) fala de uma "judiocracia"; Vieira (2009, p. 489) refere-se a uma "supremocracia"; Eisenberg (2003, p. 57) usa a expressão "imperialismo do direito"; Ávila (2009, p. 199) refere-se ao movimento que trabalha pela desvalorização da Constituição. Ainda na discussão em torno do neoconstitucionalismo, vale lembrar a impactante crítica de Garcia Amado (2007, p. 264) que assim estabelece:

> [...] me parece que muitas teses do chamado neoconstitucionalismo ou constitucionalismo dos direitos se prestam a uma jurisprudência mais propensa à extralimitação, à demagogia e à política mais descarada e a uma casta professoral ansiosa por legislar sem passar pelas urnas e muito dada a jogos de mãos que transmutam preferências pessoais em postulados pseudocientíficos.

Não se trata apenas de um problema teórico, de invasão da Constituição nas searas do direito privado, alterando a sua lógica de funcionamento. É acima de tudo, um discurso de exaltação do discurso técnico constitucional e de quem realiza, direta ou indiretamente, essa tarefa. Em outras palavras, a "onipresença da Constituição" não é nada mais do que a supremacia do jurista constitucional — que é quem, ao final, dirá quais os limites e possibilidades dessa irradiação — em relação à tarefa democrática dos poderes legitimamente eleitos. Onipresença da Constituição e onipotência judicial convertem-se em um mesmo tipo de ditadura do Judiciário que é diuturnamente reforçada pelo discurso elitista e excludente da racionalidade jurídica da ponderação.

No entanto, o neoconstitucionalismo oferece também uma dimensão ainda mais perversa e antidemocrática. É ponto comum entre aqueles que comungam dessa "corrente" ou dessa "cultura jurídica" a opinião de que existe uma relação próxima entre Direito e moral. Para muitos, essa seria mais uma característica do neoconstitucionalismo, já que se trata de uma "bandeira" dos autores tomados como referência — tais como Santiago Nino (1989, p. 20 e ss.), Dworkin (2006) e Alexy[22] — por esse grupo de juristas e uma forma de se enquadrar como um movimento pós-positivista.[23] A clássica afirmação de que não pode haver "normas jurídicas injustas",[24] típi-

---

[22] A posição de Alexy (2000, p. 138) sobre as relações entre Direito e moral ficou bastante clara na famosa polêmica que sustentou contra Bulygin (2000, p. 133), por meio da qual afirmou, com base em seu argumento da correção (Alexy 2004b, p. 81; 2005, p. 297), que uma norma jurídica injusta não teria o caráter jurídico. Para Alexy, um sistema jurídico que não tenha pretensão de correção incorre em uma "contradição performativa". Bulygin, entretanto, critica Alexy em termos analíticos, justificando que a pretensão de correção é meramente qualificadora de sistemas jurídicos e questionando a existência de uma "moral objetiva". Bulygin (2000, p. 134) e Atienza (2000, p. 290) também tecem fortes críticas ao modelo de "pretensão de correção" de Alexy.

[23] Apesar de constarem positivistas entre seus admiradores, é posição sólida enquadrar o neoconstitucionalismo como uma superação do positivismo (BARROSO, 2006a, p. 131) e, portanto, como uma superação da visão positivista de separação estanque entre Direito e moral. Ver também Alexy (2004b, p. 14).

[24] Esse é o argumento central de Alexy na sua defesa das relações necessárias entre o Direito e a moral (argumento da correção). Segundo defende: "Os sistemas normativos que não formulam explícita ou implicitamente esta pretensão [de correção] não são sistemas jurídicos (2004b, p. 41)." Esse trabalho de 1992, de Alexy, foi traduzido para o inglês em 2002 sob o título mais fiel de *The argument from injustice – a reply to legal positivism*. Apesar de sua defesa ser mais complexa e sofisticada, Alexy não é o formulador

TEORIA GERAL DOS DIREITOS FUNDAMENTAIS E NEOCONSTITUCIONALISMO

ca dos autores que criticam a assepsia do positivismo jurídico, é, na realidade, uma assertiva retórica ou apenas simbólica; não tem conteúdo próprio. Quando se afirma que o "direito deve ser justo", que "a norma jurídica deve ser moral" ou que "a Constituição precisa ser lida moralmente", apenas o que se faz é a aclamação de conclusões sem significado, uma vez que outras várias perguntas precisam ser necessariamente respondidas: O que é justiça e o que é norma justa? O que é moral e o que é norma moral? Quem decide o que é ser justo e o que é ser moral?

A malícia dos discursos jurídicos morais — mesmo que em bem-vinda superação ao positivismo jurídico[25] — corresponde à tentativa explícita de construir pautas ideológicas a partir de entidades ou instituições que não têm legitimidade para tratar de temas tão políticos, polêmicos e multifacetados. Se cabe ao juiz ou ao Tribunal Constitucional a responsabilidade e o dever institucional de interpretar a Constituição de uma maneira moral, as afirmações acima querem dizer que os onze ministros do Supremo Tribunal Federal dirão, a partir de suas impressões pessoais do mundo, o que é moral

---

dessa tese. Ele se baseia na chamada "fórmula radbruchiana", de que a lei injusta não é lei. Para Radbruch, em escrito de 1945, o positivismo que pregava que a avaliação da validade da lei deveria afastar qualquer juízo moral acerca de seu conteúdo foi a posição "que deixou sem defesa o povo e os juristas contra as leis mais arbitrárias, mais cruéis e mais criminosas" (1997, p. 415). Para o professor da Universidade de Heidelberg, "só a moral é capaz de servir de fundamento à força obrigatória do direito" (1997, p. 109). A posição de Radbruch, entretanto, é plenamente explicada em seu contexto histórico. Sua "fórmula" foi elaborada em 1945/1946, logo após o final da Segunda Guerra Mundial e a descoberta das violações em massa dos direitos humanos pelo regime nazista. A visão pragmatista entende ser inútil elucubrar acerca de outro posicionamento, mesmo que ainda crítico do positivismo, que fosse mais "correto" do que a posição de Radbruch. Mais uma vez, o importante é analisar as consequências dessa tese para o discurso constitucional atual, especialmente no Brasil.

[25] Na defesa do positivismo contra as teorias morais, ver Dimoulis (1999, p. 19).

e o que é justo. Se isso é verdadeiro, o Direito, tal como interpretado, adquire a conformação da visão de moral desses intérpretes específicos, mesmo que sob a roupagem de uma racionalidade jurídica. Há igualmente vários autores que são refratários à visão moral do Direito, especialmente se transvestida do discurso de neoconstitucionalismo. Dimoulis (2009, p. 222) identifica no cerne do discurso neoconstitucional um núcleo de moralismo jurídico e, dessa forma, assimila sua existência à restauração de antigos discursos filosóficos e políticos, pelo que sugere o nome de "paleoconstitucionalismo" ao novo movimento. Barberis (2003, p. 270) igualmente critica o que chama de "imperialismo da moral" no discurso neoconstitucional, especialmente em relação à vertente sustentada por Santiago Nino.

No campo político, a eleição de um membro do Parlamento toma por base exatamente a compatibilidade entre a pauta ideológica (sua visão de moralidade e de correção) do candidato e a visão de mundo do eleitor. É por isso que um deputado tem liberdade e responsabilidade constitucional por defender essa pauta no Congresso, já que representa uma corrente de opinião ou um grupo de pessoas que supostamente pensam também dessa forma.

Entretanto, não é isso que ocorre no Poder Judiciário. Se o Direito é moral e os princípios constitucionais nada mais são do que orientações morais ou de correção, as decisões do Supremo Tribunal Federal acabam por realizar a tarefa deslocada de "eleger" (não julgar) um padrão de moralidade que, a princípio, está totalmente apartado de qualquer apelo democrático ou justificativa institucional. Se o ofício do tribunal é o de trabalhar necessariamente por uma pauta moral, melhor seria que seus juízes fossem eleitos pelo povo.

Essa consequência é simples de demonstrar, já que, quando se diz que o art. 1°, III, da Constituição de 1988 (dignidade da pessoa humana), por exemplo, tem aplicação a todo o ordenamento jurídico — e, por óbvio, ninguém nega essa assertiva, colocada dessa forma teórica e abstrata —, o que se diz subliminarmente é que a medida dessa incidência será dada pelo Poder Judiciário (e não pelo Poder Legislativo), mais especificamente pelo Tribunal

Constitucional.[26] E, sendo a interpretação um processo subjetivo de projeção de pré-compreensões, o que significa "dignidade da pessoa humana" para fins de efeito irradiador, é o que os onze ministros do Supremo Tribunal Federal e seus influenciadores de opinião (professores de direito constitucional, juristas, advogados, doutrinadores) entendam que seja. Na precisa observação de Maus (2002, p. 186-187), o Poder Judiciário, quando entendido como instância sacra ou profética, coloca-se acima das críticas em relação às quais deveria estar democraticamente sujeito, "pois quando a justiça ascende ela própria à condição de mais alta instância moral da sociedade, passa a escapar de qualquer mecanismo de controle social". Entretanto, não há nada sobre a dignidade da pessoa humana que o jurista ou o ministro do Supremo Tribunal Federal possa dizer melhor do que qualquer pessoa do povo, por mais simples e sem formação que seja. São duas perspectivas de mundo igualmente valiosas em um sistema democrático.

A percepção de dignidade da pessoa humana é pessoal, e seu conteúdo, por assim dizer, é político e aberto; a racionalidade não está mais próxima de seu "sentido intrínseco" simplesmente porque não há nenhum sentido intrínseco desse termo. Sendo questão política e não havendo uma resposta melhor do que outra, o critério de solução somente pode advir da regra majoritária ou, em outras palavras, pelo voto paritário entre todos.

Aí está a grande violência da onipresença da Constituição ou do discurso moral do Direito, muito embora transvestido de um linguajar pomposo e sedutor da racionalidade jurídica. Assim sendo, um ministro do Supremo Tribunal Federal pode entender, em seu foro

---

[26] No esquema da ponderação, os ditos princípios, mesmo os mais importantes e mais utilizados, como o da "dignidade da pessoa humana" e o da "proporcionalidade", tornam-se "camaleões normativos", na expressão utilizada por Canotilho (2008, p. 100) — tomada de empréstimo de Josef Isensee, que a utilizava para caracterizar categorias conceituais do universo dos direitos sociais, tais como o "mínimo existencial" —, embora para criticar a alegada cooptação de conceitos dogmáticos pela política.

íntimo, que a eutanásia ou o aborto se coadunam com a "dignidade da pessoa humana"; outro ministro pode entender que o liberalismo econômico é compatível com o mesmo princípio; um terceiro pode achar que a autonomia contratual vale mais do que intervenção estatal e isso é consentâneo com a ideia de "dignidade da pessoa humana". Essas afirmações não são, por óbvio, resultados da racionalidade jurídica, entendida na concepção alexyana (de que o método racional da ponderação indicará a melhor decisão), mas meras manifestações de opiniões pessoais livres ou políticas, dissociadas de qualquer processo de argumentação ou convencimento.

Ninguém é convencido juridicamente ou filosoficamente de que a eutanásia ou o aborto são procedimentos morais. Essas são ideias associadas ao sujeito a partir de sua experiência no mundo, nada mais. Quando se diz que o "direito é moral", a afirmação subjacente é de que a visão moral do mundo de onze pessoas (ou de um grupo limitado de pessoas, os juristas influenciadores) irá prevalecer sobre todos, sem que haja justificação democrática para isso.

Com isso, torna-se claro que, tanto sob o enfoque da teoria dos direitos fundamentais quanto pelo olhar do neoconstitucionalismo, o discurso constitucional praticado no Brasil acaba por ser antidemocrático sob um duplo aspecto: coloca o Judiciário, o juiz e o jurista no centro das decisões políticas (afastando a autoridade democrática do Parlamento) e força o império de vigência de uma visão moral da sociedade, não a visão moral majoritária, mas a visão moral do Judiciário, do juiz e do jurista.

8

ESGOTAMENTO DO MODELO

A democracia constitucional alcançada no Brasil com a Constituição de 1988 vem apresentando uma preocupante característica em seu processo de formação e consolidação: a centralidade do Poder Judiciário e a noção de que a ele cabe o papel de garantidor dos processos livres de decisão política. Nada tão estranho se não fosse o fato de que nosso discurso constitucional de origem importada ter, em mais de duas décadas de vigência da Carta, se direcionado deliberada e voluntariamente no sentido de construir artificialmente uma democracia por meio — e apenas por meio — do juiz.

Não se deve olvidar, entretanto, o reconhecimento de importantes conquistas atingidas dentro desse mesmo modelo[1] que, sob

---

[1] Sempre é importante especificar o tipo de crítica que o neopragmatismo pretende nesse ponto: não se trata de uma crítica abstrata, como se houvesse algum erro essencial em adotar o padrão de pensamento que agora se censura. O que importa é identificar no tempo as características desse discurso que hoje o levam à exaustão. De alguma maneira, o discurso centrado no Judiciário foi importante para criar a noção de "efetividade" das normas constitucionais, de que a livre articulação política também pode levar a abusos. Ver, nessa linha, Barroso (2001, p. 279; 2009, p. 224). Nunca também é demais lembrar que o objetivo da maior efetividade das normas constitucionais talvez encontre em Silva (1998) o primeiro grande formulador com sua

aplausos, retira a autonomia do Poder Legislativo e deposita, quase que com esperança juvenil, a solução das principais mazelas do país à intervenção do Poder Judiciário.[2] Esse "decisionismo" judicial[3] como fonte da compreensão valorativa da Constituição de 1988 tem forçado o deslocamento de noções, como a de direitos humanos, para a exclusiva apropriação do Direito e, por mais que tenha trazido benefícios imediatos (como a própria superação da fase do reconhecimento de direitos), também vem construindo um enorme *deficit* democrático na mentalidade, no Brasil, acerca do que é uma Constituição e quais são nossas responsabilidades para com ela.[4] E são em

---

tese de 1967, muito embora esse estudo seguisse uma opção mais estática, por meio de uma classificação das normas constitucionais.

[2] Esse papel paternalista assumido pelo Judiciário e reafirmado pela doutrina constitucional trata a sociedade como órfã e incapaz, pelos mecanismos e responsabilidades da democracia, de escolher seus próprios caminhos. Ver, nessa linha de um Poder Judiciário como "superego da sociedade", Maus (2002, p. 186).

[3] A expressão provocativa faz referência à teoria constitucional "decisionista" de Carl Schmitt (1996, p. 29), para quem a Constituição era uma "decisão política" cujo conteúdo deveria ser preservado. A crítica ao decisionismo de Schmitt dirige-se à falta de uma dimensão plural da Constituição, já que seu conteúdo seria "ditado" por apenas um órgão de poder, caracterizado pelo partido hegemônico alemão. A visão "salvadora" do Poder Judiciário flerta com esse perigo, muito embora comparadas as experiência em planos totalmente diversos. Para Sarmento (2009, p. 139), entretanto, utilizar a expressão decisionismo "seria uma profunda injustiça com a teoria neoconstitucionalista".

[4] Ferraz Jr. (1990, p. 114) já fazia, em texto relativamente antigo, uma interessante observação sobre essa questão. Defendia ele que a "trivialização dos direitos humanos" por meio de uma valoração ideológica, "provoca um vazio no plano da responsabilidade, pois o homem se vê provocado por condições inseguras a tomar uma decisão pela qual ele responde apenas como função e não como pessoa". Em outras palavras, a valoração ideológica dos direitos humanos neutralizava-os e os instrumentalizava, fazendo com que o homem perdesse a noção de que também é sua responsabilidade (e não só do direito positivo) a construção de uma pauta de direitos humanos concreta e aberta.

temas não ainda "judicializados" (ou "injudicializáveis") que os problemas de incompatibilidade de tratamento de um discurso técnico se apresentam. Toma-se o exemplo da eficácia dos direitos sociais e a maneira como o nosso discurso constitucional vem tentando encontrar a "única resposta correta".[5]

Do ponto de vista eminentemente teórico, a eficácia dos direitos fundamentais empurra a teoria dos direitos fundamentais ou o neoconstitucionalismo a limites antes não imaginados. Ao testar os últimos instrumentos à disposição da teoria, o problema dos direitos sociais acaba por desvelar a impressionante fragilidade desse discurso quando tenta tratar de temas políticos, já que, para fazer frente, apenas tem à sua disposição um arsenal técnico. O problema identificado na doutrina como o da "eficácia dos direitos sociais" expõe, na realidade, uma encruzilhada política resultante de uma Constituição que expandiu a previsão de direitos e que regula um Estado em processo de democratização e consolidação de sua institucionalidade, que ainda não oferece prestações universais e com qualidade de serviços essenciais. Trata-se de um problema que não tem culpados e — se quisermos fugir da tentação do discurso politicamente correto — não tem posições corretas. Se, de um lado, apresenta-se uma demanda legítima em busca de uma providência para a concretização de direitos sociais, de outro, encontra-se a política de prioridades do Estado que tenta se organizar e promover políticas públicas em áreas sociais. Teoricamente abordado, o problema é insolúvel. Entretanto, a prepotência do racionalismo jurídico pretende encontrar uma resposta abstrata e matemática para o problema, como se a solução de uma polêmica política dependesse de uma mera mudança de postura interpretativa do juiz. A ideia de que há uma "única solução correta" e a de que a função de encontrá-la cabe à racionalidade jurídica, por

---

[5] Dentre os autores que trabalham com uma interpretação principiológica ou eminentemente jurídica acerca da eficácia dos direitos sociais, confira-se Sarlet (2001, p. 276; 2004b, p. 241; 2006, p. 403; 2009a, p. 167), Canotilho (1999, p. 326, 443), Andrade (2001, p. 371), Netto (2010, p. 167) e Abramovich e Courtis (2002, p. 92).

meio de seu grande interlocutor (o jurista), impedem que se avalie o problema sob outras ópticas e dimensões.

O jurista é levado a acreditar que apenas por meio de uma sofisticação do discurso técnico dos direitos fundamentais essa "única solução correta" será encontrada. As formas teóricas e modernas de solução desse problema significam depurações de percepções teóricas do passado ou da teorização realizada por sistemas de direito comparado. Assim, por exemplo, o princípio da proibição do retrocesso encontra sua prática plasmada na atividade da Corte Constitucional alemã que, para tanto, estabelece alguns requisitos para sua aplicação (SARLET, 2004b, p. 249). A partir de uma sequência de julgamentos, a doutrina passou à elaboração essencialista do que é o conceito de proibição do retrocesso. Esse conceito se expandiu e influenciou a prática jurisdicional em Portugal ainda dentro do contexto de depuração dessa noção (NETTO, 2010, p. 103).

O resultado é bastante previsível: em vez de investigar experiências e casos práticos, e examinar a repercussão política da eventual solução proposta, o jurista passa a buscar uma resposta meramente teórica e retórica,[6] como se estivesse diante dele um problema criado por filósofos do Direito; como se a resolução daquela questão dependesse da invenção de um novo princípio, de uma nova dimensão teórica dos direitos fundamentais; como se ele tivesse que descobrir uma orientação normativa "escondida" na "teleologia" principiológica da Constituição. O chamado "princípio da proibição do retrocesso" ou a "eficácia máxima dos direitos sociais" são claros exemplos desse esforço apenas teórico que, ao final, so-

---

[6] Canotilho (2008, p. 98), em texto específico sobre o tema, usa de raciocínio rigorosamente contrário. Para ele, a "deslocação da retórica discursiva para outros planos teoréticos e teóricos", como a teoria da justiça, da argumentação e as teorias econômicas do direito, tem retirado dos direitos econômicos, sociais e culturais a sua índole garantística e protetiva. Em outras palavras, em posição radicalmente contrária à perspectiva pragmatista, somente o retorno à dogmática jurídico-constitucional poderá dar objetividade necessária à efetividade desses direitos.

mente maquia a profundidade e complexidade do problema político que se eleva diante do jurista.[7]

A mesma reação ou tendência ocorre quando diante do jurista se apresenta caso que revela o conflito entre dois direitos humanos até então tomados como quase absolutos (da qual é exemplo o atrito entre liberdade de expressão e o direito à privacidade). O jurista enxerga nesses casos meramente um problema teórico ou de insuficiência teórica e, em vez de resolver a questão com base em um esforço criativo para encontrar uma solução política mediana ou consensual, enfurna-se em seu escritório, tentando reconstruir a teoria de maneira que seu novo formato seja mais sólido e, agora, abranja esse novo problema. Age dessa maneira com a ilusão de que a ele está reservado um papel de "revelador" da verdade ou da "resposta correta". Assim, tenta reclassificar, conceituar, demarcar, elencar casos, retirar orientações normativas de princípios novos, enumerar casos-paradigma de conflito de direitos humanos, definir a natureza jurídica dos direitos em jogo, encontrar seus núcleos essenciais, enfim, tenta autoproduzir dentro do velho esquema de linguagem que a racionalidade lhe oferece. Rabossi (1990, p. 160) resume bem

---

[7]   Na expressão de Canotilho (1999, p. 327), o princípio da proibição de retrocesso social pode ser expresso dessa forma: "O núcleo essencial dos direitos sociais já realizado e efetivado através de medidas legislativas deve considerar-se constitucionalmente garantido, sendo inconstitucionais quaisquer medidas estaduais que, sem a criação de outros esquemas alternativos ou compensatórios, se traduzam na prática numa 'anulação', 'revogação' ou 'aniquilação' pura e simples desse núcleo essencial." O conceito é claramente retórico na medida em que se transforma em uma "carta em branco" para quem tiver a autoridade de fixar esse núcleo essencial (o jurista e o juiz). Na realidade, trata-se de uma tentativa rasteira de esconder ideologias por detrás de uma pseudorracionalidade e, assim, construir um discurso moral do Direito.

Para Canotilho (2008, p. 99), o que esse trabalho propõe é o retorno à "metodologia *fuzzy*" em relação à efetividade desses direitos, na ingênua ilusão de que somente a dogmática jurídica poderá dar, teoricamente, a solução desse problema de efetividade.

o perfil das preocupações desses juristas ao indicar os princípios do fundamentalismo dos direitos humanos. Segundo o filósofo argentino, os princípios são esses:

> Os direitos humanos necessitam fundamentação ou justificação moral; a fundamentação moral dos direitos humanos supõe uma contribuição filosófica decisiva para uma teoria dos direitos humanos; os direitos humanos são um tipo de direitos morais; e direitos humanos se deduzem (tem que ser deduzidos) de um princípio moral ou de um conjunto de princípios morais.

O resultado é mais teoria, mais técnica, mais retórica, mas não necessariamente mais eficiência e funcionalidade. Os elementos com que o jurista trabalha não são os do caso concreto ou do drama pessoal a ele apresentados, mas sim do problema teórico que ele consegue vislumbrar.[8]

No entanto, não se fala apenas de um problema de funcionalidade e de utilidade. A sofisticação do discurso importado torna-o também hermético, pouco fluido e pouco permeável. Definições e questões meramente terminológicas acabam por ganhar uma dimensão impressionantemente importante ao lado do tratamento teórico do problema. Outra grave consequência desse esquema de supervalorização do formato racional-judicial de resolução de lides é apontada por Eisenberg (2003, p. 47), sob a expressão de "tribunalização da política", para explicar que esse mesmo esquema também é exportado para os outros Poderes como forma de resolver questões político-democráticas. Na medida em que o discurso se fecha para

---

[8] Na opinião de Ferraz Jr. (1990, p. 115), quando isso ocorre, o operador do Direito perde a dimensão de sua identidade e responsabilidade e passa a exercer um papel oficial: "O juiz que decide não o faz como pai de família, ou como membro de um clube etc., mas como membro da magistratura, do mesmo modo que aquele que move um processo não o faz como dono de um automóvel, empregado na companhia tal etc., mas como parte processual e não como pessoa. A ideologia [nos direitos humanos] alivia a responsabilidade da carga pessoal ao tornar as decisões socialmente funcionalizadas."

ESGOTAMENTO DO MODELO

questiúnculas meramente técnicas ou teóricas, seu próprio objetivo perde o sentido, já que o seu teor se desprega da realidade que está a julgar. Aos poucos, o ambiente em que se reproduz o discurso constitucional torna-se autônomo, independente, desunido dos problemas que lhe dão causa. Os critérios para uma "boa" resposta passam a ser a coerência do sistema teórico, as suas sutilezas técnicas, o seu respaldo em princípios atraentes que formariam o núcleo da Constituição. Perde interesse a tentativa de edificação de soluções viáveis, amenas, consensuais e medianas. A "revolução pela teoria" — e a consequente ascensão dos teóricos à posição de "heróis" — é o objetivo primário de que, reproduzindo esse discurso, arvora-se na competência de encontrar a "correção" e a "verdade". O desprendimento entre discurso constitucional e prática de direitos humanos, a par de seu inconveniente tom de elogio à figura de centralidade do jurista, gera uma consequência ainda mais emblemática: o discurso importado e aqui reproduzido é excludente e antidemocrático.

Hoje, basta uma rápida leitura de nossa doutrina e dos principais julgamentos da jurisdição constitucional para se perceber que direitos humanos não é tema acessível a todos. Para a participação em uma esfera pública de debates a ponto de posições serem lidas e ouvidas, é preciso, antes, o domínio técnico de uma específica linguagem dos direitos; é preciso conhecer aprofundadamente o que significa "proporcionalidade", quais são suas subcategorias; é preciso entender a diferenciação entre "princípios" e "regras" e saber o regime interpretativo de cada um; é preciso entender a lógica própria da ideia de "concordância prática" e de ponderação; é preciso compreender os limites financeiros de aplicação dos direitos de prestação e desenvolver familiaridade com noções como núcleo essencial, reserva legal e âmbito de proteção.[9] Discutir com profundidade

---

[9] Todos esses são "topos" da chamada teoria geral dos direitos fundamentais. Ver, no Brasil, Bonavides (2003, p. 392, 560), Mendes (2008, p. 231), Dimoulis e Martins (2007, p. 132), Guerra Filho (1999, p. 61) e Sarlet (2001, p. 209 e ss.). Ver, no exterior, Peces-Barba Martínez (1999, p. 297), Bernal Pulido (2003, p. 489), Hesse (1998), Häberle (2003) e Alexy (2001).

questões imbricadas de direitos humanos pressupõe, no Brasil, uma atividade de recepção da teoria estrangeira. Ocorre que essa mesma importação necessita ser "correta" e precisa,[10] o que acaba por ser mais importante do que a própria resolução do problema concreto.

O exercício e a execução de uma técnica de interpretação e decisão não são atividades para qualquer um que não detenha uma *expertise*, já que apenas por meio desse instrumental questões de direitos humanos seriam adequadamente equacionadas, o que é talvez um dos principais sinais de agonia desse modelo: quanto mais ele se desenvolve, quanto mais se busca sofisticá-lo, mais ele se torna excludente, mais ele se perfaz em tarefa de poucos teóricos, mais ele se desprende do testemunho pessoal de experiências cotidianas de dor e de humilhação contra as quais os direitos humanos deveriam ser formatados. Cada vez mais "direitos humanos" se torna tema do filósofo do Direito, que se ilude ao acreditar que problemas concretos de minimização do sofrimento humano podem se dar por meio da construção de esquemas teóricos abstratos. Somente ele, o "filósofo profissional", com sua técnica apurada, com seu método infalível, com sua astúcia retórica, conseguiria desvendar os rumos que levariam à "verdade", como um juiz a-histórico a mostrar o caminho da "verdade" e da "justiça".

Esse modelo de tom fortemente abstrato passa a se sustentar em seus próprios pressupostos teóricos, não mais dependendo de circunstâncias práticas para se renovar e ser alterado. Para Ferraz Jr. (1990, p. 113), os meios (tal como ficções jurídicas, distinções formais, regras de hermenêutica) "passam a constituir os verdadeiros objetivos da vida político-jurídica". Esse é o resultado do que o autor chama de "valoração ideológica" dos direitos humanos. O discurso rebuscado e elitizado convola-se em um "escolasticismo decadente" no campo

---

[10] Toma-se como exemplo, mais uma vez, as críticas à forma "equivocada" como o princípio da proporcionalidade é tratado no Brasil a partir de uma importação malfeita do debate constitucional alemão. Ver Dimoulis (2006, p. 185), Silva (2002, p. 31) e Martins (2003).

do Direito.[11] A teoria dos direitos fundamentais e o neoconstituciona-lismo tornam-se discursos dissociados da prática constitucional, algo como uma retórica, de efeito simbólico.[12] As experiências despregam-se da tarefa do jurista ou do filósofo e passam a não mais ser decisivas na solução ou na indicação normativa que um tribunal fixará acerca da interpretação de determinado direito. Situações inusitadas acon-tecem quando chegamos a esse ponto: casos concretos, vivenciados em outras experiências jurídicas, acabam por ter um peso superior ao do resgate de experiências próximas e, assim, a jurisprudência da jurisdição constitucional estrangeira funciona como fiel da balança no processo decisório interno, enquanto a releitura de casos contin-gentes passa a ter meramente um peso ancilar, tangencial, em reforço de uma argumentação para tornar verossímil uma conclusão que já se estabeleceu.

Nos últimos capítulos da história da filosofia constitucional, a opinião de um jurisconsulto acerca do aborto ou da eutanásia pas-sou a ter um peso muitíssimo maior do que as histórias concretas vividas por mulheres que sofreram estupro, seguido de gravidez, ou da experiência de famílias que suportaram, por longas décadas, o tratamento de parente em estado vegetativo. Na mesma linha, a opi-nião "objetivante" de um pensador do Primeiro Mundo e suas pro-postas salvadoras passaram a ser mais decisivas do que a autorrefle-xão de uma comunidade do Terceiro Mundo acerca de suas próprias experiências, condições de vida e história. O discurso dos direitos humanos atou-se de maneira íntima à racionalidade e esqueceu-se

---

[11] Essas terminologias, tais como "escolástica decadente" e "filósofo profis-sional", serão exploradas mais à frente quando se analisará, com mais pro-fundidade, os limites racionais do discurso filosófico sob o paradigma do debate entre pragmatismo e procedimentalismo.

[12] Também Neves (2003, p. 155) aponta os riscos da dimensão simbólica dos direitos humanos com viés meramente retórico. É bem verdade que o professor pernambucano indica acertadamente que o papel simbólico dos direitos humanos pode operar a favor de sua concretização.

do poder central da sentimentalidade nessa engrenagem.[13] O Direito precisa deixar de ser um instrumento de racionalidade jurídica e passar a ser "uma forma de política" (UNGER, 1996c, p. 41).

A autorreprodução do discurso é tão perversa, que tem um efeito irradiador e daí as perspectivas históricas de leitura da Constituição, bem como os instrumentos constitucionais típicos da formulação pragmatista, são contaminados pela febre de conceituar e de extrair orientações normativas de princípios da Constituição com forte carga moral. Ferramentas como a "audiência pública" e a figura do *amicus curiae* no processo objetivo de controle de constitucionalidade, de origem pragmatista e de teor antitécnico e anticientificista, são cooptadas pela perspectiva hermética da racionalidade jurídica, perdendo, dessa forma, todo seu vigor democrático e aberto.[14]

Finalmente, como elemento resumidor de toda essa dimensão antidemocrática e racionalista que atualmente assola nosso atual modelo de discurso constitucional, tem-se ainda que combater o tom moralista, intolerante e quase religioso[15] da visão constitucional adotada. Como visto, por trás da lógica fechada e do raciocínio analítico que foi alimentado pelo esquema da ponderação de valores, escondem-se opções de moralidade transvestidas de técnica

---

[13] A noção de sentimentalidade será explorada, como eixo da proposta pragmatista, no tópico "Os problemas do discurso constitucional", da Conclusão. É Rorty (2005a, p. 208 e ss.) quem promove uma ácida, porém elegante, crítica aos filósofos que desprezaram o poder dos sentimentos e apelaram para a razão, única capaz de unir os homens em torno de um elemento identificador.

[14] Esses temas serão tratados com mais detalhamento adiante, no Capítulo 13, no tópico 13.3 — Instrumentos pragmatistas da jurisdição constitucional no Brasil.

[15] Lucas Verdú (1998, p. 92 e 291), por exemplo, refere-se à "teologia fundamental" como base da Teoria da Constituição e, pouco mais à frente, à "'religião' dos direitos humanos". Maus (2002, p. 192), na crítica a esse papel sacro do Tribunal Constitucional alemão, faz referência à "teologia constitucional", tomando a expressão de empréstimo de Jürgen Seifert.

jurídica. O constrangimento para com seus opositores e a índole antidemocrática do discurso restam bastante claros se for observado que, por detrás de cada "solução ponderada", há a proposta subliminar de vitória de uma visão de mundo específica que não tolera oponentes. São as noções de "ativismo judicial"; de "jurisdição constitucional que impera sobre o Poder Legislativo"; de "eficácia máxima dos direitos fundamentais" contra a liberdade e a autonomia negocial; de "eficácia máxima dos direitos sociais" contra as negociações políticas que estabelecem prioridades de investimentos; de "defesa de minorias" que exacerbam suas pautas de demanda e promovem verdadeiras "caça às bruxas"; de perseguição ao passado por meio de discursos jurídicos promovidos por grupos de interesse para fazer valer suas pautas ideológicas.

Os perigos de transformar o discurso constitucional em um discurso moral da Constituição são infinitos, e a história soube mostrar, tanto no Brasil quanto no direito comparado, que inarredavelmente descamba para a intolerância e para a perseguição. É claro perceber que a leitura moral da Constituição, cujo maior aliado é o seu tom transcendental e abstrato, é uma proposta oca e vazia, já que o mais importante é, ao final, saber quem fará essa leitura moral e qual visão moral prevalecerá. Em outras palavras, o discurso constitucional moral cria um perigoso nicho de interpretação constitucional que, sob o aspecto de uma técnica moderna e apurada de ponderação, esconde a proteção que se faz às opções políticas adotadas por um tribunal ou por poucos doutrinadores que a ele têm acesso. Assim, é bastante conveniente e adequada a leitura moral da Constituição para o jurista, uma vez que será a sua própria visão moral que governará.

Se isso for verdade, como é possível evitar os perigos de um discurso transcendental-moral no direito constitucional sem se retornar aos riscos da perspectiva limitada do tradicional positivismo jurídico? Como, de fato, superar o atual desenho do Supremo Tribunal Federal como "guardião da democracia" e seu discurso feito para juristas, voltando a incluir o cidadão na consolidação dos direitos?

Parte III

NEOPRAGMATISMO
E DIREITO CONSTITUCIONAL

9

DIREITO HUMANOS COMO EXPERIÊNCIA: PARA ALÉM DO MODELO IMPORTADO DE RACIONALIDADE

O modelo representacionista de uma metodologia constitucionalmente adequada esbarra claramente na impossibilidade de resumir em um discurso hermético e tecnicamente coerente a complexidade dos direitos humanos. O reconhecimento da insuficiência de um "modelo de verdade jurídica" remete irreversivelmente ao afastamento da premissa de que há experiências jurídicas superiores a outras, bem como de que países considerados democracias sólidas no início do século XIX somente têm a ensinar a países que se encontram no caminho de um amadurecimento democrático.

Na realidade, sob uma perspectiva pragmatista, não há como afirmar que certos contextos culturais têm "superioridade moral" em relação a outros,[1] que a Constituição e a interpretação que se

---

[1] Para os pragmatistas, como Richard Rorty, a discussão acerca da "superioridade moral" de uma cultura, decididamente, não faz sentido porque remete a uma pergunta sem resposta, qual seja, à tentativa de se identificar "fatos transculturais moralmente relevantes", independentemente de uma história e de uma circunstância (RORTY, 2005a, p. 204).

faz dela em determinado país é o modelo de um constitucionalismo correto e justo que deve ser copiado. Tal noção parte do pressuposto de que há algo transcendental no constitucionalismo democrático, de que existe um núcleo essencial que somente pode ser descoberto a partir de uma postura "científica", racional e universalista.[2] Em outras palavras, de que temas como direitos humanos e democracia apenas cabem aos filósofos e aos juristas, que os tratam por meio de seus esquemas abrangentes, e de que uma formação técnica permite argumentar melhor nas questões centrais dos direitos humanos.

Entretanto, aplicando-se um olhar meramente funcional, a história constitucional brasileira, com todos os seus percalços, com todos os seus golpes, com seus relatos de sofrimento, de discriminação, de abuso de poder, ensinou-nos muito mais sobre democracia e valores — a partir dos quais entendemos que um sistema democrático se sustenta — do que algum esquema teórico racional. Um sistema que não se prende ao respeito da Constituição, mas a submete a um juízo político do que seja "segurança nacional" ou "soberania do país" não deve ser repetido porque sabemos, pela nossa experiência política da ditadura militar, que um sistema assim não dura e não constrói convivência pacífica. Sabemos que o direito à liberdade de expressão é fundamento inescapável de um sistema político bem-sucedido porque vivenciamos, também em recente capítulo de nossa história constitucional, os malefícios e a fragilidade de um sistema que se ampara na perseguição, na censura e na seleção de conteúdo da produção jornalística e artística. Não precisamos de argumentação nem precisamos ser convencidos a esse respeito porque já vivenciamos e experimentamos tal circunstância. Temos, portanto, uma espécie de compreensão histórica, uma intuição e uma sensibilização sobre essas questões, as quais não são fruto de um conhecimento racional, mas de uma história vivida.

---

[2] A relação é construída por Günther (1999, p. 122) quando destaca alguns dos perigos do discurso universalista no sentido de que os direitos humanos exclusivamente universais ignoram o sofrimento e a dor concreta do homem. O risco também é destacado por Koskenniemi (1999, p. 99).

DIREITOS HUMANOS COMO EXPERIÊNCIA

Para chegar à referida conclusão, não é necessário, no Brasil, recorrer a esquemas abstratos, não há necessidade de buscar na doutrina ou jurisprudência estrangeira um "argumento racional" que demonstraria que democracia exige liberdade de expressão ou uma Constituição que seja prestigiada. Na realidade, para a consolidação de um regime democrático, não há nenhum modelo prévio ou padronizado — geralmente indicado pelas democracias ocidentais — que necessariamente precise ser seguido. Esse "fetichismo estrutural"[3] denuncia a ilusão de que há algo fora dos contextos históricos de cada comunidade política que apenas pode ser alcançado por meio de um método racional. Se no passado, em certas ocasiões, a utilização de modelos alienígenas foi proveitosa, teve o evidente objetivo de consolidar posições e amadurecer linhas persuasivas, mas nunca foi decisiva para que determinados caminhos, a partir de 1988, fossem escolhidos. A mesma estrutura de raciocínio pode ser aplicada a todos os capítulos do direito constitucional, inclusive e principalmente o capítulo dos direitos humanos. Experiências concretas e histórias reais de dor e de sofrimento têm nos dado bastante certeza do que se deve ou não se deve fazer em matéria de previsão e de aplicação dos direitos humanos.[4] (É o que Weaver — 1992, p. 756 — chama de "linguagens da injustiça".)

---

[3]   A expressão é de Unger (1996b, p. 129) para representar a "identificação de concepções institucionais abstratas".

[4]   Tentativas de desenvolvimento desse tipo de argumentação, mesmo que ainda tímidas, já foram testadas pelo Supremo Tribunal Federal a demonstrar que a presente proposta não é um devaneio, mas pode se constituir em efetiva visão prática de problemas relacionados aos direitos humanos, mesmo em espaço de decisão. Confira-se mais adiante, no presente trabalho, o paradigmático caso do HC nº 81360 (estupro como crime hediondo), no qual a ministra Ellen Gracie escolheu uma forma heterodoxa de argumentação por meio de imagens de comoção, de reconhecimento do sofrimento alheio. Recentemente, por conta do julgamento da ADI nº 3510 (constitucionalidade das pesquisas em células-tronco), o ministro Carlos Britto se utilizou de um "estilo" parecido ao tentar rememorar a angústia, o sofrimento e a esperança de milhares de pacientes que aguardam soluções para seus problemas a partir das pesquisas.

Os direitos humanos, por serem frutos de experiências em relações intersubjetivas, por serem o resultado de um "equilíbrio intersubjetivo reflexivo" (RORTY, 2002b, p. 249), somente se constroem em um espaço público livre de formatações e de ideologias preconcebidas, livres de pensamentos pré-compreensivos universais, livres de dogmas. Os direitos humanos não são apenas do campo do pensar, mas principalmente do campo do agir; não são apenas do campo da razão, mas principalmente do campo da tolerância e da sensibilidade que somente se obtêm com a experiência vivida.

Os direitos humanos apenas podem ser construídos como um projeto de longo prazo que se forma com a participação de várias gerações.[5] Não há como moldar os direitos humanos senão à custa do sofrimento,[6] do intercâmbio de experiências, pois somente desse modo é possível formar cidadãos solidários, justos, tolerantes, sensíveis e cordiais.

Nossa experiência de vivência em Constituições semânticas, de dissociação entre comunidade política e Poder Constituído, e de mistura entre espaço público e interesses privados, tem sugerido, como placas de sinalização, caminhos políticos e perspectivas importantes dos sentidos que devemos trilhar para garantir tom democrático à Constituição, exercício real de cidadania participativa e ética na Administração Pública e no palco político. Também para isso, não se tem mostrado fundamental um conhecimento científico e profundo acerca do que é "democracia", "Constituição" ou "ética política". Esse também é o argumento de Rorty (1999c, p. 251) para justificar o

---

[5]   RORTY (2005d, p. 96), acompanhado por Derrida, não aceita a visão platônica, tipicamente grega, de que todos os "candidatos à verdade" já são conhecidos, aguardando um processo de argumentação que descubra, dentre eles, qual é o vencedor.

[6]   Visão assemelhada à de Rorty é apresentada por Günther (1999, p. 123), ao fixar que o discurso dos direitos humanos "é um processo no qual essas experiências negativas [experiências de dor, sofrimento e exclusão] são destacadas".

DIREITOS HUMANOS COMO EXPERIÊNCIA

regime de liberdades públicas atingido pelas "democracias ricas do Atlântico Norte".

> Nós não aprendemos sobre a importância dessas instituições como um contrapeso para a imaginação romântica através da reflexão acerca da natureza da Razão, do Homem ou da Sociedade; nós aprendemos isso pelo caminho mais duro, olhando o que aconteceu quando essas instituições foram colocadas de lado.

No início deste século XXI no Brasil, Platão, Kant ou mesmo os *Founding Fathers* da Constituição americana têm menos a nos dizer sobre democracia e direitos humanos do que as histórias de perseguição política, de tortura, de censura e de exílio vivenciadas por milhares de brasileiros durante os "anos de chumbo".[7] Da mesma forma, julgamentos como os casos Lüth,[8] Kruzifix I e II[9] e Blinkfüer,[10] da jurisprudência constitucional alemã, ou os casos Brown v. Board

---

[7] Se se pode falar de uma ideia de "moral" que subjaz à própria noção de direitos humanos, ela somente pode significar a "comiseração pela dor e o remorso pela crueldade", somente pode se relacionar com a "capacidade de notarmos e nos identificarmos com a dor e a humilhação" (RORTY, 2007a, p. 317).

A referência a tais autores não é apenas um problema de importação no tempo, mas uma questão de historiografia inútil, já que se transmuda na tentativa de encontrar em autores do passado, envolvidos em outras referências linguísticas e culturais, respostas manipuladas de problemas atuais. É a tentativa de transformá-los em "parceiros de conversa" ou de se estabelecer um diálogo com um "morto reeducado", segundo nossa vontade e interesse (RORTY, 1990a, p. 69, 72). Aqueles que fazem "história do pensamento político ou jurídico" dessa maneira não observam a limitação historiográfica imposta por Skinner (2003, p. 77) de que "não se pode dizer de nenhum agente que ele quis dizer ou alcançou algo que nunca poderia aceitar como uma descrição correta do que ele de fato quis dizer ou efetivamente alcançou".

[8] 7 BVerfGE 198, 1958.

[9] 85 BVerfGE 94, 1991 e 93 BVerfGE I, 1995.

[10] 25 BVerfGE 256, 1969.

of Education,[11] Roe v. Wade[12] ou Regents of the University of Califórnia v. Bakke,[13] da Suprema Corte americana, não podem afastar o conhecimento e a avaliação de casos internos como os *habeas corpus* do navio Júpiter,[14] o Mandado de Segurança em favor de D. Carlos Duarte Costa[15] ou a extradição de Franz Stangl.[16]

Em matéria de direitos humanos, a consideração do direito comparado é importante na medida em que outras histórias de sofrimento e de dor são levadas em conta para uma solução, apenas se são consideradas outras experiências de abuso de poder e das respectivas soluções aventadas. Direito comparado, nesse sentido, torna-se elemento de intercâmbio de experiências culturais e políticas que podem ser analisadas para uma solução interna, como podem ser descartadas por não se pautarem nas mesmas preocupações históricas ou valorativas. A ideia de que existe algo no direito comparado que possa "nos dar uma lição", ou de que existe algo de genial na descoberta racional de algum teórico, parte de uma perspectiva equivocada de que existe algo metafísico ou transcendental no mundo[17] que outras culturas jurídicas já alcançaram em termos de "justiça", de "democracia" ou de "constitucionalismo" e que cabe

---

[11]   347 U.S. 483, 1954.

[12]   410 U.S. 113, 1973.

[13]   438 U.S. 265, 1978.

[14]   HC nº 406, relator ministro Barros Pimentel, julgado em 02/08/1893 e 09/08/1893.

[15]   Mandado de Segurança (MS) nº 1.114, relator ministro Lafayette de Andrada, julgado em 17/11/1949.

[16]   EXTs nos 272, 273 e 274, e HC nº 44.074, relator ministro Victor Nunes, julgados em 07/06/1967 (RTJ, v. 43, p. 168-220).

[17]   Utilizando-se de outra crítica pragmatista à visão de que o filósofo teria algo especial a dizer, é preciso afastar a compreensão de que o jurista ou constitucionalista tem algo decisivo para dizer ou descobrir acerca dos direitos humanos. Tal como a filosofia, o discurso dos direitos humanos não é um fim em si, mas deve estar "a serviço da política democrática", no sentido de construir inclusão e ampliar o conceito de "nós" (RORTY, 2007, p. 323).

DIREITOS HUMANOS COMO EXPERIÊNCIA

a nós apenas incorporá-lo ao nosso sistema e nos fartarmos com a "beleza" e sofisticação de um instrumental jurídico já desenvolvido. Em outras palavras, o medo do "provincianismo" (RORTY, 1993, p. 110).[18] O direito comparado tratado como "fonte" de direito interno, a partir de uma perspectiva universalista e mundialista, repete os vícios de um pensamento vinculado à herança iluminista-racionalista, impertinente para o tratamento de problemas relacionados aos direitos humanos.

O atual desenho do uso do direito comparado como única *sedes materiae* dos significados dos direitos humanos, a partir da simples importação de um modelo de discurso ou da repetição de soluções jurisdicionais, renova os problemas aqui identificados, colocando o direito interno como um mero anteparo de soluções pensadas e vivenciadas para outras realidades culturais, desgarrando o debate da prática constitucional e fazendo do uso dos direitos humanos algo para poucos que conhecem a experiência estrangeira. O pior das nossas experiências constitucionais ainda nos é muito mais útil do que a melhor ou mais lúcida das decisões tomadas em outros juízos constitucionais, e autores como Oliveira Vianna e Francisco Campos nos ensinam mais acerca de democracia e Constituição, mesmo que a *contrario sensu*, do que Kelsen, Schmitt, Alexy ou Hesse. Não se trata, portanto, da defesa de um nacionalismo que sempre quando sugerido se torna oco, hermético, discriminador e xenofóbico. Trata-se apenas de uma visão mais contextualizada, contingente e histórica de problemas e possíveis soluções criativas para essas questões. O direito comparado se mostra como um rico caminho para o amadurecimento de experiência de concretização de direitos humanos, enquanto não afasta a centralidade da perspectiva reflexiva e contingente de experiências próprias de contextos culturais diversos. Mais importante que a própria referência do direito comparado, é o exercício de uma "imaginação política" que, com base na história

---

[18] Rorty refere-se ao "temor de provincianismo" para explicar a busca pela objetividade por meio da ideia de uma verdade abstrata que vem dos filósofos gregos até o iluminismo.

vivida, consiga projetar novas possibilidades e desafios e tenha a coragem de propor medidas criativas até então desconhecidas. Na visão do neopragmatismo, "a imaginação política é, quase sempre, imaginação nacional. Imaginar grandes coisas é imaginar um grande futuro para uma comunidade particular" (RORTY, 1999c, p. 245). O sentido contingente e particular que o neopragmatismo concede à "imaginação política" é uma forma de protegê-la contra o transcendentalismo, já que imaginar "futuros nacionais" evita que se tente pretensiosamente imaginar o "futuro da espécie humana".

A importância que o neopragmatismo concede à comunidade não o torna tributário do "comunitarismo". Na realidade, há muito mais divergência entre essas duas formas de compreender o mundo do que semelhanças. O comunitarismo, na linha defendida por Charles Taylor, Michael Sandel, Robert Bellah e Alasdair Macintyre, é uma forma de crítica ao liberalismo como concepção centrada no indivíduo. Para os comunitaristas, um conjunto de tópicos (tais como multiculturalismo, aborto, direitos sociais e intervenção do Estado, dentre outros) não pode ser tratado sob a lente do liberalismo, exigindo-se, ao contrário, uma visão centrada na comunidade ou na sociedade. Para o neopragmatista, o comunitarista apenas oferece mais uma versão de um discurso de "verdade". Seu tom discursivo *a priori* se confirma a partir do "ponto de vista de que as instituições e a cultura liberais não deveriam ou não poderiam sobreviver ao colapso da justificação filosófica que o iluminismo proveu para elas" (RORTY, 2002b, p. 237-239). Ao se contraporem às instituições liberais, por não concordarem com suas justificações filosóficas iluministas, os comunitaristas repetem o velho esquema de dar prioridade à filosofia (ou à racionalidade) em detrimento da análise do funcionamento e da eficiência dessas instituições para as democracias modernas. Em outras palavras, não basta que tais instituições funcionem, é mais importante que elas se sustentem em uma justificação filosófica mais "correta", o que as torna, por ora, imprestáveis. Assumem, portanto, o tom transcendental e universal que o neopragmatismo critica. O tema será tratado com mais detalhes no tópico 11.4 – O novo papel neopragmático do direito constitucional e dos constitucionalistas.

10

NEOPRAGMATISMO E DIREITOS HUMANOS

O pragmatismo, como estilo de pensamento refratário à visão representacionista do mundo, especialmente nas versões mais antigas, não encontra nos direitos humanos um tema característico e um objeto de preocupações. Não há dúvida, entretanto, de que, na medida em que o neopragmatismo lança um olhar original na maneira de entender determinadas questões, também teria uma interpretação bastante diferenciada acerca da proteção dos direitos humanos e do projeto da universalização de seu discurso. O neopragmatismo, contudo, não se resume a uma posição crítica sem oferecer propostas alternativas. Ao contrário, a percepção neopragmatista de direitos humanos não só é uma opção viável como promissora, muito embora bastante diferente da doutrina tradicional.

Foi em Rorty e em sua filosofia "pós-filosófica" ou neopragmatista que o tema passou a ser trabalhado a partir das perspectivas de contextualidade, antifundacionismo e consequencialismo. Não é só isso, entretanto. Esse neopragmatismo, ou a fase "ironista" ou "utópica" do pragmatismo,[1] transbordando as cautelas ainda mui-

---

[1]   A inauguração dessa nova etapa do pensamento pragmatista, seja na preocupação central, seja no estilo de redação, veio com o livro *Contigency, irony and solidarity*, de 1989, no qual Richard Rorty (2007a, p. 18)

to "analíticas" dos primeiros pragmatistas, lança um olhar surpreendentemente "antifalogocêntrico".[2] A base desse discurso novo do neopragmatismo são ideias como solidariedade, ironia, sentimentalidade e, principalmente, esperança. A abordagem sisuda e hermética do discurso tradicional dos direitos humanos passa a ser superada por uma visão otimista e sensível do problema. Não há mais necessidade de justificação ou de descrição da verdade, mas apenas a necessidade de manipular a experiência individual de maneira a ampliar o sentido da palavra "nós". Em impactante artigo publicado no livro *Verdade e progresso* e intitulado "Direitos humanos, racionalidade e sentimentalidade", Rorty (2005a) tenta oferecer uma visão mais sentimental, em vez de investir novamente no velho esquema principiológico e abstrato dos direitos humanos como um "conceito" a ser identificado, como uma "verdade" a ser captada.

A versão pragmatista de direitos humanos foge do desenho "egocentrista" de tratar o tema como questão de juristas, sociólogos

---

apresenta a sua descrição do "ironista" "para designar o tipo de pessoa que enfrenta a contingência de suas convicções e de seus desejos mais centrais".

[2] O termo "falogocentrismo" foi criado pelo filósofo Jacques Derrida no ensaio "Le facteur de la vérité", em crítica às teses de Jacques Lacan (publicadas com o nome de *Le séminaire sur "La lettre volée"*) nas discussões em torno do conto de Edgar Alan Poe "The purloined letter". A expressão de Derrida é uma fusão das palavras "falocentrismo" — a significar a centralidade do "eu" nas expressões para explicar ou representar a existência humana — e "logocentrismo" — que quer significar a centralidade do "logos" ou razão no discurso do homem. O termo é bastante utilizado por Richard Rorty, especialmente no formato de crítica aos discursos de opressão, como no caso da necessidade de o feminismo superar o discurso tradicional recheado de referências e simbolismos que destacam a figura preponderante do homem na sociedade (RORTY, 2005e, p. 255). No neopragmatismo, falogocentrismo também acaba por significar não só o discurso de elogio à razão e à racionalidade, mas o discurso autorreferente da filosofia ocidental, produzido pelos filósofos ocidentais. Ver Rorty (2005a, p. 219).

e filósofos. Não se parte de uma descrição autônoma e teórica do que poderia vir a ser "direitos humanos" em sentido transcendental.[3] Parte-se, na realidade, do problema — tal como se dá no *approach* tipicamente pragmatista: direitos humanos não são um capítulo do direito constitucional; direitos humanos são a conclusão consensual de uma história coletiva vivida, história essa que, todos os dias, ganha um novo significado e é recontada por meio das experiências de sofrimento que as pessoas vivenciam em suas relações pessoais, afetivas, sociais e políticas.

> Temos de parar de falar da necessidade de passar da percepção distorcida da realidade moral para a não distorcida e, em vez disso, começar a falar da necessidade de modificar nossas práticas de modo a levar em consideração as novas descrições do que tem acontecido. (RORTY, 2005e, p. 251.)

Essa visão diferenciada do problema traz consequências decisivas: em primeiro lugar, direitos humanos não são uma questão de educação[4] (entendida a expressão de maneira ortodoxa, como a assimilação de determinado conjunto de informações ao longo da vida), mas de sentimentalidade, de não estranhamento e de reconhecimento. Em segundo lugar, direitos humanos são, na realidade, uma compreensão cultural e conjuntural, o que torna qualquer perspectiva fundacionalista sobre o tema irrelevante e mero instrumento

---

[3] Em relação a essa perspectiva, para Rabossi (1990, p. 174), o "fenômeno dos direitos humanos transformou o fundamentalismo dos direitos humanos em passado de moda e inaplicável".

[4] Não sendo uma questão de educação, há muito pouca relação entre respeito aos direitos humanos e racionalidade ou desenvolvimento tecnológico, e muito menos faz sentido falar de sociedades culturalmente superiores a outras. "Não existe nada de intrinsecamente emancipatório no maior grau de racionalidade." (RORTY, 2005h, p. 233.)

de joguete filosófico.[5] Em terceiro lugar, não há sociedades moralmente superiores a outras, o que implica dizer que também não há compreensões de direitos humanos superiores a outras.

O relativismo cultural, fonte da afirmação de que não há traços morais superiores a outros, força a compreensão de que não haveria "fatos transculturais moralmente relevantes". Repetidas vezes, algo como um elenco abstrato de direitos é discutido como uma fonte de orientações morais para qualquer país ou sociedade. Pensar assim é pensar que os direitos humanos são fruto de uma racionalidade inspiradora e, portanto, metacultural. É, em outras palavras, assumir a descabida ideia de que determinados países chegaram a níveis ótimos de orientações morais e que cabe a eles agora "ensinar" suas conquistas para os povos "menos evoluídos". Essa colocação não faz sentido para um pragmatista. (RORTY, 2005a, p. 204.)

A proposta neopragmatista não parte de um paradigma de competição de teorias para fazer valer uma dada escolha moral em nível mundial. Nas palavras de Rorty:

> [...] concebemos nossa tarefa como uma questão de tornar nossa própria cultura — a cultura dos direitos humanos — mais autoconsciente e poderosa, em lugar de demonstrar a superioridade dela em relação a outras culturas por meio de um apelo a algo transcultural.

A expressão "cultura dos direitos humanos" também é utilizada por Rabossi (1990, p. 161), que a identifica como um "eixo do mundo". O modelo de filósofos "especialistas na natureza" e com pretensões de "árbitro cultural supremo" (RORTY, 2005a, p. 209) apenas retira o tema "direitos humanos" da responsabilidade das pessoas

---

5   Para Rorty, avalizando a opinião de Eduardo Rabossi, o qual cita expressamente, "o fundacionalismo dos direitos humanos é a tentativa contínua dos semiplatonistas de vencer, finalmente, a batalha derradeira contra seus oponentes" (2005a, p. 203).

comuns, que efetivamente precisam dessa proteção, para destiná-la a meia dúzia de eruditos a praticarem "escolasticismo decadente" (RORTY, 2005a, p. 207, nota 5).

O neopragmatismo conseguiu retirar as armadilhas que constantemente derrubavam os antigos formuladores, como Dewey ou James. Com facilidade, o pragmatismo poderia ser visto como mais uma versão da "verdade" que consistiria aqui em dizer que os direitos humanos não são obra da razão ou de princípios transcendentais. Contudo, não é disso que se trata. Sob a perspectiva da utilidade e funcionalidade, os novos pragmatistas, na esteira de Rorty, afirmam que precisamos, em matéria de direitos humanos, de uma redescrição dos interesses e dos modelos, e não porque o discurso anterior foi superado por algum raciocínio lógico. A necessidade de novas narrativas acerca do sofrimento das pessoas vem do fato de que o formato anterior não trouxe efeitos concretos dignos para defender sua manutenção, o que é compatível com a ideia de Patterson (1990, p. 983) do "Direito como narrativa". As "dúvidas sobre a eficácia dos apelos ao conhecimento moral são dúvidas sobre a eficácia causal, e não sobre o *status* epistêmico" (RORTY, 2005a, p. 206).[6] Em outras palavras, a própria história e a experiência demonstraram que a relação entre direitos humanos e racionalidade é algo que beneficia mais os teóricos e estudiosos platônicos, nem sempre as pessoas.

Isso não quer dizer, entretanto, que a visão pragmatista reflita uma crítica a uma visão de mundo representacionista. Na realidade, os direitos humanos, vistos como experiência, tolerância e ampliação do "nós", não são uma perspectiva universal, não são defendidos como a verdadeira teoria dos direitos humanos. Provavelmente, não estaríamos na situação em que nos encontramos em termos de evolução moral[7] se não fosse a superação da visão

---

[6] Ver também Rorty (1993, p. 117) em relação ao problema da "verdade".

[7] Como já dito anteriormente, o tema da "evolução moral" da sociedade é muito caro ao pragmatismo. O nível de ceticismo trazido pela crítica

religiosa pelo destaque da razão no início do século XIX. Além disso, perscrutar acerca da utilidade da visão que ora se propõe para um passado ainda mais remoto não traz qualquer benefício prático, apesar de poder alimentar grandes discussões sobre questões irrelevantes. Em outras palavras, a noção histórica do pragmatismo limita o seu discurso ao aqui e ao agora, evita qualquer crítica essencialista ao posicionamento tradicional, muito embora aponte que sua função prática já tenha se esgotado e que há a necessidade de um novo formato linguístico, novas preocupações e a integração de novos atores no debate.

Não que haja uma superação definitiva de Kant em matéria de direitos humanos. Na verdade, tornou-se obsoleta a maneira como

---

pragmatista levaria a reconhecer que, já que não existem princípios absolutos e que não existe uma visão moral superior a outra, tampouco poderíamos falar de evolução moral. Nosso nível de moralidade de hoje é o mesmo ou até pior. Essa é, por exemplo, a opinião de Posner (1998b, p. 1.641), muito embora em resposta a alguns críticos (1998c, p. 1.815) tenha admitido "que se possa falar inteligivelmente em progresso moral", apesar de que com base em um "ponto de vista particular". Com essa opinião, Posner, de imediato, se opôs à opinião de filósofos e jusfilósofos que acreditam na existência de um "progresso moral". Esses pensadores poderiam ser divididos em dois grupos: aqueles que acham que o progresso moral é fruto de uma "teoria moral" ou de uma "filosofia moral", feita por filósofos morais, tais como acreditam Dworkin (2006, p. 2) e Nussbaum (2007, p. 941) — o que, de pronto, é algo inconcebível para um pragmatista —; e aqueles que acreditam que o progresso moral é fruto de experiências históricas vividas pelas sociedades, no qual se destacam a percepção de histórias de dor e sofrimento que não podem mais se repetir. Essa é a posição de Dewey e Rorty. Para Rorty (2007b, p. 920, 924 e 927), ciência e moral caminham e se desenvolvem em esquemas paralelos e parecidos. Desse modo, da mesma forma como podemos falar de evolução científica, há também progresso moral. A posição de que não haveria progresso moral representaria uma perspectiva epistemológica, já que tiraria sua conclusão de um raciocínio meramente abstrato, sem dar destaque às históricas concretas.

lemos e compreendemos esses filósofos.[8] Em vez de termos nessas figuras referências de grandes discursos que ofereceram versões atualizadas de uma "verdade" ou que conseguiram descrever com mais perfeição a "realidade", talvez fosse mais útil imaginarmos como grandes "utópicos", filósofos que antes mesmo de raciocinar, imaginaram um mundo melhor, com ideais mais cosmopolitas e comunitários. Essa visão de mundo, não há dúvida, inspirou milhares de pessoas a continuar a lutar por uma convivência social mais justa e integrada. Nas palavras de Rorty:

> [...] Kant representa, na história do pensamento moral, um estágio de transição entre a inútil tentativa de condenar Trasímaco por irracionalidade e a útil tentativa de ver todo novo bípede implume como um de nós. O erro de Kant estava em pensar que o único modo de ter uma versão modesta, amortecida e não fanática da irmandade cristã, após abandonar a fé cristã, seria reviver os temas do pensamento filosófico pré-cristão. Ele queria criar o conhecimento de que um *self* da essência faz o que pode ser feito apenas por uma contínua renovação e recriação do *self*, por meio da interação com o maior número possível de *selves* diferentes.
>
> Kant executou o tipo de ato de balanceamento estranho, necessário aos períodos de transição. Seu projeto fez a mediação entre uma tradição racionalista agonizante e uma visão do mundo

---

[8] Esse tipo de raciocínio é bastante comum no neopragmatismo. O afastamento de teorias ou perspectivas filosóficas não se faz com base no binômio certo ou errado. Não faria sentido utilizar uma dicotomia cuja própria existência é criticada. Os critérios de aceitação e dispensa envolvem ideias como eficácia e utilidade, mesmo em relação às posições radicalmente opostas ao pragmatismo, como o iluminismo ou platonismo. "Os pragmatistas veem a tradição platônica como tendo sobrevivido à sua utilidade. Isso não quer dizer que tenham para oferecer um novo e não platônico conjunto de respostas às perguntas platônicas, mas antes que pensam que já não devemos mais fazer essas perguntas." (RORTY, 1982a, p. 14.)

novo, democrático, o mundo do que Rabossi chama de "fenômeno dos direitos humanos". Com o advento desse fenômeno, o ato de balanceamento de Kant tornou-se obsoleto e irrelevante. Estamos agora na posição de deixar de lado os últimos vestígios da ideia de que os seres humanos podem ser distinguidos pela capacidade de saber e não o podem ser pela capacidade de fazer amizade e casar-se com pessoas de outra raça ou nacionalidade, pela racionalidade rigorosa e não pela sentimentalidade flexível. (RORTY, 2005a, p. 220.)[9]

A utopia, nesse sentido, nos é mais importante para construir "uma comunidade planetária" (RABOSSI, 1990, p. 162) dominada por uma cultura dos direitos humanos do que o ato racional de dedução lógica de um conjunto de assertivas.

Se a ampliação da incidência dos direitos humanos não pode se dar por meio da racionalidade ou por meio de um conhecimento que filósofos da linha de Platão, São Tomás de Aquino e Kant sempre defenderam, como essa ampliação poderá ocorrer? Rorty faz uma proposta ousada: é preciso divulgar e aprimorar a "cultura" dos direitos humanos. Se os direitos humanos não estão no mundo das ideias, mas no mundo concreto da ação, a sentimentalidade é a chave para irradiar o sentido de direitos humanos,[10] sem que tenhamos que falar de universalização (termo desnecessário e impertinente para o

---

[9]   Essa forma honesta e desapegada de se entender a obra dos filósofos que critica, é repetida por Rorty ao defender que "o sonho de Platão [acessar a verdadeira realidade] era, ele mesmo, uma grande realização poética" (RORTY, 2007c, p. 129).

[10]   A proposta de Rorty, entretanto, não veio sem críticas desconfiadas acerca da potencialidade dos sentimentos para sustentar a "bandeira" dos direitos humanos. Um dos autores mais duros nessa crítica foi Perry (2005, p. 147). Para ele, a tentativa de construir um discurso dos direitos humanos sem fundamento (*groundless*), seja religioso ou não religioso, não deixa espaço nem para a própria demanda dos direitos humanos. É também a opinião de Swan (1990, p. 367) ao defender a visão pragmatista de Habermas contra o pragmatismo "estético" de Rorty.

pragmatista). É necessário, sem constrangimentos, um processo de "manipulação dos sentimentos".

Na utopia[11] de Rorty, a manipulação dos sentimentos poderia ocorrer, considerando a maleabilidade e adaptabilidade do homem, por meio de uma "educação sentimental".

> Esse tipo de educação deixa pessoas diferentes suficientemente familiarizadas umas com as outras, de modo que elas se sentem menos tentadas a pensar que aquelas que são diferentes delas são apenas semi-humanas. O objetivo desse tipo de manipulação do sentimento é expandir a referência dos termos "nosso tipo de gente" e "gente como nós". (RORTY, 2005a, p. 211.)

A educação sentimental parte do pressuposto de que aquilo que nos une e nos separa não é propriamente uma noção racional de proximidade ou irmandade. Não dependemos de um maior conhecimento ou de informações mais atualizadas para despertarmos em nós algum sentimento de ternura e cumplicidade.

---

[11] Utopia não tem um sentido negativo na formulação de Richard Rorty. Não significa fantasia, irresponsabilidade, quimera ou sonho irrealizável. No neopragmatismo, utopia é rigorosamente aquilo que nos move, o motor de nossos atos; representa aquele objetivo em relação ao qual guardamos sentimentos de estrita fidelidade e lealdade. Utopia é, sem dúvida, um sonho, mas um sonho sincero e transparente que desperta no homem os mais nobres e genuínos sentimentos. Não é por outra razão que Rorty é considerado um romântico ou otimista. Para ele, mais do que a razão, foi a utopia de determinadas pessoas que traçou nosso caminho de evolução e progresso moral. O conceito de utopia é tão importante para Rorty, que mesmo filósofos da racionalidade consagrados, como Platão ou Kant, ajudaram o mundo por meio de suas utopias, na visão do professor americano. "Permanecemos profundamente gratos a filósofos como Platão e Kant, não porque eles descobriram a verdade, mas porque profetizaram utopias cosmopolitas — utopias cuja maioria dos detalhes pode ter sido apreendida de modo errado, utopias que nós, talvez, nunca lutássemos para alcançar caso não tivéssemos ouvido suas profecias." (2005a, p. 208.)

Na realidade, a ideia de que atingiremos uma "comunidade planetária" com o desenvolvimento e expansão de nossa racionalidade se baseia na premissa de que, assim agindo, somos mais humanos. O desenvolvimento das ciências, associado às noções iluministas de elogio à razão, incutiu em nossa cultura a premissa de que o que nos faz homens componentes de uma humanidade e aquilo que nos diferencia dos animais é a racionalidade, é a capacidade de pensar. Os últimos duzentos anos, repletos de guerras, genocídios, desrespeitos e intolerância, e também marcados como a época de maior desenvolvimento científico e tecnológico, talvez possam demonstrar que nossa diferenciação dos animais é de outra espécie.

Reconhecemos alguém como integrante de nosso grupo e, portanto, merecedor de nosso respeito, amizade e homenagem, não com base em critérios objetivos a nós apresentados por meio do amadurecimento de nossa racionalidade. Se assim fosse, dificilmente Hitler encontraria cientistas e pensadores que pudessem comungar e consolidar a ideologia nazista. Ao contrário, temos poucas palavras para explicar esse "fenômeno" da aproximação e da sintonia, mas não menos convincentes e definitivas. De fato, nossos sentimentos mais nobres — que, em escala global, poderiam ser assemelhados àqueles sentimentos que alimentam atos protetivos de direitos humanos — são frutos de laços afetivos, sentimentos de cumplicidade e de proximidade, relações de confiança e de fraternidade que desenvolvemos com aqueles que consideramos "nossos próximos".[12] O que há de mais humano em nós é a capacidade de desenvolver esses laços ou, em outras palavras, a capacidade de incluir o outro em nosso grupo e em nosso convívio. A todo o momento, essa dinâmica se opera e pode ser observada quando aquilo que nos é estranho passa a nos parecer familiar, aquilo que é grotesco passa a nos parecer próximo. A sentimentalidade é o motor que produz essa dinâmica e aproxima as pessoas, incluindo-as em um

---

[12] Em nível social, essas relações de proximidade são aquilo que Rorty chama de "acordo subjetivo possível" (RORTY, 1993, p. 111).

mesmo contexto de identidade, fazendo com que se tratem recipro-camente com respeito e cordialidade.[13]

Essa sentimentalidade, entretanto, pode ser manipulada para que, sob uma perspectiva de política global, as possibilidades de se aproximar do que era estranho nunca deixe de existir. Essa política de incentivar o interesse pelo desconhecido e de ser tolerante com a vida e o contexto de outra pessoa é o melhor que podemos fazer para ampliar uma cultura de direitos humanos. A educação sentimental, portanto, é uma maneira de impulsionar a formação de gerações de pessoas boas, tolerantes, seguras e respeitadoras dos outros (RORTY, 2005a, p. 215).

O despertar do sentimento que amplia as fronteiras do *self*, na opinião neopragmatista, exige, primeiramente, uma noção de segu-rança, de convívio minimamente estável, de "condições de vida sufi-cientemente livres de risco para fazer com que as diferenças de uma pessoa não tivessem influência sobre seu autorrespeito, seu senso de valor" (RORTY, 2005a, p. 216). O empobrecimento da vida e a ex-posição permanente ao risco, ao perigo e ao sofrimento reduzem as fronteiras do *self*, na medida em que empurram o ser humano para uma situação de sobrevivência, na qual a sua própria identidade é tudo que lhe resta. Para Rorty (2005a, p. 214),

> [...] o que é crucial para a ideia do que eles próprios são é que não são infiéis, não são homossexuais, não são mulheres, não são excluídos. À medida que passam por um empobrecimento e que suas vidas são colocadas perpetuamente em risco, essas pessoas ficam apenas com o orgulho de não ser o que não são para sustentar o próprio autorrespeito.

---

[13] Perry (2005, p. 144), entretanto, acusa Rorty de buscar, não o "sentimento humano", mas confiar "no que poderíamos chamar de sentimentos 'euro-centricos': os sentimentos dos americanos do século XXI e dos europeus ocidentais".

Nessa linha de raciocínio, a agudização da situação de sobrevivência reduz o espaço de convívio e integração e faz com que os direitos humanos passem a aparência de um discurso de engodo produzido por outra tribo. A concorrência por condições dignas de vida transforma a convivência em uma concorrência animalizada e, nesse ambiente, o estranhamento pernicioso em relação a terceiros ganha contornos claros.

Transplantada para realidades mais próximas, a utopia de comunidade que marcha sob a orientação de um ideal de direitos humanos dificilmente poderia ser alcançada sem a garantia de condições mínimas de vida, seja no campo da segurança física, higiene, educação, cultura, saúde e outras dimensões que atestem plena vida livre e saudável. De outra maneira, o discurso dos direitos humanos tem reduzida chance de ser incorporado e expandido. "A educação sentimental funciona apenas com pessoas que podem relaxar durante um tempo suficiente para ouvir." (RORTY, 2005a, p. 216.) A relação direta que existe entre direitos humanos e segurança é bem descrita na seguinte passagem:

> Quanto mais difíceis são as coisas, mais medo as pessoas sentem, mais perigosa é a situação, de menos tempo ou forças as pessoas dispõem para pensar como seria ser igual àqueles outros com os quais não se identificam imediatamente.

Além disso, e mais importante, é o segundo elemento para expandir essa cultura. Trata-se de uma ideia difícil de resumir em termos racionais, mas fácil de entender. É a compreensão que faz com que o outro seja incluído no grupo e o "nós" passe a representar mais pessoas e mais variáveis culturais. Contudo, ninguém é convencido a compreender, ninguém é persuadido por meio de argumentos a aceitar o outro nesse nível íntimo de profundidade. A compreensão é despertada por um olhar bastante pessoal em relação à situação vivida pelo outro, por meio da identificação de elementos comuns da vida do outro que também fazem parte de sua própria vida. As relações familiares, os laços afetivos e sentimentais e, principalmente, a dor e o sofrimento funcionam como pontos de referência, como médias comuns da experiência do homem, seja sua cultura ocidental, oriental, religiosa, laica, tecnológica ou rudimentar.

Para o despertar dessa compreensão, desse senso de humanidade, de cumplicidade com a experiência alheia de vida, a filosofia e o Direito pouquíssimo contribuíram. A sensibilidade e a emoção que fazem emergir a compreensão da situação humana do outro têm sido produzidas por uma redescrição intimista de histórias de sofrimento que estranhamente acabam por aproximar pessoas que convivem com culturas totalmente separadas (CALDER, 2006, p. 53).[14] A política e, principalmente, a arte — seja o cinema, a literatura, a fotografia, a televisão, a pintura ou qualquer outra forma de expressão livre e autônoma — têm contribuído enormemente para essa renovação moral.[15] Afirma Rorty:

---

[14] Rorty (1999h, p. 101) entende que a "cultura pós-filosófica" somente pode se estabelecer por meio de "sugestões alternativas concretas — sugestões sobre como redescrever aquilo sobre o que estamos falando", em contraposição à função que poderia desempenhar a "verdade" de criticar a nossa linguagem, defendida por Thomas McCarthy.

[15] Isso não era apenas um argumento para Rorty, mas uma maneira de ver a vida. Meses após descobrir seu câncer de pâncreas, Rorty foi perguntado por seu filho acerca de seus últimos interesses de leitura. Respondeu que não havia se aprofundado na filosofia e, muito menos, em religião. Suas leituras mais reconfortantes eram de versos e poesias. "Eu agora gostaria de ter dedicado mais de meu tempo a versos. [...] Eu teria vivido mais completo." Ele encerra seu pequeno escrito com uma conclusão que facilmente poderia ser a conclusão de toda a sua jornada filosófica: "Homens e mulheres são humanos de uma maneira mais completa quando suas memórias são amplamente armazenadas em versos." (RORTY, 2007c, p. 131.) Acerca da relação entre literatura e pragmatismo no Direito, ver a avaliação de Skeel (1993, p. 84) acerca da obra de Thomas Grey sobre o lado pragmatista de Wallace Stevens (GREY, 1990, p. 1.569).

[...] por compreensão, tenho em mente o tipo de reações que encontramos mais nos atenienses depois de eles terem visto *Os persas*, de Ésquilo; o tipo que encontramos mais nos brancos dos Estados Unidos depois de eles terem lido *A cabana do pai Tomás*; o tipo que encontramos mais em nós depois de assistirmos a programas de televisão sobre o genocídio na Bósnia. (RORTY, 2005a, p. 216.)

Ao final, formas de manifestação e de expressão que não se apegam à descrição de uma "verdade" transcendental acabam servindo como instrumentos de sensibilização, por meio de um novo olhar sobre situações cotidianas até então ofuscadas pelos grandes temas. O contato com a experiência do outro produz o efeito de um teletransporte, de uma vivência virtual ou de uma incorporação com a situação descrita ou contada. Essa sensação, que não pode ser produzida artificialmente ou simulada, mas apenas despertada, envolve o sujeito em uma névoa íntima de autocrítica, e o seu efeito direto é uma "autorreidentificação" que, destacando o que é comum ao outro, aproxima e integra em uma mesma teia de referências culturais. Isso se dá fora do âmbito racional, mas em uma perspectiva de autorreflexão livre e sentimental.

Assim, como poderíamos responder à pergunta "por que eu deveria ser moral com o outro"? A sugestão de resposta do ironista é ao mesmo tempo reconfortante e provocativa:

Porque é assim que acontece na situação em que ela se encontra — longe de casa, no meio de estranhos, porque algum dia ela pode ser sua cunhada, ou, porque a mãe dela sofreria. Essas histórias, repetidas e alteradas ao longo dos séculos, têm feito com que nós, pessoas ricas, poderosas e que vivem em segurança, tenhamos tolerância e até mesmo estima para com pessoas menos poderosas, pessoas cuja aparência, hábitos ou crenças inicialmente nos pareceram um insulto à nossa própria identidade moral, à ideia que fazemos dos limites da variação humana permissível. (RORTY, 2005a, p. 222.)

A noção, portanto, de direitos humanos ignora e mesmo repele qualquer discurso abstrato que tente convencer que uma prática cultural é mais correta ou evoluída do que outra. Não é possível transformar o caminho em direção a uma cultura dos direitos humanos por meio do estabelecimento de uma batalha campal entre "versões" do mundo, como se a filosofia do direito ocidental não se tornasse o único discurso aceitável por falta de sofisticação de seus argumentos. Qualquer tentativa de universalização e teorização desse discurso aproxima os filósofos e juristas de hoje dos padres e pastores do século XVIII, que também falavam em termos de dogmas e verdades. A cultura dos direitos humanos precisa ser ampliada por meio de uma "naturalização",[16] e não por meio de sutilezas do discurso filosófico.

---

[16] A feliz expressão de Rabossi (1990, p. 159), que consta do título de seu trabalho, bem exprime a ideia de que os direitos humanos se aproximam de práticas culturais e são estranhos a teorizações. A "naturalização" dos direitos humanos seria um processo de incorporação cultural que independe de justificação ou base filosófica.

11

FILOSOFIA, DIREITO E DIREITOS HUMANOS

A visão neopragmatista de direitos humanos contradiz frontalmente a herança discursiva que praticamos na filosofia do direito no Brasil. A primeira estranheza que se sente ao compreender os direitos humanos dessa maneira se explica pelo fato de aguardarmos algum tipo de conteúdo ou discurso *a priori* dos direitos humanos. Sem essa substância, entendemos que ainda não estamos estudando direitos humanos da forma como deveríamos. Estamos, assim, sempre em busca de algo antecipado, como se faltasse algum solo fértil no qual pudéssemos plantar uma teoria principiológica ou discursiva dos direitos humanos e retirar desse cultivo os frutos de resposta para os casos concretos.

Assim sendo, recorre-se a um arsenal de *topoi* ou referências linguísticas científicas para dar conteúdo a um tema que somente consegue ser compreendido com base em uma percepção pessoal e sentimental. Fazemos proliferar, assim, na ânsia da importação do modelo, expressões de diversos sentidos, tais como princípio da proporcionalidade, núcleo essencial dos direitos fundamentais, dignidade da pessoa humana, características dos direitos fundamentais, ponderação de valores e formas de realizar essa concordância prática, adequação e necessidade de lei restritiva de direitos, reserva legal qualificada e simples etc.

Na esteira dessa expectativa, gerações e gerações de juristas são formadas para reproduzir esse discurso que, ao mesmo tempo, é sofisticado e autorreferente, já que reafirma a autoridade acadêmica de quem o reproduz para analisar e resolver os casos de direitos humanos. A herança do discurso dos direitos humanos no Brasil está fortemente atrelada ao estilo de pensamento dos universalistas, teóricos e bacharelistas. Durante muito tempo, a função do jurista era reproduzir esse discurso, agregando a ele pequenas nuances de maneira a sofisticá-lo e torná-lo mais hermético e puro. A sofisticação do discurso avança a passos largos e não seria exagero reconhecer que magistratura, ministério público e advocacia articulam rigorosamente o mesmo discurso, muito embora atestem interesses muitas vezes divergentes.

O uso do mesmo arsenal linguístico e da mesma significação e valoração de palavras e expressões — sem falar da mesma linha de raciocínio — para expressar interesses diferentes, torna o ambiente de decisão jurídica algo bastante confuso, dando margem à tomada de posições previamente negociadas e pouco transparentes, sem que isso signifique uma decisão que mereça crítica. Para todos os efeitos, demonstrou-se competência, erudição e técnica para reproduzir a linguagem oficial, mesmo que a solução tenha sido equivocada.

Há espaço de compatibilização entre essa postura impessoal e erudita do jurista com os direitos humanos, vistos como objetos históricos sentimentalmente valorados? A resposta é desenganadamente negativa. São duas perspectivas incompatíveis, que não podem conviver, muito embora permitam, de vez em quando, intercâmbios. O impacto da crítica do neopragmatismo, por vezes, incentivou tentativas fracassadas de construir possibilidades de sintonia entre a teoria do discurso (ou mesmo da teoria geral dos direitos fundamentais ou do neoconstitucionalismo) e a sentimentalidade. Tais tentativas, entretanto, erram ao não conseguir se desprender totalmente da herança discursiva que consiste em encontrar algo universal ou essencial nos direitos humanos — seja na forma de um conteúdo mínimo, seja na forma de um princípio resumidor da experiência dos direitos humanos, seja na forma de um procedimento que conseguiria articular a concordância dos direitos fundamentais, seja na forma de discurso de legitimação histórica dos direitos humanos. Para um pragmatista, não há qualquer diferença entre essas sugestões e o discurso transcendental tradicional produzido pela filosofia iluminista, à parte a dimensão utópica que poderíamos retirar desses trabalhos.

A assunção de uma postura ironista e sentimental significa necessariamente o abandono de qualquer destaque à necessidade de construção de uma teoria dos direitos humanos, pouco importando se essa teoria envolve conteúdo, procedimento ou mero discurso. Por outro lado, também não basta o reconhecimento formal de que os direitos humanos são o resultado de uma experiência histórica se o passo acadêmico seguinte é debruçar-se na articulação de uma teoria que, pretensamente olhando para trás, consiga resumir todos os elementos que as etapas históricas de evolução desses direitos conseguiram produzir. Ainda estaríamos diante do academicismo e da teorização despregada da experiência. Também não é suficiente reconhecer que os direitos humanos são variáveis no tempo e em países de culturas diferentes se o próximo passo do raciocínio é afirmar que, independentemente desses fatos, não há direitos humanos que não se baseiem em um postulado de proteção da dignidade da pessoa humana. Além de a expressão ser opaca de significado, presta-se, na dinâmica da argumentação, aos sentidos mais esdrúxulos e aos interesses mais contrapostos. Não há dúvida de que, se questionado no passado, Hitler, Mussolini ou qualquer outro ditador responderia que concorda com a proteção da dignidade da pessoa humana e que o regime que preside respeita esse postulado. A questão, entretanto, é saber quem é o ser humano merecedor de dignidade: o alemão, o judeu, o italiano, a raça ariana, o branco, o negro, o homossexual, o homem tradicional de forte ligação religiosa, o evangélico, o feto anencéfalo, a mulher gestante desse feto, a mulher estuprada, o índio, o agricultor, o trabalhador rural? Dizer que o sistema jurídico precisa respeitar a dignidade da pessoa humana não significa nada, assim como dizer que determinada lei é proporcional, se for lida sob a óptica dos direitos humanos, tampouco tem significado. Não são expressões que expõem pontos de vista, que fazem transparecer interesses políticos contrapostos, que apresentam tolerância ou ódio, que se relacionam com histórias de dor e de sofrimento de pessoas concretas. São expressões tão vagas, imprecisas, obsoletas e inúteis, tal como discutir, até a filigrana, quais serão os termos de nossa convenção linguística para falarmos de ciência.

Quando se fala de pragmatismo e direitos humanos, tem-se como obrigatório tratar de dois temas capitais para a filosofia e para o Direito. Primeiro, até onde estamos dispostos a chegar? Até que ponto estamos dispostos a abrir mão da pseudossegurança de nosso discurso racional? Até que ponto estamos dispostos a nos equiparar, enquanto cientistas, às pessoas mais simples e sem educação formal de nossa sociedade? Segundo, qual é o papel que resta à filosofia e ao Direito em matéria de direitos humanos se todo o trabalho de sofisticação do discurso e teorização jurídico-filosófica merece agora uma revisão?

Essas são duas questões capitais que merecem aprofundamento como condição necessária para se entender efetivamente qual é a proposta neopragmatista de leitura dos direitos humanos e qual será o papel do Direito nesse novo contexto.

11.1 A PERSPECTIVA NEOPRAGMATISTA E O DISCURSO "QUASE TRANSCENDENTAL" DOS DIREITOS HUMANOS

O neopragmatismo não deixa de ser uma perspectiva envolvente, que cativa o leitor na primeira apreensão. Contudo, poucos juristas conseguem levá-lo até as últimas consequências sem sentir a neces-

FILOSOFIA, DIREITO E DIREITOS HUMANOS

sidade de inserção de dimensões essencialistas e transcendentais do discurso dos direitos humanos. Para explicar o primeiro ponto e melhor esclarecer até onde o neopragmatismo nos leva, tomo por referência ilustrativa o famoso e importante debate entre Habermas e Rorty acerca dos limites e possibilidades do discurso neopragmático, de um lado, e do pensamento neokantiano, de outro.

Antes de tudo, é importante mencionar que mesmo Habermas é um filósofo cuja obra mais recente se compatibiliza em larga medida com o discurso pragmatista, podendo ser considerado facilmente como um crítico dos excessos da epistemologia tradicional. Ele mesmo reconhece que, aprimorando seu pensamento desde *Teoria da ação comunicativa* (2001),[1] foi obrigado a ceder em aspectos de sua posição, antes excessivamente arraigada pela busca de verdades teóricas transcendentais,[2] e a se curvar à "impressionante crítica da filosofia" (HABERMAS, 1989, p.19) empreendida pelo neopragmatismo, a que chamou de "a virada pragmática de Richard Rorty" (HABERMAS, 1999, p. 227). Não há dúvida de que há influências

---

[1]   A influência do pragmatismo na obra de Habermas é visível desde *Conhecimento e interesse*, especialmente a obra de Charles Pierce (HABERMAS, 1982, p. 109). Ver também Piché (2003, p. 7).

[2]   De fato, Habermas (1999, p. 229) reconhece expressamente que tomou como referência vários aspectos do discurso neopragmatista e, assim, reformulou seu posicionamento. Afirma que "[...] critico desse ponto de vista uma espécie de epistemização do conceito de verdade, que eu mesmo defendi no passado". Acrescenta ainda que o posfácio da republicação de *Conhecimento e interesse*, em 1982, restou insuficiente, já que somente conheceria a obra de Rorty em 1979: "[...] nessa época [1973], eu ainda não avistava as implicações filosóficas de um contextualismo arrematado [levado às últimas consequências]. Apenas seis anos depois, Richard Rorty provocou uma virada pragmática da teoria do conhecimento, na qual pude reconhecer algumas intenções minhas, apesar de todas as nossas diferenças." (HABERMAS, 1999, p. 16-17.)

mútuas — nem sempre expressamente reconhecidas[3] — entre os dois grandes pensadores, lastreadas por profícuas discussões, argumentos contrapostos, ironias mútuas[4] e elogios.[5]

---

[3] Para Claude Piche, por exemplo, "Habermas retém do pragmatismo anglo-saxão mais do que está disposto a admitir" (2003, p. 11).

[4] Habermas, por exemplo, escrevendo sobre Rorty, assim se pronuncia: "Richard Rorty é um dos mais eminentes pensadores analíticos cujas argumentações são sempre bem informadas e perspicazes. Mas o projeto de uma filosofia que deveria dar fim a toda filosofia provém mais da melancolia de um metafísico decepcionado, impelido pelo aguilhão nominalista, do que da autocrítica de um analítico esclarecido, que quis levar a virada linguística até o seu termo pragmático." (1999, p. 229.)

[5] Rorty, por exemplo, em resposta ao texto crítico de Habermas, escreveu: "As seções iniciais do texto de Jürgen Habermas oferecem um relato muito amigável e perspicaz dos motivos que me levaram a sustentar minhas posições filosóficas atuais. Compreendo muito melhor o percurso de meu próprio pensar depois de lê-lo." (2000a, p. 56.) Também vale a leitura da resenha elogiosa, mas crítica, que Rorty elaborou do livro *Verdade e justificação*, de Habermas (2004). Em outro trabalho, Rorty classificou Habermas como "o mais útil socialmente, o que mais faz pela política social-democrata" (RORTY, 2005j, p. 384).

Por ocasião da morte de Rorty, em 08/06/2007, Habermas publicou no *Süddeutsche Zeitung* um obituário em que faz longos elogios ao colega de profissão. Assim relembrava: "Rorty sabia manejar magistralmente o aparato da nossa profissão; em duelos com os melhores entre seus pares — como Donald Davidson, Hilary Putnam ou Daniel Dennett —, ele era uma fonte inesgotável de argumentos sutis e sofisticados. Mas ele jamais esqueceu que a filosofia — a par das objeções dos colegas — não pode deixar de lado os problemas com que a vida nos depara. Entre os filósofos contemporâneos, não conheço nenhum que se igualasse a Rorty na capacidade de confrontar seus colegas — e não apenas seus colegas — com novas perspectivas, novas intuições e novas fórmulas. [...] A ironia e a paixão, o tom jocoso e polêmico de um intelectual que revolucionou nossos modos de pensar e influenciou gente em todas as partes do mundo — tudo isso sugere um temperamento robusto. Mas essa impressão não faz justiça à natureza gentil de um homem muitas vezes tímido e reservado — e sempre sensível aos demais." (HABERMAS, 2007.)

FILOSOFIA, DIREITO E DIREITOS HUMANOS

Seus pensamentos, entretanto, são profundamente díspares quando se trata das concessões feitas ao historicismo e ao naturalismo.[6] Como bem pondera Habermas:

> A confrontação metacrítica com o neopragmatismo de Richard Rorty me fornece então ensejo de investigar a relação entre mundo da vida intersubjetivamente compartilhada e mundo objetivo tal como suposto pela pragmática formal. De um lado, a abordagem de uma teoria pragmática do conhecimento une a nós dois; de outro, atenuo o forte naturalismo de Rorty para fazer valer, contra seu contextualismo, pretensões epistêmicas mais fortes. [...] Levando em conta essa diferença, distingo [...] entre a verdade de uma proposição e sua assertabilidade racional (mesmo sob condições aproximativas ideais) e submeto a concepção epistêmica do conceito de verdade a uma revisão há muito necessária. (HABERMAS, 1999, p. 15.)

Habermas se interessa em destrinchar uma compreensão adequada do dever moral, o que Rorty rechaça, limitando-se a demonstrar que se trata de um trabalho hercúleo e sem eficácia prática. Para o filósofo alemão "uma compreensão construtivista do dever moral exige uma compreensão epistêmica da correção normativa".

---

[6] As posições de ambos restaram claramente firmadas quando da discordância em relação à utilidade da diferenciação entre o "verdadeiro" e "justificado". Para Rorty, essa diferenciação não é útil. Para Habermas, é tudo o que importa e, retomando Putnam e Apel, afirma que uma proposição é verdadeira se puder vencer em uma condição de concordância alcançada em uma situação ideal de fala. Acerca dessa específica controvérsia, ver Guiraldelli Jr. (2007, p. 124). Rorty (2008, p. 16) fixa o seu ponto acerca da linguagem e comunicação filiando-se a Davidson contra Habermas e Apel.

Para Rorty, bem como para outros pensadores,[7] não faz sentido uma leve concessão epistêmica ou uma formulação pragmática que se alicerça, em última instância, em um conceito transcendente ou ideal, bem como não faz sentido atribuir à linguagem "algo ontologicamente inflacionado" (GHIRALDELLI JÚNIOR, 2007, p. 127). Para o filósofo americano, esse esforço não consegue retirar a "verdade" e a sua busca do centro das atenções filosóficas. Em suas palavras:

> [...] quando Habermas diz que estou defendendo uma posição segundo a qual devemos emancipar nossa cultura de todo o vocabulário filosófico acumulado em torno da razão, verdade e conhecimento, isso me parece inteiramente correto. Não que haja nada de errado com a razão, verdade e conhecimento. O que há de errado é a tentativa platônica de colocá-los no centro da cultura, no centro de nosso senso do que é ser um ser humano. (RORTY, 2005d, p. 89.)

O professor de Stanford prossegue e termina com uma conclusão tipicamente neopragmatista: a de que, no final, a diferença entre os dois pensadores talvez tenha pouca relevância. Vejamos:

> [...] A principal diferença entre Habermas e eu diz respeito à noção de validade universal. Penso que podemos passar sem essa noção e ainda assim ter uma noção suficientemente rica de racionalidade. Podemos manter tudo o que foi bom no platonismo, mesmo depois de abandonarmos a noção de validade universal. Habermas pensa que ainda precisamos mantê-la. Mas,

---

[7] Para Margolis, por exemplo, outro filósofo de aproximação pragmática, "o pragmatismo não pode ser reconciliado com qualquer projeto mais ou menos kantiano, quer apriorístico (como em Apel) ou lebensweltlich (como em Habermas)" (MARGOLIS, 2002, p. 43). Rockmore (2002, p. 47) compartilha da mesma opinião e também entende que essa concessão habermasiana ao kantianismo impede que Habermas possa ser chamado de pragmatista.

comparada às semelhanças entre meu romantismo secularista emersoniano e a noção dele de racionalidade como busca de comunicação não distorcida (em vez de como uma tentativa de passar da aparência à realidade), aquela diferença pode não ser muito importante. (RORTY, 2005d, p. 90.)[8]

Rorty sustenta que o progresso moral não é um consectário da razão "tomada como capacidade de argumentar", mas da imaginação e dos sentimentos, já que é a partir deles que desenvolvemos o senso de "nós" e dos "outros".

Ao contrário de Habermas, que ainda vê uma "utilidade" para a "verdade", mesmo que em sentido discursivo, ideal ou comunicativo, Rorty (1982a, p. 13) enxerga na verdade "apenas o nome de uma propriedade que todas as afirmações verdadeiras partilham"[9] ou, tomando James por base, "aquilo que, para nós, é bom acreditar" (RORTY, 1993, p. 111; RORTY; ENGEL, 2008, p. 66). Para um pragmatista, não há base geral que sirva de média ponderada ou requisito para se atestar a veracidade de todas as frases que explicam bons atos.

---

[8] Rorty precisa melhor as diferenças ao tratar, pouco adiante, do senso de moralidade ou de obrigação moral e afirma que Habermas erra ao resumir a questão em termos de interesse próprio *versus* obrigação, mesmo erro produzido por Platão. O professor americano destaca a correção do argumento de Hume "[...] quando disse que o contato interessante é aquele entre pessoas com quem você pode sentir-se à vontade e pessoas com quem você não pode sentir-se à vontade — ou entre pessoas que você poderia imaginar ser e pessoas que você simplesmente não poderia imaginar ser" (2005d, p. 94).

[9] O tema é retomado na discussão que Rorty estabeleceu com Pascal Engel na Sorbonne em novembro de 2002. Ele não questiona a visão de verdade tomada por alguns filósofos. Apenas considera inútil discutir sobre um conceito de verdade. Em suas palavras, "'bem', 'justo' e 'verdadeiro' são essencialmente, após Platão, problemas para filósofos" (RORTY; ENGEL, 2008, p. 67).

> A asserção de uma dada frase — ou a adoção de uma disposição para proferir a frase, a aquisição consciente de uma crença — é um ato justificável e digno de louvor em certas circunstâncias. Mas, *a fortiori*, não é provável que exista alguma coisa geral e útil a dizer sobre o que torna boas todas essas ações — sobre a característica comum a todas as frases em relação às quais devemos adquirir uma disposição para afirmar. (RORTY, 1982a, p. 13.)

Habermas (2005, p. 57), ao contrário, não se sente à vontade em um mundo totalmente desprovido de apelo transcendental, mesmo que articulado em suas adjacências, e não em seu centro. Para o filósofo alemão, o reconhecimento de uma natureza "profana e desessencializada" das contingências só pode se dar dentro de um esquema conceitual que pressuponha o que antes pregava o idealismo platônico, uma vez que mesmo o pragmatismo é levado a trabalhar com circunstâncias e particularidades. Portanto, essa tentativa de desconstrução total das universalidades acabaria por incidir em uma "autocontradição performativa", a simplesmente dar início "à rodada seguinte do mesmo jogo" entre platonismo e antiplatonismo.[10]

Na linha de outros críticos do neopragmatismo, Habermas formula uma crítica de índole essencialista e conceitual: não admite, em tese, a possibilidade de transformar o universal em relativo ou o estrutural em contingente sem que se pressuponham os primeiros conceitos (universal e estrutural). E isso é suficiente para ele enxergar fragilidade na formulação rortyniana. "Mas a necessidade

---

[10] As expressões entre aspas são todas de Habermas cunhadas em seu texto "A volta ao historicismo: platonismo, relativismo e pragmatismo" (2005, p. 58). Utilizando-se de um jogo de palavras, resume o cerne de sua crítica antirrelativismo: "Você não pode reduzir todos os universais a particulares, todos os tipos de transcendência à imanência, o incondicional ao condicional, e assim por diante, sem pressupor essas mesmas distinções — e sem tacitamente fazer uso delas."

FILOSOFIA, DIREITO E DIREITOS HUMANOS

metafísica de libertar a filosofia da esterilidade de um pensamento pós-metafísico em pequeno formato só pode ser satisfeita por vias pós-metafísicas." (HABERMAS, 1999, p. 231-232.) Nessa linha, o pragmatismo somente se confirmaria como uma crítica consistente ao platonismo se oferecesse algo que pudesse substituí-lo, uma nova compreensão que forçosamente seria ampla nos limites e nas possibilidades do discurso abrangente que critica. "O desmascaramento do platonismo tem em vista [...] uma cultura platonicamente alienada de si mesma." Na realidade, "ele [Rorty] não pode sair da filosofia sem fazer valer seus pensamentos no interior da filosofia".[11]

A explicação da oposição de Habermas em dar esse passo final em direção ao pragmatismo, sem concessões platônicas, somente faz sentido para um pensador da escola kantiana que, apesar de tentar reduzi-la ao máximo, ainda se apega à necessidade de um mínimo universal. Essa não é uma provocação, mas uma constatação. O neopragmatismo rortyano propõe uma releitura de toda nossa tradição filosófica e sugere um abandono do discurso racional universalista como nuclear de nosso progresso moral e social. A proposta de Rorty não apenas implica rejeitar uma herança já intrinsecamente gravada em nossa cultura iluminista e acadêmica, mas exige também a dispensa de um vocabulário, uma linguagem e um conjunto de referências culturais que tornam essa tradição algo imbricado em nossa cultura.

Habermas, apesar de sentir simpatia pelas propostas provocativas antiepistêmicas do neopragmatismo, tenta enquadrá-las ainda nos limites estritos do próprio discurso platônico.[12] Ora, nesse

---

[11]   Na visão do filósofo alemão, a posição rortyniana somente teria validade se apresentasse, mesmo que subliminarmente, pretensões de aceitação geral; e, nesse ponto, residiria a armadilha antiplatônica. "Rorty não seria o filósofo escrupuloso e sensível, produtivo e estimulante que é se insistisse caprichosamente no papel retórico de reeducador."

[12]   Essa tendência de criticar o novo com base no velho vocabulário, não apenas denota incapacidade de olhar para o futuro e de se aliviar das amarras

esquema, qualquer menção, mesmo mínima, a um conteúdo essencial ou ideal, ainda que limitada ao procedimento ou à comunicação, é inevitável, uma vez que — para o universalista com pretensões científicas — o mundo é um binômio "universal-relativo" ou "geral-específico"; binômio que significa precisamente que o "universal" é o que o universalista, em sua tradição filosófica, diz ser. Pensa-se, portanto, nas fronteiras de uma dupla prisão: a prisão epistemológica do conteúdo e a prisão epistemológica da linguagem.

O universalista não consegue, como faz o neopragmatista, imaginar algo além, um mundo diferente, menos preocupado em representar a realidade (ou explicá-la antecipadamente) e mais comprometido em não viciar ou poluir as sensibilidades mundanas e humanas com premissas filosóficas antecipadamente eleitas. Quer se dizer com isso que, para o rortyano, criticar o neopragmatismo com base em uma dedução lógica e linguística do tipo "o relativo pressupõe o universal" é, na realidade, uma tentativa de explicar o neopragmatismo com base no platonismo. Além do mais, dizer que "o relativo pressupõe o universal" é repetir o esquema da filosofia como representação da realidade, o que a tradição pragmatista, desde James e Dewey, insiste em chamar de tarefa inútil e desimportante. O neopragmatismo nunca iria se defender nos termos propostos pelo platonismo, mas fazendo uso da possibilidade de oferecer uma nova utopia, uma nova imaginação, com novas redescrições e novo

---

tradicionais que o prendem, mas também revela uma estratégia: incutir no novo vocabulário os conceitos e noções do velho, tornando assim o novo menos "revolucionário" e inovador. São bastante adequadas as palavras de Adorno e Horkheimer, na introdução da *Dialética do Esclarecimento*, de 1969, embora o objetivo dos autores fosse a retomada da tradição do esclarecimento: "É característico de uma situação sem saída que até mesmo o mais honesto dos reformadores, ao usar uma linguagem desgastada para recomendar a inovação, adota também o aparelho categorial inculcado e a má filosofia que se esconde por trás dele, e assim reforça o poder da ordem existente que ele gostaria de romper." (ADORNO; HORKHEIMER, 1985, p. 14.)

vocabulário,[13] que possa servir, passado no teste da prática e da história, como uma melhor e mais útil versão do mundo.[14] Para Rorty, "a esperança romântica de um outro mundo que ainda está por vir situa-se no centro da esperança antiplatônica de perfeição espiritual" (RORTY, 2005d, p. 96). Como o próprio Habermas chegou a pontuar, Rorty, perguntado acerca do "sagrado" teria dito: "Minha noção de sagrado se prende à esperança de que, em algum dia distante, nossos descendentes viverão numa civilização global em que o amor será a única lei." (HABERMAS, 2007.)

Para os pragmatistas ironistas como Rorty, as possibilidades oferecidas pela utopia e pela imaginação são abertas a todo o momento[15]

---

[13]   "Vocabulários", para Rorty, são "comunicativo-epistêmicos combatentes" em uma "disputa entre formas linguisticamente codificadas de autocompreensão, sensibilização e maneira de saber" (MICHELMAN, 1990, p. 1.786).

[14]   Essa posição contradiz frontalmente o tópico de investigação de Habermas e de Apel acerca da "força do melhor argumento". O neopragmatismo propõe não contestar essa premissa de investigação científica, mas apenas sugerir outra. Sobre essa questão, Rorty expressamente respondeu a Habermas por ocasião do colóquio comemorativo do 40º aniversário do Instituto de Filosofia e Sociologia da Academia Polonesa de Ciências, ocorrido em Varsóvia em 1996. Assim se pronunciou: "Penso que a noção de 'a força do melhor argumento', que Apel e Habermas usam frequentemente, precisaria ser complementada e ampliada por uma noção do tipo 'a força do melhor vocabulário, a força da melhor linguagem'. A fim de borrar a distinção entre os processos de aprendizagem e a revelação de mundos, acho útil evitar a noção de 'o melhor' argumento e substituí-la pela de 'o argumento que funciona melhor para uma dada audiência'. [...] não acho que haja argumentos que sejam intrinsecamente melhores, ou piores, independentemente da qualidade das audiências às quais são dirigidos." (2005d, p. 99-100.)

[15]   Rorty se sustenta em uma separação que construiu em 1979, quando identificou as características de uma "filosofia sistemática" e de uma "filosofia edificante". "Filósofos edificantes querem manter espaço aberto para o senso de surpresa [*wonder*] que os poetas por vezes causam." (1979, p. 365, 370.) Singer (1985, p. 57) utiliza-se da mesma dicotomia.

e, vez por outra, são assimiladas de tal forma que alteram o mundo, sem estarem preocupadas em replicar a contestação de que "todo o relativo pressupõe o universal".

> Tais revelações de mundos novos têm de fato ocorrido no curso da história conhecida. Quando os gregos primeiro conceberam o governo democrático, quando os primeiros atomistas modernos levaram Demócrito a sério e se perguntaram se o mundo não era na verdade apenas átomos e vazio, quando os proto-darwinistas sugeriram que a diferença entre nós e os animais era meramente a complexidade do comportamento, e quando Freud sugeriu a conexão entre a consciência e o sexo, eles diziam coisas que estavam muito próximas do absurdo, que quase não seriam nem mesmo candidatas à verdade. Mas essas alegações quase absurdas tornaram-se o senso comum dos tempos que vieram. (RORTY, 2005d, p. 97.)

Habermas, com o seu "pragmatismo kantiano",[16] como ele mesmo reconheceu, é um excelente exemplo de teste dos limites de adoção do pragmatismo. A posição do pensador alemão não é kantiana, uma vez que também questiona as bases epistemológicas da investigação filosófica. Seu pensamento, além disso, sofreu forte influência do pragmatismo e do contextualismo. Contudo, mesmo assim, não consegue se libertar da última amarra que o prende à tradição do universalismo da filosofia ocidental. Isso é o bastante para vários filósofos não o enquadrarem na linhagem pragmatista. (MARGOLIS, 2002; ROCKMORE, 2002.) Rorty, entretanto, o mais "purista" dos pragmatistas — com o perdão da expressão —, menos afeito a esses rótulos, não dava importância a qualquer trabalho de anam-

---

[16] Habermas utiliza-se dessa expressão para abranger o tipo de "projeto epistemológico" que ele e Putnam, nos Estados Unidos, defendem. A expressão é utilizada em um texto *postscript* ao final de obra, editada por Mitchell Aboulafia, acerca da relação de Habermas com o pragmatismo, publicada em 2002 (HABERMAS, 2002c, p. 223).

nese filosófica. Para Apel (2002, p. 17), por exemplo, Habermas se distanciou muito de uma fundamentação transcendental capaz de sustentar uma ética universalista.

Tal como Habermas, a atual tradição do pensamento jusfilosófico no direito constitucional é, por assim dizer, pós-kantiana: reconhece a limitação do raciocínio puramente iluminista, mas constrói todo o seu arcabouço teórico sob a base de um discurso que, muito embora no núcleo não seja transcendental, é amarrado com premissas universais. Para essa linha que encontra sua semente no pensamento constitucional alemão pós-guerras, não faria nenhum sentido balizar o raciocínio em axiomas neojusnaturalistas, mas não considera problemático deslocar a dimensão platônica para elementos formais, procedimentais e mesmo linguísticos. O pensamento é ainda fortemente marcado pela necessidade de uma teoria geral que, muito embora seja "dinâmica" ou "evolutiva", demanda uma rigidez de método que acaba por funcionar como o seu critério de cientificidade.[17]

Para essa formulação constitucional, há certa inibição em adotar o relativismo em todas as suas consequências, o que acaba por tornar o discurso bastante frágil e sem muita utilidade. A necessidade de conservar algo que possa funcionar como orientação para a busca do progresso moral por meio dos direitos humanos transforma a lógica constitucional e principiológica em algo sem muito sentido tanto para kantianos como para pragmáticos, apesar de servir de combustível para alimentar o academicismo e o eruditismo.

---

[17] Como já se apontou neste trabalho, parte dessa necessidade ou desse "quase transcendentalismo" é explicada pelas diferentes heranças históricas e culturais trazidas por Rorty e Habermas. Habermas, por exemplo, não consegue elaborar uma visão pós-epistemológica por conta da memória do Holocausto (ABOULAFIA, 2002, p. 4). Outros autores simpatizantes do pragmatismo, mas com ligações de estudo com a Europa, também são reticentes em adotar o pragmatismo de maneira radical (WEISBERG, 1997, p. 93). Posner (1997a, p. 15), por outro lado, também sensível ao regime nazista, propõe um "positivismo-como-pragmatismo".

O método a ser utilizado, por consequência, não passa de um jogo de palavras, expressões e termos pomposos, ocos de sentido, que não se prestam sequer para atribuir transparência ao processo decisório jurisdicional. O discurso importado do direito constitucional, assim, reconhece as limitações da doutrina iluminista, marcada pela forte epistemologia, mas, ao mesmo tempo, não abre mão de construir uma alternativa pseudomediana que tenha pretensões transcendentais, conservando, desse modo, a autoridade "científica" nas mãos do jurista constitucional. O pragmatismo, ou o abandono total da herança kantiana, é muito perigoso para uma "ciência" que depende da legitimação, do poder e da autoridade para sobreviver. O perigo está nesse ponto: se não há nada a descobrir e a investigar, se não há nada a ser incrementado no discurso jurídico de maneira que melhor represente a realidade ou a lógica principiológica do direito constitucional, qual seria exatamente a função dos juristas?

Tomemos três afirmações do discurso constitucional moderno, trazido artificialmente do debate alemão, para comprovar a posição hesitante que não consegue se desprender da necessidade escolástica, muito embora a critique: (1) direitos humanos são variáveis, flexíveis e abertos, mas vinculados ao cerne comum do princípio da dignidade da pessoa humana; (2) direitos humanos são aplicados dentro da lógica da concordância prática ou da ponderação de valores; (3) a jurisdição constitucional trabalha com princípios abertos aos quais não se aplica a lógica do "tudo ou nada".

11.2 Três exemplos das concessões ao kantianismo feitas pelo discurso importado dos direitos humanos

11.2.1 Direitos humanos e dignidade da pessoa humana

Pelo discurso moderno do direito constitucional, em oposição à lógica privatista do rigor dos institutos e dos métodos, direitos humanos são orientações normativas, *standards* principiológicos, que, assimilados no âmbito de uma dimensão objetiva, funcionam como norte de todo o ordenamento jurídico, sejam as relações desenvolvidas perante os agentes públicos, sejam as relações tidas entre dois particulares.

Por terem conteúdo de princípios, são, por natureza, abertos e não se encerram totalmente na listagem que pretende elencá-los nas Constituições. No Brasil, por exemplo, existe largo consenso de que os direitos humanos não se restringem ao art. 5º da Constituição Federal, *sedes materiae* principal de suas previsões. É possível, dentro dessa lógica, direitos humanos não previstos terem força normativa constitucional, como que advindos de uma interpretação sistemática do conjunto valorativo da Constituição. Aliás, a Constituição de 1988 expressamente assegura essa abertura ao prever, no § 2º do art. 5º, que "os direitos e garantias expressos nesta Constituição não excluem outros decorrentes do regime e dos princípios por ela adotados, ou dos tratados internacionais em que a República Federativa do Brasil seja parte".

Não é somente essa abertura, entretanto, que consta como atributo dos direitos humanos. Existe também concordância, dentro da lógica do discurso constitucional, de que o próprio conteúdo dos direitos humanos é variável e seu significado se vincula de alguma forma a elementos culturais e sociais. Além disso, as fronteiras exatas desse conteúdo somente podem ser bem abstraídas pelo intérprete na compreensão do caso concreto e na valoração dos elementos de fato. É dizer que não há um conteúdo *a priori* dos direitos humanos, o que, intuitivamente, parece bem consentâneo com a crítica pragmatista ao discurso universal.

Entretanto, o que parece uma evolução da perspectiva jusprivatista acaba por cair em suas próprias amarras ao não ter a coragem de enfrentar, com imaginação, o novo ambiente normativo de direitos humanos que existe e convive sob a perspectiva do relativismo e do contextualismo. Nesse momento, parece faltar aos juristas algo que lhes dê sustentação, que agregue conteúdo, que unifique a hermenêutica desses direitos, fazendo-os parte de algo maior que tenha coerência e unidade e ofereça segurança.

O tiro de misericórdia a qualquer impulso ou ganho pragmatista do discurso é o reconhecimento, igualmente tido como consensual a todos que exploram esse discurso constitucional, de que todos os direitos humanos prestam homenagem e, por assim dizer, têm os seus conteúdos controlados pela ideia de um princípio da dignidade da pessoa humana.[18] Quando esse princípio é eleito como ponto universal do discurso de uma teoria dos direitos fundamentais, o pensamento constitucional se agrega indelevelmente a toda a tradição neokantiana e se submete com perfeição à crítica do contextualismo. A "dignidade da pessoa humana" dos constitucionalistas é a "verdade" dos filósofos tradicionais. "A dignidade da pessoa humana" funciona, no discurso do direito constitucional, como um "conforto metafísico" dos jusfilósofos modernos (RORTY, 1993, p. 119). Rorty explica melhor esse "conforto":

> [...] é o pensamento de que ser membro de nossa espécie biológica traz certos "direitos", uma noção que não parece fazer sentido a menos que similaridades biológicas confiram a posse de algo não biológico, algo que ligue nossa espécie a uma realidade não humana e assim dê à espécie dignidade moral.

A questão é que não existe abertura de conteúdo ou de significado se, em última análise, a semântica dos direitos humanos está ainda atrelada a uma "versão" do mundo e, portanto, a um conjunto valorativo previamente dado em relação ao qual não caberia contrapô-lo com base em experiências de dor e de sofrimento que possam de algum modo atualizá-lo. O conceito de "dignidade da pessoa humana", por ser amplamente subjetivo, serve como roupagem para camuflar, sob o aspecto de um discurso objetivante e moderno,

---

[18] Cumpre observar que, mesmo nos Estados Unidos, autores como Luban (1996, p. 1.026) acusam o pragmatismo de não dar significado e normatividade a princípios "leves" (*soft*), mas fundamentais para o "esquema das liberdades", como a concepção de dignidade humana. Já Shalin (2005, p. 477) tenta demonstrar que o pragmatismo jurídico não pode dispensar os princípios.

valores de mundo que são de determinados grupos e não necessariamente representam posições democráticas que passariam no teste político da legitimidade.[19]

Com esse problema subjacente, o discurso do direito constitucional perde, acima de tudo, seriedade, uma vez que se torna mero exercício de eruditismo e jogo de palavras, como forma de respeitar alguma espécie de regra transcendente de que a persuasão nessa matéria de direitos humanos somente pode vir por meio da racionalidade principiológica. Sarmento (2007, p. 115) é um exemplo da força das amarras epistemológicas, mesmo com a intuição de que há algo de errado em nosso atual discurso, o que fica claro quando dirige duas críticas à noção de "constitucionalização do direito". A primeira contaria com o apoio dos pragmatistas no sentido de que esse processo de constitucionalização do direito pode significar uma afronta à democracia. Na segunda, entretanto, o autor afirma que essa constitucionalização pode trazer uma "anarquia metodológica". Ora, somente pode ensaiar essa crítica, aquele que acredita existir uma "metodologia correta" ou "metodologia organizada", ou seja, algo fora do homem e acessível a ele por meio da razão. Nesse ponto, fica clara a armadilha do discurso científico kantiano e a dificuldade de identificá-lo e de superá-lo. Mais sólida parece ser a crítica à "Constituição dirigente", empreendida por Bercovici (2007, p. 172). A concessão ao discurso universalizante, mesmo que em última análise, transforma a teoria dos direitos fundamentais em um castelo de areia que não se sustenta a um simples teste de identificação dos interesses que estão por trás daquele discurso.

---

[19] Essa consequência está ligada diretamente ao tom moralizante adotado pelo discurso do direito constitucional, seja explícito por meio do neoconstitucionalismo, seja velado por meio dos processos e procedimentos da teoria geral dos direitos fundamentais. Nunca é demais relembrar que os dois "âncoras" do discurso constitucional moderno não se constrangem em defender o discurso jurídico como moralismo jurídico. (ALEXY, 2004b, p. 73; DWORKIN, 2006, p. 2.) A questão já foi explorada no Capítulo 7 — Teoria geral dos direitos fundamentais e neoconstitucionalismo: consequências para o discurso constitucional no Brasil.

11.2.2 Direitos humanos e método

Para a segunda análise, toma-se de empréstimo outra afirmação comum e consensual entre os representantes do chamado neoconstitucionalismo e que diz respeito a uma "metódica" de interpretação dos direitos humanos. Assim, diz-se que os direitos humanos (sob a terminologia de "direitos fundamentais") são aplicados dentro da lógica da concordância prática ou da ponderação de valores, mas sempre respeitando uma determinada metodologia, dita "constitucionalmente adequada",[20] a envolver um conjunto de critérios e de princípios de incidência normativa.

A natureza de princípio dos direitos humanos força a uma metodologia de aplicação diferente das regras usuais previstas no Código Civil, regras essas do campo do direito privado. Enquanto, para essas normas, tem-se um conjunto de três critérios de solução de conflitos normativos de desenho pretensamente objetivo ("a norma mais específica revoga a norma mais geral", "a norma posterior revoga a norma anterior" e "a norma de hierarquia superior revoga a norma de hierarquia inferior"), para as normas constitucionais, dentre as quais os direitos humanos perfazem as normas mais características, é preciso adotar procedimento diferente. São normas com densidade semântica maior, que trazem em seu texto uma infinidade de situações potenciais para aplicação. Além disso, apresentam uma função irradiadora no ordenamento jurídico e atuam como padrões normativos de orientação executiva, legislativa e judiciária.

---

[20] A expressão atribuída a Böckenförde (1993, p. 67) e divulgada no Brasil, principalmente por Canotilho (2001, p. 182), é mais um dos símbolos desse discurso peculiar do direito constitucional. A expressão é evidentemente retórica e se presta a justificar uma infinidade de opções políticas encobertas no "processo" de interpretação constitucional, muito embora seus defensores pretendam ver nessas palavras o sentido de interpretação mais moderna, histórica e condizente com os pressupostos do Estado Democrático de Direito.

FILOSOFIA, DIREITO E DIREITOS HUMANOS

As normas de direitos humanos, segundo os postulados da teoria geral dos direitos fundamentais e do neoconstitucionalismo, apresentam frequentemente significados contrapostos, apesar de estarem situadas na mesma fonte político-legislativa e, por isso, preservarem a mesma situação normativa em termos de hierarquia jurídica. Nessas situações, não é possível aplicar as famosas e tradicionais regras de afastamento de antinomias utilizadas no direito privado. É necessário, ao contrário, que se viabilize que as duas ou três previsões normativas de direitos humanos tenham incidência no mesmo caso concreto simultaneamente. A teoria dos direitos humanos de origem germânica, assim, desenvolveu o conceito de "concordância prática"[21] e, na linha da "Jurisprudência dos Valores", entendeu que estaria diante de um caso de uma antinomia mais do que normativa: de uma antinomia valorativa.[22]

Para esses casos, a solução seria um procedimento que é muitíssimo repetido pelos juristas e operadores no campo do direito constitucional, mas muito pouco claro: os direitos humanos contrapostos deveriam ser aproximados e, com referência a elementos do caso concreto, ponderados e valorados de maneira a que o intérprete pudesse realizar "podas" mútuas ou restrições recíprocas nesses enunciados normativos, com o objetivo de viabilizar a incidência dos dois

---

[21] A expressão é de Hesse (2009, p. 113) ao se referir aos "princípios da interpretação constitucional" e ao explicar a noção de harmonização entre dois valores com sentidos aparentemente opostos. A expressão teve ampla aceitação na doutrina. (CANOTILHO, 1999, p. 1.150; GUERRA FILHO, 1999, p. 59; COELHO, 2003, p. 131.)

[22] Não são incomuns as críticas feitas ao padrão interpretativo que pretende enxergar no Texto Constitucional um conjunto de valores em conflito a exigirem um procedimento racional para serem resolvidos. O tema já foi referenciado neste trabalho, mas nunca é demais lembrar a poderosa crítica feita por Habermas (1997a, p. 314) e Schlink (1994, p. 197) a esse esquema.

ou mais direitos no mesmo caso.[23] Não raras seriam as situações nas quais o trabalho de compatibilização se mostrasse estéril na apresentação de uma solução prática que, na realidade, afastasse um dos direitos em benefício do outro. Em outras palavras, caberia ao jurista tentar realizar um exercício abstrato de sintonia fina das orientações normativas e, baseado na situação de fato, ao final, decidir o direito fundamental que seria aplicado e o que seria afastado.

A solução, apesar de aparentar modernidade e sofisticação científica, ao final, não passa de outro jogo de palavras a encobrir o ato volitivo do intérprete, que, em última análise, "decide" — assim como decidiria sem o uso desse arsenal teórico — entre um direito e outro, ou melhor, entre um valor e outro. A chamada teoria dos direitos fundamentais, incorporada na noção nova de neoconstitucionalismo, passou os últimos anos ou décadas formulando diferenciações e aproximações que pudessem demonstrar o sentido científico dessa metodologia. Criou-se, assim, uma "metodologia" própria de aplicação do princípio da concordância prática norteada pelo princípio da proporcionalidade.[24] A mediação entre direitos humanos, bem como

---

[23] A fórmula da ponderação, como já mencionado, é tema recorrente nas discussões teóricas acerca da interpretação constitucional. Nesse sentido, ver Barcellos (2005a, p. 91), Sarmento (2003, p. 97), Barroso (2009, p. 333) e Branco (2009, p. 109), sempre apoiados em Alexy (1998) e Dworkin (2007a, p. 128).

[24] A concordância prática realizada por meio do princípio da proporcionalidade é temática mais comum aos autores no Brasil ligados à escola alemã — Bonavides (1998, p. 356); Mendes (1998, p. 67); Mendes, Coelho e Branco (2000, p. 246); Silva (2009, p. 167); Ávila (2003, p. 104); e Dimoulis e Martins (2007, p. 176) —, muito embora também haja doutrinadores brasileiros que estudam a questão sob o olhar da "técnica da ponderação" (alguns desses autores estão citados na nota anterior). Basicamente, não há diferença no tratamento, a não ser pelo fato de fazerem parte de duas correntes que este trabalho diferenciou (a corrente da teoria dos direitos fundamentais e os neoconstitucionalistas). Como já também exposto, essa diferenciação tem pouca utilidade fora de um estudo específico acerca do discurso no direito constitucional.

FILOSOFIA, DIREITO E DIREITOS HUMANOS

o trabalho de avaliação da constitucionalidade de lei restritiva de direito fundamental, portanto, somente poderia ser feita com base no teste da proporcionalidade. Ou seja, a definição do direito humano "vencedor" na ponderação somente poderia vir com o aval do julgamento da proporcionalidade da solução ou da medida legislativa.

A proporcionalidade, por sua vez, em fuga ao sentido claramente discricionário que o termo "razoabilidade" tem na prática da Suprema Corte americana, foi envolvida, pela teoria alemã dos direitos fundamentais, por uma aura de objetividade e cientificidade. Para que a proporcionalidade não se transformasse em um tipo de "achismo", não muito diferente de qualquer juízo político desenvolvido no âmbito do Congresso Nacional ao longo dos anos, a doutrina germânica passou a identificar determinados passos para a "realização" ou a "concretização" do juízo abstrato de proporcionalidade. Assim, assimilou à teoria do princípio da proporcionalidade os conceitos (ou "subprincípios") da adequação, da proibição do excesso e da proporcionalidade em sentido estrito.[25]

Em reforço à utilização do princípio da proporcionalidade, a moderna teoria constitucional também elaborou um elenco de institutos e princípios, de maneira a atenuar o sentido subjetivo e político do processo de interpretação. Desse modo, há inúmeros estudos acerca do núcleo essencial dos direitos humanos, discussões acerca da natureza objetiva ou subjetiva desse núcleo essencial, exame de hipóteses-paradigma de conflito entre direitos humanos, investigação teórica acerca de direitos humanos em espécie como a liberdade, a igualdade e a propriedade etc.

Esse conjunto de reforço teórico forma o que hoje se convencionou chamar de "teoria dos direitos fundamentais". Para o pragmatista, trata-se de tentativa de conservar o elemento kantiano em um discurso que se pretende aberto e democrático. A teorização

---

[25] Fazendo referência à nota anterior, nunca é demais destacar que está principalmente em Alexy (2001, p. 111) a grande fonte da importação do modelo da proporcionalidade para o Brasil.

excessiva produziu no direito constitucional uma via de escape do eventual excesso do relativismo. Assim, se contemporaneamente não há como negar um significado relativo dos direitos humanos e seu apego aos elementos culturais, também não é adequado deixar os direitos humanos nas mãos do exercício político pelo cidadão. É preciso a participação dos juristas para dar unidade e segurança à aplicação e evitar abusos e arbitrariedades. O discurso oficial dos direitos humanos no Brasil encobre o temor da perda da função profissional e da autoridade do discurso jurídico que, ademais, é a autoridade de todo o profissional do Direito. Se o conteúdo em si dos direitos humanos é impossível de ser identificado (em tese), o elemento de controle e de domínio deverá vir por vias transversas, ou seja, por meio da teorização e transcendentalização da metódica de sua aplicação. Ocorre que a epistemologia do método no direito constitucional coloca por terra o significado da afirmação de que direitos humanos estão mais situados no campo da política e da cultura do que no campo do Direito. A afirmação é forte demais para ser aceita pelo jurista moderno que está em busca do segundo reconhecimento científico de sua área.[26] Assim, mais uma vez, tem-se uma formulação frágil, mas cuja crítica se esvai diante da quantidade de filigrana terminológica e técnica que hoje resume o chamado neoconstitucionalismo. Afirmações aparentemente confiáveis vêm acompanhadas de uma pesada e tecnicista lógica de aplicação de um método fechado. Dessa forma, as promessas de abertura e de democratização do discurso dos direitos humanos não são, nem proximamente, cumpridas.

---

[26] O primeiro movimento de reconhecimento da autonomia científica do Direito é bem representado, no final do século XIX e início do século XX, pelos positivistas alemães e a teoria normativista de Hans Kelsen, culminando com a sua *Teoria pura do Direito*, de 1934, mas iniciada em 1914, com o seu *Principal problema da teoria geral do Estado*, trabalho que o qualificou como professor de direito público e de filosofia do direito da Universidade de Viena.

FILOSOFIA, DIREITO E DIREITOS HUMANOS

11.2.3 Direitos humanos e precedente

Finalmente, a última análise prende-se a uma conclusão bastante repetida no direito constitucional e relacionada à atuação da jurisdição constitucional. Trata-se da assertiva de que a jurisdição constitucional, quando analisa e decide questões envolvendo direitos humanos, não necessariamente produz um precedente da maneira como se entende tradicionalmente esse termo. Por precedente, seguindo a prática jurisdicional anglo-saxã, compreende-se uma determinada orientação jurisdicional, geralmente resumida em algum tipo de enunciado ou ementa sumular, que significaria a "tese" estabelecida pelo tribunal quando examina determinado problema jurídico. A tese, apesar de não ser vinculativa, representa uma orientação que o tribunal passará a adotar e, por isso mesmo, transforma-se em algo, senão juridicamente, operacionalmente vinculante. São essas as teses estudadas por juristas e advogados para saber de que maneira determinada Corte julga e se comporta. A ideia de precedente também se sintoniza à prioritária necessidade de buscar, quanto mais possível, certeza e segurança nos casos analisados pelos tribunais, evitando que casos semelhantes venham a obter decisões divergentes.

O precedente, em qualquer sistema, é algo tão sério que sua alteração exige extensa e convincente argumentação para demonstrar que condições fáticas foram alteradas para justificar a mudança de padrão de entendimento e interpretação. A necessidade de obediência ao precedente também quer significar um importante referencial para o controle e para a fiscalização da atuação da magistratura no país.

Ocorre, contudo, que a "natureza" das normas constitucionais, sua reconhecida dimensão valorativa, sua dimensão objetiva como postulados normativos genéricos, enfim, todos os elementos desse conjunto sugerem que existe uma vinculação mais forte do que se imagina entre direitos humanos e fatores observáveis somente no caso concreto. É dizer que tais elementos do caso concreto podem alterar o sentido puro das normas constitucionais e dar um desenho diferente aos direitos humanos. Assim sendo, pela teoria dos direitos fundamentais, cada caso é um caso, que conforma, de maneira distinta, o próprio significado dos direitos humanos.

Diante dessa conclusão, a resposta jurisdicional, quando dada a um caso fático, é uma sentença, em tese, válida somente para aquela situação específica, não podendo servir como um precedente genérico e amplo. Obviamente, a orientação normativa estabelecida pela jurisdição constitucional em um determinado caso oferece certo peso na avaliação de casos futuros e, por isso, sempre se tenta considerá-la no processo decisório seguinte. Entretanto, não há dúvida de que, em matéria de direitos humanos, não se aplica a regra do "tudo ou nada" e aquela solução anterior não significa, por si só, uma orientação vinculante para os futuros casos.

Essa situação aparentemente coerente com o discurso da teoria geral dos direitos fundamentais acaba por produzir um discurso duplo, que não serve para manter uma orientação e, muito menos, serve para dar um sentido integrativo e relativo aos direitos humanos. Com esse discurso, simplesmente não se sabe se o caso seguinte será resolvido com a mesma solução apresentada no caso presente ou se, por algum processo pouco transparente, o tribunal entenderá que os elementos do caso concreto alteraram a equação anterior e fixaram uma nova equação. Essa alteração de compreensão acerca do embate específico entre dois direitos humanos determinados atribui um pretexto sempre oficial de alteração do precedente que basicamente se encaixa em qualquer situação. Nunca se tornam muito claras as reais razões de alteração daquele julgamento nem se sabe ao certo qual elemento do caso concreto foi o responsável pela mudança da jurisprudência.

A situação é insustentável, uma vez que essa "carta em branco" criada pelo intérprete permite decisões em rota de colisão, embora tomadas em casos concretos que apresentam semelhanças fáticas. Dessa forma, o juiz da jurisdição constitucional tem liberdade total para alterar o posicionamento da Corte, sem que, para isso, seja obrigado a oferecer motivação fática suficiente — basta a descrição de uma percepção pessoal acerca do caso concreto. O resultado, do ponto de vista filosófico, é a produção de um discurso despregado da realidade e que pode servir para alteração da jurisprudência, sem que os reais motivos dessa mudança sejam conhecidos.

O exemplo da assertiva mostra a insuficiência da metodologia da teoria dos direitos fundamentais. Na realidade, o salutar trabalho de redescrição e apresentação clara das pré-compreensões dos juízes é ofuscado e escondido pela necessidade de articular certo raciocínio atrelado a determinado vocabulário. O resultado é a produção e repetição de uma teorização hermética, com utilização de elementos linguísticos que encobrem o mero exercício político e volitivo de escolha de opções de solução.

Esses são apenas três exemplos que demonstram que o discurso produzido hoje no direito constitucional é somente "pseudopragmático" ou "pseudo-historicista" e que os elementos universalistas do discurso acabam por reduzir todo o instrumento da chamada "metodologia" em mero jogo de palavras, encobrindo, na realidade, atos volitivos de opção política e interesses concretos contrapostos. A concessão à epistemologia aproxima o discurso da teoria dos direitos fundamentais — assim como a tese procedimental de Habermas — a um discurso religioso ou de autoridade, no qual a aparente flexibilidade e relatividade das afirmações escondem uma estrutura de poder caracterizada por um grupo que, unilateralmente, diz o que é a "verdade", a "justiça", a "ética", a "moral", o "princípio" e a "dignidade da pessoa", enfim, os direitos humanos. No caso de Habermas, esse grupo de notáveis é formado pelos filósofos ou pelos racionalistas que articulam de maneira mais sofisticada a razão. No caso do Direito, os notáveis são magistrados ou juristas-filósofos que apenas têm interesse em profissionalizar sua atividade. O processo todo, portanto, não é nem aberto, nem amplo, nem democrático.

Com isso, torna-se claro que a exigência de um pragmatismo, especialmente em sua dimensão sentimental ou utópica, não pode ser vinculada a qualquer fundamentação metafísica. Também no Direito, o transcendentalismo impõe uma forma de proceder que inviabiliza a compreensão dos direitos humanos como manifestações de uma sentimentalidade mediada pela relação de reconhecimento, característica da ampliação da noção de "nós".

11.3 O "FILÓSOFO PROFISSIONAL" E O QUE RESTA À FILOSOFIA E AO DIREITO

Assentada essa crítica, passa-se a um segundo aspecto da compreensão da proposta neopragmatista que resulta em uma alteração substancial da maneira como a filosofia se comporta e, por consequência, como o Direito deverá se comportar diante das questões de direitos humanos. Refiro-me especificamente ao que sobra à filosofia e ao Direito se não podem mais executar um projeto de orientação ou de definição de rumos, muito menos agrupar pessoas que tenham a autoridade de dizer o que são e o que não são direitos humanos. Também aqui tomaremos como demonstrativo o debate entre Habermas e Rorty acerca da função e do papel da filosofia. Ao contrário do debate acerca da construção de relativismo, que não aceita ingerências da epistemologia — e que orientou grande parte da troca de argumentos entre Habermas e Rorty —, aqui as conclusões foram mais aproximadas, mesmo que ainda divergentes.

A crítica pragmatista à tradição metafísica do discurso filosófico traz um resultado prático catastrófico para o filósofo moderno: o seu deslocamento do centro das decisões acerca dos rumos da ciência. A filosofia, com o papel de "indicador de lugar" a partir de certo "fundamentalismo da teoria do conhecimento",[27] de conotação notadamente platônica, ganhou envergadura após a impressionante obra de Kant e, hoje, define os rumos da investigação filosófica e, de certo modo, condiciona o discurso das outras ciências, especialmente o Direito.

A obra de Kant, entretanto, apesar de ter praticamente criado a teoria do conhecimento a partir de suas "fundamentações transcendentais", não pode ser apontada como a grande precursora da tradição do pensamento abstrato. Ela se insere, na verdade, na linha de outra tradição bem mais antiga, aquela iniciada por Platão, que se opunha, em perspectiva, à tradição aristotélica. Ambas formam

---

[27] As expressões são de Habermas (1989, p. 19), que as utilizou em seu texto, resultado de uma conferência proferida em junho de 1981, em Stutgart, na Associação Hegeliana Internacional.

FILOSOFIA, DIREITO E DIREITOS HUMANOS

as duas grandes correntes do pensamento filosófico. Os dois "paradigmas seminais da teoria política" são tão presentes na tradição da filosofia ocidental, que praticamente todos os outros filósofos da história podem, sem maiores dificuldades, ser enquadrados como representantes de uma das duas linhas.[28]

A filosofia, como uma teoria geral da representação da realidade, comprometida com a sistematização de uma estrutura universal, objetiva e neutra do pensamento, acabou por dirigir a própria noção de filosofia, a ponto de criar a profissão de filósofo ou o "filósofo profissional",[29] como um juiz a-histórico "a presidir um tribunal sobre as zonas de soberania da ciência, da moral e da arte" (HABERMAS, 1989, p. 19).

A filosofia submetida à moldura platônico-kantiana acabou por criar um discurso excludente e pouco democrático, afastado do campo da política, especialmente no que se refere ao tom "elitizado" no trato de questões morais e éticas. Se a filosofia exerce o papel de juiz supremo na demarcação dos limites das ciências, e da própria cultura, e na fixação de seus próprios rumos, o filósofo é o agente principal dessa engrenagem. Somente por meio dele o conhecimento teórico é adquirido, somente ele detém a técnica legitimadora para o exercício de atribuição de "guia" e do estabelecimento de rumos para as demais formas de expressão do conhecimento.

A filosofia, assim, torna-se autorreferente, com pretensões de neutralidade; uma disciplina intacta da política e da realidade, autônoma, que leva seus praticantes à profissionalização e a quererem ser "a vanguarda da sociedade e da cultura",[30] os únicos que podem nos indicar caminhos e que têm sempre a última e a melhor palavra, enfim, os que podem discutir e decidir por nós temas diretamente

---

[28] Acerca do movimento pendular da filosofia em torno do universalismo platônico e do particularismo aristotélico, ver Castro (2005, p. 31 e ss).

[29] A ideia do "filósofo profissional" é ensaiada por Rorty (2005b, p. 128-129).

[30] Rorty (2005b, p. 125) usa a expressão ao explicar as razões, segundo Dewey, para que Hegel adotasse uma via mais historicista.

vinculados às nossas vidas e à nossa própria cultura. O cerne dessa crítica acompanhou Rorty desde seu período de filósofo analítico e está bastante presente em seu principal trabalho de 1979. O filósofo americano aponta muito bem que por trás dessa noção "sacra" da figura do filósofo e de sua atividade está o pressuposto kantiano do conhecimento pelo conhecimento, percebido de forma a-histórica e teórica. Sem esse pressuposto, a aura da atividade filosófica desmorona e o filósofo volta a ser uma pessoa normal, um mortal historicamente situado, obrigado a:

> Abandonar a noção do filósofo que conhece alguma coisa acerca de conhecer o que mais ninguém conhece tão bem, abandonar a noção que a sua voz sempre tem um direito primordial à atenção dos outros participantes na conversação. Seria também abandonar a noção de que existe algo chamado "método filosófico" ou "técnica filosófica", ou "ponto de vista filosófico", que permite ao filósofo profissional, *ex officio*, ter opiniões interessantes sobre, digamos, a respeitabilidade da psicanálise, a legitimidade de certas leis dúbias, a resolução dos dilemas morais, a "autoridade" das escolas da historiografia ou crítica literária, e assemelhadas. (RORTY, 1979, p. 392-393.)

A filosofia "elitizada" é fruto direto da ilusão de um pensamento teórico autônomo, racional e fora da história; e a busca por "verdades", por princípios morais transcendentais e por argumentos de validade universal está também intimamente relacionada ao dogma da atividade filosófica.

A filosofia torna-se, assim, para seus participantes uma "disciplina fundacionista" ou um "substituto da religião" (RORTY, 1979, p. 4),[31] "uma parasita do progresso na sociedade e na cultura"

---

[31] A comparação entre filosofia e religião aparece novamente em Rorty, em texto de 1995, intitulado "A prioridade da democracia para a filosofia", publicado no livro *Objetivismo, relativismo e verdade*. Em mais uma de suas interpretações originais de velhos autores, Rorty toma o exemplo de Jefferson,

FILOSOFIA, DIREITO E DIREITOS HUMANOS

(RORTY, 2005b, p. 125), de conteúdo meramente contemplativo, na convicção de que ainda há verdades a serem descobertas, e não de que as ditas verdades filosóficas são construídas e elaboradas em ambientes políticos e sociais de dissenso.

A tese antirrepresentacionista, empirista, contextualista e naturalista de ideário darwiniano de Rorty ataca frontalmente essa autoridade epistemológica da filosofia e rechaça seu papel de vanguarda perante as demais ciências ou culturas. Ao ser refratário de uma "verdade" que precisa ser buscada ou descoberta, por ser crítico da existência de algo como uma racionalidade vista fora do homem e alcançável por meio de algum tipo de método, o filósofo americano retira o próprio objeto da filosofia e, assim, desnuda a figura do filósofo.

Rorty, ao liderar a crítica mais contundente à "escolástica decadente"[32] que impera na filosofia, foi rapidamente alçado à condição de "inimigo nº 1 daquele personagem que ostenta a 'carteirinha' de filósofo profissional".[33] Sua crítica refratária à figura do filósofo

---

que, no amanhecer da nação americana, soube entender o que exatamente estava errado no discurso religioso que era combatido na época do iluminismo. Para ele, não se tratava de discutir a existência ou não de Deus, mas de "privatizar a religião", já que "irrelevante para a ordem social, mas relevante para, e possivelmente essencial para, a perfeição individual". Rorty faz uma ponte entre aquele momento histórico e o atual momento da filosofia como disciplina fundacionalista. (RORTY, 2002b, p. 235.)

[32] A expressão é utilizada por Rorty em texto que marca sua posição crítica e, ao mesmo tempo, utópica (no sentido de um sonho possível) acerca da atual agenda da filosofia. Trata-se de texto de 1995, intitulado "A filosofia e o futuro" e publicado em coletânea intitulada *Rorty & pragmatism: the philosopher responds to his critics* (SAATKAMP JR., 1995). A versão em português, mais utilizada neste trabalho, foi publicada em 2005 (RORTY, 2005b, p. 123).

[33] A expressão é de Ghiraldelli Júnior (2005, p. 7), um dos filósofos brasileiros mais conhecedores do neopragmatismo. Skinner (1981) faz referência às imediatas críticas que Rorty recebeu assim que lançou *A Filosofia e o espelho da natureza* (*Philosophy and the mirror of nature*, 1979), caracterizando suas ideias (especialmente a tese da interdisciplinaridade da filosofia) como "absurdos manifestos". Cita, por exemplo, a resenha de Alasdair MacIntyre (1982) do livro de Rorty.

profissional, entretanto, não se limitava a ser tema de suas palestras e textos. Seu próprio estilo de redação, por exemplo, era bastante diferente da maneira de escrever do filósofo tradicional, que é muito mais apegado ao rigor da terminologia, à concatenação racional de ideias e à apresentação de premissas e deduções lógicas. O livro que exemplifica a maneira leve e quase informal de escrita de Rorty é sua obra de 1989, *Contingência, ironia e solidariedade* (2007a, p. 235), no qual apresenta aspectos fundamentais de seu pensamento no formato de resenha de livros como *Lolita* (de Vladimir Nabokov), *A casa soturna* (de Charles Dickens) e *1984* (de George Orwell). Outro exemplo desse estilo não ortodoxo de escrita está em um de seus mais famosos textos, "Trotsky e as orquídeas selvagens", de 1992 (2005c, p. 29), que não é nada mais do que um texto autobiográfico e, ao mesmo tempo, profundamente filosófico. A versão original em inglês também faz parte da coletânea intitulada *Philosophy and social hope,* publicada em 1999 (1999d). Outro de seus trabalhos, *Para realizar a América: o pensamento de esquerda no século XX na América*, de 1988 (1999e), foi classificado por Habermas (2003, p. 183) como um "manifesto patriótico". Já Skinner (1981) classifica o estilo empregado em *A filosofia e o espelho da natureza* (1979) como de uma "virtuosidade deslumbrante". Para muitos, esse estilo já o afasta da caracterização como filósofo — o que, para ele, não chegava a ser uma crítica. Rorty, assim, já foi enquadrado como "ativista intelectual" e como "escritor filosófico com pretensões literárias" (HABERMAS, 2003, p. 183). De fato, quando de sua morte, em 2007, ocupava a posição de professor emérito de literatura comparada na Universidade de Stanford desde 1997.[34]

---

[34] Em entrevista concedida a Derek Nystrom e Kent Puckett em 1998, Rorty foi questionado sobre sua opção acadêmica de se afastar da filosofia em direção à teoria literária. Rorty respondeu: "[...] foi mais aversão do que atração. Ou seja, eu queria um emprego que não fosse num departamento de filosofia. Não me importava com que tipo de emprego fosse, contanto que eu não tivesse de ir a mais nenhuma reunião de departamento de filosofia." (RORTY, 2001b, p. 109.) Sobre o cargo que ocupou na Universidade de

A crítica incisiva do neopragmatismo à condição da filosofia como "indicadora de lugar" gerou reações mesmo daqueles que também mantinham uma posição preocupada com os rumos metafísicos da disciplina. Mais uma vez, a oposição de Habermas é emblemática, não só porque se trata do mais conhecido e influente dos filósofos vivos, mas também porque sua oposição a Rorty o coloca muito mais perto da epistemologia kantiana do que ele mesmo gostaria de estar.

Habermas tenta aliviar o peso do discurso metafísico central da filosofia para salvar o que, para ele, é fundamental: a racionalidade como objeto da filosofia. Ao empreender esse esforço, a sua tese, na visão de um pragmatista, passa a não ter qualquer diferença da posição dos filósofos universalistas. O filósofo alemão diz estar

> [...] menos convencido da consequência que Rorty extrai daí [a crítica neopragmática aos rumos da filosofia]: a afirmação de que a filosofia, com o abandono desses dois papéis, também deva se livrar da tarefa de um "guardião da racionalidade". (HABERMAS, 1989, p. 19.)

Para o professor licenciado de Frankfurt, o argumento de Rorty não se sustenta porque leva à conclusão de que "formas de convivência humana" não encontram como condição necessária de existência "a ideia do verdadeiro ou do incondicional". Também não parece a Habermas que o conceito de modernidade que construímos desde a obra de Kant possa se sustentar com o declínio da teoria do conhecimento que, em última análise, deu formato a aquele conceito. A tese do filósofo alemão é a de que

---

Stanford, Rorty disse: "Quando chega a hora de procurar emprego, sempre fico na dependência do obséquio dos professores de literatura. [...] Mas eu ainda estarei ensinando filosofia a estudantes de literatura, do jeito que eu fazia na Universidade de Virgínia. Não me importei com o título do cargo. Sugeri que eu fosse chamado de Professor Transitório de Estudos de Tendências, mas ninguém gostou da ideia." (RORTY, 2001b, p. 109.)

NEOPRAGMATISMO E DIREITO CONSTITUCIONAL

A filosofia, mesmo quando se retrai dos papéis problemáticos do indicador de lugar e do juiz, pode — e deve — conservar sua pretensão de razão nas funções mais modestas de um guardador de lugar e de um intérprete. (HABERMAS, 1989, p. 19-20.)

Para Habermas, a crítica de Rorty ao transcendentalismo de Kant é um "produto tardio", já objeto de autores como Strawson, Lorenzen e Popper, mas reconhece que, ao lado da hermenêutica, o pragmatismo formula uma crítica mais sofisticada, já que abandona o horizonte anterior. Mais adiante, esclarece que a filosofia seria um guardador de lugar "para teorias empíricas com fortes pretensões universalistas, que são objeto de arremetidas sempre renovadas das cabeças produtivas em cada disciplina".

A filosofia, portanto, funcionaria como uma espécie de laboratório de teste e de amadurecimento das pretensões universalistas de cada disciplina. Exercendo esse papel, a filosofia conseguiria responder se tais "hipóteses de reconstrução" seriam ou não válidas e, assim, em uma "cooperação científica", atenuar (ou controlar?) as pretensões fundamentalistas das outras áreas do conhecimento. A situação, portanto, seria de evolução da tese kantiana, uma vez que a filosofia não mais estaria a se "julgar capaz sozinha" desse trabalho, mas repartiria essa intenção com outros "fragmentos teóricos".

O que, no entanto, Habermas chama de "divisão de trabalho não exclusivista"[35] transparece para o neopragmatista como apenas uma variação, quase linguística, do papel que a filosofia sempre desempenhou. A desistência de Habermas em atribuir um papel central à filosofia é aparente e ilusória, já que a própria filosofia continuaria a ditar e a controlar a "justificação" das demais disciplinas e a avalizar e confirmar a tese de verdade de cada uma delas. Além disso,

---

[35] "Certamente, uma filosofia que se esforça, ainda que no quadro de uma divisão de trabalho, por aclarar os fundamentos racionais do conhecer, do agir e do falar conserva sempre uma relação temática com o todo." (HABERMAS, 1989, p. 31.)

FILOSOFIA, DIREITO E DIREITOS HUMANOS

parece óbvio que a filosofia acaba por não abrir mão de seu objeto de estudo: a racionalidade. O jogo de palavras, ideias e argumentos de Habermas são apenas mais um capítulo na submissão que a filosofia ainda mantém ao discurso metafísico-kantiano.

Habermas ainda vê mais uma função para a filosofia: como intérprete, como mediadora entre o que chama de "grandiosas unilateralizações que constituem a rubrica da modernidade" — como a ciência moderna, o direito positivo, as éticas profanas e a arte — e a "prática comunicativa do quotidiano" (HABERMAS, 1989, p. 32).[36] O filósofo alemão entende que, na modernidade, é preciso uma aproximação entre áreas da atividade humana que produzem uma razão fora da filosofia e o mundo da vida. Essa função de aproximação justificadora, de tradução ou de intérprete ("intérprete-mediador") seria um dos papéis da filosofia.

Em relação a esse segundo ponto, a oposição pragmatista é tópica. O pragmatismo ironista reconhece também um papel mediador da filosofia, mas entende que essa função precisa se dar fora dos limites estreitos e impessoais de uma racionalidade ou que, pelo menos, não tenha na razão a sua origem ou núcleo.

De qualquer forma, nunca o neopragmatismo construiu um discurso "antifilósofo" ou que pudesse ser visto, de alguma forma, como contrário à própria filosofia ou na defesa do fim da filosofia. Sobre essa questão, por exemplo, Rorty (2005b, p. 124-125) era explícito ao defender a função da filosofia nas democracias modernas. Dizia ele:

> Podemos acrescentar que a filosofia provavelmente não vai acabar enquanto existirem mudanças social e cultural. [...] Somente uma sociedade sem política — ou seja, uma sociedade governada por tiranos que impedem a mudança social e

---

[36] Luban (1996, p. 1.018) utiliza argumento parecido para destacar que toda disciplina necessita de alguma filosofia.

cultural — não necessitaria mais dos filósofos. Em tais sociedades, em que não há política, os filósofos podem ser somente sacerdotes a serviço de uma religião de Estado. Em sociedades livres, sempre haverá a necessidade de seus serviços, pois elas nunca param de mudar, portanto nunca param de tornar obsoletos os velhos vocabulários.

A proposta de utilidade do filósofo após a crítica neopragmatista é muitíssimo pouco entendida pelos "filósofos de carteirinha". Para Skinner (1981), por exemplo, a propositura de uma função "conversacional" de filosofia, ao final de *A Filosofia e o espelho da natureza*, constitui um "estranho paradoxo" com o conteúdo do livro. Apesar de reconhecer esse aparente paradoxo, concorda com a formulação rortyniana de que, mesmo com essa crítica, não se pode falar que a filosofia está em seu fim.

O que se propõe é um papel diferente, subversivo em relação à tradição neokantiana, mas libertário na sua sintonia com a política e com a democracia. Nessa utopia do neopragmatismo ou da chamada "discussão metafilosófica" (HABERMAS, 1989, p. 19, 21; GHIRALDELLI JÚNIOR, 2005, p. 7), ou ainda do "discurso pós-analítico" (HABERMAS, 1999, p. 229), a filosofia tem um papel político e social, e não mais meramente contemplativo e metafísico. Cabe ao novo filósofo fazer de sua ciência um instrumento de melhorar o futuro por meio do aprofundamento das análises dos erros cometidos no passado. Esse futuro, entretanto, é construído e não se trata de uma tela em que necessariamente deverá ser projetado o mundo ideal e os valores transcendentais que hoje são inventados. "Temos que concordar com Marx que nosso trabalho é ajudar a fazer o futuro diferente do passado, em vez de alegar conhecer o que o futuro deve necessariamente ter em comum com o passado." (RORTY, 2005b, p. 124.)

Para pragmatistas ironistas, a filosofia tem um papel menos pretensioso, mas mais importante para o futuro da sociedade: o filósofo deve trabalhar como "um trabalhador não qualificado, que limpa o lixo do passado para abrir espaço para a construção do futuro" (RORTY, 2005b, p. 128).

Se a discussão em torno de alguma "verdade" está superada pela ineficiência que traz, o filósofo deveria voltar seus olhos para aspectos mais concretos da vida, para a elaboração de utopias possíveis diante das experiências já vividas. O filósofo é um *expert* em ler as experiências da história sob um ângulo crítico e aprofundar e detalhar essa análise de maneira a que novas más experiências não sejam repetidas. Esse papel é "marginal, menor, porém útil em sua [utopia] criação" (RORTY, 2005b, p. 132). A utopia de um mundo melhor, da expansão da liberdade e de uma comunidade política democrática planetária deverá ser divulgada e tornada pública. Para isso, não somente elementos e referências de nossa própria cultura deverão ser alterados, mas também o próprio vocabulário em cuja base essas referências foram erguidas. Esse intenso processo de discussão e definição de nossas utopias e de persuasão de sua aplicação poderá contar com o auxílio inestimável dos filósofos.

A construção desse novo mundo, desse novo futuro, dependerá muito mais da captação de vozes destoantes, de minorias subjugadas, ou da identificação de experiências de sofrimento do que da representação da "verdade". É por isso que o filósofo do futuro, de acordo com o neopragmatismo, discutirá mais sobre honestidade, cordialidade, imaginação, diplomacia, sentimentalidade, criatividade, tolerância e solidariedade, e menos sobre modelos, padrões, conceitos, métodos, sentido de "ética" ou de "moral".[37] De servos da verdade, os filósofos passariam a ser "servos da democracia" (RORTY, 2205b, p. 134).

---

[37] Rorty já identifica uma tendência ganhando cada vez mais força na filosofia: "[...] recentemente, temos falado menos sobre a verdade e mais sobre honestidade, menos sobre trazer a verdade ao poder do que sobre manter o poder honesto. Penso que isso é uma mudança sadia. A verdade é eterna e resistente, mas é difícil estar certo se é você quem a possui." (RORTY, 2005b, p. 133.)

Essa nova perspectiva neopragmatista retira a filosofia — e, por consequência, o filósofo — do centro das atenções em relação aos rumos que teremos que trilhar e coloca nesse posto a política e a democracia — e, por consequência, o cidadão. No campo do Direito, essa perspectiva significaria, de imediato, a compreensão de que o Poder Judiciário não é necessariamente a instituição fundamental que deve dar a última palavra em todos os temas. O Poder Judiciário, no centro da democracia, gera o "judicialismo". Unger chama o judicialismo de "obsessão com os juízes e a forma como decidem casos" (UNGER, 1996b, p. 130). Constrói-se, assim, uma situação de "prioridade da democracia para a filosofia".[38] A política e a democracia, entretanto, não podem ser aqui entendidas como "estudo teórico" sobre a política e sobre a democracia, já que, assim, estaríamos apenas trocando um modelo de verdade por outro. Política e democracia são entendidas pelo pragmatista como uma prática de bem-estar comunitário, como um processo de "equilíbrio reflexivo"[39] em torno da ampliação da ideia de liberdade e de tolerância, como uma "tapeçaria" ou uma "rede"[40] que entrelaça opiniões, preconcepções, crenças, valores e sentimentos para a construção de um futuro melhor. O filósofo, ao lado do político, do cientista e do jurista,

---

[38] A feliz expressão é o título de um dos textos de Rorty (2002b) publicado no livro, de 1989, *Objetivismo, relativismo e verdade: escritos filosóficos I.*

[39] O termo é de Rawls e quer significar uma noção antifundacionalista de justiça política, menos associada à prévia conceituação com base em teorização abstrata e mais "um acordo razoável" de justiça a partir da "coerência entre convicções refletidas em todos os níveis de generalidade" (RAWLS, 2003, p. 40-44). A expressão também é adotada por Rorty (2002b, p. 243).

[40] Rorty gostava muito de usar metáforas para melhor explicar suas imagens e a maneira como entendia as relações estabelecidas entre culturas ou no âmbito da política. A imagem de uma rede é utilizada para explicar as pessoas. "São redes de crenças e desejos sem centro e de que seus vocabulários e opiniões são determinados pela circunstância histórica." (RORTY, 2002b, p. 249.) Já a imagem de tapeçaria é utilizada para demonstrar o tipo de equilíbrio que poderia ser alcançado entre culturas diferentes no plano global (RORTY, 2005h, p. 244).

FILOSOFIA, DIREITO E DIREITOS HUMANOS

tem papel fundamental nesse trabalho. Rorty tenta assim colocar a perspectiva (ou a utopia) que poderia informar a atividade da nova filosofia no plano global:

> Tenho a intuição de que as tentativas de construir amplas oposições teóricas entre, ou de realizar amplas sínteses teóricas sobre o "espírito" ou a "essência" de culturas distintas são apenas paliativos e quebra-galhos. Suspeito que o verdadeiro trabalho de construção de uma utopia multicultural global será feito por pessoas que, no curso dos próximos séculos, possam desemaranhar cada cultura numa multiplicidade de finos fios e, depois, entrelaçar esses fios com outros, igualmente finos, retirados de outras culturas, promovendo assim o tipo de variedade na unidade característica da racionalidade [racionalidade como tolerância]. A tapeçaria resultante será, com sorte, algo que mal podemos imaginar agora — uma cultura que julgará as culturas da América ou da Índia contemporâneas como passíveis de serem negligenciadas, tanto quanto pensamos que são as de Harappa ou as de Cartago.[41]

11.4 O NOVO PAPEL NEOPRAGMÁTICO DO DIREITO CONSTITUCIONAL E DOS CONSTITUCIONALISTAS

A situação da filosofia, observada por Rorty na década de 1970 e ainda praticada pela grande maioria de seus participantes, é equiparada à situação do direito constitucional atual no Brasil. Interessante é notar a diferença bastante nítida entre o tipo de trabalho desenvolvido pelo advogado nos Estados Unidos e pelo advogado no Brasil. A noção do papel do advogado nos Estados Unidos é muito mais clara e dificilmente se encontram profissionais que formulam teses para

---

[41] A imagem de Rorty está no texto "Racionalidade e diferença cultural", de 1998 (2005h, p. 243-245), que tem por objeto dar tratamento pragmatista ao tema da diferença cultural entre as nações.

vencer casos concretos. Existe certo consenso de que a função do advogado é pragmática e se sustenta somente enquanto resolve problemas práticos. A pecha de filósofo também é mais um atributo de professores de Direito do que de advogados ou outros profissionais jurídicos. No Brasil, ao contrário, o advogado (bem como juízes, professores, juristas, promotores, procuradores etc.) dá mais destaque à formação teórica e não se constrange em transformar peças processuais em repositórios de todo tipo de teorização inconveniente e desnecessária. O comentário é importante porque Rorty (2005b, p. 124, 125 e 129) se utiliza da imagem do "advogado" e da "jurisprudência" norte-americana como exemplos para a filosofia, exatamente pelo tipo de trabalho pragmático que exercem.[42]

Da mesma forma como a filosofia, o direito constitucional, ignorando a necessidade de se manter próximo das questões concretas para ajudar em suas soluções, preferiu o caminho, pretensamente mais nobre, da busca da "verdade" por meio da importação de argumentos e de um tipo de raciocínio baseado na racionalidade. A estrutura de linguagem é basicamente a mesma, alterando-se, contudo, os temas, que passam a merecer um olhar mais tecnicamente correto para poderem ser conceituados de maneira transcendente. Se a filosofia perdeu já muito tempo com discussões sobre "o que é o homem?", "o homem é bom ou mau por natureza?", "qual o melhor regime político?" e "qual é o método científico?", dentre outras, o direito constitucional no Brasil gasta também energia preciosa para identificar e conceituar noções como "liberdade", "igualdade", "direitos fundamentais", "poder constituinte", "proporcionalidade", "justiça", "ética" e "moral", dentre outras.

---

[42] Também é interessante destacar que, muito embora Rorty não fosse jurista — publicou apenas dois trabalhos voltados para o Direito (1990b; 1997) —, sua obra vem sendo amplamente aplicada no campo do Direito nos Estados Unidos, especialmente pelos autores da esquerda radical, embora não exatamente na mesma linha adotada por este trabalho. Acerca dessa apropriação do pensamento de Rorty pelo discurso do Direito da esquerda, ver Weaver (1992, p. 729).

FILOSOFIA, DIREITO E DIREITOS HUMANOS

Para o pragmatista do Direito, o discurso acerca dos direitos humanos como inalienáveis (para falar de uma mínima concessão que estamos acostumados a fazer diariamente à metafísica) não é nada mais do que o destaque exagerado da

> [...] imagem do si próprio comum aos metafísicos gregos, à teologia cristã e ao racionalismo iluminista: a imagem de um centro natural a-histórico, o lugar da dignidade humana, envolto por uma periferia acidental e não essencial. (RORTY, 2002b, p. 236.)

Para Rorty, a própria história da filosofia mostra exemplos de correntes que tentaram recuperar o sentido histórico do homem e dar mais importância ao tempo, tais como Heidegger, Gadamer, Quine e Davidson. A eliminação do ser humano, enquanto algo divino e especial, como centro do discurso, provoca inevitavelmente uma visão menos pretensiosa e fantasiosa dos direitos humanos. Se, entretanto, a prioridade é dada ao "lado absolutista, nós falaremos sobre 'direitos humanos' inalienáveis e sobre 'uma resposta correta' para os dilemas morais e políticos" (RORTY, 2002b, p. 237).

Visto sob essa perspectiva, o discurso dos direitos humanos pode ser desmembrado em duas perspectivas distintas:

A perspectiva que Rorty chamou de "absolutista" contém teorias que se baseiam — mesmo que não admitam — na figura central de direitos humanos a-históricos, que existem e sempre existiram e estão aí para que a racionalidade possa descobri-los. Essa primeira perspectiva, que encontra em Dworkin um dos seus principais adeptos,[43]

---

[43] A classificação é de Rorty e o enquadramento de Dworkin também o é (RORTY, 2002b, p. 237). A crítica neopragmatista aos absolutistas tem, de fato, em Dworkin seu centro de atenções. Contudo, não há dúvida de que os mesmos argumentos podem ser dirigidos ao formato trazido ao Brasil da racionalidade procedimental ou metódica de discussão dos direitos fundamentais na Alemanha. Os dois discursos se interpenetram no Brasil

traz um olhar pretensioso e soberbo sobre o fenômeno dos direitos humanos, já que se arvora na capacidade de elaborar uma teoria que revela a verdade dos "direitos" e a forma de aplicá-los, e é obrigado a fazer novas concessões à metafísica e aos conceitos abstratos — tais como "a resposta correta" (DWORKIN, 2001, p. 175),[44] "os casos difíceis" (DWORKIN, 2007a, p. 127) e o "direito como integridade" (DWORKIN, 2007b, p. 271). O resultado final é um discurso pomposo, teorético e frio, que se situa na impessoalidade dos prédios dos tribunais e se afasta da contingência do mundo e da cultura.

A segunda perspectiva, que poderia ser chamada de "pragmática", evita o tom professoral do discurso dos direitos humanos[45] e tenta situá-lo no quadro de uma identificação "quase hegeliana" na "tradição de uma comunidade particular, o consenso de uma cultura particular" (RORTY, 2002b, p. 237). A perspectiva pragmatista não só evita o discurso essencialista, mas também o observa sob uma perspectiva pragmatista: o discurso sobre direitos humanos passa a

---

e não são raros os trabalhos de doutrina nacionais que bebem das duas fontes, como se constituíssem uma mesma vertente. Talvez o cerne dessa "confusão" esteja na similitude do tratamento principiológico-jurídico (especialmente no que concerne ao regime dos princípios constitucionais) e na eleição da Jurisdição Constitucional como eixo central dos debates constitucionais. Aqui, entretanto, Dworkin se aproxima de autores da estatura de Alexy, Hesse e "o primeiro" Häberle.

[44] Em relação especificamente à defesa do argumento da "resposta correta" em resposta à crítica de Rorty, ver Dworkin (1991, p. 359). Em resumo, o professor de filosofia do direito entende que as questões colocadas pelo neopragmatismo "não tem nada a contribuir para a teoria jurídica, a não ser para trazer outra forma para doutrinadores do direito ficarem atarefados enquanto, de fato, não fazem nada". Outra crítica consistente e importante à possibilidade de "uma resposta correta", personificada na figura do juiz Hércules, é feita por Schlink (2003, p. 615).

[45] Fazendo um paralelo às considerações rortynianas acerca da historiografia da filosofia, é possível afirmar que esse tom professoral se denuncia principalmente por meio de um "emprego honorífico" da doutrina constitucional (RORTY, 1990a, p. 80).

ser uma "tentativa de desfrutar dos benefícios metafísicos sem assumir as responsabilidades apropriadas". Em outras palavras, o pragmatismo no Direito não questiona que o tema dos direitos humanos se sustentou e se estabeleceu no passado a partir da base do discurso iluminista, de viés kantiano. Apenas defende que esse mesmo discurso deixou de ser útil no presente para a construção futura de uma experiência democrática mais ampla. Para autores que se enquadram nessa perspectiva, os direitos humanos são o resultado histórico a partir de específicas, mas substanciais, experiências vividas, que trouxeram a preocupação de alterar vocabulários insuficientes, dar voz a grupos marginalizados e ampliar a noção de "nós". A necessidade de uma nova hipótese ou utopia para o futuro foi o que determinou a ascensão dos direitos humanos. Pouquíssimo tem a ver com a sofisticação de um discurso racionalista e a-histórico.

Haveria ainda uma terceira perspectiva de teoria social, englobando autores que, também refratários à tradição racionalista individualista e à versão iluminista de "direitos", colocam em cheque todas as instituições liberais e elementos da cultura de um Estado Democrático que também nasceram desse contexto histórico. Os "comunitaristas" são críticos ao extremo e talvez "por conceito" (RORTY, 2002b, p. 237).[46] A grande questão é que, duvidando da legitimidade de realizações institucionais consideradas boas, flertam perigosamente com o raciocínio kantiano ao estabelecerem críticas *a priori* e ao nomearem outros padrões de convivência como certos.

De qualquer forma, os "absolutistas" é que dão as cartas no discurso do direito constitucional brasileiro e arrastam consigo uma legião de novos juristas que, deslumbrados com o eruditismo do discurso racionalista e conceitual do direito constitucional, nem

---

[46] Fariam parte desse grupo autores como Charles Taylor, Alasdair MacIntyre e "o primeiro" Mangabeira Unger. Apesar de não estar citada, provavelmente boa parte dos autores vinculados à *Critical Legal Studies* (CLS) fariam também parte desse grupo. Para uma das mais famosas e competentes análises sobre o movimento CLS, suas variáveis e suas críticas, ver o artigo de Unger (1983, p. 563).

NEOPRAGMATISMO E DIREITO CONSTITUCIONAL

chegam a fazer um autoexame acerca de sua utilidade e eficácia. A repetição da "doutrina da sacralidade da consciência individual" (RORTY, 2002b, p. 239), com, vez ou outra, pequenas inovações, mesmo que meramente conceituais e metafísicas, sacia o profissional do Direito, seja professor, advogado ou juiz, e o reafirma como cientista de destaque no processo de ampliação dos direitos humanos. As eventuais críticas ao tom excessivamente universalista que, às vezes, constrange o próprio discurso, são encobertas pela utilização de vocabulários da crítica, mesmo que não tenham coerência ou efeito qualquer para mudar o parâmetro da análise. Trata-se de uma estratégia bastante comum, observada nas seguintes afirmações: "os direitos fundamentais, pela doutrina tradicional, são inalienáveis, mas também históricos", "as características desses direitos não são absolutas", "os direitos fundamentais são vinculados ao princípio da dignidade da pessoa humana, mas podem ser reciprocamente ponderados" e "não há direitos absolutos, muito embora a dignidade humana tenha que ser sempre preservada", dentre outras.

O tom "sacro" do discurso dos direitos humanos marca de maneira indelével a vinculação estrita à herança platônica de representação da verdade e afasta a compreensão jurídica dos direitos humanos de uma noção histórica, contextual e sentimental. É o que ocorre, por exemplo, na afirmação sempre latente, muito defendida por Dworkin e por parte dos juristas alemães, de que "o apelo por direitos ultrapassa todos os outros apelos". Diante dessa afirmação tão forte, é sempre melhor estar ao lado daqueles que ditam esses direitos ou daqueles que fazem esses apelos.[47] O direito constitucional,

---

[47] Não é à toa que têm crescido os estudos em torno do aspecto simbólico por trás do discurso dos direitos humanos. Há duas facetas desse simbolismo: a intenção de reproduzir um discurso "politicamente correto" nos países democráticos, especialmente em tempo de eleição; e o simbolismo do próprio discurso, que promete a expansão da aplicação dos direitos humanos por meio da retórica e da argumentação, como se essa ampliação dos direitos apenas dependesse da evolução e sofisticação de nossa racionalidade. São paradigmáticos os trabalhos de Marcelo Neves acerca do efeito simbólico no direito constitucional (NEVES, 2003; 2007).

FILOSOFIA, DIREITO E DIREITOS HUMANOS

visto assim, torna-se um objeto, uma "coisa", e não uma atividade que visa o bom convívio de todos.[48]

O posicionamento a-histórico e conceitual de Dworkin claramente se sustenta em uma ideia que ignora o efeito do tempo e tenta construir uma falsa segurança de que nossa racionalidade sofisticada em matéria de "direitos" e de "princípios" pode evitar que enfrentemos novas situações de violações de direitos. Além disso, cria-se a ilusão de controle do tribunal constitucional em sua tarefa de aplicação da Constituição e de que o processo interpretativo é mecânico, uma vez que vinculado a um método. Na realidade, é provável que tais violações advenham exatamente desse tipo de discurso "sacro" e pouco democrático. Sua "filosofia" do direito se aproxima de Kant e, portanto, tem pouca possibilidade de ver avanços, senão dentro da lógica de sua própria racionalidade. Rorty (2002b, p. 246-247) bem identifica os caminhos e suas consequências:

> Se estamos inclinados a filosofar, nós devemos querer o vocabulário oferecido por Dewey, Heidegger, Davidson e Derrida, com suas cauções construídas internamente contra a metafísica, em vez daquele oferecido por Descartes, Hume e Kant. Pois se usarmos o primeiro vocabulário, estaremos em condições de conceber o progresso moral como uma história de realizações, mais do que de descobertas, dos empreendimentos poéticos de indivíduos e comunidades "radicalmente situadas", em vez de um gradual desvelamento por meio do uso da "razão", de "princípios", "direitos" ou "valores".[49]

De resto, nossa doutrina constitucional baseia-se também nos autores alemães que igualmente "transcendentalizam" o método por

---

[48]   É a ideia de Patterson (1990, p. 983) do Direito como "um meio de entendimento" ou como "um processo de se tornar".

[49]   A redação foi alterada diante dos problemas redacionais e de tradução da versão em português. As mudanças foram feitas com base na versão original, em inglês, publicada em 1995.

meio da uma teoria dos direitos fundamentais, transformando os juristas em entidades especiais dotadas de algum tipo de conhecimento e de racionalidade, o que lhes dá mais autoridade para interpretar direitos humanos e resolver questões de direitos humanos.

Fica claro que, também para a filosofia do direito constitucional, o destaque e a "sacralização" de alguma racionalidade objetiva, mesmo que por meio de uma epistemologia de princípios, atestam um valor exagerado à figura do jurista constitucional. Tal como na filosofia, que se arvora na posição de "indicador de lugar" ou mesmo na versão atenuada de "guardador de lugar e intérprete" — na linha de Habermas —, o discurso teorético dos direitos humanos também se atribui uma hierarquia diante do quadro dos demais discursos jurídicos. Essa posição de superioridade, confirmada por dogmas principiológicos, tais como "os direitos fundamentais têm uma dimensão objetiva" ou "os direitos fundamentais têm efeito irradiador para todo o ordenamento jurídico", ajuda a reforçar o discurso de centralidade filosófica e, como resultado, a posição central do jurista que produz esse discurso do direito constitucional.

Assim, a crítica pragmatista ao tom metafísico do direito constitucional é, sobretudo, uma crítica ao desenvolvimento de uma determinada relação de poder que se sustenta por meio de um discurso de "verdade" e de "conceito". A consequência mais direta dessa circunstância é, como já foi dito, a elitização do tema dos direitos humanos, acompanhada de um fechamento de ingresso de potenciais participantes. De alguma maneira perversa, os relatos, as narrativas e os novos vocabulários são suplantados pela repetição estéril de um conjunto de conceitos que somente encontram conformação e sentido em um plano abstrato.

A alteração dessa situação não passa pela sofisticação do discurso e nem ao menos por um processo de tornar mais complexas as ideias, os princípios e as relações estabelecidas entre eles. A mudança, na versão do neopragmatismo, poderá vir por meio de um processo de desnudar os temas do direito constitucional e enfrentá-los, atribuindo-lhes sentido no mundo prático. Agindo dessa forma,

FILOSOFIA, DIREITO E DIREITOS HUMANOS

os temas se democratizam, a razão perde lugar, assim como os seus tradutores, e abre-se, no campo político, espaço para que regras democráticas possam reger o processo de escolha entre qual princípio será determinante e quais direitos terão eventualmente primazia. As soluções de atenuação do discurso racional e objetivo não trazem qualquer vantagem prática, mas apenas reforçam o estereótipo de que o tema dos direitos humanos é de juristas, e não de cidadãos.

Há, entretanto, outra mensagem subliminar. O discurso teórico no Brasil pretende criar uma metodologia de interpretação e de aplicação dos direitos humanos pela jurisdição constitucional. Em alguns momentos, as ideias projetadas lembram um manual de instrução em que está bem definida a previsão de problemas e suas eventuais soluções, bem como os caminhos a serem trilhados. Em que pese a tentativa de organizar a jurisprudência, procurando dar coerência a uma sucessão de julgados que podem perfeitamente não ter sentido de unidade ou serem casuísticos, a "metodologização" da jurisdição constitucional também é um discurso de poder, já que reafirma a autoridade daqueles que entendem o seu funcionamento e, por isso, conseguem utilizar esse padrão metodológico.[50]

Não há dúvida de que uma doutrina de destaque da jurisdição constitucional é uma doutrina de primazia do Direito e do jurista. Há claramente uma relação de proximidade disciplinar entre o advogado, o juiz, o promotor, o Direito, os direitos humanos e a jurisdição constitucional. Levando-se em conta que a atuação perante o maior tribunal do país é restrita aos membros de determinada carreira e que, mesmo dentre esses, há alguns ainda mais festejados diante de suas histórias pessoais como advogados, professores ou ministros aposen-

---

[50] A disseminação dessa perspectiva de consolidação do discurso da teoria constitucional nas faculdades de Direito é também consequência da expansão dos cursos de pós-graduação *stricto sensu* (mestrados e doutorados) em Direito, nos quais uma acolhida entusiasmada do debate europeu sobre os direitos fundamentais tem encontrado terreno fértil e reproduzido interlocutores legitimados pelo sistema acadêmico formal (FELIX, 2006, p. 202).

tados, o discurso constitucional de centralidade da jurisdição constitucional no processo de aplicação dos direitos humanos não passa da defesa da tese da primazia do Direito e do jurista no horizonte das ciências humanas, uma espécie de *lobby*[51] por meio do discurso.

Entretanto, diante desse quadro aparentemente sombrio para o futuro do profissional do Direito, o que a ele resta sob a perspectiva de adoção de uma visão neopragmatista de mundo? Antes de tudo, é preciso perceber que a crítica neopragmática ao discurso de "verdade" se cinge à centralidade da busca pela racionalidade objetiva como objeto de preocupação da filosofia moderna. No Direito, igualmente, a mesma crítica se aplica ao tom iluminista adotado pela teoria e à eleição desses problemas meramente conceituais como questões nucleares do direito constitucional.

A busca de um novo papel para juristas do direito constitucional,[52] no entanto, precisa necessariamente evitar três aspectos que distorcem o discurso pragmatista, fazendo com que a proposta caia nos mesmos erros do discurso criticado. Para Rorty (2005b, p. 131), esses aspectos são: primeiramente, "o desejo revolucionário de ver uma filosofia como um agente de mudanças, e não como um agente de reconciliação"; em segundo lugar, "o desejo escolástico de refugiar-se no interior de fronteiras disciplinares"; e, finalmente, "o desejo chauvinista".

De fato, são três perigos que diuturnamente rondam as novas teses jurídicas e os novos trabalhos de doutrina. O desejo revolucionário, por exemplo, faz com que a crítica ao modelo epistemológico

---

[51] A expressão é de Unger (1996c, p. 50), que, ao estabelecer metas para os "profissionais do Direito", defende que se deve evitar cair "em uma espécie de protossindicalismo próprio".

[52] É importante perceber a relação que também existe entre a crítica neopragmatista e a crise das carreiras humanistas. Na percepção de West (1990, p. 1.749), o neopragmatismo também se alimenta de uma "crise de propósito e vocação nos estudos humanistas e nas escolas profissionais", associada à necessidade de interdisciplinaridade nesses estudos.

se transforme em mais um modelo de "verdade", trocando-se apenas a "posição-chave" (2005c, p. 50), já que para ser revolucionário é necessário ser adotado e ter certa fama.[53] O desejo escolástico quer significar a vontade de segurança que arrasta o profissional a pensar as questões dentro do mundo limitado de apenas uma ciência, o que, por sua vez, ajuda a desenvolver uma visão egocêntrica do mundo. Finalmente, o desejo chauvinista parece ser a soma dos dois sentimentos anteriormente considerados. Trata-se daquele orgulho, quase patriótico, pela sua visão, pela sua ciência e por seu país. Não é difícil perceber o tom "profético" e "falogocêntrico" desse tipo de visão.

Se o orgulho for superado e o jurista se convencer de sua função meramente instrumental e prática na sociedade, poderemos começar a pensar em sua função propriamente dita. Se a ele não é conveniente produzir grandes teorias que, ao final, não são tão eficientes, qual poderia ser o seu papel e o seu discurso? O neopragmatismo apresenta uma resposta ao "filósofo profissional" que poderia ser trazida para o contexto jurídico.

O jurista é um profissional que tem familiaridade com um determinado objeto de trabalho, com uma dada linguagem, e pode resolver problemas seguindo determinados procedimentos conhecidos de sua área. Cabe, portanto, a ele, sempre com os olhos voltados para o futuro, utilizar sua criatividade e sua *expertise* para, nos limites de sua própria atuação, propor soluções que possam ser as mais consensuais e medianas possíveis. O advogado, assim como o juiz ou o promotor, não serve para elucubrar grandes teoremas e sistemas jurídicos abstratos, mas para encontrar justificativa social, enquanto operador de um grande sistema de solução de controvérsias. Esse sistema, se mal utilizado, gera ainda mais discórdia e desconfiança; mas, se bem utilizado, pode servir para aproximar

---

[53] Para Rorty, um dos principais entraves para superarmos o modelo kantiano é o auto-orgulho do filósofo. "Sempre que os filósofos começam a se orgulhar de si mesmos por conta da autonomia de sua disciplina, o perigo desse escolasticismo reaparece." (RORTY, 2005b, p. 130.)

pessoas e incentivar o convívio solidário, transformando o que era estranho em algo próximo. Muito embora possam estar em posições de defesa de interesses pessoais, cabe a esses profissionais, com sua habilidade e persuasão, construir situações de superação da lide e de aproximação das partes. Nas palavras de Rorty, ao falar do filósofo, em ensinamento que também serve para o jurista:

> Não estamos [filósofos] aqui para fornecer princípios ou fundamentos ou diagnósticos teóricos profundos, ou uma visão sinóptica. Quando me perguntam (como frequentemente ocorre) sobre qual é para mim a "missão" ou a "tarefa" da filosofia contemporânea, eu me intimido. O melhor que posso fazer é balbuciar que nós, professores de filosofia, somos pessoas que temos certa familiaridade com determinada tradição intelectual, como os químicos têm certa familiaridade com o que ocorre quando se misturam várias substâncias. Nós podemos oferecer algum conselho sobre o que ocorrerá quando se tentar combinar ou separar certas ideias, baseado em nosso conhecimento de resultados de experimentos passados. Dessa forma podemos ser capazes de ajudar alguém a compreender seu próprio tempo em pensamento. Mas nós não somos pessoas para se requisitar, se o que se quer é a confirmação de que as coisas que se amam de todo o coração são centrais para a estrutura do universo, ou que o sentido de responsabilidade moral é "racional e objetivo", mas que são "apenas" resultado de como uma pessoa foi criada. (RORTY, 2005c, p. 50.)

O trecho lapidar de Rorty auxilia no entendimento de que a função do jurista, assim como a do filósofo, não é propriamente a de elaborar "versões" do mundo, mas apenas de ajudar, nos limites e possibilidades de sua atividade, a construir um futuro melhor para todos. A tarefa do jurista, portanto, está muito mais próxima da missão de um conselheiro ironista do que de um sábio ou pastor. Mais importante do que usar a racionalidade é usar a imaginação de maneira a criar mais possibilidades de felicidade e de integração para o

FILOSOFIA, DIREITO E DIREITOS HUMANOS

futuro. Essa parece ser também a opinião de Unger (1996b, p. 189), embora em contexto mais amplo. Segundo o jusfilósofo brasileiro: "Não podemos realizar nossos interesses e ideais integralmente ou redefini-los de forma mais aprofundada até que aprendamos a refazer e a reimaginar nossos arranjos [institucionais] mais livremente." Também Singer (1985, p. 57) é adepto de uma "teoria jurídica edificante", e não meramente sistemática.

O jurista constitucional, pela experiência de sua área de atuação, conhece casos, situações passadas, soluções propostas e experiências do direito comparado, enfim, reúne um arsenal de informações que pode ser útil para a elaboração de soluções, muitas vezes complicadas, que exigem, acima de tudo, sensibilidade para o entendimento da demanda de cada um e senso de mediação, especialmente diante de duas bandeiras legítimas. O jurista pragmático do direito constitucional é, acima de tudo, "alguém decente",[54] nem soberbo, nem orgulhoso, nem mesquinho, nem cínico, mas transparente nas demandas que defende e sensível diante do mundo complexo que está à sua frente. Considerando nossa incapacidade nas últimas décadas como juristas do direito constitucional, essa tarefa não é simples.

---

[54] A expressão é de Rorty (1997, p. 83) para descrever a visão do juiz para um pragmático, em trecho já citado neste trabalho.

12

IRONIA, DEMOCRACIA LIBERAL E DIREITOS HUMANOS

Na realidade, para o neopragmatismo, o jurista é alguém que tem facilidade para um estilo de linguagem, de vocabulário; aquele que tem intimidade com regras de conduta, leis e histórias de aprimoramento do sistema de normas. Tal como o filósofo profissional de Rorty, o jurista não tem algum apelo especial que o deixa em contato com algo a que outros não têm acesso. O jurista faz parte de uma engrenagem e sua função é tão importante quanto a de qualquer um para que uma comunidade continue a evoluir e adquirir segurança, com desenvolvimento para todos.

A figura central nessa engrenagem, portanto, não é alguém que represente uma área do conhecimento ou alguma ciência. É alguém que personifica um perfil que, não sendo apegado à razão, como sempre sugeriu o iluminismo, entende o seu tempo, as suas circunstâncias e a sua própria história local. Compreendendo essa contingência, não trata sua própria cultura, bem como sua própria estrutura de crenças, como algo que deveria ser necessariamente generalizado, como sendo uma nota de seu esclarecimento pessoal, e não se atribui uma missão transcendente de esclarecimento dos outros que ainda viveriam na escuridão da razão. Rorty chama esse personagem de "ironista liberal". Para o filósofo americano, ironista é o:

> [...] tipo de pessoa que enfrenta a contingência de suas convicções e seus desejos mais centrais — alguém suficientemente historicista e nominalista para abandonar a ideia de que essas convicções e esses desejos centrais remontam a algo fora do alcance do tempo e do acaso. (RORTY, 2007a, p. 18.)[1]

Por assim dizer, o ironista é alguém desapegado: desapegado dos chavões da filosofia tradicional, desapegado de suas próprias crenças (ou propenso a entendê-las como algo mutável) e desapegado de sua própria certeza, a significar que a sua crença na transitoriedade do homem e na contingência da linguagem e da cultura ultrapassam — e muito — a sua crença em seu padrão pessoal de verdade e de comportamento. Já os "liberais", longe de identificar uma corrente político-partidária, são pessoas que "consideram a crueldade a pior coisa que fazemos" (RORTY, 2007a, p. 18).[2]

São dois conceitos chaves do neopragmatismo, e que este trabalho defende, que precisam ser incorporados pelo jurista. O ironista "não se leva a sério" porque entende que seu vocabulário é contingente e, em seguida, pode ser alterado. Acima de tudo, vê "a escolha entre vocabulários como uma escolha que não é feita dentro de um metavocabulário neutro e universal" (RORTY, 2007a, p. 134). Desenvolve melhor essa ideia ao fixar três requisitos para o ironista: ter dúvidas em relação ao próprio vocabulário que usa, saber que essa

---

[1] Na realidade, esse é o conceito que acompanha todo o raciocínio de Rorty, já que o ironista certamente vai servir como um antifilósofo, um crítico da razão, um pragmático que está aberto a mudar a sua opinião se outra, mais útil, lhe for apresentada (LIPKIN, 1990, p. 860). Para Calder (2006, p. 50), o "ironismo deriva de uma consciência do poder da redescrição".

[2] Rorty retira essa ideia da professora de Harvard Judith Shklar, que afirma que o "liberal [...], se perguntado para ranquear os vícios, colocaria em primeiro lugar a crueldade" (SHKLAR, 1984, p. 44). Também Singer (1985, p. 67, 68), sob a influência rortyana, entende ser prioritário, mesmo em uma teoria jurídica, que "devamos prevenir a crueldade" ou "devamos aliviar a miséria" como espécies de orientação pessoal.

dúvida nunca será sanada com a utilização desse mesmo vocabulário e não achar que esse mesmo vocabulário esteja mais próximo da realidade. O quadro, portanto, é de alguém que tem quase vergonha de fazer filosofia abstrata com o que fala. Assim sendo, sabe que as palavras que usa e seus significados são tão frágeis, que não se ilude de alcançar algum tipo de segurança ou explicação metafísica para acalmar o espírito (portanto, um tipo de metaestabilidade). A ideia de Rorty de ironista, como ele mesmo reconhece, é o oposto daquela pessoa que avaliza o senso comum, ou seja, que entende que seu vocabulário é suficiente "para descrever e julgar as crenças, os atos e a vida dos que empregam vocabulários finais alternativos".

A figura do "liberal" tenta obter uma preocupação compartilhada entre pessoas, preocupação essa cuja ideia é bastante concreta. Tenta fugir, portanto, de expressões mais vagas e subjetivas como "democracia" e "direitos fundamentais", mas sem abrir mão da possibilidade de construção de uma sociedade que conviva com tranquilidade. A partir do momento em que crueldade e sofrimento humano são nomeados como o principal problema a ser combatido, uma série de consequências filosóficas e jurídicas pode ser retirada.[3] No campo do Direito, portanto, trata-se de noção que poderia substituir perfeitamente a busca por algum padrão de moralidade plena ou de discurso moral, como base para os direitos humanos. Ao mesmo tempo, o neopragmatismo, com a ideia do "liberal", tenta prestigiar, sob uma perspectiva de solidariedade, o relativismo e o historicismo. O "ironista liberal", portanto, é o personagem central da "utopia liberal" (RORTY, 2007a, p.117)[4] — da "jornada

---

[3] A figura do "liberal" em Rorty não se refere apenas a alguém que tem na luta contra a crueldade seu objetivo primeiro. Talvez seu traço mais característico seja o fato de que ele não sente a necessidade de demonstrar que o sofrimento é a pior situação ou de justificar a sua forma de agir (LIPKIN, 1990, p. 859).

[4] "O liberal ironista não é apenas totalmente ciente de sua situação, mas do conteúdo substancial de sua situação." (HOFFMANN, 2006, p. 411.) Isso não quer dizer, entretanto, que seu relativismo o leva a ser uma "pessoa

profética" (ROSENFELD, 1997, p. 130) —, encarregado de construir um mundo melhor, sem a necessidade de concessões à "razão centrada no sujeito" (HABERMAS, 2002b, p. 411).[5] É ele quem faz a ligação necessária entre a pessoa privada, na busca por sua individualidade, e a pessoa pública, "engajada no aprimoramento social" (WEISBERG, 1997, p. 88).[6]

Para melhor especificar essa noção chave, Rorty se vale de uma redução: "Michel Foucault é um ironista que não se dispõe a ser liberal, ao passo que Jürgen Habermas é um liberal que não se dispõe a ser ironista." Foucault, segundo o neopragmatista, distancia-se do liberal porque concede destaque especial à necessidade de que se forme um novo "nós", antes de qualquer tarefa, e que o novo "nós" somente pode vir da superação das limitações da socialização. Esse processo, entretanto, precisa ser uma convulsão ou uma "revolução total", de forma que se possa desenvolver autonomia e encarná-la nas instituições. O "Foucault francês",[7] ao indicar como principal ob-

---

indiferente" ou que não tenha paixões sob o ponto de vista da moral e da política (GREY, 1995, p. 531). Apenas ele não faz das suas crenças pessoais uma bandeira que obrigatoriamente precisa ser hasteada em público.

[5] O ironista de Rorty, vale dizer, também não é atado transcendentalmente a algum conceito de liberalismo, mas, se existe a relação, ela é meramente histórica (HOFFMANN, 2006, p. 411).

[6] Nietzsche e Proust seriam filósofos representantes do "olhar" privado; Habermas, Marx e Rawls seriam filósofos da pessoa pública. Esse é um binômio identificado por Rorty desde *A Filosofia e o espelho da natureza* (COSTA, 1999, p. 22). Com o mesmo diagnóstico, ver Williams (1992, p. 150). Para outros autores, entretanto, Rorty cai em contradição, já que sustenta todo o seu pensamento na inexistência da dicotomia público-privado, apesar de sustentá-la quando fala do ironista liberal (LIPKIN, 1993, p. 1.621; SINGER, 1985, p. 43).

[7] Rorty, em trabalho publicado em seu *Ensaios sobre Heidegger e outros* (1999a), assimila a interpretação de Vincent Descombes de que havia dois Foucault: um americano, que defende uma versão antifundacionalista das democracias liberais; e um francês, que toma a autonomia como um objetivo transcendente, uma vez que se baseia em algo que seria

IRONIA, DEMOCRACIA LIBERAL E DIREITOS HUMANOS

jetivo a conquista da autonomia, flerta proximamente com a linha do racionalismo, uma vez que elege um objetivo transcendente, como "algo profundo dentro dos seres humanos que seria deturpado pela aculturação" (RORTY, 2007a, p. 122).

Ocorre que, para o liberal, essa busca pela autonomia é irrelevante se comparada com o seu propósito de evitar a crueldade e o sofrimento.[8] Nesse ponto, Habermas (2002b, p. 407) faz companhia a Rorty quando expõem as vantagens do "estado liberal", ignoradas pelo filósofo francês, e afirmam que a versão foucaultiana da formação da subjetividade moderna exclui "todos os aspectos que permitem apreender a erotização e a interiorização da natureza subjetiva como um saldo positivo em liberdade e possibilidade de expressão". Ao se colocar refratário ao estado liberal, Foucault parece se aproximar de uma perspectiva fechada e abstrata de ignorar a realidade em nome de uma conclusão meramente teórica. Fazendo assim, o filósofo francês acaba por ignorar que, nos últimos 300 anos, "o sofrimento decresceu consideravelmente, [e] que as chances de as pessoas escolherem seus próprios estilos de vida cresceram consideravelmente" (RORTY, 1999f, p. 259).

Como a maioria dos autores com os quais dialogou, Rorty não consegue ser um crítico contumaz e retórico, não se perde em devaneios abstratos ou em diferenças sem importância (do tipo "meramente filosófica"). Apesar desse ponto de discordância importante, Rorty admira Foucault e lhe é grato por ter apontado novos "perigos para as sociedades democráticas". Seu erro foi ter tomado essa crítica no sentido do passado e, em lugar de produzir soluções criativas para que esses mesmos perigos não ocorressem, preferiu tentar

---

inerente ao homem, mesmo que deturpado pela aculturação. Para Rorty, o Foucault americano é situado na herança da produção filosófica de Dewey (1982b, p. 280).

[8] "O desejo de ser autônomo não é relevante para o desejo do liberal de evitar a crueldade e o sofrimento." (RORTY, 2007a, p. 123.)

desconstruir toda a tradição e ignorar todos os ganhos dos estados liberais, rechaçando a sua própria existência.

Jurandir Freire Costa, um dos maiores conhecedores da obra de Rorty na área da psicologia, faz críticas a essa leitura da obra de Foucault. Para o psicólogo, "nada no pensamento de Foucault sugere desrespeito à dor do outro ou alheamento diante da opressão" (COSTA, 1999, p. 22), muito embora não seja essa especificamente a crítica de Rorty. Também Shklar (1984), formuladora da noção de "liberal" utilizada por Rorty, não diz que os não liberais desrespeitam a dor do outro. Tudo se convola em uma questão de prioridade e foco.

A perspectiva foucaultiana está bastante presente no discurso dos juristas do direito constitucional ao fixarem novas críticas por meio de novo conjunto de palavras que pretensamente explicaria um método mais correto. Assim ocorre, por exemplo, quando o constitucionalista propõe uma interpretação constitucional que supera os métodos clássicos de interpretação no direito privado — ou mesmo quando dá voz à demanda neoconstitucionalista de atribuir, a todo o corpo jurídico, uma faceta constitucional (a chamada "constitucionalização do Direito") —, ignorando os ganhos e benefícios que a experiência da prática do direito privado tradicional trouxe ao país em termos de apaziguamento, formatação de direitos da liberdade e construção de relativo convívio social.

Por outro lado, a analogia entre filosofia e Direito pode ser construída sob outro aspecto: a confusão no Direito sobre estabelecer qual é a prioridade da tarefa do jurista. Um neopragmatista não teria dúvida em afirmar, ao ler um manual de direito constitucional tradicional ou algum acórdão do Supremo Tribunal Federal, que a prioridade do constitucionalista não é o estancamento da crueldade com a redução do sofrimento humano, mas está mais focada em organizar um discurso coerente, lógico e razoável acerca de uma estrutura principiológica do Direito.

Da mesma forma que essa observação foi malvista por alguns filósofos, também aqui não se quer afirmar que nossa doutrina cons-

IRONIA, DEMOCRACIA LIBERAL E DIREITOS HUMANOS

titucional e nossos juristas são insensíveis à dor humana ou indiferentes à crueldade. Essas preocupações, com certeza, estão contidas no discurso constitucional moderno, apesar de serem secundárias. A atuação do jurista constitucional no Brasil tem se aproximado mais, nos últimos anos, da figura do "sacerdote" (RORTY, 2005b, p. 124; 2002a, p. 55)[9] — e ninguém diz que um sacerdote quer o mal das pessoas ou a violação de seus direitos — do que da figura do "liberal", para quem, obviamente, é desimportante o caminho ou a técnica (principiológica ou não) para alcançar uma solução de questão constitucional que, ao final, reduza o sofrimento. O jurista parece ter como "modelo do intelectual" a imagem iluminista do "cientista físico newtoniano" (RORTY, 1993, p. 110). A sugestão do liberal para aqueles que buscam a autonomia do indivíduo ou mesmo a sua dignidade entendida como princípio é essa:

> [...] privatize a tentativa nietzschiana-sartriana-foucaultiana de autenticidade e pureza, para impedir que se resvale para uma atitude política que o leve a achar que existe uma meta social mais importante do que evitar a crueldade. (RORTY, 2007a, p. 123.)[10]

---

[9] O ponto importante é que a ciência tem se atribuído uma função que a religião teve no passado, aproximando o cientista moderno do religioso antigo. Da mesma forma como a superação daquela visão de mundo veio por meio de uma "privatização da religião" (RORTY, 2002b, p. 235), agora talvez devamos passar por um processo de "privatização da ciência e da cultura", no sentido de que não devemos tomar como nossa função primordial o convencimento do outro acerca do que acreditamos e fazemos. No direito constitucional, essa observação também é relevante, já que o padrão metodológico de tratamento dos direitos fundamentais é excludente de outros e, portanto, declara-se suficiente e se publiciza, o que têm consequências importantes para a definição dos atores com voz para falar no direito constitucional e na política.

[10] O apego do liberal ironista ao combate ao sofrimento também não é justificável em bases racionais. Ele apenas elege esse objetivo como o principal (LIPKIN, 1990, p. 851).

Para a segunda observação, acerca de como o jurista constitucional pode melhorar a sua atividade e desempenhar um papel mais útil em termos de interpretação e compreensão dos direitos humanos, toma-se como ponto de partida a análise da caracterização de Habermas como um liberal que não se presta a ser ironista, situação corriqueira na doutrina constitucional, mas, principalmente, entre os professores e pesquisadores do direito constitucional.

A proposta neopragmatista é ousada porque agride uma tradição de 200 anos na filosofia e no Direito e procura a possibilidade de uma vida "pós-metafísica e pós-epistemológica" (HOFFMANN, 2006, p. 410) dos direitos humanos. Ao mesmo tempo em que atribui um valor relativo e não central à racionalidade filosófica ou jurídica, destaca um aspecto que, até então, era visto como o oposto da atividade do filósofo e do jurista: a sentimentalidade. A tese deste trabalho envolve, como proposta final, a substituição de nosso modelo importado de racionalidade e transcendentalismo do discurso constitucional por uma perspectiva mais historicista, regionalizada e sentimental dos direitos humanos. Essa alternativa, que passa obrigatoriamente por uma redescrição de nossos problemas de direitos humanos e pela descoberta de novos vocabulários e sentidos, denota necessariamente uma visão romântica, otimista e utópica da prática e da defesa dos direitos humanos. Em outras palavras, as discussões e soluções de conflitos de direitos humanos podem ser mais eficazes se for possível enxertar no discurso uma perspectiva "poetizada" e "metafórica", de maneira a sensibilizar o auditório ou o interlocutor, nunca apenas convencê-lo cientificamente ou vencê-lo em um debate.

O convencimento científico ou retórico é tradição de nossa cultura jurídica, aliada à herança "bacharelesca", que tomou de assalto, desde os primeiros anos da República e, principalmente, no pós-88, o tratamento "constitucionalmente adequado" dos direitos humanos. Na falta de alguma corrente juscientífica mais moderna ou erudita no Brasil, o discurso sobre o qual se sustentaram os debates foi trazido de uma contingência diferente, com cultura diversa. A sensibilização, como mecanismo de persuasão, auxilia na percepção de quanto está sendo inútil e contraproducente essa tendência de incorporar um modelo estrangeiro de racionalidade constitucional. O modelo importado de racionalidade constitucional tem ajudado a não se levar a sério a abordagem pragmatista e, menos ainda, a visão de um mundo "poetizado", muito pouco para quem é autoridade da razão.

Habermas, nesse tópico específico, filosofa da forma como elaboramos teses no direito constitucional: sabe que há algo de errado na epistemologia kantiana tradicional, mas não consegue imaginar uma crítica (e um padrão) fora desse modelo, o que faz com que seja sugado pela mesma tradição que critica (RORTY, 2007a, p. 123). O filósofo americano reconhece que a tese de que a "cultura poetizada" é a utopia liberal desagradaria aos pressupostos de Habermas. A poetização da cultura e (em nossa proposta) dos direitos humanos parece, para o "liberal não utópico" da filosofia e do Direito, uma insanidade ou leviandade para com o discurso racional; gera insegurança por assumir que não há como controlar o futuro (RORTY, 1999c, p.251); e torna, no longo prazo, o projeto dos direitos humanos algo que pertence a todos de uma comunidade, e não necessariamente um discurso que deva ser apropriado pelo oprimido, pelo subjugado e pelo fraco.

Rorty concorda com Nietzsche que é o ressentimento que, explicando esse último aspecto, gera o sentimento de repulsa à proposta sentimental-poética do neopragmatismo. O filósofo americano pergunta e responde:

> Então por que essa preferência nos faz resistir à ideia de que a sentimentalidade pode ser nossa melhor arma [para a construção e ampliação de uma cultura dos direitos humanos]? Penso que Nietzsche deu a resposta certa a essa questão: nós resistimos levados pelo ressentimento. Nós nos ressentimos da ideia de que teremos de esperar que o forte volte seus olhinhos vorazes para o sofrimento do fraco, que ele abra devagar seu pequeno coração empedernido. (RORTY, 2005a, p. 218-219.)

Nietzsche, por sua vez, usa a noção de "ressentimento" para explicar o nascimento da chamada "moral escrava", do subjugado que reage ao mundo controlado por alguém "de fora", por um "não eu".

> Esta inversão do olhar que estabelece valores — este necessário dirigir-se para fora, em vez de voltar-se para si — é algo próprio do ressentimento: a moral escrava sempre requer, para nascer, um mundo oposto e exterior, para poder agir em absoluto — sua ação é no fundo reação. (NIETZSCHE, 2001, p. 29.)

Para Habermas (2002b, p. 290), há algo de inconveniente no discurso neopragmatista que supervaloriza o contexto, mas "é insensível à força fática do contrafático". Quer dizer com isso que a "práxis intramundana" da linguagem é atada a uma pretensão de validade ("de verdade ou de retidão normativa") ou a "pressuposições idealizadoras próprias das ações comunicativas". É dessas ações comunicativas que nascem, na teoria do filósofo alemão, as esferas da ciência, da moral e do Direito. Na versão de Rorty acerca da discordância,

> [...] Habermas encara meu discurso estetizante sobre a metáfora, a novidade conceitual e a invenção de si mesmo como uma preocupação lamentável com o que ele chama de "função de revelação do mundo embutida na linguagem", em contraste com sua "função de resolução de problemas" na "práxis intramundana". (RORTY, 2007a, p. 123.)

Habermas não concebe uma prática discursiva ou linguística refém do mundo que a contextualiza, uma vez que nesse jogo em que não há livre-arbítrio tenta identificar uma função mais nobre para o sujeito e, especialmente, para o sujeito participante de uma ação comunicativa.[11] Em outras palavras, essa prática intramundana tem

---

[11] Habermas se encontra no que Lipkin chamou de *middle-Grounder*, ou seja, não rejeita a epistemologia, embora defenda uma mais amena (LIPKIN, 1990, p. 850).

uma espécie de poder normativo, consegue também reinventar esse contexto e as bases de suas próprias pressuposições. Em relação a isso, especificamente, Rorty não é necessariamente discordante. A perspectiva neopragmatista também não entende que os sujeitos estão imersos em uma teia estável e imutável de referências culturais e linguísticas em relação às quais não têm qualquer poder de disposição. O ponto de discórdia não está nessa premissa, mas na explicação dela, na "autoimagem que uma sociedade democrática deve ter". Em outros termos, trata-se de diferença "meramente filosófica". (RORTY, 2007a, p. 125.)

Habermas defende que essa mudança do contexto é um ato programado, cientificamente planejado por aqueles que praticam um discurso comunicativo; é a elaboração de um conjunto de premissas de validade que, colocado na dinâmica da comunicação e da linguagem, produz efeito normativo. Portanto, "pretende ele que a revelação do mundo tenha sempre sua 'validade' cotejada com a prática intramundana" (RORTY, 2007a, p. 124). Para Rorty — como já ficou claro da leitura de outros trechos deste trabalho —, Habermas denuncia-se como filósofo da tradição do kantianismo ao não conseguir se ver livre totalmente das amarras do discurso das "pretensões universais", mergulhando, assim, em uma tentativa engenhosa e forçada de retirar de premissas transcendentais conclusões relativas ou históricas.

De acordo com o neopragmatismo, não há dúvida de que o sujeito transmuda o seu meio com a prática linguística, mas isso se dá de maneira natural, inconsciente, imprecisa, sem planejamento e sem percepção do que está de fato ocorrendo. São sua imaginação e criatividade, concretizadas nas redescrições de fatos e redefinição de vocabulários, que promovem essa mudança imperceptível e não programada.[12] Em palavras mais rasteiras, esse efeito normativo so-

---

[12] Tanto é assim que Rorty refuta a ideia de que essa alteração de vocabulário poderia vir por meio de mudança brusca de traços revolucionários (LIPKIN, 1990, p. 855). Nessa questão específica, Stick (1987, p. 854) entendia que Rorty havia mudado de opinião, já que antigamente defendia uma mudança total e imediata do vocabulário.

NEOPRAGMATISMO E DIREITO CONSTITUCIONAL

bre o mundo não é "estratégico", não é resultado da racionalidade, mas é "espontâneo", resultado da prática de uma utopia e de uma sensibilização do mundo.

Habermas considera que Rorty vai "longe demais — perigosamente longe" (RORTY, 2007a, p. 124) ao sugerir que "a ciência e a moral, a economia e a política estão entregues, da mesma forma que a arte e a filosofia, a um processo de protuberâncias criadoras de linguagem" (HABERMAS, 2002b, p. 289).[13] O centro da crítica de Habermas direciona-se não só a Rorty, mas também a outros filósofos, como Derrida e Castoriadis,[14] que se imbuíram de demonstrar os limites e fragilidades de provar que há pretensões de validade no discurso e de que isso é fundamental para a evolução de uma comunidade. Por trás dos contra-argumentos, ainda se percebe certo descontentamento pela crítica neopragmatista ou desconstrutivista ao *status* do filósofo e à pureza de seu trabalho, muito embora o pensador alemão também não queira denegrir outras áreas da cultura.[15]

---

[13] Não só Habermas desconfia da proposta neopragmatista. Para muitos críticos de Rorty, sua tese se baseia em um "idealismo linguístico, onde o sujeito parece narrar-se e redescrever-se num clima ameno de chá das cinco" (COSTA, 1999, p. 20).

[14] Rorty tem uma visão bastante elogiosa de Derrida e Castoriadis, apesar de destacar em que ponto divergem. Quanto a Derrida, por exemplo, Rorty se reconhece entre aqueles que se fascinaram com a maneira crítica e jocosa com que o filósofo argelino aborda os velhos "tópicos filosóficos tradicionais". Para ele, é um erro ler Derrida como um transcendental ou alguém que inventou uma nova maneira mais correta de ver verdades filosóficas (RORTY, 1999g, p. 163), como ocorreu com seus admiradores, como Culler, Gasché e Paul de Man, ao fazerem dele um "quase metafísico" (RORTY, 2005j, p. 394). No mesmo trabalho, Rorty classifica-o como "o filósofo contemporâneo mais intrigante e engenhoso". Já Castoriadis é visto por Rorty, ao lado de Mangabeira Unger, como um ironista que não tem a pretensão de "dar a última palavra para o mundo histórico" e como um utópico, tal é o destaque que ambos dão à imaginação (RORTY, 1999c, p. 245).

[15] Sobre Derrida, por exemplo, Habermas afirma que ele "nivela, em termos holísticos, essas relações complicadas para assimilar a filosofia à literatura

IRONIA, DEMOCRACIA LIBERAL E DIREITOS HUMANOS

A discordância entre as linhas de pensamento constrói duas esferas, em relação às quais cada concorrente projeta suas preocupações. Habermas tenta regular, por assim dizer, a prática pública intramundana de comunicação, tentando articular algum tipo de controle linguístico do futuro sob o domínio dos participantes. Já Rorty não acha que essa "esfera pública" seja tão importante,[16] mas sim a maneira como cada indivíduo projeta em sua autoimagem, na dimensão privada, o que deve ou não deve fazer.[17] Rorty, portanto, sustenta uma cisão público-privado como "meio pragmático de liberalismo moderno para acomodar seu duplo compromisso de autobusca individual e alívio do sofrimento" (MICHELMAN, 1990, p. 1.783).[18]

---

e à crítica. Desconhece o *status* particular que ambas, filosofia e crítica literária, cada qual à sua maneira, ocupam como mediadoras entre as culturas de especialistas e o mundo cotidiano" (HABERMAS, 2002b, p. 291). Já em relação a Castoriadis, não aceita, sem a baliza de uma "filosofia vital", a tese da "instituição imaginária da sociedade" (CASTORIADIS, 2007) acerca da "autotransparência de uma sociedade que não encobre sua origem imaginária sob projeções extrassociais e que se sabe explicitamente como sociedade autoinstituinte" (HABERMAS, 2002b, p. 442).

[16] A intenção da "agenda profética de Rorty é combinar um objetivo individualista com um coletivo: autocriação com solidariedade" (ROSENFELD, 1997, p. 130).

[17] Apesar de o claro objetivo de Rorty ser construir uma ponte entre o "público" e o "privado", ele ainda sofre críticas no sentido de que seu "ironista liberal" é bastante "monístico", tal como a visão economicista-pragmatista de Posner (FARBER, 1995, p. 186). A solução para esses críticos é se posicionar junto à "democracia pragmatista" de Dewey, como faz, por exemplo, Putnam (1990, p. 1.671). Segundo Putnam, "democracia não é somente uma forma, dentre outras, de vida social; ela é precondição para a plena aplicação da inteligência na solução de problemas sociais". E inteligência, para Dewey, não é alguma faculdade transcendental, mas uma capacidade associada à vida social, capacidade de planejar condutas e aprender com fatos relevantes (DEWEY, 1991, p. 209).

[18] A sugestão de Rorty (2007a, p. 152) da cisão público-privado tem o objetivo de tornar a pessoa, ao mesmo tempo, "criador privado de si mesmo e um liberal público". Essa cisão encontra oposição no discurso do feminis-

Como bem coloca Rorty:

> Abandonar o universalismo é minha maneira de fazer justiça às reivindicações dos ironistas de quem Habermas desconfia: Nietzsche, Heidegger, Derrida. Habermas vê esses homens do ponto de vista das necessidades públicas. Concordo com ele em que, como filósofos públicos, eles são inúteis, na melhor das hipóteses, e perigosos, na pior delas, mas quero insistir no papel que eles e outros similares podem desempenhar na conciliação do senso privado de identidade do ironista com suas esperanças liberais. Tudo que está em questão, entretanto, é a conciliação — não a síntese. Minha cultura "poetizada" é uma cultura que desistiu da tentativa de unir as formas privadas de lidar com a própria finitude ao sentimento de obrigação para com outros seres humanos. (RORTY, 2007a, p. 127.)

Habermas, portanto, não é um ironista, já que faz pouco caso das potencialidades da sensibilização do indivíduo em sua dimensão

---

mo visto na comparação com a óptica do pragmatismo. Radin (1990, p. 1.707), por exemplo, aponta, dentre os pontos de convergência dos dois tipos de pensamento, "o compromisso de dissolução de dicotomias tradicionais". Para ele, "feministas largamente rejeitam a tradicional dicotomia do público (homem) e privado (mulher). Para essas feministas, o pessoal é político". Ao contrário do que defende Michelman (1990, p. 1.784), a tese de Radin, por se deter especificamente em um contexto de discriminação por gênero, não parece radicalmente contrária à posição de Rorty. De fato, a separação público-privado, como uma dicotomia simbólica da fixação de funções sociais e espaços de dominação entre homens e mulheres, parece ser uma noção que, mesmo para Rorty, precisa ser urgentemente superada. Em texto sobre o assunto, Rorty (2005e, p. 251), sem problematizar esse aspecto, apenas aponta a utilidade do pragmatismo para o discurso feminista e o erro de superação do estado de dominação machista por meio de uma noção de uma moralidade distorcida. Michelman (1990, p. 1.788), para superar a discordância que vê entre Radin e Rorty, sugere a noção normativa de democracia política de Nancy Fraser.

privada, atribuindo a uma arena pública de discussão a única maneira de convencimento e de controle das pessoas.[19] A privatização de ideias, fundamentações e crenças filosóficas — tal como o iluminismo forçou que assim ocorresse com a religião no final do século XVIII — é vista pelos não ironistas como algo perigoso e irracional. Para o filósofo americano, esse é o melhor caminho para, sem mediadores externos (os "sábios", os "sacerdotes", os "filósofos", os "juristas"), chegarmos a uma defesa consistente da solidariedade humana e combatermos a crueldade.

No Direito, também se pratica a filosofia jurídica que tenta controlar as práticas sociais ou públicas por meio de um discurso metodológico que, no fundo, desconfia das pessoas e é pouco sensível aos dramas concretos. Essa insensibilidade que, na realidade, afasta o indivíduo da análise jurídica, não está na diferenciação entre a teoria geral e as circunstâncias do caso concreto, muito embora com base nesse binômio também se possa identificar essa característica. Ela se revela com muito mais força na padronização dessa análise, na tentativa de — mesmo examinando a hipótese fática — oferecer um olhar impessoal e metodológico a situações da vida; enfim, a restringir o sofrimento humano a alguns tópicos linguísticos com conceitos previamente trazidos que ignoram a força da hipótese e privilegiam os caminhos levados pela razão, produzem um discurso impessoal apesar de revelarem preocupações — meramente conceituais — com os pressupostos de análise contidos no juízo de quem interpreta e de quem julga.

Assim, por exemplo, a "violação do princípio da dignidade da pessoa humana" serve para descrever quase qualquer situação; o

---

[19] Ele se afastaria, portanto, de filósofos "iconoclastas", como Nietzsche e Derrida, cujas obras são de "consumo privado, em vez de para uma disseminação pública construtiva" (CALDER, 2006, p. 50). A diferença de visão com base na separação "público *versus* privado" entre Rorty e Habermas fica clara na seguinte passagem do pragmatista: "Isso porque leio pessoas como Heidegger e Nietzsche como bons filósofos privados, enquanto ele [Habermas] os lê como ruins filósofos públicos." (RORTY, 2005j, p. 388.)

"princípio da proporcionalidade", mesmo que se fale de danos processuais ou danos tributários, pode justificar ou desencorajar quase qualquer comportamento; "ponderar valores" leva necessariamente a um jogo tão arbitrário e subjetivo que, ao final, somente serve para uma retórica vazia. Enfim, o discurso do direito constitucional está repleto de exemplos de que a tentativa de controlar o futuro, de suspeitar do indivíduo e de publicizar preocupações morais leva invariavelmente a um discurso opaco, impessoal e excludente.

Enquanto ainda se acredita que a privatização de crenças morais e ideias jurídicas tornam o discurso sem parâmetro e de uma ingenuidade fantasiosa, a "cultura poetizada" vai se reforçando por meio de ironistas, que voltam o seu olhar para o sofrimento do outro e, assim, simplesmente imaginando utopias de mundos melhores, fazem da "arte mais moral do que as morais".[20] Ou alguém acredita que os ganhos civilizatórios ou mesmo morais do discurso jurídico nos últimos 200 anos podem ser atribuídos aos juristas?[21]

Contudo, o jurista pode retomar o seu papel como agente importante de construção de uma democracia liberal que efetivamente traga progresso moral e reduza o sofrimento das pessoas. Não se trata de uma tarefa que pode ser desenvolvida dentro dos restritos limites de um discurso jurídico técnico e apático. Para isso, tem-se

---

[20] A proposta de uma leitura "romântica" do Direito, a projeção de uma função utópica para o seu discurso, reafirma o elogio de Rorty dirigido a Unger pela sua coragem de propor instituições políticas novas, em vez de querer elaborar uma nova "teoria geral" (RORTY, 1999c, p. 237). A proposta de "análise jurídica como imaginação institucional" de Unger (1996a, p. 19) coaduna-se com as demandas de criatividade e inovação que se precisa implementar no discurso constitucional de maneira a extirpar a noção de que temos que "em primeiro lugar fazer teoria e depois então empreender utopias políticas" (RORTY, 1999c, p. 245).

[21] Há uma tendência entre os integrantes da comunidade acadêmica dedicada ao que se convencionou denominar "ensino do Direito" em adotar uma visão mais destacada quanto ao papel social e político dos juristas, ao menos na história mais recente, no pós-88 (FELIX, 2006, p. 202).

dois séculos de história para comprovar que pouco se alcançou com a repetição incessante desse esquema conceitual do Direito. As ferramentas, entretanto, para esse novo futuro, para a concretização dessa nova utopia, estão à disposição para serem recriadas: a redescrição, a imaginação,[22] a utopia, a criação de novos vocabulários, a criatividade,[23] a sentimentalidade e, em última instância, a arte, da melhor forma como ela funcionar para sensibilizar e realizar a educação sentimental.

A todo o momento, é possível identificar mudanças de padrões na análise jurídica que confirmam a esperança de que é possível também um "direito poetizado". Tais mudanças não são definitivas ou mesmo mágicas; algumas delas, inclusive, nem mesmo são conscientes. A quebra, no entanto, da lógica do pensamento jurídico estrito, promovida por esses novos vocabulários e a estranheza que geram já são suficientes para se vislumbrar algo diferente no futuro, em termos de formas jurídicas de resolução de conflitos. Por outro lado, algum processo de intercâmbio do Direito com outras áreas do conhecimento ou alguma dinâmica de "despurificar" o discurso jurídico funcionaria como importante instrumento para diminuir a centralidade da razão jurídica e colocar em seu lugar o olhar

---

[22] A imaginação tem um papel central no neopragmatismo. Para Rorty (1999c, p. 246), por exemplo, "se há esperança social, ela está na imaginação — nas pessoas que descrevem o futuro em termos que o passado não usou". Diante da configuração de que o atual padrão discursivo do direito constitucional chegou ao seu esgotamento, resta ao jurista imaginar outros vocabulários ou linguagens que possam auxiliar na busca por um mundo melhor e por menos atentados contra os direitos humanos.

[23] Os juristas precisam se transformar em "visionários", na expressão de Unger (1996b, p. 189), uma vez que, se "é verdade que não podemos ser visionários até que nos tornemos realistas [...] também é verdade que para nos tornarmos realistas precisamos nos transformar em visionários". Na mesma linha, "os juristas podem exercer um papel edificador alargando o claro objetivo de alternativas institucionais legítimas" (SINGER, 1985, p. 58).

sensível do sofrimento. A própria jurisdição constitucional tem em seu modelo ferramentas que conseguem sustentar esse intercâmbio e esse processo "despurificador" do Direito,[24] basta que seus ministros componentes entendam as possibilidades e não reduzam novamente o seu uso, capturando-as, mais uma vez, para o interior do tecnicismo legal.

---

[24] Referimo-nos, especialmente, aos institutos do *amicus curiae* (art. 7º, § 2º, da Lei nº 9.868/99) e a promoção de audiências públicas (art. 9º, § 1º, da Lei nº 9.868/99), muito embora se saiba que o maior instrumento de transformação de uma visão de mundo específica avalizada pelo tribunal seja a flexibilização, por parte de cada ministro, dos rigores cientificistas exigidos pela tradição epistemológica.

13

PERSPECTIVAS DA LEITURA PRAGMATISTA DOS DIREITOS HUMANOS NO BRASIL

13.1 TEORIA CONSTITUCIONAL NO BRASIL: OBSTÁCULOS PARA UM PRAGMATISMO LEVADO A SÉRIO NO DIREITO

O pragmatismo, atualizado nas construções do neopragmatismo rortyniano desde Dewey, dedica especial atenção e crítica severa à figura do filósofo profissional ou à própria filosofia como instrumento espiritual de perseguição de uma verdade fora do mundo concreto dos homens.

Esse posicionamento refratário à própria ideia de filosofia contemporânea, como herdeira legítima das construções "emancipatórias" do iluminismo, projetou o pragmatismo em um contexto sombrio de formulações teóricas despreparadas e sem nitidez. Em outras palavras, somente com Rorty e tendo em vista a noção incipiente da ineficácia de uma filosofia tecnicista é que o pragmatismo passou a ser levado a sério como uma corrente responsável e importante de crítica às construções transcendentais do espírito. O que mais se vê, entretanto, é o tom preconceituoso e esnobe de parcela relevante da filosofia e do próprio Direito com os pressupostos do pragmatismo e, especialmente, do neopragmatismo.

De alguma maneira, talvez por conta da total confiança que se tinha nas elucubrações em torno das possibilidades da razão, o pragmatismo sempre foi estranhamente associado a posicionamentos desvirtuados, utilitaristas, corporativos e até corruptos. Para outros igualmente ignorantes da tradição pragmatista, pragmatismo equivale a uma postura de defesa de interesses pessoais rasteiros, financeiros ou econômicos, em contraposição a um comportamento informado pelo "bem público". Para uma terceira corrente, o pragmatismo não é sutil, sofisticado e complexo o suficiente para postular um espaço de relevo no quadro da atual filosofia[1] e, muito menos, servir de base para uma filosofia do direito consistente.[2] Nessa linha, não há como negar o impacto e o deslumbre que sempre gerou o idealismo alemão com suas construções para além do ser humano, característica que também não foi totalmente superada com a chamada Escola de Frankfurt. Alguns chegam a afirmar que a decadência do pragmatismo nos Estados Unidos no pós-guerra também teria sido causada pela falta de habilidade do seu grande defensor Dewey, que seria incapaz de levar adiante, com entusiasmo e inspiração contagiante, a sua oposição ao racionalismo, especialmente nas discussões com Bertrand Russel (GHIRALDELLI JÚNIOR, 2007, p. 28).

---

[1] Horkheimer e Adorno talvez sejam excelentes exemplos dessa corrente. Já na introdução de sua obra *Dialética do esclarecimento*, os filósofos alemães mostravam ressalvas e hesitações acerca da possibilidade de um "pensamento cegamente pragmatizado" — ou seja, um pensamento que não formule uma hipótese teoricamente consistente de "verdade" — sustentar um estado democrático (ADORNO; HOKHEIMER, 1985, p. 13).

[2] Skeel (1993, p. 92), por exemplo, reconhece um problema de relação pública do pragmatismo: a falta de uma autodefesa intransigente. "O pragmatista é um cidadão do meio termo, uma voz de moderação para quem toda ação é situada, não generalizável, e toda teoria é incompleta. É difícil desenvolver paixão por uma teoria, mesmo que persuasiva, cuja crença é 'ouça o outro lado'." Também Luban (1996, p. 1.036) aponta a insuficiência do pragmatismo, tomando por base a crítica à subjetividade. Em texto que analisa a obra de Posner, assim conclui: "Há mais coisas no céu e na Terra do que é imaginado na filosofia de Posner."

PERSPECTIVAS DA LEITURA PRAGMATISTA DOS DIREITOS HUMANOS NO BRASIL

A típica contestação de Dworkin (2007b) ao pensamento de Posner[3] e seu ataque contumaz ao pragmatismo no Direito dão a medida de uma corrente do pensamento que é mais desprezada e tratada como uma ingerência ilegítima da política[4] — no seu pior sentido — do que propriamente considerada como uma formulação crítica importante do final do século XX. Para alguns autores, mesmo a esquerda radical americana no Direito, que se utilizou das formulações de Rorty, não soube entender o neopragmatismo. Para Weaver (1992, p. 755), por exemplo, "pensadores da esquerda radical [Martha Minow, Elizabeth Spelman, Cornel West e Joseph Singer] não escaparam das mesmas tradições e formas de discurso que diziam deplorar". Na sanha de superar o discurso tradicional com o pragmatismo rortyniano, "eles acabaram jogando o mesmo jogo representacionista". Crítica parecida Fish (1991, p. 47) dirige a Posner, embora reconheça que é positiva a obra do juiz (BARBER, 1991, p. 1.034).

Não há dúvida de que as raízes do pensamento racionalista estão fincadas de forma profunda em nosso imaginário do bom filósofo e do bom jurista e, por isso, é mais do que esperado que, no Direito,

---

[3] No final da década de 1990, Dworkin e Posner protagonizaram um dos debates mais ásperos e diretos nas recentes discussões no campo da filosofia do direito nos Estados Unidos. De um lado, a tese da integridade, no que é chamado por Posner de "teoria moral" (1997b, p. 377). Do outro lado, a visão cética de Posner e seu desenho próprio do pragmatismo no Direito, no que Dworkin chamou de um "direito sem direitos" ou um direito "estratégico" (2007, p. 195). O título do texto de 1998 de Dworkin, em referência a Posner, revela uma visão do nível de acidez do debate: "Darwin's new bulldog". Acerca do debate, ver ainda Dworkin (1997a, p. 353; 1997b, p. 431) e Posner (1998, p. 1).

[4] Joan Williams, em texto sobre o neopragmatismo e o radicalismo, conta que, frequentemente, quando conversa com seus pares sobre Rorty, ouve opiniões diferentes. Em pelo menos metade dos casos, quando se fala dos limites da epistemologia, o interlocutor sempre emenda que não adota um "relativismo radical" e que "não vai tão longe quanto Rorty" (WILLIAMS, 1992, p. 131). Para muitos apegados à tradição kantiana, neopragmatismo transformou-se em sinônimo de radicalismo.

essa intolerância ou desconforto com o posicionamento pragmatista antirrepresentacionista se revele muito mais no plano do desprezo, como se os pragmatistas estivessem desorientados. Nessa linha, entendem que os neopragmatistas estariam se dirigindo não no sentido a que toda a filosofia do direito nos remete há décadas: a busca por uma explicação fundacional e abstrata do Direito e a identidade do Direito como algum instrumento que pudesse nos revelar a "verdade" e a "justiça" ou representar melhor esses conceitos. O pragmatismo, no estágio em que está o discurso constitucional, não deixa de ser um posicionamento perigoso e agressivo.[5]

Além disso, mesmo aqueles juristas que consideraram uma visão pragmatista do Direito, sempre tomaram a expressão em contextos de duplo sentido, com destaque para a percepção negativa.[6] De fato, durante muitas décadas, tanto na política quanto no Direito, o antônimo de "interesse público" era "pragmatismo". Nessa linha, o pragmatismo no Direito no Brasil acabou por ser associado à prática de interesses pequenos, à defesa do interesse pessoal, em detrimento de um bem público maior. O pragmatismo tornou-se uma forma especial de um Direito estratégico, interesseiro e mesquinho. Não é à toa que, para West (1990, p. 1.751), os maiores inimigos da primeira

---

[5]   Em texto de resenha da coletânea *Problems of rationality* (2005i), de Donald Davidson, Rorty (2005i) oferece uma explicação do motivo de Davidson ser ainda tão desprezado, explicação que pode ajudar também a entender porque o pragmatismo raramente é levado a sério: "A adoção da visão de Wittgenstein e Davidson resultaria na dissolução dos problemas que eles [os críticos ou os que o ignoram] gastaram os melhores anos de suas vidas tentando resolver."

[6]   Jurandir Costa resume parte das críticas dirigidas principalmente a Rorty no sentido de que o neopragmatismo "faz das mudanças históricas e pessoais um efeito de decisões voluntaristas e individualistas" (COSTA, 1999, p. 20). No Direito, o ponto negativo do pragmatismo sempre apontado é a sua postura antiteórica resultar em um processo de escolhas arbitrárias de soluções (JENKINS, 2002, p. 96); típica crítica de quem, não entendendo os pressupostos pragmatistas, avalia-os com base no discurso tradicional racional.

onda do pragmatismo foram o "conservadorismo cultural" e o "liberalismo corporativo". No Brasil, por exemplo, são poucos os autores e juristas que consideram uma perspectiva pragmatista para avaliar a teoria jurídica ou examinar o eixo de interpretação da jurisprudência. Entretanto, ainda é comum a esses autores uma visão estereotipada ou deturpada do que poderia ser chamado de "posicionamento pragmatista". É o caso de Carvalho (2007, p. 84), que toma como parâmetro de crítica ao pragmatismo um perfil manipulado do então ministro Nelson Jobim, do Supremo Tribunal Federal, e, ao final, classifica o pensamento pragmatista como "uma teoria perigosa, capaz de minar qualquer esforço no sentido de ampliar a legitimidade política da jurisdição constitucional brasileira", como se a jurisdição constitucional brasileira fosse um fim em si em um sistema democrático... Também a obra organizada por Valle (2009, p. 99) é exemplo dessa visão simplista e inocente do pragmatismo, como se houvesse equivalência entre pragmatismo e discurso antijurídico do Direito. Ambas as obras tomadas aqui como exemplificadoras da compreensão tradicional do pragmatismo citam autores pragmatistas e destacam critérios que usualmente são atribuídos aos pragmatistas. Entretanto, evidentemente, não compreenderam o que efetivamente significa uma visão pragmatista de um caso concreto a ser julgado pelo Supremo Tribunal Federal.

Tornaram-se comuns as críticas a certas decisões do STF com o rótulo de "pragmatistas".[7] Quando o STF deixou de julgar a constitucionalidade da "retenção dos ativos", durante o governo Collor, o tribunal adotou uma postura pragmatista.[8] Quando se sensibilizou com o argumento do Governo Federal acerca dos perigos de se declarar inconstitucional determinado tributo, a Corte, talvez até manipulando a "técnica jurídica", adotou também postura pragmatista.[9]

---

[7] Na mesma linha, embora analisando a jurisprudência da Suprema Corte, ver Bolner (1975, p. 247).

[8] ADI nº 534, relator ministro Celso de Mello, DJ 08/04/1994.

[9] A relação entre o que seria uma postura pragmatista e certo excesso de tolerância em relação ao apelo do equilíbrio fiscal em matéria de cons-

Quando se declarou a constitucionalidade do regime jurídico criado pelo Governo Federal para fazer frente à crise do "apagão" de 2001 (MP nº 2.152-2/2001), o STF foi pragmatista.[10]

Pela linha de preocupação do pragmatista, o simples abandono de uma justificativa meramente racional ou fundacionista, para explicar uma decisão, já dá um tom — de fato — pragmatista a essa decisão. Contudo, por óbvio, se a argumentação se desenvolve na linha da articulação de *topoi* típicos de uma linguagem que intenta dar uma resposta "certa", estaremos radicalmente longe de uma perspectiva pragmatista.[11] Entretanto, há uma preocupação central que comumente é ignorada. Do ponto de vista de uma visão propositiva, o neopragmatismo está menos preocupado em criticar o transcendentalismo do que em propor uma alternativa consistente. Essa alternativa se apresenta na necessidade de busca de um novo vocabulário para a filosofia do direito e para as decisões judiciais. O pragmatista, por exemplo, no que concerne a um capítulo nuclear do direito constitucional, acredita que é mais importante para as pessoas a descrição e redescrição de experiências de dor e humilhação,

---

titucionalidade tributária foi diversas vezes levantada durante a década de 1990. A visão era tão negativa em relação a esse argumento, que durante muito tempo se entendia que não se tratava de racionalidade legítima a subsidiar uma decisão do Supremo Tribunal Federal, motivo pelo qual não constava das ementas e muito menos dos votos. Em seu lugar, havia uma construção bastante criativa e elaborada para justificar "tecnicamente" a decisão. Apenas a título de ilustração, cite-se o RE nº 197.790, RE nº 181.664, ADI nº 1.850, RE nº 370.682, RE nº 353.657, RE nº 232.713-Agr e RE nº 203.486-Agr.

[10] ADI nº 2.473–MC, relator min. Néri da Silveira, julgado em 29/06/2001.

[11] Refiro-me aqui aos *standards* típicos da chamada teoria geral dos direitos fundamentais ou do neoconstitucionalismo: princípio da proporcionalidade, núcleo essencial, ponderação de valores, concordância prática, força normativa da Constituição etc. Nesse ponto está a crítica que se faz a Valle (2009, p. 133), que, mesmo reconhecendo o manejo desse específico vocabulário, ainda sustenta que o STF exara decisões "pragmatistas".

em matéria de direitos humanos, do que articular posições abstratas acerca da dignidade da pessoa humana.[12]

Em outras palavras, o tratamento discursivo e mesmo emocionalmente envolvido de determinadas experiências tidas como violadoras de direitos humanos tem um poder de convencimento e de construção de consenso muito maior do que estabelecer diretivas teóricas acerca da natureza da dignidade da pessoa humana, investigar se esse princípio é expresso ou implícito na Constituição, saber se é um valor superior a outros direitos humanos e examinar se faz parte do conteúdo das cláusulas pétreas. Por meio desse discurso tradicional, o debate acaba por se restringir a uma busca de unidade retórica ou de argumento abstrato que possa dar conta dos problemas oferecidos. O Direito perde a sua razão de ser, consubstanciada na intenção de simplesmente resolver questões concretas e minimizar contextos de dor e de sofrimento. Quando o Supremo Tribunal Federal, na linha do conjunto majoritário de nossos juristas e doutrinadores, baseou-se nessa ideia teórica, supraconstitucional e universal de dignidade da pessoa humana para decidir acerca de questões típicas de "moralidade política", distanciou-se, é certo, de uma perspectiva pragmatista antifundacionista da decisão.[13]

---

[12] Como visto, nesse ponto já reside um problema estrutural do modelo de discurso constitucional importado para compreender a Constituição de 1988. A linha da teoria geral dos direitos fundamentais, baseada no pensamento germânico constitucional, insiste em extrair algum tipo de conteúdo apriorístico da ideia de "dignidade da pessoa humana" ou estabelecer, por meio de uma teoria, critérios técnicos para identificar quando esse conteúdo é desrespeitado. Também é comum à linha doutrinária estabelecer esse conteúdo — apreendido pelos estudiosos e teóricos — como uma espécie de princípio nuclear da Constituição que fixaria as balizas de sentido dos demais princípios constitucionais. Na linha do sentido apriorístico e superior (de hierarquia supraconstitucional) de uma ideia principiológica de dignidade da pessoa humana, ver, no Brasil, Mendes, Coelho e Branco (2008, p. 150); Sarlet (2004a, p. 61; 2009b, p. 15); Moraes (2003, p. 105); e Barcellos (2008, p. 121).

[13] Apenas a título de exemplo: a argumentação desenvolvida no HC nº 82.424, relator para o acórdão ministro Maurício Corrêa, DJ 30/09/2003; ADPF

A atual linguagem para a formatação das questões jurídicas nos revela apenas problemas aparentes que, na maioria das vezes, são meros problemas de comunicação e de referência linguística, e não propriamente a necessidade de adotar posturas político-jurídicas mais corajosas diante de um determinado fato.[14] Quando se perscrute acerca da dinâmica da "ponderação de valores", da "dignidade da pessoa humana", do "núcleo essencial dos direitos fundamentais", do "princípio da proporcionalidade", tratamos o assunto como conceitos centrais que somente fazem sentido dentro da lógica de um sistema absoluto e abstrato. Não se fala nada do mundo, das pessoas e das experiências que se quer evitar com a utilização desse vocabulário. O uso dessa linguagem somente renova a discussão em torno de problemas transcendentais, cujas soluções somente interessam aos doutrinadores, filósofos do direito e juristas teóricos, e não às pessoas que vivem seus dramas pessoais transformados em lide jurisdicional.

---

nº 54, relator ministro Marco Aurélio (nas argumentações expostas em sessões preliminares); RE nº 393.175, relator ministro Celso de Mello, DJ 16/02/2006 (caso representativo das questões que envolvem a máxima eficácia de direitos como educação e saúde); ADI nº 3.300, relator ministro Celso de Mello, DJ 09/02/2006; e HC nº 91.952, relator ministro Marco Aurélio, DJ 19/12/2008.

[14] Há inúmeros pseudoproblemas do discurso tradicional dos direitos fundamentais que, na realidade, apresentam-se como divergências de termos ou se convolam em "tecnicizar" ainda mais o discurso da "teoria". A título de exemplo desses pseudoproblemas: a diferenciação entre princípio da razoabilidade e princípio da proporcionalidade — Guerra Filho (1999, p. 77) e Martins (2003, p. 21); se a proporcionalidade é um princípio ou uma regra — Silva (2002, p. 36) e Ávila (1999, p. 151); se o núcleo essencial dos direitos fundamentais é absoluto e autônomo ou se é concreto e relativo — Mendes, Coelho e Branco (2008, p. 316) e Silva (2009, p. 183); se a eficácia horizontal dos direitos fundamentais é imediata ou mediata — Sarlet (2000, p. 147), Sarmento (2004, p. 277) e Steinmetz (2004, p. 271); se a ideia de dignidade da pessoa humana se constitui em princípio superior em relação aos demais princípios da Constituição — Mendes, Coelho e Branco (2008, p. 150) e Sarlet (2004a, p. 77; 2009b, p. 17); apenas para citar alguns.

PERSPECTIVAS DA LEITURA PRAGMATISTA DOS DIREITOS HUMANOS NO BRASIL

Na busca de um Direito mais útil e eficaz, que consiga efetivamente dar conta de problemas concretos e atenuar experiências de humilhação, torna-se prioritária a utilização de um novo vocabulário ou de novas narrativas que consigam alterar nossas referências teórico-jurídicas. Um vocabulário que consiga transformar as discussões ontológicas em debates acerca de nossas opções políticas e se essas opções são úteis na construção de uma efetiva democracia liberal. Vocabulário que categorize menos, que crie menos conceitos meramente abstratos, que invente menos critérios técnicos, que tente menos prever as situações futuras; enfim, vocabulário que conviva melhor com a incerteza do futuro e com os obstáculos naturais de uma democracia em formação. Essa nova referência de linguagem deve se apresentar como mais apta a humanizar nossas experiências de direitos humanos e a desmistificar o momento de solução de controvérsias, o qual não pode ser alcançado apenas por alguns poucos "eleitos", por juristas que dominem uma determinada linguagem técnica ou que bem articulem um conjunto de conceitos, de correntes e de autores. Esse momento é de todos que compartilham entre si essas mesmas experiências, que trazem suas impressões pessoais acerca de determinado evento doloroso vivido ou testemunhado. De fato, no STF, como em qualquer jurisdição constitucional, uma democracia efetiva precisa de menos juristas profundos e estudiosos de sua ciência do que de homens públicos e políticos que, com a articulação dos argumentos e da visão do mundo jurídico desmistificado, tenham a capacidade de valorar situações, sejam sensíveis às experiências concretas e tenham a habilidade de construir soluções médias que alberguem posições majoritariamente contrapostas (RORTY, 1997, p. 83).

Essa forma alternativa de interpretar os trabalhos do STF e a formação da jurisprudência constitucional seria útil para evitar uma encruzilhada, presente em qualquer debate teórico. É que a sofisticação do discurso técnico-jurídico, ao se pautar na tentativa de construir um sistema apropriado para os novos problemas de Direito, apenas consegue aumentar a angústia e a desolação do jurista que ainda acredita nos postulados da racionalidade. Daí talvez a gana no Direito por construir cada vez mais critérios ou parâmetros de decisão ou até a tentativa quase que desesperada de encontrar lógica e coerência nas hesitações e no casuísmo da jurisprudência constitucional.

Para esses juristas, o que se deve fazer ao se perceber que um novo caso não se enquadra na situação hipotética construída pela doutrina constitucional? Investigar melhor os pressupostos do princípio da proporcionalidade? Examinar com mais detalhes o núcleo essencial da dignidade da pessoa humana? Entender de forma mais clara a dinâmica objetiva da ponderação de valores? Fixar melhores critérios objetivantes que definem o equilíbrio entre mudança adaptativa e estabilidade do fenômeno constitucional?

Ora, essa sugestão de resposta é a preconizada pela maioria esmagadora de nossa doutrina constitucional. Tanto é assim que as obras de teoria constitucional guardam um padrão de sequência de temas e de questões que deverão ser enfrentadas.[15] Ironicamente, essa crença apenas leva, como nossa própria história da doutrina constitucional expõe, à demonstração de que o caminho não nos traz soluções criativas e abertas, além de não se basear em problemas concretos. O deslumbramento pelo vocabulário técnico continua a ser uma poderosa ferramenta para conservarmos o Direito em uma posição pouco efetiva e útil dentro do processo de construção de uma democracia efetiva.

---

[15] Assim, por exemplo, para se falar de ponderação de valores é preciso tratar da diferenciação entre princípios e regras; para se falar de constitucionalização do direito, é preciso fazer menção à dimensão objetiva, ao efeito irradiador e mesmo à eficácia horizontal dos direitos fundamentais; para se falar de direitos fundamentais, é necessário conceituá-los, identificá-los e caracterizá-los; para se falar de restrições a direitos fundamentais, é preciso explicar o princípio da proporcionalidade e seus subprincípios; para se propor uma interpretação constitucional principiológica, deve-se falar dos métodos de interpretação e dos princípios modernos de interpretação constitucional; para se justificar uma determinada solução de ponderação, é importante sustentá-la na ideia de dignidade da pessoa humana. Essa é uma das mais evidentes características do nosso atual modelo de discurso constitucional: a tecnicização exagerada do discurso o leva a ser pouco imaginativo e largamente previsível e, assim, estéril.

13.2 O STF E A BUSCA POR UM NOVO VOCABULÁRIO

Entretanto, que novo vocabulário poderia ser? Que outra linguagem poderia tratar de maneira mais eficaz os direitos humanos? Do ponto de vista das preocupações pragmatistas, antever uma linguagem paralela é cair no mesmo erro racionalista, ou seja, estipular uma linguagem *a priori* de solução de casos concretos melhor do que a que temos; uma linguagem, portanto, que nos aproximaria da "justiça" e da "verdade".

O pragmatista, para essa questão, em vez de perder tempo com a justificação de novas linguagens técnicas, prefere exercitar sua criatividade e, efetivamente, aprimorar tentativas — ainda que tímidas — ou mesmo propor novos rumos para um novo panorama linguístico para esses temas. A fim de não se perder em devaneios teóricos, prefere submeter sua proposta a um exame de eficiência e utilidade, colocando à prova o próprio interesse em apostar no novo vocabulário.

Os debates na Jurisdição Constitucional são ricos o suficiente para mostrar que o linguajar que estamos acostumados a utilizar em matéria de direitos humanos é impreciso e ineficiente e não são raros os casos nos quais a sua utilização beira o cinismo e o jogo de cena. Muitas vezes, o uso do discurso oficial dos direitos humanos, ou o seu formato, encobre perspectivas muito pessoais dos ministros sobre temas polêmicos ou que lhes são caros. Em uma comunidade que enxerga o processo decisório no âmbito do Poder Judiciário como uma espécie de procedimento de desvelamento da "verdade", a autoacusação de seus preconceitos ou pré-compreensões parece um ato abusivo e atentatório à dignidade da Justiça. A Justiça personificada em uma estátua de venda, com uma balança e uma espada, é uma homenagem radical à figura da razão e da impessoalidade como princípios do Estado Democrático. Em comunidades, entretanto, que enxergam nos seus juízes e ministros nada mais do que homens normais com experiências pessoais, a revelação de seus preconceitos não parece nada de absurdo. A comunidade jurídica no

Brasil é do tipo da primeira: prefere produzir um discurso hermético e ineficiente a assumir a condição temporal e humana de seus julgadores. Nesse momento derradeiro de ativismo da Jurisdição Constitucional, a justificativa oficial pela assunção de uma posição política mais protagonista parece ainda ser uma pretensa dimensão técnica e/ou jurídica do Tribunal, em contraposição à situação política do Poder Legislativo. A capacidade de usar e reproduzir determinado vocabulário tem servido de conforto e acomodação para aceitar o papel de "julgador" do jogo político, de instância neutra e imparcial que pode dizer algo sobre nossas vidas.

E o Supremo Tribunal Federal também se legitima nessa dimensão. Antes de adotar o discurso constitucional importado como parcela importante de sua linguagem, o Tribunal já exagerava na aridez de posicionamentos cada vez mais técnicos e imprevisíveis. O discurso jurídico, especialmente de caráter processual, serviu muito bem nos anos posteriores à Constituição de 1988 para se tentar evitar uma explosão de litígios na jurisdição da Corte. Toda uma "jurisprudência defensiva"[16] foi criada sob a autoridade de um vocabulário

---

[16] Por "jurisprudência defensiva" refiro-me à fixação de orientações normativas pelo tribunal, geralmente de caráter processual, com o objetivo primário de restringir o acesso recursal amplo à sua jurisdição extraordinária por meio dos permissivos constitucionais que estabelecem a sua competência (art. 102, III, da Constituição Federal). Nessa linha, todo o tipo de limitação foi criado de forma inovadora para evitar que o conhecimento do recurso extraordinário se tornasse algo natural e processualmente ordinário. Para esse discurso de restrição à jurisdição constitucional — que tinha suas legítimas razões diante do agravamento do problema de excesso de processos que chegavam à Corte —, o tribunal usou largamente um discurso técnico e hermético que pouco dava abertura para ser questionado. São exemplos dessa "jurisprudência defensiva" as Súmulas n. 279, 280, 281, 282, 283, 284, 285, 286, 356, 400, 636, 637, 638, 733 e 735, dentre outras do STF.

técnico. Toda uma jurisprudência artificial e pretensamente coerente foi desenvolvida, por exemplo, no campo do controle de constitucionalidade[17] para dar guarida a posicionamentos casuísticos que, contudo, não fazem qualquer sentido para a coerência do sistema.

---

[17] Apenas para citar alguns exemplos de jurisprudência com argumentações obscuras que escondem o casuísmo ou a própria "jurisprudência defensiva": (1) a exigência de procuração com poderes específicos para a propositura da ação direta de inconstitucionalidade (ADI-QO n. 2.187) após anos sem essa exigência; (2) a inconstitucionalidade por arrastamento (ADI n. 2.982), em contraposição ao posicionamento tradicional acerca da "vinculatividade" do pedido na ação direta de inconstitucionalidade; (3) a possibilidade de julgamento de ação direta mesmo após a revogação da norma (ADI n. 3.232), em oposição ao entendimento anterior de que a ação direta resta prejudicada se a norma impugnada for revogada (ADI n. 2.132 – MC); (4) o não cabimento de ação direta quando a impugnação for genérica (ADI n. 1.708); (5) a superação do entendimento de que "associação de associações" não era entidade de classe legitimada para ajuizar ação direta (ADI n. 3.153); (6) a superação do entendimento de que a perda de representação do partido político significava o prejuízo da ação direta de inconstitucionalidade de que fosse autor (ADI n. 2.159); (7) a fixação do conceito de "pertinência temática" (ADI n. 1.507 – MC-Agr), como forma de limitar o ajuizamento de ações diretas pelas mesas das assembleias legislativas, governadores de Estado, confederações sindicais e entidades de classe nacional; (8) a manutenção do entendimento de que não caberia ação direta de inconstitucionalidade que envolvesse análise de matéria fática (ADI nº 1.527), apesar do amplo uso atualmente do instituto da audiência pública; (9) o entendimento de que o ato normativo precisa ser "primário" para se dispor a objeto de ação direta (ADI n. 2.618), muito embora já haja o estabelecimento de exceção (ADI n. 1.969 – MC); (10) o entendimento de que para o ajuizamento de ação direta, a ofensa à Constituição precisa ser direta (ADI n. 384), mesmo que também haja exceções (ADI n. 2.344 – MC, e ADI n. 3.645); (11) a interpretação de que "lei formal" não pode ser objeto de ação direta (ADI n. 643), mesmo que já haja exceção a esse entendimento (ADI n. 4.048 – MC); (12) as exceções criadas à exigência de que o AGU deva ser curador normativo nas ações diretas (ADI n. 1.616 e ADI-QO n. 3.916); e (13) as sucessivas alterações

Diante de um esgotamento evidente,[18] algo novo precisa ser tentado. Estamos falando de uma nova linguagem a ser utilizada no âmbito das decisões jurisdicionais e no campo típico da jurisdição constitucional; um novo vocabulário que pretenda, em um primeiro foco, redescrever experiências de confrontação e de vivência de direitos humanos.[19] Enfim, um vocabulário sem pretensões acadêmicas ou transcendentes, mas que tenha como grande objetivo iluminar aspectos mais cotidianos e humanos de situações corriqueiras que envolvam direitos humanos.

Diante de objetivos pretensiosos que coletem regras gerais dos casos concretos ou que reafirmem princípios genéricos que deverão ser aplicados dali em diante, o horizonte de novas formas de linguagem dos direitos humanos nos espaços de decisão judicial é bastante limitado. Entretanto, existe. E pode nos servir como importante demonstração de que é possível, no Direito, pensar em direitos humanos fora de contextos meramente técnico-científicos. É de surpreender como esse novo estilo de linguagem agrega, quase de maneira imediata, apoiadores que logo se transformam em quadros de consenso, talvez mais sólidos do que pretende o nosso discurso constitucional tradicional.

---

de entendimento no que concerne à autoria da reclamação que discute o cumprimento de decisão em controle concentrado (RCL-QO n. 385, RCL-QO n. 397 – MC, RCL n. 1.880 – Agr, e RCL n. 4.335), dentre outros. Os casos aqui trazidos apenas demonstram que outras preocupações e interesses são decisivos para a formação da jurisprudência constitucional que não o mero argumento técnico-jurídico. Assim sendo, torna-se um exercício teórico inútil a tentativa de elucubrar acerca de uma linha lógica, racional e coerente de formação dessa jurisprudência constitucional.

[18] Embora em outro contexto, Unger (1996b, p. 182) usa a expressão "prostração" do pensamento jurídico.

[19] Rorty deposita tanta confiança no poder imaginativo e criador da redescrição, que chega a depositar nela a esperança de mudar as pessoas e as comunidades. Por tal motivo adjetivam-no de "idealista linguístico" (CALDER, 2006, p. 58).

PERSPECTIVAS DA LEITURA PRAGMATISTA DOS DIREITOS HUMANOS NO BRASIL

Para mostrar que esse tipo de enfoque não é necessariamente vinculado a uma doutrina ou ideologia abstrata, faremos referência a dois casos da jurisdição constitucional nos quais, tangencialmente, ministros da Casa adotaram de maneira inusitada uma forma linguística diferente de tratar direitos humanos. Em um dos casos, o novo discurso se prestou a agravar eventual condenação do paciente em virtude de enquadramento jurídico novo. No outro caso, esse vocabulário se prestou a reforçar o posicionamento contrário a um raciocínio tipicamente abstrato.

Em primeiro lugar, analiso o HC nº 81.288 (HC nº 81.288-1, Santa Catarina; relator para o acórdão ministro Carlos Velloso; DJ 25/04/2003), julgado pelo plenário do STF em sessão do dia 17/12/2001. O caso tratava do problema de saber se o estupro e o atentado violento ao pudor, em suas formas simples, enquadravam-se no conceito de "crime hediondo", previsto na Lei nº 8.072, de 25/07/1990. O tema estava inserido naquele grupo de questões "pseudojurídicas" inconvenientes e constrangedoras, já que claramente havia uma posição que era "politicamente correta".

Em tempos de "garantismo judicial" de conotação simbólica em matéria de direito penal, a posição mais fácil de ser defendida é, sem dúvida, aquela que prescreve o encolhimento do conceito legal de crime hediondo, a partir de uma leitura literal do texto da lei. No processo penal no Brasil, especialmente no julgamento dos *habeas corpus* no plano dos Tribunais Superiores, é patente a parcialidade institucional do instrumento constitucional. Isso porque, da parte da defesa, há um amplo espaço de argumentação e, da parte da acusação, há simplesmente uma requisição de informações que se convola na leitura do acórdão "recorrido". Não se deve esquecer, entretanto, que a parte de acusação está na defesa de toda uma comunidade política agredida na sucessão de crimes praticados. Além disso, a terceira e virtual parte do processo — a vítima que efetivamente vivenciou a experiência de confrontação de seu espaço de direitos humanos — simplesmente não tem voz e não é ouvida no processo, uma vez que o instrumento processual se presta a defender o paciente, mas não a reforçar a acusação ou defender a pessoa que foi constrangida pelo crime, que teve sua dignidade violada ou a sua integridade destruída.

Enfim, diante desse quadro bastante desequilibrado que se constrói sempre que o STF analisa questão penal, a posição pelo enquadramento como crimes hediondos dos tipos penais simples de estupro e de atentado violento ao pudor restou vencedora a partir do voto do ministro Carlos Velloso, que enfrentou tecnicamente a questão e tentou demonstrar que a intenção da lei sempre foi a abrangência das descrições simples dos crimes mencionados. Entretanto, o que chamou a atenção foi o voto da ministra Ellen Gracie, a qual, acompanhando o posicionamento do ministro Velloso e na dinâmica de votação do plenário do tribunal, selou o resultado final.

A ministra não se furtou ao desenvolvimento "técnico" do tema ao realizar, no início de seu voto, exercício de interpretação sistemática, literal, gramatical e mesmo teleológica, em demonstração inequívoca de que seria demasiadamente estranha uma mudança radical de vocabulário no tratamento dessas questões. A ministra desenvolveu, de início, voto característico no STF, com típica argumentação técnico-jurídica, fazendo menção aos precedentes, à "análise sistêmica" (p. 1), à "análise gramatical, ou literal" (p. 2), à investigação da *mens legis* (p. 2) ou o que o "legislador pretendeu" (p. 4), à investigação histórica do texto legal (p. 4), inclusive se utilizando da terminologia técnica esperada ("o *nomen juris generico* do delito", p. 2). Porém, já se prenunciava tom mais descritivo e menos jurídico para o tratamento do tema,[20] bem como o uso de outras "fontes" de Direito, para usar uma expressão típica do vocabulário tradicional.

---

[20] Voto da ministra Ellen Gracie (p. 2): "[...] mostrou-se o legislador atento à efetiva gravidade deste crime, raras vezes denunciado, e que produz em suas vítimas tantas sequelas, tão graves e de tão extensa duração. Creio ser possível afirmar, com base científica, não haja no rol do Código Penal, excetuado o próprio homicídio, outra conduta agressiva que sujeite a respectiva vítima a tamanhas consequências nefastas e que tanto se prolonguem no tempo."

PERSPECTIVAS DA LEITURA PRAGMATISTA DOS DIREITOS HUMANOS NO BRASIL

Dentre essas fontes, não se incluem doutrinadores e a lei, mas estudos e associações de defesa das vítimas de estupro, como o grupo de estudos de violência contra a mulher, da PUC do Rio Grande do Sul (p. 6); o Grupo de Saúde da Mulher da Secretaria Estadual de Saúde do Rio Grande do Sul; o Serviço de Psiquiatria do Hospital de Clínicas de Porto Alegre; o Serviço Especializado em Atendimento de Mulheres Vítimas de Violência, do Hospital Pérola Byington, de São Paulo; a UNIFEM; o Conselho Nacional dos Direitos da Mulher; a Oficina dos Direitos da Mulher etc.

Apresentaram-se, na esteira da coleta de informações dessas fontes alternativas, dados importantes acerca da violência sexual no Brasil e no mundo e demonstrou-se o nível de vergonha que sentem as vítimas, o que faz com que os números oficiais sejam mais baixos, já que apenas 16% das mulheres recorrem às autoridades policiais para registrar queixa (os números são apresentados a partir da p. 7 do voto). Medo, constrangimento, humilhação, vergonha: essas são palavras de outro vocabulário (que não o jurídico); são referências de uma forma alternativa de analisar jurídica e politicamente o enquadramento do estupro como crime hediondo. São palavras cujos sentidos não são apreendidos de modo adequado pelo jurista e pelo estudioso do direito penal, mas que fazem parte do cotidiano social e psicológico das vítimas desse crime. São, portanto, palavras que desautorizam o jurista e suas teorias abstratas e incluem as vítimas e suas assustadoras experiências no protagonismo da decisão sobre direitos humanos que será prolatada.

A linha de argumentação que a ministra Ellen Gracie escolheu para sensibilizar os seus pares é tão intensa, forte e envolvente, que, da página 7 à página 14 de seu voto, abdica da lógica pequena do direito técnico e dá voz a uma série de pesquisadores, psicólogos e militantes na área de violência sexual. Essas vozes mais abalizadas para tratar da questão apresentam, mesmo que de forma ainda limitada, dimensões novas do problema, desde a questão da imprecisão dos dados oficiais, por conta do temor psicológico que as vítimas de estupro sentem em denunciar o crime, até a descrição dos danos psicológicos e os traumas adquiridos pela vivência de uma situação limiar como essa.

Após a ministra Ellen Gracie descrever os prejuízos psicológicos causados às crianças vítimas desse tipo de crime, e destacar também os danos genitais, passa para uma breve consideração acerca dos danos psicológicos na mulher vítima de estupro. Assim, faz referência com citações literais de pesquisadores:

> [...] Mas há, ainda, as consequências de ordem emocional, que, embora não se possam, por vezes, demonstrar com a mesma clareza e precisão numérica das moléstias físicas, têm também sido estudadas, com detalhe, pelos especialistas [...] a violência sexual associa-se com a Síndrome da Desordem Pós-Traumática (SDPT), entidade nosológica desenvolvida após qualquer evento traumático ou extraordinário, dentro da experiência humana. De acordo com Breslau *et al.* (1998), cerca de um terço dos casos de SDPT são relacionados com o abuso sexual.
>
> A SDPT divide-se em duas fases. A primeira, denominada "fase aguda", caracteriza-se por processo psíquico de desorganização, durando de poucos dias a algumas semanas. Os sintomas referidos pela mulher incluem a angústia, o medo, a ansiedade, a culpa, a vergonha, a humilhação, a autocensura e a depressão. Podem ocorrer reações somáticas, como: fadiga, tensão, cefaleia, insônia, corrimento vaginal, pesadelos, anorexia, náuseas e dor abdominal (BURGESS & HOLMSTRON, 1973). Nesta fase, o evento de uma gravidez decorrente de estupro intensifica e agrava as consequências da SDPT (DREZETT *et al.*, 1998).

Nota-se um vocabulário totalmente novo em matéria de decisão judicial, que não tem o objetivo do convencimento, mas da sensibilização. Não se quer provar nada, mas apenas descrever um contexto absolutamente novo para a experiência dos ministros do STF. A ministra prossegue:

Na segunda, chamada de "fase crônica", desenvolve-se um processo de reorganização psíquica que pode durar de meses a anos. A vítima passa a rememorar intensamente a violência, construindo pensamentos estupro-relacionados (SHIPHERD & BECK, 1999). Podem se estabelecer diversos transtornos da sexualidade, incluindo o vaginismo, a dispareunia, a diminuição da lubrificação vaginal e a perda da capacidade orgásmica. [...] A fase crônica também se caracteriza pela ocorrência de problemas como: depressão, bulimia, anorexia nervosa, baixa autoestima, fobias diversas e dificuldades de relacionamento interpessoal. [...] A prevalência de ideias suicidas persistentes e de tentativa de suicídio é elevada nos casos de SDPT, principalmente entre adolescentes abusadas durante a infância [...]

O caminho descritivo escolhido pela ministra Ellen Gracie traz uma pequena revolução na forma de se enxergar problemas de violação de direitos humanos. Estupro, tal como outros crimes, não é uma ideia abstrata com a qual o aluno de Direito se acostuma a lidar. Não é apenas o tipo penal constante do art. 213, do Decreto-Lei nº 2.848, de 07/12/1940 (Código Penal). O estupro é uma grotesca experiência de vida que traz traumas psicológicos profundos e duradouros.

Sem um exercício mínimo de se "recolocar" no lugar do outro (no caso, da vítima), qualquer aproximação de decisão passa a ser mera retórica desvestida de conteúdo e de humanidade. A descrição de uma experiência de dor acaba por ter um efeito devastador, que constrói consenso, compaixão e solidariedade, exatamente porque toca naquilo que nenhum argumento racional alcança: a identidade do humano e o reconhecimento da sentimentalidade e da humanidade. Ao repartir a descrição dessas experiências, os interlocutores se desarmam porque se reconhecem naquilo que é comum a todas as pessoas: o sentimento de dor, de perda e de humilhação. Nesse momento, o diálogo deixa de ser estratégico e passa a ser aberto, transparente e franco, sem a névoa do discurso técnico e dos vícios do cientificismo. Em outras palavras, o julgador deixa de ser jurista e passa a ser pragmático: diz aquilo que sente porque se sensibilizou,

NEOPRAGMATISMO E DIREITO CONSTITUCIONAL

e não aquilo que é coerente segundo um sistema transcendental que exigiria dele algum tipo de convencimento fundacional. De fato, para aqueles que atuam no acompanhamento das vítimas de estupro, essa mudança de perspectiva é fundamental:

> [...] a polícia, o Ministério Público e o Poder Judiciário não se comportam de forma criativa e ativa em relação a providências que poderiam melhor garantir a efetividade do processo legal e enfatizam a necessidade de sensibilização quanto à questão de gênero dos operadores do Direito. (Voto da ministra Ellen Gracie, p. 16.)

O estupro, entretanto, não apenas atinge em um nível profundo o aspecto psicológico das mulheres vítimas desse tipo de violência. O voto também escolhe um caminho ainda mais contundente de sensibilização: o panorama dos traumas e danos causados à criança vítima da violência sexual. Colho do voto:

> [...] As consequências psicológicas da violência sexual tendem a se tornar mais graves após os sete anos, idade em que a criança, geralmente, passa a compreender os valores morais e sociais relacionados ao sexo (SÁNCHEZ, 1989). Qualquer disfunção psicossocial, na infância, pode ser sugestiva de abuso sexual, variando de acordo com a idade e estágio de desenvolvimento da criança. Em idades precoces predominam sintomas físicos e comportamentais, como: medo, encoprese, enurese, irritabilidade e distúrbios do sono e da alimentação. Em vítimas pré-púberes, destacam-se os distúrbios psicossomáticos e de comportamento, como: ansiedade, isolacionismo, depressão, sintomas conversivos, perda de peso e diminuição do rendimento escolar (TETELBOM *et al.*, 1991).
>
> Na adolescência predominam os distúrbios comportamentais, psicossomáticos e psiquiátricos: fuga de casa, maior prevalência de uso de drogas, prostituição, autoflagelação, depressão

e sintomas conversivos (TETELBOM *et al.*, 1991). Alguns distúrbios observados na criança podem estar presentes de forma exacerbada na adolescente, em função de sua maior autonomia e desenvolvimento biopsicossocial. [...]

Nas crianças, as consequências psicológicas podem ser classificadas em quatro categorias. A primeira, denominada "recorrente sensação de medo", inclui comportamentos de hipervigilância, irritabilidade, ansiedade, hiperatividade física e sintomas regressivos. A segunda refere-se aos "distúrbios da memória", nos quais prevalecem a dissociação, os pesadelos, as mentiras e a desconexão da realidade. A "dificuldade de regular afeto" comporta fenômenos depressivos, impulsividade e posturas oposicionais. Por fim, descreve-se a "tendência a evitar relações íntimas", caracterizada pela dificuldade em confiar no adulto e manter relações de proximidade física ou emocional (JAMES, 1994) [...]

Ao se trazer ao contexto solene de julgamento do plenário do STF a vivência das vítimas de estupro, os danos psicológicos e os traumas que serão sentidos por longos anos, tentou-se uma perspectiva diferente, algo que pudesse tocar os corações, antes que o argumento fizesse sentido lógica e racionalmente.

A partir de uma perspectiva pragmática, não se quer dizer que essa nova linguagem, esse novo vocabulário, é melhor para se discutir direitos humanos. Não se tem o objetivo de trocar um padrão de discurso fundacional por outro discurso de verdade e de fé. O ponto fundamental é que se tentou uma alternativa nova de sensibilização que demonstrou, nesse caso, ser bem mais eficaz e funcional do que a mera divagação sobre princípios e teorias abstratas do direito penal-constitucional.

Agindo dessa forma, a ministra Ellen Gracie acabou por abrir espaço para outras manifestações, opiniões e percepções alheias ao Direito. Trouxe à baila um novo mundo de percepção de histórias de sofrimento e de dor e, por isso, uma compreensão, de base antirracional, de que o estupro ocasionava dano grave e, portanto, deveria ser considerado hediondo, apesar do discurso do garantismo penal que permeava o momento pré-julgamento.

O exemplo da perspectiva neopragmatista do julgamento do HC nº 81.288 foi um momento raro de redescrição e de discurso alternativo no contexto das soluções "principiológicas" que a Corte diuturnamente ensaia.

Outro exemplo é bastante evidente no voto do ministro Carlos Britto no julgamento da constitucionalidade da Lei Brasileira de Biossegurança — Lei nº 11.105/2005 (ADI nº 3.510, relator ministro Carlos Aires Britto, julgamento em 28 e 29/05/2008).

Para os juristas do perfil tradicional, a discussão envolvia uma clara "ponderação de valores", a necessidade de se realizar uma "concordância prática" entre princípios igualmente prestigiados na Constituição: o direito à vida do embrião, de um lado, e o direito à saúde, de outro; a manutenção de um senso ético ou moral nas pesquisas científicas, de um lado, e, de outro, a evolução dessa própria ciência quando norteada para atenuar a dor humana e trazer mais bem-estar para pacientes e doentes. Entretanto, não há como negar que, na realidade, a discussão envolvia muito mais do que isso. Tratava-se da esperança de um possível tratamento alternativo que pudesse atenuar a dor e o sofrimento contínuos, melhorar a qualidade de vida e recuperar uma vida relativamente normal para os milhares de pessoas vítimas de doenças imunossupressoras ou degenerativas e para seus familiares, também vítimas da doença.

As duas formas diferentes de ver o julgamento forçam necessariamente duas maneiras distintas de abordagem da questão. Por uma visão, a solução do caso estaria no detalhamento da técnica de ponderação de valores e na melhor identificação do que seria razoável ou proporcional em termos de solução ensaiada. Para outra visão, basta que se tente descrever e redescrever as experiências que resumem as posições favorável e contrária às pesquisas com células-tronco, tentando identificar o que é de fato caro a cada uma das posições.

PERSPECTIVAS DA LEITURA PRAGMATISTA DOS DIREITOS HUMANOS NO BRASIL

Em outras palavras, o caso das células-tronco ofereceu um campo extremamente fértil para testar as possibilidades das preocupações pragmatistas porque colocou em situação de oposição: (a) situações concretas representadas por milhares de pacientes que viam na pesquisa com células-tronco algum tipo de esperança para aliviar concretamente seus próprios sofrimentos; (b) uma visão de mundo abstrata, vinculada à crença em dogmas, pautado em conceitos aprioristicos do que seria "vida", do que seria (em tese) "homicídio", do que seria "ético" ou "moral". Portanto, de um lado, há situações concretas de dor e de sofrimento; de outro, uma compreensão transcendental de vida, suportada por conceitos atemporais e dissociada do mundo concreto. Uma visão pragmatista *versus* uma visão teórico-transcendente.

Não foi assim, entretanto, que a decisão acabou por ser enquadrada. Na realidade, optou-se, em geral, por contrapor a visão atemporal, de conteúdo religioso e dogmático, a uma compreensão técnico-jurídica, principiológica, que este trabalho vem tentando demonstrar ser tão transcendental e abstrata quanto a primeira.

Contudo, são notórios determinados momentos nos quais a argumentação técnica deu lugar a um tipo de raciocínio mais sentimental, em que a ligação lógica entre premissas formais deu espaço à descrição de histórias de vida que, de alguma maneira, seriam influenciadas pelo julgamento. Refiro-me a um ponto específico do voto do então relator, ministro Carlos Ayres Britto.

O trecho inicia com a explicitação da compreensão do ministro acerca da matéria, uma visão peculiar sobre a dor concreta, sobre a desesperança de muitas famílias que acreditam que a pesquisa com células-tronco pode trazer algum tipo de alento ou alívio a familiares adoentados:

> [...] A única trilha que se lhe abre é a do desperdício do seu acreditado poder de recuperar a saúde e até salvar a vida de pessoas, agora sim, tão cerebradas quanto em carne e osso, músculos, sangue, nervos e cartilagens, a repartir com familiares, médicos

e amigos as limitações, dores e desesperanças de uma vida que muitas vezes tem tudo para ser venturosa e que não é. Donde a inevitabilidade da conclusão de que a escolha feita pela Lei de Biossegurança não significou um desprezo ou desapreço pelo embrião *in vitro*, menos ainda um frio assassinato, porém uma mais firme disposição para encurtar caminhos que possam levar à superação do infortúnio alheio. (Ponto 58 do voto.)

Mais à frente, o ministro situa-se no papel de pessoa que, antes de ser jurista, pode se dar ao direito de se sensibilizar e de se emocionar com o relato de situações concretas, dramas pessoais cuja força das histórias empurra a aceitação da pesquisa com células-tronco: "Como o juiz não deve se resignar em ser uma traça ou ácaro de processos, mas um ser do mundo, abro as minhas vistas para o cotidiano existencial do País [...]"

Seguem-se dois relatos que resumem todos os temas "jurídicos" em suas narrativas. O primeiro se refere à atriz Isabel Fillardis:

[...] Pessoas como Isabel Fillardis, fundadora de duas ONGs e conhecida atriz da Rede Globo de Televisão, ao falar assim da síndrome neurológica de que padece o seu filhinho Jamal, de quatro anos de idade: "O Jamal tem West, uma síndrome neurológica degenerativa, que provoca crises compulsivas capazes de destruir áreas do cérebro. Quando você se depara com uma questão como essa, a primeira preocupação vai além do diagnóstico: o pai quer saber se o filho vai morrer ou será dado como louco. Ele chegou a ter 15 crises num dia. Comecei uma corrida contra o tempo, até achar a medicação própria para interromper as crises. Esse é um tempo de incerteza, que no nosso caso perdurou pelos dois primeiros anos de vida. É impossível questionar a vida." (Ponto 59 do voto.)[21]

---

[21]   O referido trecho do voto foi retirado pelo ministro, segundo sua própria indicação de fonte, do *Correio Braziliense – Revista do Correio*, 27 de janeiro de 2008, ano 3, número 141, p. 32.

O segundo caso relatado se refere ao jornalista e escritor Diogo Mainardi:

> Assim também o conhecido jornalista e escritor Diogo Mainardi, ao prestar depoimento sobre um pequeno filho com paralisia cerebral. Leia-se: "A paralisia cerebral é uma anomalia motora. Meu filho anda errado, pega errado, fala errado. Quando é para soltar um músculo, ele contrai. Quando é para contrair, ele solta. O cérebro dá uma ordem, o corpo desobedece. É o motim do corpo contra o cérebro." E depois de descrever os duros testes de fisioterapia a que sua criança tem que se submeter, arremata o testemunho com esta frase em que a profundidade poética só não é maior do que a profundidade amorosa: "Meu filho nunca se interessou por trens elétricos. Mas ele tem um Grande Botão Vermelho conectado em mim. Ele me liga e desliga quando quer. E me faz mudar de trilho, soltar fumaça, apitar." (Ponto 60 do voto.)[22]

É notável perceber que o trecho mais forte e contundente do voto é também o menos jurídico; é a parte em que se dispensou a tarefa da argumentação e se limitou a descrever, mesmo que de forma resumida, duas experiências de vida, imersas em sofrimento, doação e amor. Duas histórias que parecem fazer com que a chamada ponderação de valores e a dicotomia de princípios percam totalmente a sua razão de ser e a sua utilidade porque o apelo sentimental subitamente se torna decisivo e relevante demais para ser menosprezado.

O limitado trecho do voto do ministro Carlos Aires Brito, na ADI nº 3.510, e a linha de raciocínio desenvolvida pela ministra Ellen Gracie, no HC nº 81.288, são dois pequenos exemplos de que os direitos humanos podem ser revisitados, mesmo na seara do Poder Judiciário, de uma maneira alternativa à linguagem até hoje desenvolvida.

---

[22] O referido trecho do voto foi retirado pelo ministro, segundo sua própria indicação de fonte, da revista *Veja*, Editora Abril, 7 de março de 2007, p. 115.

Não se trata apenas do abandono de um vocabulário técnico e oco, mas acima de tudo do uso de outro vocabulário, esse sim mais direto, transparente e acessível a todos e de compreensão intuitiva para todos. Ganha-se não só no poder da posição político-jurídica que se queira defender, mas, acima de tudo, no tom democrático e simples que a jurisdição constitucional poderia e deveria estimular.

A sentimentalidade como recurso de expansão de nossa capacidade de entender a situação do outro e de ampliar nosso próprio conceito de "nós" revela-se também como um discurso envolvente e carismático. Uma de suas principais consequências é — com o perdão da palavra — a "transcendência" da própria função judicante, tal como a entendemos ainda em nossa comunidade jurídica.

13.3 INSTRUMENTOS PRAGMATISTAS DA JURISDIÇÃO CONSTITUCIONAL NO BRASIL: ANÁLISE DE HIPÓTESES

Em matéria de direitos humanos, não parece ser raro o tratamento e a análise de casos concretos que contrapõem duas situações igualmente duras de violência e de sofrimento. Nesses futuros eventuais casos, fatalmente não haveria um discurso pragmático contraposto a um discurso dogmático, ou um discurso sentimental contraposto a um discurso abstrato: as descrições sentimentais, as narrativas humanas e a recontagem do mundo a partir do olhar da vítima serão instrumentos à mercê tanto de uma parte como de outra (ou tanto de uma tese quanto da tese contraposta). Quando isso ocorrer, é bem possível que o tribunal ou o julgador se sinta constrangido a agir conforme a tradição e a declarar uma das partes como a vencedora da lide.

Nesses casos, é bem provável que o tribunal ou o julgador se arvore em uma função de mediador entre duas situações drásticas que precisam ser equacionadas.[23] A Corte como árbitra poderá trabalhar

---

[23]   O Supremo Tribunal Federal, recentemente, ofereceu dois exemplos marcantes de consenso estratégico para a formação de decisão plenária, ambos protagonizados pelo ministro Carlos Alberto Direito. O principal caso

no sentido de apontar alguma hipótese de solução que permita oferecer conforto, em maior ou menor grau, a ambas as partes. Não há dúvida, entretanto, de que a visão pragmatista dos direitos humanos é política e trata a democracia com prioridade em relação ao próprio Direito. Se isso é certo, é bem possível que o tribunal se exponha mais quando enfrentar as questões de direitos humanos de uma forma mais ironista e liberal. Essa exposição, contudo, não pode ser vista como uma ameaça ou afronta à sua própria autoridade, mas como elemento fundamental de legitimação do trabalho decisório que se alcançará. Além disso, a exposição pública do caso e de suas decor-

---

decorreu do julgamento da PET n. 3.388, de relatoria do ministro Carlos Britto (com julgamento finalizado em 19/03/2009 e publicação em 25/09/2009). A questão envolvia tema bastante delicado, uma vez que contrapunha interesses legítimos e baseados igualmente em expectativas criadas a partir de garantias lidas da Constituição. De um lado, a demanda indígena por demarcação de terras que, obviamente, extrapolava o interesse particular da comunidade Raposa Serra do Sol. De outro lado, o interesse jurídico de agricultores que se estabeleceram em terras e iniciaram a exploração de agricultura de forma aparentemente regular. Apesar de, no caso concreto, o tribunal ter concordado com a demarcação contínua das terras — e, assim, ter exarado sinal positivo em relação às demandas indígenas —, foram fixadas 17 condições para o exercício dessa demarcação, inclusive corrigindo práticas equivocadas adotadas reiteradamente no processo demarcatório (por exemplo, a não oitiva de particulares e representantes do Poder Público que eventualmente tenham importantes informações e dados a serem oferecidos ou mesmo que tenham interesse direto no desenho da demarcação) e estabelecendo os limites do exercício do usufruto indígena perante os órgãos públicos. Com as condições criadas pelo ministro Carlos Alberto Direito e adotadas pelo plenário, o tribunal também passou um importante sinal no sentido de que os direitos dos indígenas, muito embora amplamente prestigiados pela Constituição, não se sobrepõem ao de nenhum cidadão e, por isso, são passíveis também de limitações e restrições como qualquer outro direito.

O segundo exemplo acabou por não vingar no plenário. No julgamento da ADI n. 3.510, de relatoria do ministro Carlos Britto, julgado em 29/05/2008, o ministro Carlos Alberto Direito, sabidamente um julgador

rências identificará o tribunal como uma espécie de "local da decisão", de "foro para o debate",[24] o que fatalmente incentivará maior participação, informações mais ricas, dados mais precisos e o efetivo resultado de um processo decisório aberto, amplo e democrático.

Apesar dessa utopia, é preciso destacar que já contamos no âmbito da jurisdição constitucional com importantes instrumentos políticos e processuais que podem ajudar a Corte a alterar sua própria perspectiva em matéria de direitos humanos, colocando-a, inclu-

---

bastante ortodoxo em suas crenças religiosas, optou não pela previsão mais certa para alguém com seu perfil e com a grande probabilidade de votar pela procedência da ação e declarar a inconstitucionalidade das pesquisas com células-tronco, mas preferiu, sob a sua perspectiva, tentar propor um voto mediano, no qual sugeria uma série de "interpretações conforme", de maneira a não proibir as pesquisas, embora tentando resguardar o posicionamento mais radical da Igreja Católica. Para os fins deste trabalho, muito mais importante do que realizar um julgamento moral de sua visão pessoal de mundo, é enquadrar a postura do ministro Carlos Alberto Direito como típica de quem enxerga o tribunal mais como um fórum para mediar conflitos e, assim, resolvê-los da melhor forma, do que defender racionalmente uma visão moral do Direito.

[24] Nessas situações, a função jurisdicional do STF funcionará como aliada do processo democrático, já que dará início a debates em temas que não conseguem obter o mínimo de consenso necessário no Poder Legislativo, nem mesmo para iniciar a discussão. Quando temas polêmicos, mesmo que urgentes, não sensibilizam o Parlamento para iniciar um debate democrático, talvez seja o momento de utilizar estrategicamente as prerrogativas judiciárias que exigem uma decisão em tempo predeterminado. Nesses casos, por óbvio, a necessidade de aproximação da jurisdição constitucional de uma função democrática aumenta e passa a ser dever do tribunal a adoção de procedimentos de debate público amplo e a necessidade de tomada de uma decisão mediana entre duas posições contrapostas. O neopragmatismo, assim visto, não é contra o eventual ativismo judicial da jurisdição constitucional, mas sim contra a defesa do ativismo judicial como modelo, como "melhor" padrão de conduta em um Estado Democrático de Direito. Para o pragmatismo, também o ativismo judicial precisa ser analisado de acordo com sua utilidade. (EISENBERG, 2003, p. 46.)

sive, em sintonia com discursos mais amplos, como os dos painéis internacionais. A necessidade de democratizar o processo decisório tem servido para o Supremo Tribunal Federal manejar um grupo de instrumentos de forma a poder forjar uma solução a partir do testemunho de quem tenha efetivamente algo a dizer sobre direitos humanos. Obviamente, esse processo de democratização sempre será restrito e pouco eficaz se continuar a reproduzir o tipo de discurso excludente que é praticado na lógica interna da chamada teoria dos direitos fundamentais ou do neoconstitucionalismo. Basta verificar que, apesar de esses instrumentos serem relativamente maduros em nosso sistema (criados em 1999), somente agora o tom de sua prática parece oferecer alguma informação importante. Para se ter uma ideia, a primeira audiência pública promovida pelo STF ocorreu em junho de 2008, enquanto a alteração regimental que deu direito a sustentação oral ao *amicus curiae* data de março de 2004 (Emenda Regimental nº 15).

Refiro-me, especificamente, ao instituto do *amicus curiae* e à possibilidade de a jurisdição constitucional promover audiências públicas sobre os temas que terá de decidir. A utilização dos dois instrumentos — criados em 1999, por meio da Lei nº 9.868, de 10 de novembro — representou uma minirrevolução na maneira de trabalho da jurisdição constitucional. Contudo, os dois mencionados instrumentos sofrem investidas perigosas no sentido da cooptação para o limitado ambiente da lógica e da cientificidade jurídica, conforme será demonstrado.

13.3.1 *Amicus curiae*

O instituto do "amigo da Corte" ou *amicus curiae*, previsto no art. 7º, § 2º, da Lei nº 9.868/99, tem o objetivo nobre de ampliar as bases de informação e de repercussão sobre as quais o Supremo Tribunal Federal decide as teses. Se a função da jurisdição constitucional é julgar a maneira como determinadas questões serão aplicadas, nada mais conveniente do que possibilitar que as mais diferentes entidades públicas ou privadas, que eventualmente atuem com o tema tratado, ofereçam suas próprias visões e interpretações e apresentem ao tribunal informações e dados que julguem úteis para o deslinde definitivo da questão.

Defendido também pelo tradicional discurso do neoconstitucionalismo, a possibilidade de *amicus curiae* no controle concentrado é sempre visto como um sinal de abertura e democratização,[25] a conferir pluralidade e riqueza de informações e ideias para o processo decisório, proposta bastante condizente com o quadro da Constituição de 1988.

---

[25] Transformou-se em lugar comum no direito constitucional associar a adoção da figura do *amicus curiae* pela jurisdição constitucional à tese de Häberle na obra *Sociedade aberta dos intérpretes da Constituição*. Para Häberle (2001, p. 149), "nos processos de interpretação constitucional estão incluídos potencialmente todos os órgãos do Estado, todos os poderes públicos, todos os cidadãos e os grupos. [...] Seus critérios [de interpretação] serão tão mais abertos quanto seja pluralista a sociedade". A importante formulação de Häberle, de 1975 (e publicada na *Juristenzeitung*), teve ampla aceitação no Brasil a partir da tradução realizada por Gilmar Mendes e publicada em 1997, intitulada *Hermenêutica Constitucional: a sociedade aberta dos intérpretes da Constituição - contribuição para a interpretação pluralista e procedimental da Constituição*. Outro exemplo do impacto de sua formulação no meio acadêmico e entre nossos doutrinadores pode ser identificado no fato de a Universidade de Brasília ter concedido ao professor Häberle o título de "Dr. Honoris Causa" em 2005 (Resolução do CONSUNI n. 10/2005). Entretanto, como veremos adiante, a prática do instituto do *amicus curiae* remonta ao direito anglo-saxão, em especial nos Estados Unidos. A prática do *amicus curiae* parece, entretanto, aproximar-se da necessidade de se fazer chegar ao tribunal informações e dados que possam subsidiá-lo a decidir melhor uma questão. Ver Medina (2010, p. 76). Tanto é assim que, no nascedouro, esse instituto não apresentava a faceta de um direito subjetivo de participar do processo, mas se tratava de decisão discricionária do relator e, em última instância, do plenário (arts. 7º, § 2º, e 20º, da Lei n. 9.868/99; e art. 6º, § 2º, da Lei n. 9.882/99).

O *amicus curiae*, entretanto, não é fruto de algum tipo de ante-visão do jurista, mas resultado de uma iniciativa imaginativa de um advogado que, diante do fechamento das possibilidades discursivas de seu caso, resolveu arriscar e forçar uma abertura constrangedora. A mais famosa e importante peça de *amicus curiae* apresentada perante um tribunal data de 1908, no caso Muller v. Oregon (208 U.S. 412, 1908), julgado pela Suprema Corte americana, muito embora casos isolados possam ser identificados no passado.[26]

O precedente dizia respeito à possibilidade de a legislação estadual estabelecer restrições à fixação da jornada de trabalho das mulheres diante do princípio da autonomia contratual e da liberdade. Em fevereiro de 1903, o Estado de Oregon havia estabelecido que a mulher poderia ser submetida a um regime de trabalho que nunca ultrapassasse dez horas diárias, em fábricas e lavanderias.

A lei do Estado de Oregon não era muito diferente de leis aprovadas em outros Estados da Federação, sempre com o objetivo de amenizar os duros impactos sobre as pessoas, advindos do processo de industrialização. A Suprema Corte americana, já em 1898, no caso Holden v. Hardy (169 U.S. 366, 1898)[27] confirmara a constitucionalidade de uma lei do Estado de Utah, por maioria de 7 X 2, que restringia o número de horas trabalhadas para mineiros e fundidores. Havia entendido a Suprema Corte que existia "base racional" para sustentar o exercício legítimo do poder de polícia estadual, uma vez que a lei se baseava em fatos e informações que identificavam as condições perigosas de trabalho desses empregados.

---

[26] De fato, a literatura especializada costuma apontar que exemplos de *amicus curiae* ocorreram já no século XIX, como nos casos Green v. Biddle — 21 U.S. 1 (1823); Flórida v. Geórgia — 58 U.S. 478 (1854); e Kippendorf v. Hyde — 110 U.S. 276 (1884). Ver Krislov (1963, p. 697). Krislov defende a tese de que o berço da prática é a Inglaterra no longínquo ano de 1736, no caso Coxe v. Phillips.

[27] O caso foi arguido em 21/10/1897 e julgado em 28/02/1898.

Contudo, sete anos depois, por maioria mínima de 5 X 4, a Suprema Corte americana, no caso Lochner v. New York (198 U.S. 45, 1905),[28] inverteu o entendimento e julgou inconstitucional a lei do Estado de Nova York que limitava a jornada de trabalho diário dos padeiros a dez horas diárias e sessenta horas semanais. O tribunal entendeu que a legislação estadual nesse caso era "não razoável, desnecessária e interferia arbitrariamente no direito e liberdade do indivíduo de contratar", princípio que estava implícito na cláusula do devido processo legal e na 14ª Emenda, votada pelo Congresso em 13/06/1866 e ratificada em 09/07/1868, que assim fixava em sua Secção I:

> Todas as pessoas nascidas ou naturalizadas nos Estados Unidos, e sujeitas à sua jurisdição, são cidadãos dos Estados Unidos e do Estado onde tiverem residência. Nenhum Estado poderá fazer ou executar leis restringindo os privilégios ou as imunidades dos cidadãos dos Estados Unidos; nem poderá privar qualquer pessoa de sua vida, liberdade ou bens sem processo legal, ou negar a qualquer pessoa sob sua jurisdição a igual proteção das leis.

Foi com base nesse julgamento que Joe Haselbock, gerente geral da lavanderia Curt Muller (Curt Muller's Grand Laundry), em Portland, requereu que a sra. Elmer Gotcher trabalhasse mais de dez horas em 04/09/1905. Duas semanas depois, foi condenado por um tribunal local por violar a lei estadual e teve que pagar uma multa de dez dólares. Apelou para a Suprema Corte de Oregon, levantando em sua defesa o caso Lochner v. New York. O tribunal estadual, entretanto, considerou a lei estadual constitucional de 1906, o que fez com que Haselbock ingressasse com recurso para a Suprema Corte.

---

[28] O caso mencionado foi arguido em 23/02/1905 e 24/02/1905 e julgado em 17/04/1905.

O caso era delicado, uma vez que a Suprema Corte estava hesitante em fixar seu entendimento final acerca de leis que estabeleciam limitações ao contrato de trabalho. Com a permissão da advocacia geral do Estado de Oregon, a *National Consumers League* contratou Louis Brandeis para defender a constitucionalidade da lei perante a Suprema Corte. Louis Brandeis, que viria a se tornar, ao lado de Oliver Holmes, um dos mais famosos juízes pragmatistas da história da Suprema Corte americana,[29] inovou em sua estratégia e adotou procedimento até então inédito.

Ele elaborou o chamado *Brandeis Brief*, que viria a se tornar uma das peças "jurídicas" mais famosas da história do direito constitucional moderno ocidental. No entanto, em vez de redigir um memorial/peça com o formato tradicional, empregando argumentos jurídicos e raciocínio legal, após citar todas as demais leis estaduais do país que seriam afetadas pela futura decisão, o advogado resolveu resumir os aspectos meramente jurídicos em apenas duas páginas (parte intitulada "Argument"). Dedicou-se, em seguida, a apresentar ao tribunal as legislações estrangeiras que também traziam tratamento especial ao regime de trabalho da mulher ("Part First"). Finalmente, o que chamou de "Part Second", de 95 páginas, foi dedicado a apresentar ao tribunal um volume rico de informações empíricas e de dados da realidade que demonstravam a necessidade de garantir regime especial às mulheres. Para demonstrar que o excesso de trabalho era hostil à saúde das empregadas, Brandeis compilou uma série de estatísticas de jornais médicos e de publicações de sociologia, bem como outros dados científicos.

A petição apresentada por Brandeis não é apenas um marco na história da Suprema Corte americana, mas, acima de tudo, inaugurou uma nova forma de entender a própria jurisdição constitucional e os aspectos "não jurídicos" de suas decisões.[30] Significou ainda a

---

29   Acerca de sua visão pragmatista, ver Farber (1995, p. 172).

30   O famoso procedimento adotado em 1908, hoje, é objeto de regulação da Suprema Corte americana, por meio da *Rule 37* das *Rules of the Supreme Court of the United States* (cuja última versão é de 16/02/2010).

superação, na prática, de que existe algo de exclusivamente jurídico como argumento decisivo para a resolução das questões políticas fundamentais. Ao contrário, com a apresentação dos dados, o advogado constrangeu os juízes do tribunal, que simplesmente não conseguiriam elaborar tantos argumentos e posições criativas para contrapor ao conteúdo do documento que recebiam. Em termos neopragmatistas, Brandeis criou uma nova "linguagem" ou "vocabulário" para a análise das questões pela Suprema Corte e, por meio dessa utopia concretizada, revolucionou a forma de analisar questões políticas, sociais e econômicas pelo Tribunal Supremo.

Posteriormente, o formato de atuação de Brandeis no caso foi sucessivamente repetido, até se tornar uma prática nuclear do processo decisório na Suprema Corte americana. Casos importantes da história americana, tais como Brown v. Board of Education of Topeka, de 1954 (347 U.S. 483),[31] e Regents of the University of California v. Bakke, de 1978 (438 U.S. 265),[32] foram decididos com o auxílio de informações e dados de várias entidades que apresentaram memoriais.

A prática se alastrou pelo mundo e o Brasil oficialmente a adotou em 1999.[33] Trata-se, portanto, de uma importantíssima ferramenta de "despurificação" do discurso jurídico nas decisões do Supremo Tribunal Federal. Entretanto, esse processo é mais efetivo e útil quanto mais clara essa perspectiva estiver presente entre os ministros do STF. O argumento utilizado pelo discurso neoconstitucional é apenas parcialmente correto: o objetivo de pluralizar e democratizar o pro-

---

[31] Caso arguido em 09/12/1952, rearguido em 08/12/1953 e julgado em 17/05/1954.

[32] Caso arguido em 08/10/1977 e julgado em 28/06/1978.

[33] Antes disso, entretanto, nos casos mais polêmicos, aceitava-se uma espécie de *amicus curiae* informal, por meio da simples apresentação de memorial e da marcação de audiência, mesmo que por iniciativa de quem não era parte no processo (MEDINA, 2010, p. 83, 98).

cesso decisório[34] não é a principal função da participação do *amicus curiae* (apesar de ser também objetivo), mas sim a desmistificação do discurso jurídico e o reconhecimento de sua insuficiência para servir de base exclusiva para as grandes questões.[35] Em outras palavras, o uso do instituto do *amicus curiae* para referendar o discurso jurídico que o próprio Supremo Tribunal Federal pode facilmente reproduzir, mesmo que os argumentos jurídicos sejam trazidos por entidades várias, não acrescenta nada ao processo decisório e nem ao menos cria o ambiente de pluralidade e democracia.[36]

---

[34] O ministro Celso de Mello já se referiu aos objetivos do *amicus curiae* como "fator de legitimação social das decisões da Suprema Corte" (ADI n. 2.130-MC, relator ministro Celso de Mello, decisão de 20/12/2000, DJ em 02/02/2001). Essa mesma justificativa foi utilizada pelo tribunal para aceitar a sustentação oral de *amicus curiae* quando do julgamento da ADI n. 2.777 em 26 e 27/11/2003, hoje previsto no regimento interno do STF (art. 131, § 3º, e art. 132, § 2º).

[35] É importante destacar, entretanto, que há experiências que sugerem procedimento exatamente contrário ao aqui defendido. Na Irlanda, por exemplo, o *amicus curiae* necessariamente deverá aduzir argumentos jurídicos (MEDINA, 2010, p. 49). Apesar de casos isolados, parece haver tácito consenso na experiência comparada, no sentido de privilegiar "amigos da Corte" que tragam informações novas ou dados técnicos. Em interessante estudo sobre *amicus curiae*, sob a perspectiva dos *clerks* da Suprema Corte americana, Lynch (2004, p. 41, 69) informa que 56% dos *clerks* entrevistados reconheceram que os memoriais são mais úteis em casos que envolvam "áreas do Direito altamente técnicas e especializadas, leis complexas e casos regulatórios". Além disso, 54% dos *clerks* responderam que há grande impacto na Corte quando o memorial traz dados de ciências sociais.

[36] Não é por outro motivo que a *Rule 37*, das regras internas da Suprema Corte americana, estabelece que "O memorial do *amicus curiae* que traga à atenção da Corte matéria relevante ainda não levada à consideração pelas partes será de considerável ajuda para a Corte. O memorial de *amicus curiae* que não servir a esse propósito sobrecarrega a Corte e sua apresentação não é apoiada".

Aliás, é digna de aplauso a decisão do ministro Joaquim Barbosa, que, evitando a postura confortável de admitir todas as entidades que se habilitem

No entanto, é dessa maneira enviesada que o instituto vem sendo interpretado. Logo após a adoção do novo modelo em 1999, os ministros do STF ainda estavam receosos dos impactos da nova figura, especialmente em relação ao acúmulo de trabalho trazido pelos novos dados que seriam apresentados. Nem todos os ministros o aceitavam, a não ser que fossem apresentados por entidades cuja pertinência temática fosse mais do que óbvia e, mesmo nesses casos, a entidade não poderia produzir sustentação oral.[37] Em 27/11/2003, o plenário do STF, resolvendo questão de ordem na ADI nº 2.777/SP[38] e superando

---

no feito, negou a qualidade de *amicus curiae* em decisão de 25/04/2005, nos autos da ADI n. 3.311, sob o argumento de que "a mera manifestação de interesse em integrar o feito, sem o acréscimo de nenhum outro subsídio fático ou jurídico relevante para o julgamento da causa, não justifica a admissão do postulante como *amicus curiae*".

[37] O sentimento no Tribunal com os primeiros casos de *amicus curiae* era de ressalva, mesmo reconhecendo a importância do novo modelo. Preocupava a possibilidade de ocorrer a apresentação de vários memoriais de terceiros e, assim, desorganizar os trabalhos de julgamento. Desse modo, as soluções de cada ministro eram diferentes: alguns simplesmente não mandavam juntar a petição, muito embora não a negassem formalmente; outros se utilizavam de escusas procedimentais, tais como prazos e momento de apresentação do memorial (ver, por exemplo, a decisão do ministro Gilmar Mendes publicada em 02/10/2002, referente à ADI n. 1.104, que rejeitara a admissão por não ter sido pleiteado no prazo do art. 6º, parágrafo único, da Lei n. 9.868/99, ou ainda a decisão do plenário de 09/05/2002, no julgamento da ADI n. 2.238, rejeitando a admissão de *amicus curiae* depois de já iniciado o julgamento), muito embora mandassem juntar a petição "por linha" (ver, por exemplo, a decisão do ministro Cezar Peluso de 13/10/2003, na ADI n. 2.777, ou a decisão do ministro Gilmar Mendes anteriormente citada). As questões relativas à "sobrevivência, viabilidade e funcionalidade do tribunal" com o *amicus curiae* foram também ressaltadas pelo ministro Sepúlveda Pertence no voto que proferiu, em questão de ordem, na ADI n. 2.777, quando admitira excepcionalmente a sustentação oral do *amicus curiae*.

[38] A decisão ocorreu em 26/11/2003, em questão de ordem na qual restaram vencidos os ministros Ellen Gracie e Carlos Velloso (ADI n. 2.777, relator ministro Cezar Peluso, DJ 09/12/2003).

PERSPECTIVAS DA LEITURA PRAGMATISTA DOS DIREITOS HUMANOS NO BRASIL

anterior precedente,[39] passou a entender que é admissível a sustentação oral do *amicus curiae*, salientando também que essa intervenção, com possibilidades abertas e plurais, conferiria legitimidade às decisões do STF no exercício da jurisdição constitucional.[40]

Não demorou até que essa orientação passasse a figurar como norma constante do regimento interno. Em 30/03/2004, sob a presidência do ministro Maurício Corrêa, os ministros aprovaram a Emenda Regimental n° 15, que acrescentou o § 3° ao artigo 131 do Regimento Interno, e, assim, admitida a intervenção do *amicus curiae* no processo de controle concentrado de constitucionalidade, passa a ser-lhe facultada a sustentação oral, de acordo com a regra do art. 132, § 2°, do próprio Regimento Interno do Supremo Tribunal Federal. O novo instrumento passava, definitivamente, a ser elogiado pelo tribunal, que, inclusive, estendeu o seu uso também ao controle difuso.[41]

---

[39] A decisão de 26/11/2003, na ADI n. 2.777, representou a superação do entendimento que havia sido fixado pelo plenário do STF em 18/10/2001, quando o tribunal, na apreciação de questão de ordem vinculada à ADI n. 2.223, relator ministro Marco Aurélio, entendeu que não cabia o alegado direito de sustentação oral do *amicus curiae* por interpretação do art. 10, § 2°, da Lei n. 9.868/99. Ficaram vencidos os ministros Nelson Jobim, Celso de Mello e Marco Aurélio. Essa decisão do plenário, por sua vez, sustentava-se em outros precedentes, como a decisão do então presidente, ministro Carlos Velloso, na ADIMC n. 2.321, em 25/10/2000 (DJ 31/10/2000), e na ADI n. 2.130, relator ministro Celso de Mello (DJ 02/02/2001).

[40] Cabe esclarecer que, no regime da Suprema Corte americana, o *amicus curiae* somente pode participar do *oral argument* com o consentimento das partes ou por permissão especial da Corte [*Rule* 37, 3 (a) e (b)].

[41] Em 21/09/2005, por exemplo, o Plenário do STF, originariamente, admitiu a sustentação oral de *amicus curiae* em processo difuso de constitucionalidade, em clara extensão do texto da lei, quando do julgamento dos RE n. 416.827 e RE n. 415.454, de relatoria do ministro Gilmar Mendes. O argumento utilizado foi o da "objetivação" do processo difuso, especialmente se lidos os arts. 14, § 7°, e 15, da Lei n. 10.259/2001. Hoje, o *amicus curiae* é amplamente admitido no âmbito dos recursos extraordinários que tenham

A medida, aguardada pelos advogados atuantes no tribunal, foi um duro golpe à sua própria razão de existir, e não levaria tempo para que o instrumento perdesse grande parte de seu impacto. Isso porque, do ponto de vista das entidades postulantes, o juízo acerca da participação no processo passou a ser a representação perante o plenário no dia do julgamento, e não mais a possibilidade de organizar um conjunto de informações relevantes ao tribunal, tal como Brandeis havia feito um século atrás.

Por outro lado, a vinculação que se criou entre *amicus curiae* e sustentação oral forçou o tribunal a somente admiti-lo se caso a petição fosse assinada por advogado, representando também aqui um retrocesso no eventual processo de despurificação do discurso jurídico na decisão da Corte.[42] A partir do momento em que se passou a exigir participação do advogado na subscrição da peça, perdeu-se a autenticidade da iniciativa, uma vez que a peça teria o contorno e o aspecto de uma petição jurídica. As novas informações e dados técnicos passaram a não ter mais tanta importância dentro do quadro que se construiu, e o significado de democratização perdeu sentido, já que a abertura passou a permitir que outros advogados também

---

a sua "repercussão geral da questão constitucional" admitida (ver art. 543-A, § 6º, do CPC, acrescentado pela Lei n. 11.418, de 19/12/2006).

[42]   A *Rule 37* do regimento da Suprema Corte americana tem previsão assemelhada que, se não for bem compreendida, poderá resultar em confusão. Naquele tribunal, somente são aceitos para litigar perante a Suprema Corte americana advogados previamente habilitados e que alcancem determinados requisitos, como competência e tempo de experiência. Para a manifestação de *amicus curiae* se exige que o memorial seja assinado por um advogado habilitado. A regra segue, portanto, a tradição da Corte e apenas realça a importância institucional e o papel de relevo do tribunal. Além disso, aquele tribunal aplica com rigor a regra que exige que as informações trazidas pelo *amicus curiae* sejam novas e relevantes. O contexto é, portanto, totalmente diverso do "nicho de mercado" que se estabeleceu no Brasil e de sua tendência em "tecnicizar" juridicamente argumentos e informações que deveriam ser, em regra, coletados e apresentados fora do discurso estrito do Direito.

participassem no processo.[43] Finalmente, a sustentação oral com televisionamento, como ocorre no Brasil, acaba por retirar o desinteresse formal com que as partes e advogados deveriam se apresentar ao tribunal e reforça participações meramente retóricas e simbólicas. O instituto do *amicus curiae*, assim, passou por um processo de apropriação pelo discurso jurídico tradicional e, de alguma maneira, transformou-se em apenas mais um capítulo do direito constitucional e mais uma oportunidade de advogados e juristas intervirem no processo decisório perante o Supremo Tribunal Federal, ampliando o seu leque de possibilidades de atuação profissional.

13.3.2 Audiência pública

Entretanto, não foi somente no instituto do *amicus curiae* que o tribunal abriu mão da ampliação de uma visão menos tecnicista, com base em um instrumento com claros contornos pragmatistas. A Lei nº 9.868, de 10/11/1999, também faz menção (em seu art. 9º, § 1º) ao instituto da audiência pública como forma de a Corte coletar informações e opiniões de técnicos e *expertise* sobre os temas analisados nos processos. Nos termos da lei, o relator também poderá "requisitar informações adicionais" e "designar perito ou comissão de peritos para que emita parecer sobre a questão". De alguma maneira, contudo, a promoção da audiência pública sempre pareceu uma iniciativa mais ampla e que, de alguma maneira, englobava as outras duas possibilidades no recebimento de informações adicionais.

O instituto é praticado, com larga experiência, pelas Casas Legislativas, que se utilizam do instrumento para agregar aos debates informações e dados do domínio de especialistas das mais diversas

---

[43] É também relevante o número de entidades que, pleiteando a participação no processo como *amicus curiae*, fazem-na em petição de uma página, sem oferecer qualquer dado relevante e, até mesmo, sem desenvolver argumentação jurídica, com o claro objetivo de "marcar posição" política e se sustentar oralmente perante o plenário.

áreas, em torno de votações específicas. A Câmara dos Deputados, por exemplo, regula o instituto no seu Regimento Interno a partir do art. 255, fixando que as comissões poderão realizar audiências públicas "com entidade da sociedade civil para instruir matéria legislativa em trâmite". Cumpre destacar que a função "legitimadora do processo democrático de decisão política" não é a principal razão da promoção da audiência pública, mas sim a possibilidade de oxigenar e pluralizar o debate com informações novas ou com percepções políticas diferentes acerca da votação de determinada proposta. É por isso que há regras, mesmo que abertas, de escolha das autoridades que participarão da audiência (veja, por exemplo, o art. 256, *caput*, do Regimento Interno da Câmara dos Deputados) e de paridade de participações no caso de o tema envolver correntes de opinião (veja, por exemplo, o art. 256, § 1º, do Regimento Interno da Câmara dos Deputados).

A dinâmica do encontro tenta simular um interrogatório franco e espontâneo entre deputados e autoridades participantes. Além de esclarecer informações novas, as audiências também se prestam a um papel político: a força "justificatória" dos argumentos é testada e deputados favoráveis à aprovação de determinada proposição tentarão enfraquecer ou desautorizar o conteúdo da fala daqueles que se manifestaram contra o projeto, e vice-versa. Outro uso estratégico da audiência é expor determinada tese, convocando para a sua defesa representantes sem autoridade na área ou sem prestígio no tema. Enfim, usos absolutamente normais no processo democrático de debate público. O certo é que a audiência pública poucas vezes é fase despercebida no processo de embate entre correntes de pensamento no âmbito da Câmara dos Deputados.

Também o Senado prevê em suas regras internas as normas que regulam a audiência pública. O Regimento Interno do Senado Federal prevê, a partir do art. 93, regras bastante parecidas àquelas que constam do Regimento Interno da Câmara dos Deputados. Da mesma forma, há menção à função instrutória da audiência e à paridade de manifestações entre defensores e opositores da questão específica que estiver sendo apreciada (art. 94, § 1º, do Regimento Interno do Senado Federal).

O instrumento da audiência pública, como sugerem suas previsões e seu histórico, tem objetivos muito mais concretos e pragmatistas do que servir como homologador do processo democrático por meio do qual as proposições são aprovadas. Tanto é assim que não raras vezes as audiências ocorrem sem grande participação de parlamentares, que estão mais interessados em reforçar suas posições políticas por meio dos argumentos utilizados pelos especialistas quando a eles são liberadas as notas da sessão pública. Uma das dimensões pragmatistas mais importantes das audiências públicas é a identificação dos atores políticos e de suas posições no debate. Com a realização de uma reunião pública, as entidades envolvidas no tema são obrigadas a tomar partido, sofisticar suas razões concretas, ponderar a posição oposta e, não raras vezes, propor até caminhos alternativos que possam, de alguma maneira, reunir em um mesmo texto duas posições inicialmente díspares. O último objetivo da audiência pública é servir para uma "palestra" ou uma "aula" porque, assim, a posição apresentada não é devidamente testada e seu interlocutor não é submetido ao teste prático de tolerância com a posição oposta. Em outras palavras, dizer que a audiência pública serve para legitimar o processo democrático é adotar um juízo meramente expositivo e estático perante a audiência, é dizer que ela é apenas uma formalidade, sem qualquer efeito transformador ou propositivo.

A Lei nº 9.868, de 10/11/1999, em boa hora, mesmo que por razões pouco claras, importou o instrumento que é típico do âmbito político. Já tivemos a oportunidade de defender neste trabalho a perspectiva pragmatista que comumente é adotada nos debates políticos, em que é mais importante construir consensos e evitar polarizações do que convencer cientificamente seu oponente do acerto de determinada posição. Imaginada assim, a audiência pública serviria como poderosa arma a serviço da jurisdição constitucional, para promover um resgate da temática jurídico-política dos limites estritos do discurso constitucional. Ter-se-iam, portanto, debates de

NEOPRAGMATISMO E DIREITO CONSTITUCIONAL

temas constitucionais com a participação de não juristas, o que poderia trazer novos enfoques, novos rumos, outros ângulos de análise, informações importantes ou dados inesperados, articulação de nova linguagem ou vocabulário, enfim, oxigenação constitucional. Essa oxigenação viria certamente para esclarecer melhor o tema e as posições contrapostas que, o mais das vezes, ficam escondidas atrás do discurso valorativo e principiológico, pouco útil do ponto de vista político e de criação de consensos.

Em várias questões constitucionais complexas, os ministros do Supremo Tribunal Federal ficavam à mercê da argumentação e da versão contada pelas partes. Seus julgamentos sobre temas fundamentais eram, muitas vezes, incompletos ou ainda supervalorizavam ou valorizavam muito pouco certas informações. Contra essa falta de balizas, que também confundia a percepção da situação fática em jogo, nada tinha a jurisdição constitucional. Com objetivo semelhante, o *amicus curiae* veio para atenuar a lacuna e prover os julgadores das mais diferentes informações que, de outra forma, não chegariam ao tribunal.

A dúvida em relação à confusão de versões possíveis para a resolução de casos concretos chegou a levar à adoção de medidas heterodoxas, muito embora a bem da instrução do processo. Refiro-me à providência adotada pelo ministro Nelson Jobim na instrução do RE nº 199.147 (ministro relator para o acórdão Marco Aurélio, DJ 14/11/2008),[44] que tratava do problema de saber se a circulação de mercadoria entre estabelecimentos da mesma empresa importava substituição tributária ou era operação isenta para fins de recolhimento do ICMS.

Diante de importante dúvida para a "fixação nítida do caso e também da controvérsia", o ministro relator convidou os advogados do recorrente e do recorrido para uma discussão em seu gabinete. Discutiram em clima amistoso e franco sobre as questões do caso e sobre a controvérsia jurídica, tentando afastar toda a poluição do

---

[44] Processo julgado em definitivo em 16/04/2008.

PERSPECTIVAS DA LEITURA PRAGMATISTA DOS DIREITOS HUMANOS NO BRASIL

discurso racional que impede uma visão clara do problema.[45] A medida "não regimental e heterodoxa" já demonstrava os empecilhos de esquecer os dados concretos, em prestígio de uma argumentação abstrata e muito sofisticada.

Em outro episódio, o Supremo Tribunal Federal passou pelo constrangimento de ter de revisar precedente recém-assentado, por reconhecer que as premissas fáticas do anterior entendimento estavam equivocadas. No julgamento do RE nº 438.639, ocorrido em 09/03/2005, o plenário do tribunal havia fixado o entendimento de que "é da competência da Justiça Comum a ação de indenização por dano moral, quando o fato também qualifique acidente do trabalho" (RE nº 438.639, relator para o acórdão ministro Cezar Peluso, DJ 05/03/2009). Muito embora a razão oficial de decidir tivesse sido a interpretação do art. 114, VI, da Constituição Federal, os ministros, na dinâmica do plenário, apegaram-se a outro aspecto, "um motivo de política judiciária".[46] Entendiam eles que a Justiça do Trabalho não estaria ainda satisfatoriamente capilarizada no Brasil e que a ação de indenização por dano moral seria de difícil propositura se seu autor tivesse que se deslocar de localidade para ajuizá-la.

Pouco depois do julgamento, vários ministros do STF receberam um trabalho, a título de *amicus curiae* informal, elaborado pelo então juiz do TRT de Minas Gerais, Sebastião Geraldo de Oliveira, que levantava dados e informações demonstrando a expansão da Justiça do Trabalho no Brasil nos últimos anos e que o temor que os ministros haviam manifestado não encontrava respaldo.[47]

---

[45] O episódio está narrado em uma "antecipação ao voto" do ministro Nelson Jobim, lido na Segunda Turma em 17/08/1999, constante do acórdão final.

[46] A expressão é do ministro Carlos Velloso (voto no CC n. 7.204).

[47] Há menção a esse "memorial" nos votos dos ministros Cezar Peluso, Sepúlveda Pertence, Eros Grau, Gilmar Mendes e Carlos Velloso, no acórdão do CC n. 7.204.

Diante do equívoco na valoração das circunstâncias fáticas, o ministro Carlos Britto, em 29/06/2005, submeteu novamente a questão ao Tribunal Pleno, por meio do CC nº 7.204 (relator ministro Carlos Britto, DJ 09/12/2005). Dessa vez, a decisão foi unânime no sentido de reconhecer a competência da Justiça do Trabalho para essas questões. Quase todos os ministros que alteraram seus votos justificaram a mudança de posição diante das informações novas que o inusitado *amicus curiae* havia trazido e que se contrapunham às premissas do primeiro julgamento.[48]

Os dois exemplos citados não são casos emblemáticos para a promoção de audiência pública, mas demonstram como o aspecto fático e concreto por vezes é mais importante do que possa parecer em uma primeira análise. Essa preocupação com a melhor informação à disposição do tribunal já foi encampada por Mendes (1998, p. 453) em texto que defendia a revisão de fatos e prognoses legislativas pelo Supremo Tribunal Federal, intitulado "Controle de constitucionalidade: hermenêutica constitucional e revisão de fatos e prognoses legislativos pelo órgão judicial". A perspectiva de Mendes, sob a visão pragmatista, merece somente elogio e aval e precisaria ser estendida para todas as dimensões de exame e julgamento do tribunal, não só naqueles casos em que há a revisão de ato legislativo. Se a jurisdição constitucional tem como eixo de jurisprudência o exame

---

[48] O ministro Carlos Velloso, por exemplo, afirmou: "Laborava, de outro lado, em engano, pois não sabia que a Justiça trabalhista havia se expandido tanto no Brasil, especialmente no meu Estado natal, a minha Minas. Penitencio-me pelo engano e fico muito contente pela salutar expansão da Justiça do Trabalho." (Voto no acórdão do CC n. 7.204, p. 338). O ministro Gilmar Mendes descreveu que já havia conversado com o autor do "memorial": "Tive a oportunidade de conversar com o dr. Sebastião de Oliveira, e ele fez uma série de considerações que, a meu ver, invalidavam as premissas fático-jurídicas daquela decisão." Concluiu, ao final, que "essa relação fatos e normas, essa relação intrincada, é extremamente relevante e mostra a necessidade dessa abertura processual e procedimental, em sede de ADI" (Fls. 329 e 330 do voto no acórdão da CC n. 7.204).

de casos relativos aos direitos humanos, a audiência pública poderia servir para não só clarificar as posições políticas contrapostas e identificar seus interlocutores, mas, acima de tudo, colocar em evidência e sob críticas dados e informações que poderiam servir ao tribunal para o seu julgamento final. Trata-se, também, de um excelente momento para ponderar acerca de assertivas que até então poderiam ser consideradas dogmáticas e inquestionáveis. Em outras palavras, por meio de um passo claramente pragmatista, a opção de modelo de jurisdição constitucional vem se aproximando, cada vez mais, de um formato mais político e democrático no exato sentido de que é mais importante resolver casos de forma relativamente tranquila do que vender um discurso oficial como o grande objetivo da tarefa institucional do tribunal.

Entretanto, da mesma forma como ocorre com o instituto do *amicus curiae*, o flerte com a transcendentalidade do discurso técnico do direito constitucional, a todo o momento, coloca em risco essa tendência salutar da jurisdição constitucional em direção a um papel mais pragmático. No caso da audiência pública, é preciso que seu processo de realização também se dê com vistas a abrir o debate e evitar que a linguagem jurídica acabe por contaminar, mais uma vez, opiniões e pontos de vista diferentes e multidisciplinares.

O tribunal, após acumular algumas experiências, regulamentou o funcionamento da audiência pública por meio de previsão específica em seu regimento interno. Trata-se da Emenda Regimental nº 29, de 18/02/2009 (publicada no DJE, nº 35, p. 1, de 20/02/2009), que estabeleceu a ordem dos trabalhos. A emenda alterou o art. 13 (atribuições do presidente do tribunal) e o art. 21 (atribuições do relator) para fixar que poderão

> [...] convocar audiência pública para ouvir o depoimento de pessoas com experiência e autoridade em determinada matéria, sempre que entender necessário o esclarecimento de questões ou circunstâncias de fato, com repercussão geral ou de interesse público relevante.

O texto do novo art. 13, XVII, e do art. 21, XVII, parece ter conservado a finalidade da audiência ao se referir a pessoas que possam esclarecer questões ou circunstâncias de fato. A lei faz referência a "pessoas com experiência e autoridade na matéria", expressão essa repetida na alteração regimental. Se o novo regime busca abertura de sentidos, de linguagens e de vocabulários, por óbvio, essa "autoridade" não pode ser uma autoridade meramente argumentativa e retórica, como é a autoridade de um jurista sobre uma questão.

Desde a aprovação da Lei nº 9.868, de 10/11/1999, foram realizadas audiências públicas em cinco temas: (1) no tema da constitucionalidade das pesquisas com células-tronco — ADI nº 3.510, relator ministro Carlos Britto, com julgamento terminado em 29/05/2008 (a audiência pública foi realizada em 20/04/2007); (2) no tema do aborto de feto anencefálico — ADPF nº 54, relator ministro Marco Aurélio, ainda sem julgamento final (as audiências foram realizadas em 26 e 28 de agosto e 4 e 16 de setembro de 2008); (3) no tema da constitucionalidade da importação de pneus usados — ADPF nº 101, relatora ministra Cármen Lúcia (a audiência pública ocorreu em 27/06/2008);[49] (4) no tema do ativismo judicial para a efetivação do direito à saúde[50] e (5) no tema das cotas raciais para ingresso nas universidades — ADPF nº 186 e RE nº 597.285, relator ministro Ricardo Lewandowski, ainda sem julgamento final da causa (as audiências foram realizadas em 3, 4 e 5 de março de 2010).

Dos cinco conjuntos de audiências, os conjuntos referentes à ADI nº 3.510 e à ADPF nº 54 parecem ter sido os mais sintonizados

---

[49] O julgamento, ocorrido em 24/06/2009, decidiu por dar parcial provimento à ação e fixou o entendimento de que é inconstitucional a interpretação que permitiu a importação de pneus de qualquer espécie, incluídos os remoldados.

[50] As audiências públicas foram convocadas em razão de uma série de processos que tramitam no STF: SL-Agr n. 47 e 64; STA n. 36, 185, 211 e 278; e SS n. 2.361, 2.944, 3.345 e 3.355, todos de relatoria da presidência do tribunal.

PERSPECTIVAS DA LEITURA PRAGMATISTA DOS DIREITOS HUMANOS NO BRASIL

com a visão aberta e pluralista que aqui se defende. A maior razão para chegarmos a essa conclusão é o fato de não ter sido incluído no rol de especialistas quase nenhum jurista, dando-se primazia evidente à visão política de entidades da sociedade civil sobre a questão, inclusive à Igreja e aos representantes da saúde.[51] Esse fato é digno de aplausos — especialmente na primeira audiência pública realizada (ADI n° 3.510) —, já que parece ter havido uma posição deliberada de colher manifestações do tema fora do discurso do Direito e para além dos advogados e juristas, pois surgiu a nítida percepção de que a discussão, colocada sob a linguagem técnico-jurídica, já estava estabelecida no processo, aliás, como ocorre com qualquer questão que é judicializada.

---

[51] Para se discutir a questão da constitucionalidade das pesquisas com células-tronco, foram convocados, dentre outros, professores, médicos, geneticistas e pesquisadores, representando várias entidades: Associação Brasileira de Distrofia Muscular, Sociedade Brasileira de Neurociências e Comportamento, Federação das Sociedades de Biologia Experimental, Fundação Oswaldo Cruz, Instituto de Pesquisa com Células-Tronco (IPCTRON), Confederação Nacional dos Bispos do Brasil, Rede Sarah e várias universidade e hospitais.

Para discutir a questão do aborto do feto anencefálico, foram chamados, dentre outras entidades: Conferência Nacional dos Bispos do Brasil (CNBB), Igreja Universal, Associação Nacional Pró-Vida e Pró-Família, Católicas pelo Direito de Decidir, Associação Médico-Espírita do Brasil (AME), Conselho Federal de Medicina, Federação Brasileira das Associações de Ginecologia e Obstetrícia, Sociedade Brasileira de Medicina Fetal, Sociedade Brasileira de Genética Médica, Sociedade Brasileira para o Programa da Ciência, Instituto de Bioética, Direitos Humanos e Gênero (ANIS), o ministro da Saúde, Associação de Desenvolvimento da Família (ADEF), Escola de Gente, Rede Nacional Feminista de Saúde, Direitos Sexuais e Direitos Reprodutivos, Conselho Federal de Direitos da Mulher, Conectas Direitos Humanos e Centro de Direitos Humanos, Conselho Nacional de Direitos da Mulher, Associação Brasileira de Psiquiatria, além de médicos, pesquisadores e deputados.

A audiência pública relacionada ao tema da importação de pneus, mesmo que ainda tenha dado certa abertura às entidades da sociedade civil,[52] não resistiu à tentação de transformar o tema em mais um debate "jurídico", o que se observa claramente com a convocação de representantes da Procuradoria-Geral da República e da Procuradoria Federal Especializada do IBAMA. O cerne da crítica é bastante simples: se a audiência pública é um momento de oxigenação da visão jurídica do problema e se o Supremo Tribunal Federal e seus membros, em rigor, têm autoridade mais do que suficiente na interpretação de atos normativos, legislações e da própria Constituição, a utilidade da convocação de advogados (públicos ou privados), juízes e membros do ministério público é pouca, já que apenas repetirão o mesmo vocabulário desenvolvido e detalhado em peças, acórdãos e pareceres constantes do processo. Outro elemento preocupante, inaugurado pela audiência pública da ADPF nº 101, foi o chamamento de vários representantes vinculados ao mesmo centro decisório ou à mesma representação. O que, em princípio, pode parecer mais um gesto de abertura a outras visões do problema (por exemplo, quando se convocam autoridades de vários ministérios que, obviamente, estão vinculados à mesma decisão política) pode se transformar em um grande problema na relação de "paridade de armas" entre duas correntes de pensamento sobre o tema.

O quarto conjunto de audiências públicas (sobre a questão do direito à saúde) parece ter extravasado o elemento crítico que vem

---

[52] Para essa audiência pública, foram deferidas as presenças de associações particulares (tais como Associação Brasileira da Indústria de Pneus Remoldados – ABIP, Associação Brasileira do Seguimento de Reforma de Pneus – ABR, Associação Nacional da Indústria de Pneumáticos Ltda. – ANIP), empresas privadas (como, por exemplo, BS Colway Pneus, Pneuback Indústria e Comércio Ltda., Pneus Hauer Brasil Ltda. e Tal Remoldagem de Pneus Ltda.), representantes do Governo (como o ministro do Meio Ambiente, representantes do Ministério das Relações Exteriores, do Ministério do Desenvolvimento, Indústria e Comércio Exterior, do Ministério da Saúde, do IBAMA) e ambientalistas.

sendo apontado: a rejudicialização do tema (por meio da manutenção da judicialização da linguagem). Assim, é interessante destacar que: Procurador-Geral da República, Advogado-Geral da União, Defensor Público-Geral da União, representante da Ordem dos Advogados do Brasil, representante da Associação dos Magistrados Brasileiros, professores de Direito, procuradores estaduais, consultores jurídicos, defensores públicos, representantes do Ministério Público junto ao Tribunal de Contas, enfim, uma verdadeira tropa de juristas foi convocada para falar sobre um tema que muitíssimo pouco tem de jurídico e o pouco que tem é de pleno domínio dos próprios ministros do Supremo Tribunal Federal. Esse conjunto de audiências públicas também contou com a presença de especialistas de outras áreas, o que é louvável no plano da observação que aqui se faz. Foram deferidas as participações de representantes do Ministério da Saúde (inclusive o ministro), da CNS, do CONASEMS, de secretarias de saúde estaduais, da Fiocruz, de diretores de hospitais, do CONASS, da Confederação Nacional dos Municípios, da Anvisa, do Conselho Federal de Medicina, de associações e organizações não governamentais.

É difícil entender que tipo de contribuição, em termos de objetivos multidisciplinares e plurais, os juristas poderiam dar para o debate na questão. O que se observou, ao final, com as contribuições jurídicas, foi a repetição do velho discurso do direito constitucional e a reafirmação de seus postulados principiológicos e morais. Não havia mais dúvida de que o instrumento político-pragmatista da audiência pública havia sido sequestrado pelo discurso padrão do direito constitucional e as audiências promovidas se assemelharam a encontros de um Congresso de Direito Constitucional. O momento de abertura passava a se transformar em mais um espaço de reafirmação e autoelogio da perspectiva com que o jurista compreende essas questões.

Essa tendência foi reafirmada na convocação do quinto grupo de audiências públicas, realizadas em março de 2010, agora para discutir o tema político das ações afirmativas para negros em universidades — o edital de convocação da audiência pública data de

28/09/2009 e se refere à ADPF nº 186 e ao RE nº 597.285, ambos de relatoria do ministro Ricardo Lewandowski. Mais uma vez ficou clara a hesitação do Supremo Tribunal Federal em desenhar uma audiência pública que não fosse raptada pelo discurso constitucional e na qual esse mesmo discurso não fosse o protagonista. Igualmente, entidades e autoridades que têm plena participação no processo, inclusive com manifestação já expressa nos autos, como o Procurador-Geral da República, o Advogado-Geral da União, além da advogada do autor da ADPF nº 186 e dos advogados do recorrente e do recorrido, no RE nº 597.285 (que trata de tema diferente daquele tratado pela ADPF), participaram das audiências. Além disso, outros advogados e magistrados, sob a justificativa de representarem entidades da sociedade civil, repetiram o batido discurso que já nos acostumamos a ler da produção doutrinária atual no direito constitucional.

É despiciendo pontuar a natureza dessa crítica. Obviamente, ela não se dirige à pessoa dos juristas convocados ou discute a sua competência e autoridade jurídica. Ela parte apenas da diferente visão do problema, observada sob a perspectiva pragmatista (visão crítica essa que é um dos núcleos deste trabalho): a confirmação da posição de protagonismo do jurista e do Direito na solução de nossos mais delicados temas de política e Direito.

Também é interessante estudar o caso da participação da organização não governamental Conectas Direitos Humanos nas audiências públicas promovidas pelo STF. A mencionada organização participou de todas as cinco audiências públicas realizadas até hoje pelo STF e que discutiram os temas mais diferentes e complexos, como a pesquisa com células-tronco, a importação de pneus usados e as cotas raciais, dentre outros. Obviamente, para tratar de temas tão amplos e diferentes, a Conectas Direitos Humanos não pode oferecer testemunhos e dados muito aprofundados, a não ser aqueles obtidos por meio de pesquisa de informações, e exerce, portanto, o papel de um "especialista retórico" ou "especialista argumentativo", tal como qualquer advogado, magistrado ou jurista. Seu plano de apresentação nas audiências limita-se a compendiar informações e argumentos de outras fontes e de terceiros autores. O presente trabalho questiona a utilidade (e não a legitimidade) da convocação desses "especialistas argumentativos" para os fins de despurificar o discurso constitucional vigente ou ampliar os aspectos de compreensão do problema que podem ser realizados por organizações que tenham efetivas práticas, experiências ou atividades concretas específicas no tema enfrentado pelo tribunal.

Mais uma vez torna-se difícil entender o motivo pelo qual um momento importante, como a promoção de audiências públicas, não é utilizado para se dar primariamente abertura a novas perspectivas e novos vocabulários que possam, realmente, oferecer diferentes e novas visões, informações e dados sobre o problema. A audiência pública, ainda ancorada na participação de advogados e professores de Direito, reafirma e consolida a visão ultrapassada de que o jurista tem algum papel superior, talvez como "indicador de lugar", na resolução dos principais problemas jurídico-políticos do país.

O tribunal vem passando por um processo de reformulação de seu papel na organização institucional. A velha visão organizacional do direito constitucional, aliada a um papel político discreto, parece ser o paradigma a ser superado em momentos de fortalecimento das instituições democráticas. O Supremo Tribunal Federal, entretanto, empurrado por um discurso conveniente para o jurista, parece não compreender com precisão a função que pode e deve exercer no futuro. Na realidade, o que se costuma chamar de "comunidade jurídica" reafirma essa perspectiva, não só por meio do discurso técnico em si, mas por meio dos comentários dirigidos aos temas relacionados à jurisdição constitucional. A visão desfocada do que o Supremo Tribunal Federal é e pode ser ficou bastante evidente por conta das críticas que se dirigiram ao presidente da República por causa da última indicação de ministro.

No caso, faz-se referência especificamente à indicação do nome de José Antonio Dias Toffoli, então Advogado-Geral da União, para candidato à vaga de ministro do Supremo Tribunal Federal deixada por ocasião do falecimento do ministro Carlos Alberto Direito. A indicação, anunciada em 17/09/2009, gerou comentários intempestivos e deslocados acerca da "avaliação moral" do currículo do indicado.

Os refratários ao seu nome afirmavam ser um contrassenso indicar para o mais importante tribunal do país alguém que não tivesse obtido êxito em dois concursos públicos para magistratura. Além disso, apontavam que o nome indicado não possuía mestrado ou doutorado, tudo para mostrar que ele não poderia ser enquadrado como titular de "notável saber jurídico" (art. 101, *caput*, da Constituição Federal). Essas duas observações são representativas de quem enxerga o mundo a partir de uma visão "disciplinarizante" estreita, antidemocrática e judicializada. Se as ideias defendidas neste trabalho forem úteis para as pretensões democráticas do país, é muito menos importante saber se os seus ministros passaram ou não em prova técnica no passado, ou obtiveram título acadêmico, do que saber se eles são abertos, se são criativos, se se reconhecem como mediadores de conflitos, se conseguem se enxergar como pessoas historicamente datadas, se acham que suas visões de moral são mais importantes para eles mesmos do que para justificar uma argumentação pública, enfim, se são ironistas e liberais no sentido pregado por Rorty. Visto por outro aspecto, talvez o jurista com mestrado e doutorado, ou o profissional do Direito aprovado em concurso público, tenha uma visão muito mais restrita e elogiosa do Direito do que seria conveniente a um ministro do STF ter. Já um jurista prático (ou pragmático), tendo ou não mestrado ou doutorado, tendo sido aprovado ou não em concurso público, seria muito mais eficiente ao tribunal, nesse papel de mediação, do que o jurista teórico ou retórico, detentor de alta titulação acadêmica.

A adoção de um modelo importado de fortalecimento da jurisdição constitucional foi o que de mais criativo conseguimos fazer nos primeiros anos de vigência da Constituição de 1988. Esse modelo discursivo, embora tenha sido importante para superar o velho paradigma, jogou a tarefa política da Corte em uma delicada encruzilhada, que ainda não foi totalmente dissecada. A continuar nessa toada, o tribunal será transformado no principal artífice de uma espécie de ditadura do jurista que, obviamente, depõe contra os postulados democráticos e plurais que retoricamente são utilizados para ampliar a sua função institucional.

A todo o momento, entretanto, o tribunal vê-se diante dessa escolha primária: ou adota o caminho da centralidade do Judiciário e fecha-se em seu discurso, ou amplia as possibilidades legítimas de leitura da Constituição e abre seus pressupostos compreensivos de uma Constituição viva e de todos. A leitura pragmatista, refratária ao primeiro caminho, evidencia os problemas e desvantagens democráticas de assumir para o Direito e para o jurista algo como uma função sacro-transcendental de nortear e de decidir os problemas do país. A história desses pouco mais de vinte anos de vigência da Constituição se repete quando tomamos por base a análise de dois instrumentos pragmatistas de "despurificação" da visão estritamente jurídica e técnica e de deslocamento da centralidade do jurista no esquema democrático.

Os institutos do *amicus curiae* e da audiência pública podem ter, como têm em outros tribunais no mundo e mesmo em nosso próprio Congresso Nacional, uma função de oxigenação de perspectivas, de enriquecimento de alternativas. Entretanto, a tentação de não perder o protagonismo no debate das questões políticas vem fazendo com que o tribunal se encarcere nesse mesmo discurso hermético, tornando os dois institutos meros coadjuvantes do autoelogio do jurista e da "Ciência do Direito". Procedendo dessa maneira, o que o tribunal e o jurista ganham hoje, a democracia e o cidadão perdem amanhã.

Conclusão

Pragmatismo e neopragmatismo

O pragmatismo é uma forma de compreender e interpretar problemas político-jurídicos e um poderoso ângulo de análise da diversidade de crenças, ideologias e interesses que permeiam uma sociedade multicultural. Sua crítica ao modelo jusfilosófico de busca pelo discurso mais correto e verdadeiro no campo do direito constitucional pauta-se nos problemas argumentativos identificados, nos *deficits* democráticos e nos ganhos efetivos que essa perspectiva trouxe para os debates políticos nos últimos anos. Sua visão de futuro não se vende a ganhos imediatos e ilusórios, e sua visão de passado é uma forma de destacar a experiência e a tradição que cada cultura ou sociedade vivenciou e construiu ao longo da jornada nos caminhos da identificação e efetivação de direitos.

Por incorporar a firme crítica às formulações abstratas e teóricas, não sugere mais um modelo dentro do mesmo quadro da racionalidade jurídica, exatamente porque seus defensores não acreditam que algo assim (um discurso "mais correto" ou mais legítimo de Direito) seja possível. Por esse motivo, a crítica pragmatista é também — ela mesma — pragmatista, no exato sentido de que não elabora críticas ao passado, não julga a história. O pragmatismo apenas tenta interpretar os resultados dessa história a fim de propor algo mais funcional e eficaz para o futuro. Esse é o principal motivo que demonstra que, em princípio, não há nada de "essencialmente" oposto ou contraditório entre o ponto de vista pragmatista e a racionalidade, da forma como a herdamos do iluminismo do final do século XVIII. O pragmatismo reconhece alguns dos benefícios que a própria racionalidade trouxe ao homem, especialmente na superação de doutrinas e correntes mais antigas, ortodoxas, religiosas e ultrapassadas. Para os fins deste trabalho, é uma crítica do aqui e agora.

Não pode ser o pragmatismo enclausurado nos limites de uma doutrina filosófica, uma vez que ele não tem propriamente conteúdo e, para seu exercício, nada justifica o conhecimento de sua história e de sua crítica às formulações de "verdade". Esse fato leva a uma questão fundamental: o pragmatista não é, portanto, aquele que se alinha a uma corrente de pensamento, mas sim aquele que, na interpretação do mundo ao seu redor, raciocina olhando para o futuro, tentando antecipar as consequências práticas de suas formulações e atos; não acha que para resolver problemas práticos deva elaborar uma teoria geral ou uma abordagem transcendental da questão; compreende que seu papel é ajudar duas partes a encontrar um "meio-termo" entre suas crenças e, assim, conviverem de maneira honesta e cordial; entende que não é útil buscar algo fora do homem e de sua história contingente, mas sim priorizar seu contexto, sem que seja necessário elaborar julgamentos morais acerca do outro e da opção de vida que tomou.

Pode parecer uma receita fácil de cumprir, mas a prática demonstra que a tentação da racionalidade é, com frequência — ao menos para o jurista —, mais forte. Para esses que aceitam bem as orientações acima elaboradas, mas não são destemidos o suficiente para questionar a sua própria herança filosófica, a perspectiva pragmatista perde a razão de ser e é engolida pela vontade de fazer história pela teoria. Em outras palavras, apesar de podermos falar de pragmatismo como algo que admite gradação, seus pressupostos não aceitam interação com "teorias de verdade". Se determinada pessoa se deixa levar pelas promessas kantianas da razão, nesse ponto, ela deixa de ser pragmatista, embora sua visão de mundo possa ainda ser enquadrada como pragmatista.

O pragmatista é relativista, contingente, consequencialista, prático, antirrepresentacionista, historicista, contextualista e darwiniano, e esse não é um perfil fácil de ser assumido, especialmente no campo do Direito, que trabalha essencialmente com dogmas, princípios, orientações normativas, postulados imutáveis, proteções institucionais. Tome-se o exemplo abordado neste trabalho: direitos humanos. Ser um jurista pragmatista é, por exemplo, não reconhecer um sentido "universal" aos direitos humanos (ao menos, não da forma como se costuma alardear na filosofia do direito). Para uma geração ainda muito próxima dos horrores da Segunda Guerra Mundial, a afirmação pode parecer heresia e desrespeito para com a história. Para aqueles que acham que a forma de vida ocidental e seus edifícios jurídicos são essencialmente ou moralmente superiores às práticas e tradições em países africanos, muçulmanos ou orientais, o relativismo do pragmatismo poderá parecer uma afronta desnecessária e um acinte a tudo o que já conquistamos nos "países mais evoluídos". Talvez os pragmatistas clássicos também tenham se confundido ao defender a crítica pragmatista diante da necessidade de um quase "neojusnaturalismo" do pós-guerra ou da indispensabilidade de uma "educação moral" de países onde ainda vigoram a brutalidade e as práticas e julgamentos medievais e nos quais nós, representantes da cultura ocidental, seríamos os professores. Para muitos, essa dificuldade determinou a vitória da teoria crítica sobre o pragmatismo em meados do século XX nos Estados Unidos.

Por esse motivo, a figura de Rorty é tão importante para a consolidação das preocupações pragmatistas. As críticas diuturnamente dirigidas ao pragmatismo discutiam-no dentro dos limites da própria racionalidade iluminista e no contexto dessa específica linguagem e elenco de diretrizes e preocupações. Rorty soube aclarar o problema de diálogo intercorrente, destacando em sua linha de pensamento conceitos como "sentimentalidade", "solidariedade", "ironia", "educação sentimental" e "liberalismo como postura", dentre outros. Se o pragmatismo se cingia a uma crítica séria, não poderia cair na armadilha montada pelas correntes transcendentais que criticava. Não poderia, portanto, estabelecer-se como mais uma "teoria da verdade". Com isso, noções como "eficiência" e "utilidade" foram enquadradas dentro de preocupações públicas e definitivamente desligadas de um utilitarismo particular rasteiro, do qual o pragmatismo sempre foi acusado. O pragmatista hoje, além de tudo, precisa ser solidário, sentimental e ironista liberal. Não se trata de uma sugestão religiosa, mas de uma opção de cidadania, uma proposta de sociedade cujos membros pensam razoavelmente mais no público do que no privado. Apenas por esse motivo — e não por uma preocupação cientificista — podemos falar em um neopragmatismo. O neopragmatismo, nessa linha, é o pragmatismo levado às suas últimas consequências.

Apenas desse modo, a crítica neopragmatista torna-se um poderoso instrumento para identificar e apontar as fraquezas das teorias pseudopráticas, pseudo-historicistas ou "quase transcendentais". Nesse ponto, a perspectiva neopragmatista pode ajudar muito o Direito a se transformar efetivamente em uma ciência prática, mais interessada em resolver problemas concretos do que teóricos; mais preocupada em construir consensos do que, de forma professoral, enaltecer e trabalhar por uma específica visão de "verdade", de "moral" ou de "justiça"; mais compromissada com os rumos democráticos e tolerantes da sociedade do que com o fortalecimento do Poder Judiciário, do Ministério Público e de outros estamentos profissionais vinculados ao Direito. Para esse fim, é preciso rever pilares importantes de nossa tradição jurídica e doutrinas destacadas que hoje têm a primazia do trabalho intelectual de juristas no Brasil. Muitas vezes, o escárnio e a zombaria parecem uma resposta mais fácil do que simplesmente levar a sério a dimensão da crítica neopragmatista. A compreensão do neopragmatismo não exige tão somente a aceitação de outras visões, teorias e usos da razão e uma abertura para elas, mas, acima de tudo, uma abertura para além da razão e da própria racionalidade.

CONCLUSÃO

OS PROBLEMAS DO DISCURSO CONSTITUCIONAL

A fim de alcançar os objetivos propostos, este trabalho sugere a associação da crítica neopragmatista ao discurso constitucional que atualmente se pratica no Brasil. Nosso atual discurso constitucional tem seu nascedouro na importação de um modelo discursivo e linguístico praticado especialmente na Alemanha, como resultado de uma experiência histórica complexa e trágica. Com a Constituição de 1988 e seu texto inovador e problemático, percebeu-se que a então linguagem constitucional estática e hermética não conseguiria dar tratamento adequado à quantidade de instrumentos, institutos, princípios e valores novos trazidos pela Constituição de 1988. A solução natural inconsciente foi o destaque dado aos autores estrangeiros, especialmente àqueles da linha europeia, tentando tomar por base os recentes processos de redemocratização experimentados pelos países europeus, como Itália em 1948, Alemanha em 1949, Portugal em 1976 e Espanha em 1978. O que nos chegou, entretanto, foi um discurso técnico, científico e sofisticado que, naquele primeiro momento, embriagou doutrinadores, juristas, professores e operadores do Direito em geral, já que, em última análise, foi um discurso feito para o jurista, para enaltecer sua função no Estado Democrático e reafirmar o seu papel de guardião da própria democracia e fiscalizador das demais atribuições institucionais.

O forte teor técnico do discurso que começara a ganhar mais e mais adeptos alcançou objetivos, entretanto, nada discretos: foi por meio dele que se superou a visão da Constituição como uma lei e do direito constitucional como um ramo organizatório do Direito; foi com ele que os direitos humanos ganharam centralidade em nosso sistema (muito embora trouxesse, por consequência, a centralidade do jurista como "indicador de lugar" e do Poder Judiciário quase como um "poder moderador"). Por meio de conceituações, classificações, divisões e identificação da "natureza jurídica" de princípios e institutos, o discurso constitucional da ponderação já apresentava forte característica impessoal, universalizante e transcendente. Se o positivismo jurídico, que se queria superar, equivocou-se na

DIREITOS HUMANOS, DIREITO CONSTITUCIONAL E NEOPRAGMATISMO

tentativa de construir um discurso de conteúdo neutro, o discurso da ponderação caiu no mesmo equívoco, só que nesse momento o desejo de neutralidade e abstração veio por meio das rígidas regras do procedimento.

O discurso adaptou-se, com perfeição, à nossa tradição jurídica: se, no passado, o Direito ganhava destaque social pela ideia do bacharelismo, agora o Direito renovava esse destaque por meio da ideia de que cabe ao jurista a função de desvelar a "verdade" e a "justiça" por meio de seu discurso moral. Entretanto, o formato de solução de problemas constitucionais por meio da ponderação oferece o seu peculiar colorido. Esse fascínio se deu por meio de uma linguagem "quase transcendental", principiológica, que fala de valores como a "dignidade da pessoa humana" e a "máxima eficácia dos direitos fundamentais"; que, ao mesmo tempo em que diz que há certas crenças ou procedimentos inaceitáveis, reafirma-se como postura aberta e relativa; que, ao mesmo tempo em que prevê um procedimento técnico para a concordância prática de valores, utiliza-se das bases da hermenêutica filosófica. Enfim, o discurso da ponderação apresenta-se como aberto, histórico e pragmático, sem o ser. As mesmas características evidenciam-se nas duas principais concentrações de pensamento oriundo do paradigma alexyano-dworkiano: a teoria dos direitos fundamentais e o neoconstitucionalismo. Para um pragmatista, há muito pouco ou nada de substancialmente diferente entre as duas posturas, motivo pelo qual foram tratadas aqui dentro do mesmo enfoque.

Com o tempo de aplicação da Constituição de 1988 e da consolidação da jurisdição constitucional, o discurso constitucional importado começou a demonstrar sinais de esgotamento e de lacunas democráticas: é ainda um discurso praticado apenas por quem domina uma *expertise*, por quem tem autoridade em determinada linguagem, por quem lê determinado autor. Além disso, vendendo-se ao seu próprio tom transcendental, as soluções dos problemas no âmbito jurisdicional acabaram por se despregar da realidade, e questões teóricas ganharam mais destaques do que impasses práticos ou de operacionalidade. O discurso é hoje elitista, cientificista, universalizante, moralizador, técnico e teórico. Não há dúvida de que estamos em excelente ambiente para o jurista, que, a cada decisão, reafirma, na figura do juiz, do advogado ou do doutrinador, a sua importância central no regime republicano. Este trabalho, entretanto, coloca dúvida em relação à utilidade desse discurso, hoje, para a democracia e para a implementação tolerante e honesta dos direitos humanos.

DIREITO CONSTITUCIONAL NEOPRAGMATISTA

Há, entretanto, alguma forma de alterar nosso rumo em termos de discurso constitucional sem cair nos vícios do positivismo jurídico e nos abusos demagógicos das escolas livres do Direito? O neopragmatismo tem uma resposta ousada para essa questão e não se exime de submetê-la à discussão pública. Sua sugestão parte da identificação e do combate de elementos intrínsecos do atual discurso constitucional. Para criticá-los, exige-se maturidade do interlocutor, já que são elementos tidos como salvadores do atual discurso e norteadores de uma suposta evolução moral. O primeiro ponto é questionar os discursos de "verdade" do Direito, não só os representantes das correntes jurídicas morais, mas também aqueles nos quais a dimensão de transcendentalidade está encoberta por um aparente procedimento discursivo aberto. Fazer emergir dessas posições os seus objetivos metafísicos pode ser considerada a primeira função do neopragmatista. Não há dúvida também de que o neopragmatista, tal como o pragmatista, é antifundacionista, contextualista e consequencialista e, portanto, deve, a todo o momento, monitorar os passos de seu raciocínio de forma a não ser traído pela herança kantiana que carrega. Isso não quer dizer necessariamente que o relativismo do neopragmatista deve ser confundido com teimosia ou mesmo pureza, devido à vontade de não tomar partido. A questão relacionada ao "progresso moral" na sociedade que colocou em rota de colisão dois grandes pragmatistas (Rorty e Posner) ilustra bem que o neopragmatista não precisa defender aquilo que intuitivamente está fora de lugar.

DIREITOS HUMANOS, DIREITO CONSTITUCIONAL E NEOPRAGMATISMO

Atualmente, pela perspectiva neopragmatista, as duas principais mazelas da teoria constitucional majoritária são os exagerados e injustificados destaques que se dá ao Direito, como ciência, e ao jurista, equiparado à figura do "teórico profissional". Nesse ponto, não há dúvida, os advogados são mais pragmatistas do que os professores, doutrinadores e juízes: a necessidade de vencer uma lide judicializada norteia o seu comportamento, e a escolha dos argumentos e teorias que utilizará em sua defesa tomará por base a sua utilidade e eficiência para alcançar o fim. Para o advogado, não há desejo teórico ou metafísico mais forte do que ser prático nessas horas. Entretanto, por várias vezes, o advogado também se deixa levar pela nuvem das pretensões kantianas de mudar o mundo pela teoria, pela elucubração e pela argumentação científica.

Afastadas essas duas pretensões, que apenas viciam o discurso constitucional, passa a ser possível a formulação de uma proposta que dependa menos da soberba e da arrogância da filosofia do direito. Para o neopragmatismo, ser prático e funcional é criar condições de convivência tranquila e tolerante, o que é impossível de ser alcançado se uma das partes pensa que tem em suas mãos o conceito final de "justiça" e de "moral" e que, portanto, é moralmente superior à outra parte. Se as partes, no campo político ou no campo jurídico, abrem mão de falar sobre "verdades", resta-lhes apenas uma opção: revisar seus próprios interesses e pretensões de maneira a construir com seu oponente um discurso brando e mediano, que seja menos estranho ao outro e que, por isso, possa conquistar sua boa vontade. Quando a questão é exposta nesses termos, agimos mais como políticos do que como juristas — obviamente, a noção de "jurista" é o perfil que este trabalho critica desde seu início e a noção de "político" não se relaciona à ideia de senso comum de corrupto e clientelista —, mas conseguimos mais soluções aceitáveis e toleráveis do que seguindo o padrão jurista, "profeta da verdade".

Sob a perspectiva neopragmatista, esse talvez seja o grande objetivo do Direito nos anos vindouros: construir consensos em ambientes de interesses jurídico-político-ideológicos legítimos contra-

CONCLUSÃO

postos. Para o neopragmatista, não faz sentido algum falar em uma "única resposta correta", uma vez que esse pensamento pressupõe algo que esteja fora de nossa própria historicidade, à espera de ser descoberto. Quando o jurista resolve problemas político-jurídicos por meio do diálogo, da construção do consenso e da pluralidade de informações e dados, e não por meio da declamação de uma versão oficial do mundo que precisa ser aceita por todos, sua tarefa é bem conduzida, pois o que é consensual ou equilibrado é mais legítimo do que o que é radical e imposto.

Essa é uma tarefa que exige do jurista inteligência, criatividade e imaginação, já que é isso que demandam duas partes em conflito: embora não concordem com o discurso oponente, entendem que é mais importante fixar algum tipo de acordo do que perder tempo e dinheiro e correr o risco de fracassarem ao final com suas estratégias de persuasão. Criatividade e imaginação são tudo o que o jurista não precisa ter se for positivista ou adepto da lógica da ponderação de valores. Para essas correntes, existe um manual a ser seguido, existe uma técnica a ser aprendida. Se a técnica não é suficiente, a solução é produzir mais técnica. A atividade do jurista é reduzida a uma argumentação retórica, simbólica e, o mais das vezes, sem conteúdo pertinente.

O uso da criatividade e da imaginação sugere também uma terceira mudança de postura: a adoção de um vocabulário alternativo. Para o neopragmatista, a melhor forma de interromper a herança da filosofia analítica do direito é abrir mão de seus pressupostos e deslocar seu contexto de significados. Isso não se faz (principalmente após o giro linguístico) senão por meio da alteração da linguagem ou do vocabulário anteriormente utilizado. Não se trata, porém, de mera pirraça ou desfeita. O uso de um novo vocabulário, a ser inventado, tem o objetivo de jogar luz sobre aspectos encobertos pela linguagem anterior; de mostrar que, entre dois oponentes em uma discussão, há mais em comum do que dissensos; de superar velhos — mas intransigentes — preconceitos que apenas reacendem posições transcendentais e evitam a composição de opiniões.

DIREITOS HUMANOS, DIREITO CONSTITUCIONAL E NEOPRAGMATISMO

Não há como negar, entretanto, que o cerne das questões constitucionais é o problema relativo à aplicação dos direitos humanos. Para esse grupo de questões, a sugestão pragmatista de abandono do protagonismo da racionalidade jurídica leva a um caminho ainda mais interessante e diferente. Para Rorty, aquilo que a razão dificilmente consegue alcançar, a sentimentalidade constrói sem dificuldades. Problemas de direitos humanos não raramente expõem pelo menos duas situações pessoais dramáticas de sofrimento e de dor cujos detalhes e a percepção sensível são abandonados no atual discurso da ponderação de valores. Para o neopragmatista, tais situações precisam ser contadas e redescritas, até que aquela experiência pessoal seja vista pelo outro com benevolência e solidariedade. Como dito, muito mais do que a fria e técnica persuasão pelo argumento de "verdade", a sentimentalidade descompromissada agrupa, reúne e coloca em um mesmo contexto de sintonia posições contrárias (ainda que permaneçam contrárias). A criatividade, a imaginação e o uso de vocabulários alternativos servem, no campo dos direitos humanos, para produzir uma versão ou uma redescrição do mundo em que dois estranhos ou opositores se reconheçam como partes integrantes e se olhem com sensibilidade e compaixão. O que para o racionalista do Direito pode parecer quase uma orientação religiosa desprovida de vinculatividade, para o neopragmatista é um comportamento que efetivamente gera resultados importantes em termos de tolerância e de consenso. É exatamente por isso que as leituras morais dos direitos humanos são tão perniciosas para uma sociedade que quer construir democracia e manter sua multiculturalidade.

Ao final, tudo se dirige para um perfil específico de jurista para utilmente tratar questões de direitos humanos: além de agregar as características acima já indicadas, ele precisa ser um "ironista liberal", na noção construída por Rorty. Ironista é aquele que sabe das limitações contingentes de suas próprias crenças e ideias e, por isso, não se constrange em alterá-las quantas vezes se fizer necessário para ser mais inclusivo, democrático e tolerante. Se o jurista não for um ironista, nunca conseguirá construir consenso nas temáticas relativas aos direitos humanos, já que tenderá a defender a sua visão

CONCLUSÃO

moral do Direito e se esquecerá de levar a sério as visões que a ele forem apresentadas. Já o liberal é aquele que pensa que a pior coisa que alguém pode fazer contra o outro é a crueldade. A crueldade parece ser uma noção mais ou menos reprovada no atual estágio de progresso moral no mundo. No Direito, essa noção poderia substituir com folga a ideia imprecisa de "dignidade da pessoa humana". Não que um conceito seja mais verdadeiro do que o outro, mas porque a ideia de crueldade é privada e pessoal, e a ideia de dignidade, pelo menos da forma como o atual discurso constitucional sugere, é pública e, portanto, é uma verdade a ser descoberta e bem conceituada.

O que pode parecer ainda muito estéril e nebuloso ganha concretude quando se torna possível pincelar, mesmo na experiência autorreferente da jurisdição constitucional, mudanças tópicas de vocabulários que levaram, em temas relacionados aos direitos fundamentais, a uma sensibilidade diferente, bastante diversa da ilusória persuasão de valores e de crenças que achamos ainda ser possível. A sugestão neopragmatista é que, no atual estágio institucional, a própria jurisdição constitucional comece a perceber que seu papel não é o de um "oráculo" que anuncia uma "verdade", mas de um "sábio" que reúne à sua mesa dois amigos que brigam e os ajuda a encontrarem a tolerância e o diálogo. A jurisdição constitucional, hoje, tem ao seu dispor importantes instrumentos que possibilitam conhecer todos os ângulos de uma questão (especialmente os ângulos não jurídicos) para poder exercer a sua criatividade e imaginação com plenitude. Basta que esses instrumentos sejam utilizados pragmaticamente, e não cooptados pelo velho discurso da racionalidade jurídica.

REFERÊNCIAS

ABRAMOVICH, VÍCTOR; COURTIS, Christian. *Los derechos sociales como derechos exigibles*. Madrid: Editorial Trotta, 2002.

ABOULAFIA, Michell. *Habermas and pragmatism*. London: Routledge, 2002.

AB'SABER, Aziz N. *et al*. A época colonial. 10. ed. In: *Administração, economia, sociedade*. Rio de Janeiro: Bertrand Brasil, v. II, 2003.

ADORNO, Theodor W.; HORKHEIMER, Max. *Dialética do esclarecimento:* fragmentos filosóficos. Tradução de Guido Antonio de Almeida. Rio de Janeiro: Jorge Zahar Editor, 1985.

AGAMBEN, Giorgio. *Estado de exceção*. Tradução de Iraci Poleti. São Paulo: Boitempo, 2004.

ALEXY, Robert. *Colisão e ponderação como problema fundamental da dogmática dos direitos fundamentais*. Tradução informal de Gilmar Ferreira Mendes. Palestra proferida na Fundação Casa de Rui Barbosa. Rio de Janeiro, 10/12/1998. Mimeografada.

—————. On the thesis of a necessary connection between law and morality: Bulygin's critique. In: *Ratio Juris,* Hoboken, v. 13, n. 2, p. 138-147, 2000.

———————. *Teoria de los derechos fundamentales*. Traducción de Ernesto Valdés. Madrid: Centro de Estudios Constitucionales, 2001.

———————. *Epílogo a la teoría de los derechos fundamentales*. Traducción de Carlos Bernal Pulido. Madrid: Centro de Estudios del Colegio de Registradores de la Propiedad y Mercantiles de España, 2004a.

———————. *El concepto y la validez del derecho*. Traducción de Jorge Seña. Barcelona: Gedisa Editorial, 2004b.

———————. *Teoria da argumentação jurídica:* a teoria do discurso racional como teoria da justificação jurídica. 2. ed. Tradução de Zilda Hutchinson Schild Silva. São Paulo: Landy, 2005.

ALMEIDA, Carlos Ferreira de. *Introdução ao direito comparado*. 2. ed. Coimbra: Almedina Editora, 1998.

ANCEL, Marco. *Utilidade e métodos do direito comparado:* elementos de introdução geral ao estudo comparado dos direitos. Tradução de Sérgio José Porto. Porto Alegre: Sergio Antonio Fabris Editor, 1980.

ANDRADE, José Carlos Vieira de. *Os direitos fundamentais na Constituição Portuguesa de 1976*. 2. ed. Coimbra: Livraria Almedina, 2001.

APEL, Karl-Otto. Regarding the relationship of morality, law and democracy: on Habermas's philosophy of law from a transcendental-pragmatic point of view. In: ABOULAFIA, Mitchell; BOOKMAN, Myra; KEMP, Catherine (Eds.). *Habermas and pragmatism*. London: Routledge, p. 17, 2002.

ATIENZA, Manuel. *As razões do direito:* teorias da argumentação jurídica. Tradução de Maria Cristina Guimarães Cupertino. São Paulo: Landy, 2000.

ÁVILA, Humberto Bergmann. A distinção entre princípios e regras e a redefinição do dever de proporcionalidade. In: *Revista de Direito Administrativo*. Rio de Janeiro: Renovar, n. 215, p. 151-179, jan./ mar, 1999.

REFERÊNCIAS

_____. *Teoria dos princípios:* da definição à aplicação dos princípios jurídicos. 2. ed. São Paulo: Malheiros, 2003.

_____. "Neoconstitucionalismo": entre a "ciência do direito" e o "direito da ciência". In: SOUZA NETO, Cláudio Pereira de; SARMENTO, Daniel; BINENBOJM, Gustavo (Coords.). *Vinte anos da Constituição Federal de 1988.* Rio de Janeiro: Lumen Juris, 2009.

AZULAY, Fortunato. *Os fundamentos do direito comparado.* Rio de Janeiro: Empresa A Noite, 1946.

BACHOF, Otto. *Normas constitucionais inconstitucionais?* Tradução de José Manuel M. Cardoso da Costa. Coimbra: Livraria Almedina, 1994.

BALEEIRO, Aliomar. *O Supremo Tribunal Federal:* esse outro desconhecido. Rio de Janeiro: Forense, 1968.

BALKIN, Jack M. The top ten reasons to be a legal pragmatist. In: *Constitutional Commentary,* Buffalo, v. 8, p. 351, 1991.

BARBER, Sotirios A. Stanley Fish and the future of pragmatism in legal theory. In: *The University of Chicago Law Review,* Chicago, v. 58, p. 1.033-1.043, 1991.

BARBERIS, Mauro. Neoconstitucionalismo, democracia e imperialismo de la moral. In: *Neoconstitucionalismo(s).* Edición de Miguel Carbonell. 2ª edicion. Madrid: Editorial Trotta, 2003.

BARBOSA, Rui. *Pensamento e ação de Rui Barbosa:* seleção de textos pela Fundação Casa de Rui Barbosa. Brasília: Senado Federal, Conselho Editorial, 1999.

BARCELLOS, Ana Paula de. *Ponderação, racionalidade e atividade jurisdicional.* Rio de Janeiro: Renovar, 2005a.

_____. Neoconstitucionalismo, direitos fundamentais e controle das políticas públicas. In: *Cadernos da Escola de Direito e Relações Internacionais da Faculdade do Brasil.* Curitiba: UniBrasil, n. 5, p. 125-146, jan./dez, 2005b.

DIREITOS HUMANOS, DIREITO CONSTITUCIONAL E NEOPRAGMATISMO

_____. *A eficácia jurídica dos princípios constitucionais:* o princípio da dignidade da pessoa humana. 2. ed. Rio de Janeiro: Renovar, 2008.

BARRETO, Tobias. A questão do poder moderador. In: *A questão do poder moderador e outros ensaios brasileiros*. Petrópolis, RJ: Vozes; Instituto Nacional do Livro, p. 81-121, 1977a.

_____. Preleções de direito constitucional. In: *A questão do poder moderador e outros ensaios brasileiros*. Petrópolis: Vozes; Instituto Nacional do Livro, p. 122-151, 1977b.

_____. Direito público brasileiro. In: *A questão do poder moderador e outros ensaios brasileiros*. Petrópolis, RJ: Vozes; Instituto Nacional do Livro, p. 152-159, 1977c.

BARROSO, Luís Roberto. *O direito constitucional e a efetividade de suas normas*: limites e possibilidades da Constituição Brasileira. 5. ed. Rio de Janeiro: Renovar, 2001.

_____. Neoconstitucionalismo e constitucionalização do direito: o triunfo tardio do direito constitucional no Brasil. In: SAMPAIO, José Adércio Leite (Coord.). *Constituição e crise política*. Belo Horizonte: Del Rey Editora, 2006a.

_____. *O controle de constitucionalidade no direito brasileiro*. 2. ed. São Paulo: Saraiva, 2006b.

_____. *Curso de direito constitucional contemporâneo:* os conceitos fundamentais e a construção do novo modelo. São Paulo: Saraiva, 2009.

BASTOS, Celso Ribeiro. *Curso de direito constitucional*. 13. ed. São Paulo: Saraiva, 1990.

BASTOS, Celso Ribeiro; MARTINS, Ives Gandra. *Comentários à Constituição do Brasil*. São Paulo: Saraiva, 1998.

REFERÊNCIAS

BELLO, Enzo. Neoconstitucionalismos, democracia deliberativa e a atuação do STF. In: VIEIRA, José Ribas (Coord.). *Perspectivas da teoria constitucional contemporânea*. Rio de Janeiro: Lumen Juris, 2007.

BERCOVICI, Gilberto. O poder constituinte do povo do Brasil: um roteiro de pesquisa sobre a crise constituinte. In: COUTINHO, Jacinto Nelson de Miranda; LIMA, Martorio Mont'Alverne Barreto (Orgs.). *Diálogos constitucionais: direito, neoliberalismo e desenvolvimento em países periféricos*. Rio de Janeiro: Renovar, p. 215-224, 2006.

—————. A Constituição dirigente e a constitucionalização de tudo (ou do nada). In: SOUZA NETO, Cláudio Pereira de; SARMENTO, Daniel (Coords.). *A constitucionalização do direito:* fundamentos teóricos e aplicações específicas. Rio de Janeiro: Lumen Juris, p. 167-175, 2007.

BERNAL PULIDO, Carlos. *El principio de proporcionalidad y los derechos fundamentales*. Madrid: Centro de Estudios Políticos y Constitucionales, 2003.

BEVILÁQUA, Clóvis. *Resumo das lições de legislação comparada sobre direito privado*. Bahia: Livraria Magalhães, 1897.

BICKEL, Alexander. *The least dangerous branch:* the Supreme Court at the bar of politics. 2. ed. New Haven: Yale University Press, 1986.

BILBAO UBILLOS, Juan María. *La eficacia de los derechos fundamentales frente a particulares:* análisis de la jurisprudencia del Tribunal Constitucional. Madrid: Centro de Estudios Políticos y Constitucionales, 1997.

BINENBOJM, Gustavo. *Nova jurisdição constitucional brasileira:* legitimidade democrática e instrumentos de realização. 2. ed. Rio de Janeiro: Renovar, 2004.

BITTENCOURT, Carlos Alberto Lúcio. *O controle jurisdicional da constitucionalidade das leis*. 2. ed. Brasília: Ministério da Justiça, 1997.

DIREITOS HUMANOS, DIREITO CONSTITUCIONAL E NEOPRAGMATISMO

BÖCKENFÖRDE, Ernst-Wolfgang. *Escritos sobre derechos fundamentales*. Traducción de Juan Luis Requejo Pagés; Ignácio Villaverde Menéndez. Baden-Baden: Nomos Verlagsgesellschaft, 1993.

_____. *Estudios sobre el estado de derecho y la democracia*. Traducción de Rafael de Agapito Serrano. Madrid: Editorial Trotta, 2000.

BOLNER, James. Contemporary legal pragmatism and fundamental freedoms. In: *Louisiana Law Review,* Baton Rouge, v. 35, p. 241-258, 1975.

BONAVIDES, Paulo. *Direito constitucional*. 2. ed. Rio de Janeiro: Forense, 1986.

_____. *Direito constitucional*. 7. ed. São Paulo: Malheiros, 1998.

_____. *Curso de direito constitucional*. 13. ed. São Paulo: Malheiros, 2003.

_____. *Do país constitucional ao país neocolonial:* a derrubada da Constituição e a recolonização pelo golpe de Estado institucional. 3. ed. São Paulo: Malheiros, 2004.

BONAVIDES, Paulo; ANDRADE, Paes de. *História constitucional do Brasil*. 6. ed. Brasília: OAB Editora, 2004.

BORRADORI, Giovanna. *A filosofia americana:* conversações com Quine, Davidson, Putnam, Nozick, Danto, Rorty, Cavell, MacIntyre e Kuhn. Tradução de Álvaro Lorencini. São Paulo: Editora UNESP, 2003.

BRANCO, Paulo Gustavo Gonet. *Juízo de ponderação na jurisdição constitucional*. São Paulo: Saraiva, 2009. (Série IDP).

BRASÍLIA. Senado Federal. *Doutrina da Constituição Brasileira*: Constituição de 1946. NOGUEIRA, Otaviano (Org.). Brasília: Conselho Editorial, tomo I, 2006.

BRINT, Michael; WEAVER, William. *Pragmatism in law & society*. Boulder, USA: Westview Press, 1991.

REFERÊNCIAS

BROTERO, José Maria de Avellar. *A filosofia do direito constitucional por um ex-magistrado*. São Paulo: Malheiros, 2007.

BUENO, José Antônio Pimenta. *Direito público brasileiro e análise da Constituição do Império*. Brasília: Senado Federal; Editora Universidade de Brasília, 1978.

BULYGIN, Eugenio. Alexy's thesis of the necessary connection between law and morality. In: *Ratio Juris*, Hoboken, v. 13, n. 2, p. 133-137, 2000.

CAETANO, Marcelo. *Direito constitucional*. 2. ed. Rio de Janeiro: Forense, 1987.

CALDER, Gideon. *Rorty e a redescrição*. Tradução de Luiz Henrique de Araújo Dutra. São Paulo: Editora UNESP, 2006.

CAMPOS, Francisco. Diretrizes constitucionais do novo Estado brasileiro. In: *Revista Forense,* Rio de Janeiro, ano 35, v. 73, fascículo 415/417, p. 229, 1938.

_____. *Direito constitucional*. São Paulo: Livraria Freitas Bastos, v. 2, 1956.

CANOTILHO, José Joaquim Gomes. *Direito constitucional e teoria da constituição*. 3. ed. Coimbra: Livraria Almedina, 1999.

_____. *Constituição dirigente e vinculação do legislador:* contributo para a compreensão das normas constitucionais programáticas. 2. ed. Coimbra: Coimbra Editora, 2001.

_____. Metodologia "fuzzy" e "camaleões normativos" na problemática actual dos direitos econômicos, sociais e culturais. In: CANOTILHO, José Joaquim Gomes. *Estudos sobre direitos fundamentais*. 1. ed. brasileira. São Paulo: Editora Revista dos Tribunais, p. 97-114, 2008.

CARBONELL, Miguel. El neoconstitucionalismo en su laberinto. In: CARBONELL, Miguel (editor) *Teoría del neoconstitucionalismo*. Madrid: Editorial Trotta, 2007.

CARDOZO, Benjamin N. *A natureza do processo judicial*. Tradução de Silvana Vieira. São Paulo: Martins Fontes, 2004.

CARVALHO, Lucas Borges de. *Jurisdição constitucional & democracia*: integridade e pragmatismo nas decisões do Supremo Tribunal Federal. Curitiba: Juruá Editora, 2007.

CARVALHO, José Murilo de. *A construção da ordem:* a elite política imperial. Teatro das sombras: a política imperial. 2. ed. Rio de Janeiro: Civilização Brasileira, 2006a.

————. *A formação das almas:* o imaginário da República no Brasil. 16. reimpressão. São Paulo: Companhia das Letras, 2006b.

CASTORIADIS, Cornelius. *A instituição imaginária da sociedade*. Tradução Guy Reynaud. 6. ed. Rio de Janeiro: Paz e Terra, 2007.

CASTRO, Araújo. *A Constituição de 1937*. Brasília: Senado Federal, Conselho Editorial, 2003. (Publicação original de 1938.)

CASTRO, Marcus Faro de. *Política e relações internacionais*. Brasília: Editora UnB, 2005. (Coleção Relações Internacionais).

CHACON, Vamireh. *Vida e morte das constituições brasileiras*. Rio de Janeiro: Forense, 1987.

CLÈVE, Clèmerson Merlin. A teoria constitucional e o direito alternativo: para uma dogmática constitucional emancipatória. In: *Advocacia dinâmica*, Rio de Janeiro, v. 1, p. 45-51, 1994.

COELHO, Inocêncio Mártires. *Interpretação constitucional*. 2. ed. Porto Alegre: Sergio Antonio Fabris Editor, 2003.

COMANDUCCI, Paolo. Formas de (neo)constitucionalismo: un análisis metateórico. In: CARBONELL, Miguel (Ed.). *Neoconstitucionalismo(s)*. Madrid: Editorial Trotta, 2003.

CONSTANTINESCO, Leotin. *Tratado de direito comparado:* introdução ao direito comparado. Rio de Janeiro: Renovar, 1998.

CORRÊA, Oscar Dias. *A crise da Constituição, a Constituinte e o Supremo Tribunal Federal*. São Paulo: Editora Revista dos Tribunais, 1986.

COSTA, Edgard. *Os grandes julgamentos*. Rio de Janeiro: Civilização Brasileira, v. I, 1964.

COSTA, Emília Viotti da. *O Supremo Tribunal Federal e a construção da cidadania*. São Paulo: Ieje, 2001.

COSTA, Jurandir Freire. *Razões públicas, emoções privadas*. Rio de Janeiro: Editora Rocco, 1999.

CRETELLA JÚNIOR, José. *Comentários à Constituição brasileira de 1988*. 3. ed. Rio de Janeiro: Forense Universitária, v. I, 1992.

CRUZ, Álvaro Ricardo de Souza. *Jurisdição constitucional democrática*. Belo Horizonte: Editora Del Rey, 2004.

DAVID, René. *Tratado de derecho civil comparado:* introducción al estudio de los derechos extranjeros y al método comparativo. Traducción de Javier Osset. Madrid: Revista de Derecho Privado, 1953.

DAVIDSON, Donald. *De la verdad y de la interpretación:* fundamentales contribuciones a la filosofía del lenguaje. Traducción de Guido Filippi. Barcelona: Editorial Gedisa, 1995.

DERRIDA, Jacques. Notas sobre desconstrucción y pragmatismo. In: MOUFFE, Chantal (Org.). *Desconstrucción y pragmatismo*. Buenos Aires: Paidós, 2005.

_____. *Força de lei:* o "fundamento místico da autoridade". Tradução de Leyla Perrone Moisés. São Paulo: WMF Martins Fontes, 2007.

DEWEY, John. *How we think*. Boston: D. C. Heath & CO. Publishers, 1909.

_____. Logical method and law. In: *The Cornell Law Quarterly*, Ithaca, n. 10, p. 17-27, 1925.

—————. *Freedom and culture*. New York: Prometheus Books, 1989.

—————. *The public and its problems*. USA: Swallow Press; Ohio University Press, 1991.

—————. *The essential Dewey:* pragmatism, education, democracy. Bloomington: Indiana University Press, v. I, 1998.

—————. *La miseria de la epistemología:* ensayos de pragmatismo. Traducción de Angel Manuel Faerna. Madrid: Editorial Biblioteca Nueva, 2000.

—————. Truth and consequences. In: HAAK, Susan (Ed.). *Pragmatism, old and new: selected writings*. New York: Prometheus Books, 2005.

DICKSTEIN, Morris. *The revival of pragmatism:* news essays on social thought, law and culture. Durham: Duke University Press, 1998.

DIMOULIS, Dimitri. Moralismo, positivismo e pragmatismo na interpretação do direito constitucional. In: *Revista dos Tribunais*, São Paulo, ano 88, v. 769, p. 11-27, nov. 1999.

—————. *Positivismo jurídico*: introdução a uma teoria do direito e defesa do pragmatismo jurídico-político. São Paulo: Método, 2006.

—————. Neoconstitucionalismo e moralismo jurídico. In: SARMENTO, Daniel (Coord.). *Filosofia e teoria constitucional contemporânea*. Rio de Janeiro: Lumen Juris, 2009.

DIMOULIS, Dimitri; MARTINS, Leonard. *Teoria geral dos direitos fundamentais*. São Paulo: Editora Revista dos Tribunais, 2007.

DUARTE, Écio Oto Ramos. Neoconstitucionalismo e positivismo jurídico: uma introdução ao neoconstitucionalismo e às formas atuais do positivismo jurídico. In: DUARTE, Écio Oto Ramos; POZZOLO, Susanna. *Neoconstitucionalismo e positivismo jurídico:* as faces da teoria do direito em tempos de interpretação moral da constituição. São Paulo: Landy, 2009.

DURKHEIM, Émile. *Pragmatismo e sociologia*. Tradução de Aldo Litaiff. Florianópolis: Editora da UFSC, 2004.

DWORKIN, Ronald. Pragmatism, right answers, and true banality. In: BRINT, Michael; WEAVER, William (Eds.). *Pragmatism in law & society*. Boulder, USA: Westview Press, p. 359, 1991.

—————. In praise of theory. In: *Arizona State law Journal,* Mesa, n. 29, p. 353-376, 1997a.

—————. Order of a coif lecture: reply. In: *Arizona State Law Journal*, Mesa, n. 29, p. 431-458, 1997b.

—————. Darwin's new bulldog. In: *Harvard Law Review*, Cambridge, n. 111, p. 1718-1738, 1998.

—————. *Uma questão de princípio*. Tradução de Luís Carlos Borges. São Paulo: Martins Fontes, 2001.

—————. *O Direito da liberdade:* a leitura moral da Constituição norte-americana. São Paulo: Martins Fontes, 2006.

—————. *Levando os direitos a sério*. 2. ed. Tradução de Nelson Boeira. São Paulo: Martins Fontes, 2007a.

—————. (2007b). *O império do direito*. Tradução de Jefferson Luiz Camargo. 2. ed. São Paulo: Martins Fontes, 2007b. (Justiça e direito.)

ENGEL, Pascal; RORTY, Richard. *Para que serve a verdade?* Tradução de Antonio Carlos Oliveiri. São Paulo: Editora UNESP, 2008.

EISENBERG, José. Pragmatismo, direito reflexivo e judicialização da política. In: *A democracia e os três poderes no Brasil*. 1. reimpressão. Belo Horizonte; Rio de Janeiro: Editora UFMG; IUPERJ/FAPERJ, 2003.

EISENBERG, José; POGREBINSCHI, Thamy. Pragmatismo, direito e política. In: *Revista Novos Estudos CEBRAP,* São Paulo, n. 62, p. 107-121, mar. 2002.

FAORO, Raymundo. *Assembleia Constituinte* – a legitimidade recuperada. 3. ed. São Paulo: Brasiliense, 1985.

_____. *Os donos do poder:* formação do patronato político brasileiro. 3. ed. São Paulo: Globo, 2001.

FARBER, Daniel A. Legal pragmatism and the Constitution. In: *Minnesota Law Review*, Minneapolis, n. 72, p. 1.331-1.378, 1988.

_____. Reinventing Brandeis: legal pragmatism for the twenty-first century. In: *University of Illinois Law Review*, Champaign, p. 163, 1995.

FELIX, Loussia P. Musse. A avaliação dos cursos jurídicos como instrumento de consolidação da Portaria n. 1.886/94, de 30 de dezembro de 1994. In: *OAB ensino jurídico:* novas diretrizes curriculares. Brasília: Conselho Federal, p. 101-114, 1996.

_____. Da reinvenção do ensino jurídico: considerações sobre a primeira década. In: *OAB recomenda:* um retrato dos cursos jurídicos. Brasília: OAB, Conselho Federal, p. 23-59, 2001.

_____. O projeto Alfa Tuning e a área de direito: competências como eixo da formação na perspectiva latino-americana. In: *Notícia do direito brasileiro*. Brasília: Universidade de Brasília, Faculdade de Direito, 2006. (Nova série n. 13.)

FERNANDES, Florestan. *O processo constituinte*. Brasília: Câmara dos Deputados, Centro de Documentação e Informação, 1988.

FERNÁNDEZ SEGADO, Francisco. Estudio preliminar: la gigantesca construcción constitucional de un humanista europeo. In: HÄBERLE, Peter. *La garantía del contenido esencial de los derechos fundamentales:* una contribución a la concepción institucional de los derechos fundamentales y a la teoría de la reserva de la ley. Madrid: Editorial Dykinson, 2003.

FERRAJOLI, Luigi. Pasado y futuro del estado de derecho. In: CARBONELL, Miguel (Ed.). *Neoconstitucionalismo(s)*. Madrid: Editorial Trotta, 2003.

REFERÊNCIAS

FERRAZ JR., Tercio Sampaio. A trivialização dos direitos humanos. In: *Revista Novos Estudos CEBRAP,* São Paulo, n. 28, p. 99-115, out. 1990.

FERREIRA, Arthur A. L. Pragmatismo e história da psicologia. In: ARRUDA, Arthur; BEZERRA JR., Benilton; TEDESCO, Sílvia (organizadores). *Pragmatismo, pragmáticas e produção de subjetividades.* Rio de Janeiro: Garamond, 2008.

FERREIRA, Pinto (1989). *Comentários à Constituição brasileira.* Arts. 1º a 21º. São Paulo: Saraiva, v. 1, 1989.

FERREIRA FILHO, Manuel Gonçalves. *Comentários à Constituição brasileira.* 5. ed. São Paulo: Saraiva, 1984.

—————. *O anteprojeto dos notáveis.* São Paulo: Saraiva, 1987.

—————. *Curso de direito constitucional.* 17. ed. São Paulo: Saraiva, 1989.

—————. *Constituição e governabilidade:* ensaio sobre a (in)governabilidade brasileira. São Paulo: Saraiva, 1995.

—————. *Comentários à Constituição brasileira de 1988.* 2. ed. São Paulo: Saraiva, v. I, 1997.

—————. (2007). *O poder constituinte.* 5. ed. São Paulo: Saraiva, 2007.

FISH, Stanley. Almost pragmatism: the jurisprudence of Richard Posner, Richard Rorty, and Ronald Dworkin. In: *Pragmatism in law and society.* Boulder, USA: Westview Press, p. 47-82, 1991.

FORSTHOFF, Ernst. *Stato di diritto in trasformazione.* AMIRANTE, Carlo (Org.). Milano: Giuffrè Editore, 1973.

—————. *El estado de la sociedad industrial*: el modelo de la República Federal de Alemania. Traducción de Luis López Guerra y Jaime Nicolás Muñiz. Madrid: Instituto de Estudios Políticos, 1975.

FRANK, Jerome. A conflict with oblivion: some observations on the founders of legal pragmatism. In: *Rutgers Law Review*, Newark, v. 9, p. 425-463, 1955.

FRANCO, Afonso Arinos de Melo. *Curso de direito constitucional brasileiro:* formação constitucional do Brasil. Rio de Janeiro: Forense, v. II, 1960.

_____. *Direito constitucional:* teoria da Constituição; as constituições do Brasil. Rio de Janeiro: Forense, 1976.

_____. *Política e direito*. Brasília: Editora Universidade de Brasília, 1981. (Cadernos da UnB.)

FREITAS, Juarez. *A interpretação sistemática do direito*. 3. ed. São Paulo: Malheiros, 2002.

FREYRE, Gilberto. *Sobrados e mucambos:* decadência do patriarcado rural e desenvolvimento do urbano. 12. ed. Rio de Janeiro: Record, 2000.

GADAMER, Hans-Georg. *Verdade e método:* traços fundamentais de uma hermenêutica filosófica. Tradução de Flávio Paulo Meurer. Petrópolis, RJ: Vozes, 1997.

GARCIA AMADO, Juan Antonio. *Teorías de la tópica jurídica*. Madrid: Editorial Civitas, 1988.

_____. Derechos y pretextos: elementos de crítica del neoconstitucionalismo. In: CARBONEL, Miguel (Ed.) *Teoría del neoconstitucionalismo:* ensayos escogidos. Madrid: Editorial Trotta, 2007.

GHIRALDELLI JÚNIOR, Paulo. *Richard Rorty:* a filosofia do novo mundo em busca de mundos novos. Petrópolis, RJ: Vozes, 1999.

_____. *Introdução à filosofia*. Barueri, SP: Manole, 2003.

_____. Introdução: uma nova agenda para a filosofia. In: *Pragmatismo e política*. São Paulo: Martins Fontes, 2005. (Coleção Dialética.)

_____. *O que é o pragmatismo*. São Paulo: Brasiliense, 2007. (Coleção Primeiros Passos.)

GREY, Thomas C. Holmes and legal pragmatism. In: *Stanford Law Review*, Stanford, v. 41, p. 787-870, 1989.

_____. Hear the other side: Wallace Stevens and pragmatist legal theory. In: *Southern California law review*, Los Angeles, v. 63, p. 1569-1595, 1990.

_____. What good is legal pragmatism? In: BRINT, Michael; WEAVER, Wlliam (Eds). *Pragmatism in law & society*. San Francisco: Westview Press, 1991.

_____. Commentary: unrepeatable lessons. In: *New York University Law Review*, New York, v. 70, p. 524, 1995.

_____. Freestanding legal pragmatism. In: *Cardozo Law Review*, New York, v. 18, p. 21-42, 1997.

_____. Judicial review and legal pragmatism. In: *Wake Forest Law Review*, Winston Salem, v. 38, p. 473-512, 2003.

GROSS, Neil. *Richard Rorty: the making of an American philosopher*. Chicago: The University of Chicago Press, 2008.

GUERRA FILHO, Willis Santiago. *Processo constitucional e direitos fundamentais*. São Paulo: Celso Bastos Editor, 1999.

GÜNTHER, Klaus. The legacies of injustice and fear: a European approach to human rights and their effects on political culture. In: *The EU and human rights*. New York: Academy of European Law and European University Institute, Oxford University Press, p. 117-144, 1999.

GUTTERIDGE, Harold Cooke. *Comparative law:* an introduction to the comparative method of legal study and research. 2[d] ed. Cambridge: At the University Press, 1949.

HAACK, Susan. Truth, truths, "truth" and "truths" in the law. In: *Harvard Journal of Law and Public Policy*, Cambridge, n. 26, p. 17-21, 2003.

_____. On legal pragmatism: where does "the path of the law" lead us? In: *The American Journal of Jurisprudence*, Notre Dame, n. 50, p. 71, 2005.

_____. O universo pluralista do direito: em direção a um pragmatismo jurídico neoclássico. Tradução de Rachel Herdy. In: *Revista Direito, Estado e Sociedade,* Rio de Janeiro, n. 33, p. 161-198, jul./ dez. 2008.

HÄBERLE, Peter. *Teoría de la Constitución como ciencia de la cultura*. Traducción de Emilio Mikunda. Madrid: Editorial Tecnos, 2000.

_____. *El estado constitucional*. Traducción de Héctor Fix-Fierro. México: Universidad Nacional Autónoma de México, 2001. (Serie Doctrina Jurídica, n. 47).

_____. *Pluralismo y Constitución:* estudios de teoría constitucional de la sociedad abierta. Traducción de Emilio Mikunda. Madrid: Editorial Tecnos, 2002.

_____. *La garantía del contenido esencial de los derechos fundamentales*. Traducción de Joaquín Camazano. Madrid: Dykinson, 2003.

HABERMAS, Jürgen. *Conhecimento e interesse*. Tradução de José Heck. Rio de Janeiro: Zahar Editores, 1982.

_____. A filosofia como guardador de lugar e como intérprete. In: *Consciência moral e agir comunicativo*. Rio de Janeiro: Tempo Brasileiro, p. 17-37, 1989.

_____. *Direito e democracia:* entre facticidade e validade. Tradução de Flávio Beno Siebeneichler. Rio de Janeiro: Tempo Brasileiro, v. I, 1997a.

REFERÊNCIAS

_____. *Direito e democracia:* entre facticidade e validade. Tradução de Flávio Beno Siebeneichler. Rio de Janeiro: Tempo Brasileiro, v. II, 1997b.

_____. *Verdade e justificação:* ensaios filosóficos. Tradução de Milton Camargo Mota. São Paulo: Loyola, 1999.

_____. Richard Rorty's pragmatic turn. In: BRANDOM, Robert (Ed.). *Rorty and his critics.* Malden: Blackwell Publishing, p. 31, 2000.

_____. *Teoría de la acción comunicativa – racionalidad de la accíon y racionalización social.* 3ª ediccion. Traduccion de Manuel Jiménez Redondo. Madrid: Taurus Humanidades, 2001.

_____. *A inclusão do outro:* estudos de teoria política. Tradução de George Sperber; Paulo Astor Soethe. São Paulo: Loyola, 2002a.

_____. *O discurso filosófico da modernidade:* doze lições. Tradução de Luiz Sérgio Repa; Rodnei Nascimento. São Paulo: Martins Fontes, 2002b.

_____. Postscript: some concluding remarks. In: ABOULAFIA, Mitchell; BOOKMAN, Myra; KEMP, Catherine (Eds.). *Habermas and pragmatism.* London: Routledge, p. 223, 2002c.

_____. *Era das transições.* Tradução de Flávio Beno Siebeneichler. Rio de Janeiro: Edições Tempo Brasileiro, 2003.

_____. *A ética da discussão e a questão da verdade.* Tradução de Marcelo Brandão Cipolla. São Paulo: Martins Fontes, 2004.

_____. A volta ao historicismo: plantonismo, relativismo e pragmatismo. In: *Filosofia, racionalidade, democracia:* os debates Rorty & Habermas. São Paulo: Editora UNESP, 2005.

_____. *O Ocidente dividido.* Tradução de Luciana Villas Boas. Rio de Janeiro: Tempo Brasileiro, 2006a.

DIREITOS HUMANOS, DIREITO CONSTITUCIONAL E NEOPRAGMATISMO

_____. *Técnica e ciência como "ideologia"*. Tradução de Artur Morão. Lisboa: Edições 70, 2006b.

_____. Filósofo, poeta e amigo. Tradução de Samuel Titan Jr. In: *Folha de S. Paulo*, São Paulo, 17 jun. 2007. (Caderno Mais!)

HANTZIS, Catharine Wells. Legal innovation within the wider intellectual tradition: the pragmatism of Oliver Wendell Holmes, Jr. In: *Northwestern University Law Review*, Evanston, n. 82, p. 541, 1988.

HECK, Philipp. *El problema de la creación del derecho*. Traducción de Manuel Entenza. Barcelona: Ediciones Ariel, 1961.

HESSE, Konrad. *Derecho constitucional y derecho privado*. Traducción de Ignacio Gutiérrez. Madrid: Editorial Civitas, 1995.

_____. *Elementos de direito constitucional da República Federal da Alemanha*. Tradução de Luís Afonso Heck. Porto Alegre: Sergio Fabris, 1998.

_____. *Temas fundamentais do direito constitucional*. Textos selecionados e traduzidos por Carlos dos Santos Almeida, Gilmar Ferreira Mendes e Inocêncio Mártires Coelho. São Paulo: Saraiva, 2009. (Série IDP.)

HOFFMANN, Florian F. "Shooting into the Dark": toward a pragmatic theory of human rights (activism). In: *Texas International Law Journal*, Austin, n. 41, p. 403-414, 2006.

HOLANDA, Sérgio Buarque de. *Raízes do Brasil*. 26. ed. São Paulo: Companhia das Letras, 1995.

HOLMES, Oliver Wendell (1897). The path of the law. In: *Harvard Law Review*, Cambridge, v. X, mar. 25, n. 8, p. 457, 1897.

_____. Ideals and doubts. In: *Illinois Law Review*, Champaign, v. X., n. 1, may 1915.

_____. *The common law*. Cambridge: Belknap Press of Harvard University Press; John Harvard Library, 2009.

REFERÊNCIAS

HOMEM DE MELLO, Francisco Ignacio Marcondes. *A Constituinte perante a história*. Ed. fac-sim. 1863. Brasília: Senado Federal, 1996.

HOY, David (1991). Is legal originalism compatible with philosophical pragmatism? In: *Pragmatism in law and society*. Boulder, USA: Westview Press, p. 343-358, 1991.

JACQUES, Paulino. *Curso de direito constitucional*. 3. ed. São Paulo: Forense, 1962.

JAMES, William. *Essays in pragmatism*. New York: Hafner Publishing Co., 1948.

—————. *The meaning of truth*. New York: Prometheus Books, 1997. (Great books in philosophy.)

—————. *A vontade de crer*. Tradução de Cecília Camargo Bartalotti. São Paulo: Loyola, 2001.

—————. *Pragmatism:* a new name for an old way of thinking. West Valley City: Waking Lion Press, 2006.

JELLINEK, Georg. *Sistema dei diritti pubblici subbiettivi*. Traduzione de Gaetano Vitagliano. Milano: Società Editrice Libreria, 1912.

—————. *Reforma y mutación de la Constitución*. Traducción de Christian Förster. Madrid: Centro de Estudios Constitucionales, 1991.

JENKINS, Maricarmen. Can pragmatism overcome the impasse in contemporary legal theory? In: *Canadian Journal of Law and Jurisprudence,* London, Ontario, v. XV, n. 1, p. 85-98, 2002.

JOBIM, Nelson de Azevedo. A constituinte vista por dentro – vicissitudes, superação e efetividade de uma história real. In: SAMPAIO, José Adércio Leite (coordenador) *15 anos de Constituição – história e vicissitudes*. Belo Horizonte: Del Rey, 2004.

JULIO ESTRADA, Alexei. *La eficacia de los derechos fundamentales entre particulares*. Bogotá: Universidad Externado de Colombia, 2000.

KAUFMANN, Rodrigo de Oliveira. A teoria da tópica jurídica em Theodor Viehweg. In: PONTES, Kassius Diniz da Silva; CÔRTES, Osmar Mendes Paixão; KAUFMANN, Rodrigo de Oliveira. *O raciocínio jurídico na filosofia contemporânea:* tópica e retórica no pensamento de Theodor Viehweg e Chaïm Perelman. São Paulo: Carthago Editorial, 2002.

—————. A "dicotomia" direito público – direito privado. In: SILVA, Alexandre Vitorino da et al. *Estudos de direito público:* direitos fundamentais e estado democrático de direito. Porto Alegre: Síntese, 2003a.

—————. *Dimensões e perspectivas da eficácia horizontal dos direitos fundamentais:* possibilidades e limites de aplicação no direito constitucional brasileiro. Brasília: Faculdade de Direito da UnB, 2003b. (Dissertação de mestrado.)

KELLEY, Patrick J. Was Holmes a pragmatist? Reflections on a new twist to an old argument. In: *Southern Illinois University Law Journal,* Carbondale, n. 14, p. 427-467, 1990.

KELLOGG, Frederic R. Legal scholarship in the temple of doom: pragmatism's response to critical legal studies. In: *Tulane Law Review,* New Orleans, v. 65, p. 15-56, 1991.

KELSEN, Hans. *Jurisdição constitucional.* Tradução de Alexandre Krug. São Paulo: Martins Fontes, 2003.

KLOPPENBERG, James T. Pragmatism: an old name for some new ways of thinking? In: DICKSTEIN, Morris (Ed.). *The revival of pragmatism:* new essays on social thought, law, and culture. Durham: Duke University Press, 1998.

KOSELLECK, Reinhart. *Futuro passado:* contribuição à semântica dos termos históricos. Tradução de Wilma Patrícia Maas; Carlos Almeida Pereira. Rio de Janeiro: Contraponto, 2006.

KOSKENNIEMI, Martti (1999). The effect of rights on political culture. In: *The EU and human rights*. New York: Academy of European Laws, p. 99-116, 1999.

KRISLOV, Samuel. The amicus curiae brief: from friendship to advocacy. In: *Yale Law Journal*, New Haven, n. 72, p. 694-721, 1963.

LACLAU, Ernesto. *Desconstrucción y pragmatismo*: Simon Critchley, Jacques Derrida, Ernesto Laclau, Richard Rorty. MOUFFE Chantal (Org.). Buenos Aires: Paidós, 2005.

LAMBERT, Édouard. *La fonction du droit civil comparé*. Paris: V. Giard & E. Brière, 1903.

LAMEGO, José. *Hermenêutica e jurisprudência:* análise de uma "recepção". Lisboa: Editorial Fragmentos, 1990.

LARENZ, Karl. *Metodologia da ciência do direito*. 3. ed. Tradução de José Lamego. Lisboa: Fundação Calouste Gulbenkian, 1997.

LA SIERRA, Susana de. *Una metodología para el derecho comparado europeo:* derecho público comparado y derecho administrativo europeo. Madrid: Civitas Ediciones, 2004.

LIMA, Antonio Sebastião de. *Poder Constituinte e Constituição*. Rio de Janeiro: Plurarte, 1983.

LINDOSO, José. *Estado, Constituinte e Constituição*. São Paulo: Saraiva, 1986.

LIPKIN, Robert Justin. Beyond skepticism, foundationalism and the new fuzziness: the role of wide reflective equilibrium in legal theory. In: *Cornell Law Review*, Ithaca, n. 75, p. 810, 1990.

_____. Pragmatism – the unfinished revolution: doctrinaire and reflective pragmatism in Rorty's social thought. In: *Tulane Law Review,* New Orleans, v. 67, p. 1.561, 1993.

LOEWENSTEIN, Kar. *Teoría de la Constitución*. Traducción de Alfredo Gallego Anabitarte. Barcelona: Editorial Ariel, 1976.

LUBAN, David. The Posner variations: twenty-seven variations on a theme by Holmes. In: *Standford Law Review,* Standford, v. 48, p. 1001-1036, 1996.

_____. What's pragmatism about legal pragmatism? In: *Cardozo Law Review*, New York, n. 18, p. 43-73, 1997.

LUCAS VERDÚ, Pablo. *Teoría de la Constitución como ciencia cultural.* 2. ed. Madrid: Editorial Dykinson, 1998.

LYNCH, Kelly J. Best friends? Supreme Court law clerks on effective amicus curiae briefs. In: *Journal of Law & Politics,* Charlotteville, v. 20, p. 33-75, 2004.

MACHAN, Tibor R. Posner's rortyite (pragmatic) jurisprudence. In: *The American Journal of Jurisprudence,* Notre Dame, v. 40, p. 361-375, 1995.

MACINTYRE, Alasdair C. Philosophy, the "other" disciplines, and their histories: a rejoinder to Richard Rorty. In: *Soundings*, London, v. 65, issue 2, p. 127-145, 1982.

MALUF, Sahid. *Direito constitucional*. 11. ed. São Paulo: Sugestões Literárias, 1979.

MANGABEIRA, João. *Rui: o estadista da República*. Brasília: Senado Federal, Conselho Editorial, 1999. (Coleção Biblioteca Básica Brasileira.)

MARGOLIS, Joseph. Vicissitudes of transcendental reason. In: ABOU-LAFIA, Mitchell; BOOKMAN, Myra; KEMP, Catherine (Eds.). *Habermas and pragmatism*. London: Routledge, p. 31, 2002.

MARTINS, Leonardo. Proporcionalidade como critério de controle de constitucionalidade: problemas de sua recepção pelo direito e jurisdição constitucional brasileiros. In: *Cadernos de Direito*, Piracicaba, v. 3(5), p. 15-45, jul./dez. 2003.

REFERÊNCIAS

MAUS, Ingeborg. Judiciário como superego da sociedade: o papel da atividade jurisprudencial na "sociedade órfã". In: *Revista Novos Estudos CEBRAP,* São Paulo, n. 58, p. 183-202, nov. 2002.

MAXWELL, Kenneth R. *A devassa da devassa:* a Inconfidência Mineira – Brasil e Portugal (1750-1808). Tradução de João Maia. 6. ed. São Paulo: Paz e Terra, 2005.

MEDINA, Damares. *Amicus curiae:* amigo da Corte ou amigo da parte? São Paulo: Saraiva, 2010.

MENAND, Louis. *Pragmatism:* a reader. New York: Vintage Books, 1997.

_____. *The metaphysical club:* a story of ideas in America. New York: Farrar, Straus and Giroux, 2001.

MENDES, Gilmar Ferreira. *Direitos fundamentais e controle de constitucionalidade*: estudos de direito constitucional. São Paulo: Instituto Brasileiro de Direito Constitucional; Celso Bastos Editor, 1998.

_____. Colisão de direitos fundamentais na jurisprudência do Supremo Tribunal Federal. In: *Repertório de Jurisprudência IOB,* São Paulo, v. 1 (Tributário, Constitucional e Administrativo), n. 5, 1ª quinzena mar., 2003.

MENDES, Gilmar Ferreira; COELHO, Inocêncio Mártires; BRANCO, Paulo Gustavo Gonet. *Hermenêutica constitucional e direitos fundamentais*. Brasília: Brasília Jurídica, 2000.

_____. *Curso de direito constitucional.* 2. ed. São Paulo: Saraiva, 2008.

MICHELMAN, Frank. Private personal but not split: Radin versus Rorty. In: *Southern California Law Review*, Los Angeles, n. 63, p. 1.783-1.795, 1990.

MIRANDA, Jorge. *Manual de direito constitucional.* Coimbra: Coimbra Editora, tomo I, 1997.

MORAES, Alexandre de. *Direito constitucional*. 20. ed. São Paulo: Editora Atlas, 2006.

MORAES, Maria Celina Bodin de. O conceito de dignidade humana: substrato axiológico e conteúdo normativo. In: SARLET, Ingo Wolfgang (Org.). *Constituição, direitos fundamentais e direito privado*. Porto Alegre: Livraria do Advogado Editora, 2003.

MOTA FILHO, Cândido. A evolução do controle de constitucionalidade de leis no Brasil. In: *Revista Forense*, Rio de Janeiro, v. 86, ano 37, fascículo 454, p. 273, 1941.

MOUFFE, Chantal. Desconstrucción, pragmatismo y la política de la democracia. In: *Desconstrucción y pragmatismo*. MOUFFE, Chantal (Org.). Buenos Aires: Paidós, 2005.

MÜLLER, Friedrich. *Métodos de trabalho do direito constitucional*. 2. ed. Tradução de Peter Naumann. São Paulo: Editora Max Limonad, 2000.

_____. *Teoria estruturante do direito*. Tradução de Peter Naumann. São Paulo: Editora Revista dos Tribunais, 2008.

MÜNCH, Ingo Von. Drittwirkung de derechos fundamentales en Alemania. In: CODERCH, Pablo Salvador (Coord.). *Asociaciones, derechos fundamentales y autonomía privada*. Madrid: Editorial Civitas, 1997.

NEVES, Marcelo. A força simbólica dos direitos humanos. In: *Revista Brasileira de Direito Público – RBDP*. Belo Horizonte: Editora Fórum, ano 1, n. 3, p. 139-174, out./dez. 2003.

_____. *A constitucionalização simbólica*. São Paulo: WMF Martins Fontes, 2007. (Coleção Justiça e Direito.)

NETTO, Luísa Cristina Pinto e. *O princípio de proibição de retrocesso social*. Porto Alegre: Livraria do Advogado Editora, 2010.

REFERÊNCIAS

NIETZSCHE, Friedrich Wilhelm. *Além do bem e do mal:* prelúdio a uma filosofia do futuro. Tradução de Paulo César de Souza. São Paulo: Companhia das Letras, 1992.

—————. *Genealogia da moral:* uma polêmica. Tradução de Paulo César de Souza. São Paulo: Companhia das Letras, 2001.

NUSSBAUM, Martha. On moral progress: a response to Richard Rorty. In: *The University of Chicago Law Review*, Chicago, n. 74, p. 939-960, 2007.

PALMER, Richard E. *Hermenêutica*. Tradução de Maria Luísa Ribeiro Ferreira. Lisboa: Edições 70, 1997.

PATTERSON, Dennis. Law's pragmatism: law as practice and narrative. In: *Virginia Law Review*, Charlottesville, n. 76, p. 937-998, 1990.

PAULO FILHO, Pedro. *O bacharelismo brasileiro: da colônia à República*. Campinas: Editora Bookseller, 1997.

PECES-BARBA MARTÍNEZ, Gregório. *Curso de derechos fundamentales:* teoría general. Madrid: Universidad Carlos III, Boletín Oficial del Estado, 1999.

PEIRCE, Charles Sanders. *The essential Peirce:* selected philosophical writings. Bloomington: Indiana University Press, v. 1 (1867-1893), 1992.

—————. *The essential Peirce:* selected philosophical writings. Bloomington: Indiana University Press, v. 2 (1893-1913), 1998.

—————. Como tornar nossas ideias claras. In: *Ilustrações da lógica da ciência*. Tradução de Renato Rodrigues Kinouchi. Aparecida, SP: Ideias & Letras, 2008.

PERRY, Michael J. The morality of human rights: a nonreligious ground? In: *Emory Law Journal,* Atlanta, v. 54, p. 97-150, 2005.

DIREITOS HUMANOS, DIREITO CONSTITUCIONAL E NEOPRAGMATISMO

PICHÉ, Claude. A passagem do conceito epistêmico ao conceito pragmatista de verdade em Habermas. In: LEITE, Luiz Bernardo; BARBOSA, Ricardo José Corrêa (Orgs.). *Filosofia prática e modernidade*. Rio de Janeiro: Editora UERJ, 2003.

PILATTI, Adriano. *A Constituinte de 1987-1988:* progressistas, conservadores, ordem econômica e regras do jogo. Rio de Janeiro: Lumen Juris, 2008.

PIRES, Ézio. *O julgamento da liberdade*. Brasília: Senado Federal, 1979. (Coleção Machado de Assis, v. 20.)

_____. O Supremo Tribunal e a ameaça de entrega das chaves. In: *Momento Político,* Rio de Janeiro, ano I, n. 19, p. 9, de 24 a 30 set. 1992.

POCOCK, J.G.A. *The Machiavellian moment:* Florentine political thought and the Atlantic Republican tradition. Princeton: Princeton University Press, 2003.

POGREBINSCHI, Thamy. *Pragmatismo:* teoria social e política. Rio de Janeiro: Relume-Dumará, 2005.

_____. Será o neopragmatismo pragmatista? In: *Revista Novos Estudos CEBRAP.* São Paulo: n. 74, p. 125-138, 2006.

POSNER, Richard Allen. Law and literature: a relation reargued. In: *Virginia Law Review*, Charlottesville, n. 72, p. 1351, 1986.

_____. What has pragmatism to offer law? In: *Southern California Law Review*, Los Angeles, n. 63, p. 1.653-1.670, 1990.

_____. *Overcoming law*. Cambridge, Mass.: Harvard University Press, 1995.

_____. Pragmatic adjudication. In: *Cardozo Law Review*, New York, n. 18, p. 1-20, 1997a.

_____. Conceptions of legal theory: a reply to Ronald Dworkin. In: *Arizona State Law Journal*, Tempe, n. 29, p. 377-388, 1997b.

──────. Against constitutional theory. In: *New York University Law Review*, New York, n. 73, p. 1-22, 1998a.

──────. The problematics of moral and legal theory. In: *Harvard Law Review*, Cambridge, n. 111, p. 1.637, 1998b.

──────. Reply to critics of the problematics of moral and legal theory. In: *Harvard Law Review*, Cambridge, n. 111, p. 1.796-1.823, 1998c.

──────. *Law, pragmatism, and democracy*. Cambridge, Mass.: Harvard University Press, 2003.

──────. *Problemas de filosofia do direito*. Tradução de Jefferson Luiz Camargo. São Paulo: Martins Fontes, 2007. (Coleção Justiça e Direito.)

POZZOLO, Susana. Neoconstitucionalismo y especificidad de la interpretación constitucional. In: *DOXA: Cuadernos de filosofía del derecho*, 21 – II, p. 339-353, 1998.

PRADO, Ney. *Os notáveis erros dos notáveis da Comissão Provisória de Estudos Constitucionais*. Rio de Janeiro: Forense, 1987.

PRIETO SANCHÍS, Luis. *Justicia constitucional y derechos fundamentales*. Madrid: Editorial Trotta, 2003a. (Colección Estructuras y procesos – Serie Derecho.)

──────. Neoconstitucionalismo y ponderación judicial. In: CARBONELL, Miguel (Ed.). *Neoconstitucionalismo(s)*. Madrid: Editorial Trotta, 2003b.

PUTNAM, Hilary. A reconsideration of deweyan democracy. In: *Southern California Law Review*, Los Angeles, v. 63, p. 1671, 1990.

──────. *La herencia del pragmatismo*. Traducción de Manuel Liz; Margarita Vázquez. Barcelona: Ediciones Paidós, 1997.

DIREITOS HUMANOS, DIREITO CONSTITUCIONAL E NEOPRAGMATISMO

_____. Richard Rorty on reality and justification. In: BRANDOM, Robert (Editor) *Rorty and his critics*. Malden: Blackwell Publishing Ltd, 2008.

RABOSSI, Eduardo. La teoría de los derechos humanos naturaliza-da. In: *Revista del Centro de Estudios Constitucionales*, Madrid, n. 5, ener.-mar. 1990.

RADBRUCH, Gustav. *Filosofia do direito*. 6. ed. Tradução de L. Cabral de Moncada. Coimbra: Arménio Amado Editor, 1997.

RADIN, Margaret Jane. The pragmatist and the feminist. In: *Southern California Law Review,* Los Angeles, v. 63, p. 1699-1726, 1990.

RAWLS, John. *Justiça como equidade – uma reformulação*. Tradução de Claudia Berliner. São Paulo: Martins Fontes, 2003.

REALE, Miguel. *Liberdade e democracia:* em torno do Anteprojeto da Comissão Provisória de Estudos Constitucionais. São Paulo: Saraiva, 1987.

ROCKMORE, Tom. The epistemological promise of pragmatism. In: *Habermas and pragmatism*. Mitchell Aboulafia, Myra Bookman e Catherine Kemp (Ed.). London: Routledge, p. 47, 2002.

RODRIGUES, Lêda Boechat. *História do Supremo Tribunal Federal*. 2ª ed. Rio de Janeiro: Civilização Brasileira, tomo I, 1991. (1891-1898 – Defesa das Liberdades Civis.)

RORTY, Richard. *Philosophy and the mirror of nature*. Princeton, N.J.: Princeton University Press, 1991.

_____. Pragmatismo e filosofia. In: *Consequências do pragmatismo*. Tradução de João Duarte. Portugal: Instituto Piaget, 1982a.

_____. Método, ciências sociais e esperança social. In: *Consequências do pragmatismo*. Tradução de João Duarte. Portugal: Instituto Piaget, 1982b.

_____. A metafísica de Dewey. In: *Consequências do pragmatismo*. Tradução de João Duarte. Portugal: Instituto Piaget, 1982c.

_____. La historiografía de la filosofía: cuatro géneros. In: RORTY, Richard; SCHNEEWIND, J. B.; SKINNER, Quentin (Orgs.). *La filosofía en la historia:* ensayos de historiografía de la filosofía. Barcelona: Ediciones Paidós, 1990a.

_____. The banality of pragmatism and the poetry of justice. In: *Southern California Law Review*, Los Angeles, n. 63, p. 1811, 1990b.

_____. *The linguistic turn: essays in philosophical method* (editor). Chicago and London: University of Chicago Press, 1992.

_____. Solidariedade ou objetividade? Tradução de Maria Amália Andery; Teresa Maria de Azevedo Pires Sério. In: *Revista Novos Estudos CEBRAP,* São Paulo, n. 36, p. 109-121, 1993.

_____. Pragmatism and law: a response to David Luban. In: *Cardozo Law Review*, New York, n. 18, p. 75-83, 1997.

_____. *Ensaios sobre Heidegger e outros:* escritos filosóficos. Tradução de Marco Antônio Casanova. Rio de Janeiro: Relume-Dumará, v. 2, 1999a.

_____. *Para realizar a América:* o pensamento de esquerda no século XX na América. Tradução de Paulo Ghiraldelli Jr.; Alberto Tosi Rodrigues; Leoni Henning. Rio de Janeiro: DP&A Editora, 1999b.

_____. Unger, Castoriadis e o romance de futuro nacional. In: *Ensaios sobre Heidegger e outros:* escritos filosóficos. Tradução de Marco Antônio Casanova. Rio de Janeiro: Relume-Dumará, v. 2, 1999c.

_____. *Philosophy and social hope*. London: Penguin Books, 1999d.

_____. Identidade moral e autonomia privada: o caso de Foucault. In: *Ensaios sobre Heidegger e outros:* escritos filosóficos. Tradução de Marco Antônio Casanova. Rio de Janeiro: Relume-Dumará, v. 2, 1999e.

_____. Derrida é um filósofo transcendental? In: *Ensaios sobre Heidegger e outros:* escritos filosóficos. Tradução de Marco Antônio Casanova. Rio de Janeiro: Relume-Dumará, v. 2, 1999f.

_____. *Verdade e liberdade: uma réplica a Thomas MacCarthy.* Tradução de Paulo Ghiraldelli Jr. Revisão de Alberto Tosi Rodrigues. In: GUIRALDELLI JÚNIOR, Paulo. *Richard Rorty:* a filosofia do novo mundo em busca de mundos novos. Petrópolis, RJ: Vozes, 1999g.

_____. Response to Jürgen Habermas. In: BRANDOM, Robert (Ed.). *Rorty and his critics.* Malden: Blackwell Publishing, 2000a.

_____. *A utopia de Gadamer.* In: *Folha de S. Paulo,* São Paulo, 13 fev., 2000b. (Caderno Mais!)

_____. Habermas y Lyotard sobre la posmodernidad. In: *Habermas y la modernidad.* Traducción de Francisco Rodríguez Martín. Madrid: Ediciones Cátedra, 2001a.

_____. *Contra os chefes, contra as oligarquias*: entrevista a Derek Nystrom e Kent Puckett. Tradução de João Abreu. Rio de Janeiro: DP&A, 2001b.

_____. Ciência enquanto solidariedade. In: *Objetivismo, relativismo e verdade:* escritos filosóficos. 2. ed. Tradução de Marco Antônio Casanova. Rio de Janeiro: Relume-Dumará, v. 1, p. 55-68, 2002a.

_____. A prioridade da democracia para a filosofia. In: *Objetivismo, relativismo e verdade:* escritos filosóficos. Tradução de Antônio Casanova. Rio de Janeiro: Relume-Dumará, v. 1, 2002b.

_____. *Objetivismo, relativismo e verdade*: escritos filosóficos. 2. ed. Tradução de Marco Antônio Casanova. Rio de Janeiro: Relume-Dumará, v. 1, 2002c.

_____. More than compromise. In: *Dissent magazine,* outono de 2003. (Disponível em <http://www.dissentmagazine.org/article/?article=472>. Acesso em: 12 jun. 2009.)

_____. Truth and justification reviewed by Richard Rorty. In: *Notre Dame Philosophical Reviews*, 2004. (Disponível em <http://ndpr.nd.edu/review.cfm?id=1297>. Acesso em: 23 dez. 2009.)

_____. Direitos humanos, racionalidade e sentimentalidade. In: *Verdade e progresso:* escritos filosóficos III. Tradução de Denise Sales. Barueri, SP: Manole, p. 199-223, 2005a.

_____. A filosofia e o futuro. In: *Pragmatismo e política*. São Paulo: Martins, 2005b.

_____. Trotsky e as orquídeas selvagens. In: *Pragmatismo e política*. Tradução de Paulo Ghiraldelli Júnior. São Paulo: Martins, 2005c.

_____. Para emancipar a nossa cultura. In: *Filosofia, racionalidade, democracia:* os debates Rorty & Habermas. São Paulo: Editora UNESP, 2005d.

_____. Feminismo e pragmatismo. In: *Verdade e progresso:* escritos filosóficos III. Tradução de Denise Sales. Barueri, SP: Manole, p. 245-281, 2005e.

_____. Notas sobre desconstrucción y pragmatismo. In: MOUFFE, Chantal (Org.). *Desconstrucción y pragmatismo*. Buenos Aires: Paidós, 2005f.

_____. Hilary Putnam e a ameaça relativista. In: *Verdade e progresso:* escritos filosóficos III. Tradução de Denise Sales. Barueri, SP: Manole, p. 36-62, 2005g.

_____. Racionalidade e diferença cultural. In: *Verdade e progresso:* escritos filosóficos III. Tradução de Denise Sales. Barueri, SP: Manole, p. 224-244, 2005h.

_____. "Problems of rationality" reviewed by Richard Rorty. In: *Notre Dame philosophical reviews*. University of Notre Dame, 2005i. (Disponível em: <http://ndpr.nd.edu/review.cfm?id=1681>. Acesso em: 23 dez.)

_____. Habermas, Derrida e as funções da filosofia. In: *Verdade e progresso:* escritos filosóficos III. Tradução de Denise Sales. Barueri, SP: Manole, p. 384-410, 2005j.

_____. *Take care of freedom and truth will take care of itself:* interviews with Richard Rorty. Stanford: Stanford University Press, 2006.

_____. *Contingência, ironia e solidariedade*. Tradução de Vera Ribeiro. São Paulo: Martins Fontes, 2007a.

_____. Dewey and Posner on pragmatism and moral progress. In: *University of Chicago Law Review*, Chicago, n. 74, p. 915-928, 2007b.

_____. The fire of life. In: *Poetry*. Chicago: Poetry Foudantion. 191(2), p. 129-131, nov., 2007c.

_____. Universality and truth. In: BRANDOM, Robert (Ed.). *Rorty and his critics*. Malden: Blackwell Publishing Ltd., 2008.

RORTY, Richard; ENGEL, Pascal. *Para que serve a verdade?* Tradução de Antonio Carlos Olivieri. São Paulo: Editora UNESP, 2008.

RORTY, Richard; GHIRALDELLI JR, Paulo. *Ensaios pragmatistas:* sobre subjetividade e verdade. Rio de Janeiro: DP&A, 2006.

RORTY, Richard; VATTIMO, Gianni. *O futuro da religião*: solidariedade, caridade e ironia. Santiago Zabala (Org.). Tradução de Eliana Aguiar e Paulo Ghiraldelli Júnior. Rio de Janeiro: Relume-Dumará, 2006.

ROSENFELD, Michel. Pragmatism, pluralism and legal interpretation: Posner's and Rorty's Justice without metaphysics meets hate speech. In: *Cardozo Law Review*, New York, v. 18, p. 97-151, 1997.

ROUANET, Sergio Paulo. As minas iluminadas: a ilustração e a Inconfidência. In: NOVAES, Adauto (Org.). *Tempo e história*. São Paulo: Companhia das Letras, p. 329, 1992.

SAATKAMP JR, Herman J. *Rorty & pragmatism:* the philosopher responds to his critics. Nashville & London: Vanderbilt University Press, 1995.

SACCO, Rodolfo. *Introdução ao direito comparado.* Tradução de Véra Jacob. São Paulo: Editora Revista dos Tribunais, 2001.

SACCO, Rodolfo; GAMBARO, Antonio. *Sistemi giuridici comparati.* Torino: Unione Tipografico-Editrice Torinese, 1999.

SALDANHA, Nelson. *Formação da teoria constitucional.* 2. ed. Rio de Janeiro: Renovar, 2000.

——————. *O poder constituinte.* São Paulo: Editora Revista dos Tribunais, 1986.

SANTIAGO NINO, Carlos. *Ética y derechos humanos:* un ensayo de fundamentación. Barcelona: Editorial Ariel, 1989.

SARLET, Ingo Wolfgang. Direitos fundamentais e direito privado: algumas considerações em torno da vinculação dos particulares aos direitos fundamentais. In: SARLET, Ingo Wolfgang (Org.). *A Constituição concretizada:* construindo pontos com o público e o privado. Porto Alegre: Livraria do Advogado Editora, 2000.

——————. *A eficácia dos direitos fundamentais.* 2. ed. Porto Alegre: Livraria dos Advogados, 2001.

——————. *Dignidade da pessoa humana e direitos fundamentais na Constituição Federal de 1988.* 3. ed. Porto Alegre: Livraria do Advogado Editora, 2004a.

——————. Direitos fundamentais sociais e proibição de retrocesso: algumas notas sobre o desafio da sobrevivência dos direitos sociais num contexto de crise. In: *Revista Brasileira de Direito Constitucional.* São Paulo: ESDC, v. 4, p. 241-271, jul./dez., 2004b.

——————. Proibição de retrocesso, dignidade da pessoa humana e direitos sociais: manifestação de um constitucionalismo dirigente possível. In: SAMPAIO, José Adércio Leite (Coord.). *Constituição e crise política*. Belo Horizonte: Editora Del Rey, 2006.

_____. (Org.). *Dimensões da dignidade*: ensaios de filosofia do direito constitucional. 2. ed. Porto Alegre: Livraria do Advogado Editora, 2008.

_____. A assim designada proibição de retrocesso social e a construção de um direito constitucional comum latino-americano. In: *Revista Brasileira de Estudos Constitucionais – RBEC*, Belo Horizonte, Editora Fórum, ano 3, n. 11, p. 167-204, jul.-set., 2009a.

_____. As dimensões da dignidade da pessoa humana: construindo uma compreensão jurídico-constitucional necessária e possível. In: SARLET, Ingo Wolfgang (Org.). *Dimensões da dignidade*: ensaios de filosofia do direito e direito constitucional. 2. ed. Porto Alegre: Livraria do Advogado Editora, 2009b.

SARMENTO, Daniel. *A ponderação de interesses na Constituição Federal*. 1. ed., 3. tiragem. Rio de Janeiro: Lumen Juris, 2003.

_____. *Direitos fundamentais e relações privadas*. Rio de Janeiro: Editora Lumen Júris, 2004.

_____. Ubiquidade constitucional: os dois lados da moeda. In: SOUZA NETO, Cláudio Pereira de; SARMENTO, Daniel (Coords). *A constitucionalização do direito*: fundamentos teóricos e aplicações específicas. Rio de Janeiro: Lumen Juris, p. 113-148, 2007.

_____. O neoconstitucionalismo no Brasil: riscos e possibilidades. In: SARMENTO, Daniel (Coord.). *Filosofia e teoria constitucional contemporânea*. Rio de Janeiro: Lumen Juris, p.113-146, 2009.

SCHLESINGER, Rudolf B. *Comparative law*: cases and materials. Brooklyn: The Foundation Press, 1950.

SCHLINK, Bernhard. German constitutional culture in transition. In: ROSENFELD, Michael (Ed.). *Constitutionalism, identity, difference, and legitimacy*: theoretical perspectives. Durham: Duke University Press, p. 197-222, 1994.

——————. Hercules in Germany? In: *International Journal of Constitutional Law*, v. 1, n. 4. New York: Oxford University Press and New York University School of Law, p. 610-620, 2003.

SCHMITT, Carl. *Teoría de la Constitución*. Traducción de Francisco Ayala. Madrid: Alianza Editorial, 1996.

SILVA, José Afonso da. *Curso de direito constitucional positivo*. 4. ed. São Paulo: Editora Revista dos Tribunais, 1987.

——————. *Aplicabilidade das normas constitucionais*. 3. ed. São Paulo: Malheiros, 1998.

——————. *Curso de direito constitucional positivo*. 20. ed. São Paulo: Editora Malheiros, 2002.

——————. *Poder constituinte e poder popular*: estudos sobre a Constituição. São Paulo: Malheiros, 2007.

——————. *Comentário contextual à Constituição*. 5. ed. São Paulo: Malheiros, 2008.

SILVA, Virgílio Afonso da. O proporcional e o razoável. In: *Revista dos Tribunais* – Fasc. Civ., São Paulo, ano 91, v. 798, p. 23-50, abril, 2002.

——————. *A constitucionalização do direito*: os direitos fundamentais nas relações entre particulares. São Paulo: Malheiros, 2005.

——————. *Direitos fundamentais:* conteúdo essencial, restrições e eficácia. São Paulo: Malheiros, 2009. (Teoria & Direito público.)

SINGER, Joseph William. The player and the cards: nihilism and legal theory. In: *The Yale Law Journal*, New Haven, v. 94, p. 1-70, 1985.

SHALIN, Dmitri N. Legal pragmatism, an ideal speech situation, and the fully embodied democratic process. In: *Nevada Law Journal,* Las Vegas, v. 5, p. 433-478, 2005.

SHKLAR, Judith Nisse. *Ordinary vices.* Cambridge: Harvard University Press, 1984. (Belknap press series.)

SHOOK, John R. *Os pioneiros do pragmatismo americano.* Tradução de Fabio M. Said. Rio de Janeiro: DP&A, 2002.

SKEEL Jr., David A. Notes toward an aesthetics of legal pragmatism. In: *Cornell Law Review*, Ithaca, v. 78, p. 84-105, 1993.

SKINNER, Quentin. The end of philosophy? In: *The New York Review of Books*, New York, v. 28, n. 4, 1981.

_____. Meaning and understanding in the history of ideas. In: *Visions of politics*. Cambridge: Cambridge University Press, v. 1, 2003.

_____. *As fundações do pensamento político moderno*. Revisão técnica de Renato Janine Ribeiro. São Paulo: Companhia das Letras, 2006.

SMEND, Carl Friedrich Rudolf. *Constitución y derecho constitucional.* Traducción de José Beneyto Pérez. Madrid: Centro de Estudios Constitucionales, 1985.

SOUZA, José Crisóstomo de. *Filosofia, racionalidade, democracia:* os debates Rorty & Habermas. José Crisóstomo de Souza (Org.). São Paulo: Editora UNESP, 2005.

SOUZA NETO, Cláudio Pereira de. *Jurisdição constitucional, democracia e racionalidade prática*. Rio de Janeiro: Editora Renovar, 2002.

SPARANO, Maria Cristina de Távora. *Linguagem e significado:* o projeto filosófico de Donald Davidson. Porto Alegre: EDIPUCRS, 2003.

STAINSBY, Jonathan. The possibility of legal change: pragmatism and legal theory. In: *University of Toronto Faculty of Law Review*, Toronto, v. 46, n. 2, p. 456, 1988.

REFERÊNCIAS

STEINMETZ, Wilson. *A vinculação dos particulares a direitos fundamentais*. São Paulo: Malheiros, 2004. (Teoria & Direito público.)

STICK, John. Can nihilism be pragmatic? In: *Harvard Law Review*, Cambridge, n. 100, p. 322, 1987.

STOLLEIS, Michael. *The law under the Swastika:* studies on legal history in Nazi Germany. Translated by Thomas Dunlap. Chicago: The University of Chicago Press, 1998.

STRECK, Lenio Luiz. Ontem, os códigos; hoje, as constituições: o papel da hermenêutica na superação do positivismo pelo neoconstitucionalismo. In: *Direito constitucional contemporâneo*: estudos em homenagem ao professor Paulo Bonavides. Belo Horizonte: Editora Del Rey, 2005.

_____. A crise paradigmática do direito no contexto da resistência positivista ao (neo)constitucionalismo. In: SOUZA NETO, Cláudio Pereira de; SARMENTO, Daniel; BINENBOJM, Gustavo (Coords.). *Vinte anos da Constituição Federal de 1988*. Rio de Janeiro: Lumen Juris, 2009.

STUMM, Raquel Denize. *Princípio da proporcionalidade no direito constitucional brasileiro*. Porto Alegre: Livraria do Advogado Editora, 1995.

SWAN, Peter D. Critical legal theory and the politics of pragmatism. In: *Dalhousie Law Journal*, Halifax, v. 12, p. 349-376, 1990.

TAVARES, André Ramos. *Curso de direito constitucional*. 5. ed. São Paulo: Editora Saraiva, 2007.

TEMER, Michel. *Constituição e política*. São Paulo: Malheiros, 1994.

_____. *Elementos de direito constitucional*. São Paulo: Editora Revista dos Tribunais, 1982.

TOBIAS, Carl. Rehnquist or Rorty? In: *Hofstra Law Review*, Hempstead, n. 20, p. 211-216, 1992.

UNGER, Roberto Mangabeira. The critical legal studies movement. In: *Harvard Law Review*, Cambridge, v. 96, n. 3, jan. 1983.

──────. Legal analysis as institutional imagination. In: *The Modern Law Review*, London, v. 59, n. 1, p. 1-23, jan., 1996a.

──────. *What should legal analysis become?* London: Verso, 1996b.

──────. O pensamento jurídico como imaginação institucional: direito, instituições, juízes. In: *NOMOS: Revista do Curso de Mestrado em Direito da UFC,* Fortaleza, v. XV, n°s 1 e 2, jan./dez., 1996c.

──────. Palestra proferida no painel "Constituição e democracia". In: *Anais do 17º Encontro Nacional dos Juízes Federais:* desafios contemporâneos ao Estado Democrático. AJUFE, p. 44-63, 2001.

──────. *O direito e o futuro da democracia.* São Paulo: Boitempo, 2004a.

──────. *False necessity:* anti-necessitarian social theory in the service of radical democracy. London: Verso, 2004b. (v. 1 of Politics: a work in constructive social theory.)

──────. *Social theory:* its situation and its task. London: Verso, 2004c. (v. 2 of Politics: a work in constructive social theory.)

──────. *The self awakened*: pragmatism unbound. Cambridge: Harvard University Press, 2009.

URUGUAI, Visconde de. *Ensaio sobre o direito administrativo.* Reimpressão fac-sim. Brasília: Ministério da Justiça, 1997. (Série Arquivos do Ministério da Justiça.)

VAINFAS, Ronaldo (Org.). *Dicionário do Brasil Imperial (1822-1889).* Rio de Janeiro: Objetiva, 2002.

VALE, Osvaldo Trigueiro do. *O Supremo Tribunal Federal e a instabilidade político-institucional.* Rio de Janeiro: Civilização Brasileira, 1976.

REFERÊNCIAS

VALLE, Vanice Regina Lírio do (Org.). *Ativismo jurisdicional e o Supremo Tribunal Federal*: laboratório de análise jurisprudencial do STF. Curitiba: Juruá Editora, 2009.

VIEHWEG, Theodor. *Tópica e jurisprudência*. Tradução de Tércio Sampaio Ferraz Jr. Brasília: Departamento de Imprensa Nacional, 1979.

VIEIRA, Oscar Vilhena. Supremocracia. In: SARMENTO, Daniel (Coord.). *Filosofia e teoria constitucional contemporânea*. Rio de Janeiro: Lumen Juris, 2009.

XAUSA, Leônidas R. *A constituinte questionada*. Porto Alegre: L&PM Editores, 1986.

WACHOWICZ, Marcos. *Poder constituinte e transição constitucional:* perspectiva histórico-constitucional. 2. ed. Curitiba: Juruá Editora, 2004.

WEAVER, William G. Richard Rorty and the radical left. In: *Virginia law review*, Charlottesville, v. 78, p. 729-757, 1992.

WEISBERG, Richard H. It's a positivist, it's a pragmatist, it's a codifier! Reflections on Nietzsche and Stendhal. In: *Cardozo Law Review*, New York, v. 18, p. 85-96, 1997.

WEST, Cornel. *The American evasion of philosophy:* a genealogy of pragmatism. Madison, Wis.: The University of Wisconsin Press, 1989.

_____. The limits of neopragmatism. In: *Southern California Law Review*, Los Angeles, n. 63, p. 1747-1752, 1990.

WIEACKER, Franz. *História do direito privado moderno*. 2. ed. Tradução de Botelho Hespanha. Lisboa: Fundação Calouste Gulbenkian, 1993.

WILLIAMS, Joan C. Rorty, radicalism, romanticism: the politics of the Gaze. In: *Wisconsin law review*, Madison, v. 1.992, p. 131, 1992.

ZAGREBELSKY, Gustavo. *El derecho dúctil: ley, derechos, justicia.* Cuarta edición. Madrid: Editorial Trotta, 2002.

ZWEIGERT, Konrad; KÖTZ, Hein. Comparative law as an academic subject. In: *L. Q. review*, Oxford, v. 82, p. 40, 1966.

Este livro foi impresso em outubro de 2011
pela Corprint sobre papel offset 75 g/m².